1993 年 6 月 21 日，中国纺织总会成立大会在北京人民大会堂三楼小礼堂举行。国务院副总理朱镕基、李岚清，国务委员、国务院秘书长罗干等领导同志出席了成立大会

朱镕基副总理在中国纺织总会成立大会上讲话，右为李岚清副总理

1993年6月8日，中国纺织总会举行揭牌仪式，吴文英会长在揭牌仪式上讲话

照片均由徐国营　摄

中国纺织总会揭牌仪式上，原纺织工业部领导、老部长与原纺织工业部各司局负责人及国务院有关部委参加揭牌仪式的代表合影

·中国纺织工业年鉴　1994·　　　　　　　《中国纺织工业年鉴》编辑委员会　编

《中国纺织工业年鉴》编辑委员会

中国纺织工业年鉴

ALMANAC OF CHINA'S TEXTILE INDUSTRY

1994

《中国纺织工业年鉴》编辑委员会 编

The Editorial Board of the Almanac of China's Textile Industry

中国纺织出版社

Textile Press of China

中 国 北 京

Beijing China

（京）新登字 037 号

图书在版编目（CIP）数据

中国纺织工业年鉴：1994 年刊/《中国纺织工业年鉴》编委会编．—北京：中国纺织出版社，1995
ISBN 7-5064-1148-2/TS·1014

Ⅰ．中…　Ⅱ．中…　Ⅲ．纺织工业-中国-年鉴，1994　Ⅳ．F426．81-54

中国版本图书馆 CIP 数据核字（95）第 02585 号

中国纺织工业年鉴
1994
《中国纺织工业年鉴》编辑委员会　编
*
中国纺织出版社出版发行
（北京东直门南大街 4 号）
邮政编码：10027　电话：010-4158225
大中印刷厂印刷　各地新华书店经销
1995 年 5 月第 1 版 1995 年 5 月第 1 次印刷
开本：787×1092 毫米　1/16　印张：16　插页：2　字数：519 千字
定价：80.00 元

编 辑 说 明

一、1994年刊《中国纺织工业年鉴》是创刊以来的第十册，内容以1993年的资料为主，全书包括综合与行业、地方、文献、人物、大事记、企业、成果、统计等篇，计52万字。

二、本刊企业篇中所介绍的15个企业(集团)，选自1993年12月全国纺织行业工作会议上各地推荐的典型，他们在以往的工作中，特别是在1993年的工作中作出了突出的成绩。

三、由于各种原因，统计时间、统计口径都存在一些问题，各篇中引用的数字如与统计篇的数字有出入，以统计篇的数字为准。

四、1993年全国人大八届一次会议批准国务院机构改革方案，决定撤销纺织工业部，建立中国纺织总会；1994年省级机构也开始了改革。由于人员、机构变化较大，有些工作渠道不通，给本刊编辑出版工作带来一定困难，因此本期出书日期比往常拖后一段时间，在此，向各界读者致歉。

五、本期年鉴在编纂和出版过程中，得到了许多单位和同志的大力支持，深表感谢。对本期年鉴的不足之处，恭请各界读者提出宝贵意见。

《中国纺织工业年鉴》编辑出版人员

编 辑 主 任：陈树津

编辑副主任：杨建新

编 辑 顾 问：俞兆丰

编　　　辑：（按姓氏笔划为序）

田长令　孙　雷　刘俊茹

顾　强　操　莹

责 任 编 辑：杨建新

责 任 校 对：焦　霞　楼旭红

美 术 编 辑：李　强

技 术 编 辑：任星荪

出　　　版：初全贵　刘　强

发　　　行：李陵申　王延丰

目　　录
CONTENTS

综合与行业篇
The Summary of China's Textile Industry and the Survey of Major Textile Sectors

地　方　篇
The Survey of Textile Industry in Some Areas

文 献 篇
Documents

人 物 篇
Persons

大 事 记
Chronicle of Events

企 业 篇
Textile Enterprises

成 果 篇

Outcomes

统 计 篇

Statistical Data

附　录

Appendixes

综合与行业篇

The Summary of China's Textile Industry and the Survey of Major Textile Sectors

综　　述

[**概况**]　1993年纺织工业战线广大职工认真贯彻党的十四大精神，在棉花、化纤等原材料价格大幅度上涨，资金短缺，各项负担沉重的情况下，努力克服困难，加快改革步伐，加大调整力度，消化增本减利因素，各项工作取得了一定的成绩。纺织工业在改革、调整中获得了进一步的发展。

据国家统计局统计，1993年全国乡及乡以上纺织企业50133个（其中独立核算企业45589个）、比1992年（下同）增长2.40%，职工1263万人、减少0.93%，工业总产值完成5516亿元、增长21.87%，实现利税243亿元、与上年持平。其中，纺织系统内共有企业10088个、减少4.88%，职工729.2万人、减少4.24%，实现工业总产值2600.2亿元、增长8.73%，利税总额75.91亿元、减少9.63%，其中利润为负数，全系统亏损6.16亿元。

1993年纺织工业产销基本平衡，当年主要产品产量为：化纤226.87万吨、增长7.46%，纱2792.7万件、与上年基本持平，布196.9亿米、增长3.36%，针棉织品折纱87.19万吨、减少14.59%，呢绒35252万米、增长4.32%，毛线34.46万吨、减少1.71%，丝9.24万吨、增长26.06%，丝织品28.36亿米、增长12.36%，服装63.68亿件、增长49.27%。

1993年纺织品、服装出口仍保持我国出口产品第一的地位，全年出口总额为260.67亿美元、增长5.83%，其中服装出口额的比重占61.40%。1993年利用外资发展纺织工业又有新的进展，当年合同外资金额为332021万美元，增长19.9%，项目达3142个。

[**基本建设与技术改造**]　1993年纺织工业系统内全年固定资产投资完成221.43亿元，增长38.23%，其中基本建设项目投资59.31亿元，占全部投资的26.78%，技术改造项目投资占73.22%。1993年中国纺织总会(原纺织工业部)共下达中央技改专项485项(其中续建364项，新开工121项)，贷款总额53.39亿元（其中专项贷款32.12亿元），用汇总额1.52亿美元。

1993年底，全国纺织工业生产能力为：棉纺锭4132万枚、减少57.68万枚，棉布织机85.88万台、减少2.79万台（其中无梭织机3.12万台、占总数的3.64%、增长1个百分点），毛纺锭338.88万枚、毛织机32854台，麻袋织机13957台、麻纺锭101.47万枚(其中亚麻纺锭13.87万枚、苎麻纺锭58.88万枚)，桑蚕缫丝机304.05万绪、丝织机15.49万台，化学纤维生产能力286.9万吨（其中粘胶纤维28.8万吨、合成纤维258.1万吨），棉印染生产能力143.69亿米。

[**体制改革**]　1993年第八届全国人大第一次会议决定撤销纺织工业部，建立中国纺织总会，这是顺应社会主义市场经济规律的重要转变，是在社会主义市场经济体制下建立新型行业管理模式的积极探索。中国纺织总会将按照“制定行业规划，实施行业政策，进行宏观指导和为企业提供服务”的职能开展全行业的管理工作。

各地纺织企业也加大了改革力度，一批企业通过合资、合营、承包、拍卖、重新界定产权关系、股份制改组等改革措施，增强了竞争活力。无锡市太极实业股份有限公司、无锡国棉二厂等通过全面转制接轨，着力建立现代企业制度，使企业得到迅速发展。中国纺织机械股份有限公司推行“分权管理”改革，建立全员激励机制，激发了企业活力。上海民丰实业股份有限公司、吉林通化市人造毛皮联合公司、上海第十九棉纺织厂等通过合资嫁接，搞活了老企业。苏州市纺织工业公司、安徽省铜陵市纺织局通过“公有私营”“国有民营”，使一些中小国有企业走出了困境。上海第二毛纺织厂通过承包内地亏损企业，探索了国有大中型企业之间共同发展的新路子。企业改组联合取得较大进展，区域性的企业集团已达80多家，全系统有69家规范化的股份有限公司，其中上市公司达20家。

[**结构调整**]　1993年纺织工业进一步抓紧结构调整的工作。中国纺织总会成立后，对结构调整问题进行了调研，提出了压缩总量、调整结构、技术改造的思路，得到了上下的关注与支持。一些地区开展了局部的或全局性的调整，有的已见成效。江苏无锡市发挥技术优势，实施减量增值战略，使老基地向高水平发展。青岛市大刀阔斧地调整纺织企业组织结构，被兼并的企业有8家，另有9家企业改组为实业公司，实施全部或大部分转产，还有6家企业成建制的划转其它系统管理，全市纺织系统实行“南厂北移”、“推二进三”等举措，很有成效。北京、天津、上海等大中城市继续迈出调整的步伐。

1992年国家压锭改造项目到1993年底执行75项，共计压缩淘汰落后棉纺锭57万枚。

[**中国纺织总会成立大会**]　1993年6月21日在北京人民大会堂召开。中共中央政治局常委、国务院副总理朱镕基，中共中央政治局委员、国务院副总理李岚清，国务委员、国务院秘书长罗干以及国务院20多个部委的负责同志出席了成立大会。朱镕基、李岚清副总理在会上作了重要讲话。朱副总理高度概括了我国经济管理体制改革中建立新型行业管理体制的紧迫性和必要性，充分肯定了纺织行业撤部建会对进一步发展纺织行业，对整个国家经济管理体制的改革，及建立社会主义市场经济所具有的重大意义，并就总会的运作、工作内容及发展方向作了重要指示。朱副总理还要求在撤部建会这一改革中，解放思想、转变观念、勇于探索，

积极学习和借鉴一些市场经济发达国家的有效经验，结合中国国情，创造出一种行业管理的新型式，成为联接政府与企业间的桥梁与纽带。吴文英会长在成立大会上讲了话。来自各省、自治区、直辖市及计划单列市的纺织主管部门负责人，原纺织工业部机关职工，直属单位的职工代表，原纺织工业部离退休老领导、老同志代表共计四百多人参加了成立大会。

[1993年6月全国纺织行业工作会议]　1993年6月21日至23日在北京召开。会议认真学习朱镕基副总理、李岚清副总理6月21日在中国纺织总会成立大会上的讲话，对党的十四大关于"下决心进行行政管理体制和机构改革"的部署，撤销纺织工业部、组建中国纺织总会的意义，以及中国纺织总会的职能等进行了深入的讨论，认识逐步深化。与会者认为，改革中可能会遇到各种各样的困难，但只要脚踏实地，敢于创新，就一定能搞好试点，探索出一条中国行业管理的新路子。会议还对上半年生产情况和经济运行形势进行了分析，提出了进一步做好各项工作的要求。各省、自治区、直辖市和计划单列市的纺织主管部门负责人，中国纺织总会及直属单位有关负责同志，国务院有关部委的同志出席了会议。吴文英会长在会议闭幕时作了讲话。

[1993年12月全国纺织行业工作会议]　1993年12月27日至30日在北京召开。会议认真学习党的十四届三中全会通过的《中共中央关于建立社会主义市场经济若干问题的决定》和全国经济工作会议确定的1994年工作方针以及各项改革方案，传达了李岚清副总理在12月24日听取纺织行业工作汇报时所作的重要指示。通过认真讨论，在纺织工业压缩总量、结构调整、技术改造、深化改革等问题上统一了认识，明确了1994年的工作任务。各省、自治区、直辖市和计划单列市，以及部分城市的纺织工业主管部门的负责人，国务院有关部委的同志，中国纺织总会机关及直属单位的负责人参加了会议。杜钰洲副会长在会议开幕时，介绍了纺织工业的形势及总会通过调研提出的有关政策建议。吴文英会长在会议闭幕时作了题为《加强调整，深化改革，实现纺织经济发展的良性循环》的报告。

[主要问题]　一是深层次矛盾解决困难。如大批老基地老企业改造乏力，水平上不去，能力压不下，进退维谷；离退休职工队伍越来越庞大，支出剧增；过去的借贷款偿还不清，利息越背越重等。二是经济运行中矛盾越来越多。如棉花等原料供应短缺，资金紧张，影响生产正常进行。三是纺织企业经济效益、主要是国有企业效益进一步下滑。据对39个大中城市国有纺织工业企业的统计，1993年亏损额上升3个百分点，盈亏相抵后亏损6.16亿元，使1992年已经遏制住的滑坡局面又重新出现。

利用外资

[概况]　1993年纺织工业利用外资继续保持良好的增长势头。当年批准利用外资项目3142个，比上年（下同）增长33.6%；合同外资金额332021万美元（含其它投资5192万美元），增长19.9%。利用外资项目个数和合同外资金额占全国的比重分别为3.8%和2.7%。

["三资"企业]　改革开放以来，纺织工业一直是我国利用外资的重点行业。1979～1993年，纺织工业累计利用外资协议（合同）金额90多亿美元，"三资"企业已达8000多家。近年，纺织工业利用外资的一些发展特点更趋明显。首先，大型化纤合资特别是独资项目越来越多。这表明纺织工业利用外资已进入一个实质性合作的新阶段，外商正在看好并争夺我市场。如台湾翔鹭实业有限公司独资兴办的厦门翔鹭涤纶纺纤有限公司年产18万吨聚酯及相关产品，总投资2.7亿美元；台湾力霸集团独资兴办的宁波华力化纤有限公司年产12万吨聚酯及8万吨涤纶长丝，总投资3.6亿美元等项目。其次，在主要投资客商中台湾投资的增长特别迅速，表明海峡两岸纺织投资与贸易合作的前景更加广阔。目前台资项目占全国纺织"三资"项目比重约13.5%，投资额约占25.9%。第三，外商投资向北向西推移的趋势更加明显。在东南沿海地区纺织"三资"企业继续发展的同时，北部和中西部地区省份的纺织"三资"企业有了较快的发展。第四，利用外资嫁接改造老企业，为纺织工业的重新振兴探索出一条新路，有的老企业已进入了一个"引进外资——改造发展——再引进——再发展"的良性循环。如湖北美尔雅股份有限公司的前身黄石市床单一厂，1986年前已濒临倒闭，通过利用外资嫁接改造，引进国外先进技术设备，成立合资股份公司，调整产品结构，终于使企业走上了一条高速度、高效益发展的轨道。企业由1986年亏损转为1993年盈利3800万元，出口创汇由1986年1万美元发展到1993年5175万美元，出口创汇额占湖北全省"三资"企业创汇总额的三分之二。

[出口创汇]　纺织"三资"企业的出口创汇迅速增长。1992年纺织"三资"企业出口创汇410496万美元，比1991年增长78%，占同口径纺织品出口的21.4%，占全国"三资"企业出口额的26.3%。其中，纺织纤维及废棉7008万美元，纺织品190564万美元，丝织品11634万美元，服装201290万美元。1993年纺织"三资"企业出口创汇628218万美元，比1992年增长53.0%，占同口径纺织品出口的25.4%，占全国"三资"企业出口额的26.9%。其中，纺织纤维及废棉10217万美元，纺织品267129万美元，丝织品20533

万美元，服装330339万美元。

[**行业结构**] 据统计，纺织“三资”企业仍以服装针织业为主，化纤行业比重逐步提高，目前的行业构成是：服装针织业59.7%，化纤7.4%，棉纺织12.5%，毛纺织6.7%，丝绸2.7%，麻纺织1.0%，印染3.9%，纺机1.0%，其它5.1%。

[**加强利用外资工作管理**] 首先要加强利用外资的统筹规划和纺织外资项目的归口管理。可结合纺织工业“九五”计划和2010年长远规划的制定，对利用外资进行专题规划，建立起利用外资的项目库。二是不断完善政策法规。要在国家产业政策的基础上尽快制定指导外商投资方向的产业目录，《纺织产业政策》应包含这方面内容。当前要特别注意引导外商投资加快改造纺织老企业的步伐。三是切实改善投资环境，特别是要继续抓好重点项目。要积极帮助外商投资企业解决能源、原料、交通等项目的配套条件，提供多方面的咨询服务，并简化审批手续，提高办事效率。要注意控制外债规模，利用外资优先保证重点项目的建设。四是认真总结经验教训。要及时推广优秀“三资”企业的典型经验，也要重视和研究利用外资工作中的新情况、新问题，如外商虚假投资、企业虚亏和外汇平衡等。 （施禹之）

经济效益

[**概况**] 随着社会主义市场经济体制的逐步建立和纺织工业“压缩总量，调整结构，加快技改，转换机制”措施的贯彻实施，1993年全国纺织工业产销形势出现好转，从财务口径来看工业总产值完成2176.8亿元，比1992年（下同）增加151.6亿元，增长7.49%；销售收入完成2102亿元，增加370.6亿元，增长21.40%；销售税金及附加完成82.06亿元，增加18.48亿，增长29.07%；库存产成品资金209.3亿元，减少23.8亿元，下降10.21%。

1993年销售形势虽好，但受原材料价格上涨、企业资金运转不畅等因素的影响，出现了利润下降，亏损企业增多的情况。1993年全国纺织工业（系统内）全行业亏损6.15亿（1992年利润15.51亿）。亏损面达到44.9%，上升5.8个百分点；销售利税率为3.61%，下降0.96个百分点。流动比率只有95.35%，反映出企业偿债能力已十分低下。许多地区银行已不再给纺织企业贷款，使纺织企业资金更为紧张。

1993年纺织工业虽然出现了前所未有的全行业亏损，但各地纺织厅、局和广大职工在限产压库、扭亏增盈、双增双节、调整产品结构、提高产品质量和档次等方面做了大量的工作。企业通过不断深化改革、转换经营机制，市场应变能力有所增强，经营状况有所改善。为缓解纺织工业经济效益更大幅度下滑，作出了贡献。

[**行业亏损原因**] 增利因素：①开发高附加值新产品和调整产品结构，增利20亿元；②棉纺织产品内销价格平均上升7%，约增利37亿元；③丝绸、毛纺、毛针织加速技改，提高质量，增加品种，强化销售，效益提高较快，增利约27亿元；④限产压库促销，产成品资金下降，减少利息支出1.5亿元；⑤开展扭亏增盈，节支降耗，增利约6亿元；⑥其他增利因素约3亿元。以上增利因素合计94.5亿元，相当于1992年利润15.5亿元的5倍。

减利因素：①原料价格上涨影响利润61亿元。1993年因原油调价、汇率变化造成化纤原料及化纤价格普遍上扬，平均涨幅达35%。由于化纤调价，影响全年利润32亿元。9月份新棉上市后，棉花价格上调，327标准棉供应价由329元/担提高到369.8元/担，涨幅为12.4%。调入省（市）另加30元/担的奖励款，企业实际用棉达446元/担。9～12月仅棉花一项增本减利29亿元。因棉花提价，棉纺出口产品平均换汇成本由7.50元～7.80元/美元，提高到7.90元～8.20元/美元，有的换汇成本高达9元/美元。相当一批企业因出口高亏而不敢接单。棉纺行业出现了一批停产半停产企业。据江苏省对常州、镇江、南京、南通、连云港五市257户企业调查，停产半停产企业占12.84%，职工达18万人。②国家政策性增本减利因素增加。1993年由于煤、水、电、汽、运费涨价及1992年出台粮价补贴等翘尾影响，使企业增本减利因素大量增加（如常州电价提高0.18元/度，煤价上涨40元/吨），相应影响全年利润8亿元。③资金拖欠增加，利息支出增大。由于纺织企业货款大量被商业、外贸拖欠，加剧了纺织工业资金的紧张，许多企业有订单而无钱买原料。贷款还不了，国家又两次上浮利息率，5月份上浮20%，7月份上浮20%。下半年利息支出增加9.5亿元。④7月1日实行新财会制度，影响全年利润21.5亿元。⑤由于取消了一些税收方面的优惠政策，纺织工业税负增加20%，影响利润12.5亿元。⑥其它减利因素。如有些地方扩大了今年税收基数，有的地方提高退休统筹基金提取比例，增加各种摊派等，影响共约10亿元。以上各项减利因素，影响1993年纺织工业经济效益122.5亿元。

1993年全行业亏损6亿元，比上年净减利为21亿元，消化减利因素78%。

[**地区经济效益**] 从全国分地区看，有33个地区出现全行业亏损，占全国的50%。扭亏为盈的地区有：北京、成都；由盈转亏的有：河北、山西、内蒙、江西、山东；实现利润名列前茅地区的有：上海4亿，江苏11.3亿，河南1.8亿，广东8亿，福建9200万，青岛5600万，除河南外基本集中在沿海地区。

效益好的地区主要特点是：转换经营机制，提高产品质量、档次，开发适销对路的新产品；化纤企业规模大，比重高，盈利幅度大；充分发挥工贸结合及沿海和经济特区的优势，积极扩大出口，实现整体效益等。青岛市纺织工业自1992年扭转了连续几年的亏损局面以后，1993年进一步解放思想、深化改革、调整结构、加快发展，克服了外部环境及自身深层次矛盾所产生的各种困难，保持了良好的发展势头，主要经济指标均好于1992年。

[**行业经济效益**]　从13个行业情况看，棉纺、印染、复制、单色织、毛纺、麻纺、针织、纺器8个行业全行业亏损。丝绸纺织业、毛针织品业、化纤业、纺机和其它纺织业保持盈利，除纺机外利润都有较大幅度增长。行业亏损面：麻纺织业63.2%，针织品业55.8%（其中毛针织46%），毛纺织业49.4%，棉纺织行业49.3%（其中单色织51.7%、复制51%、印染49.1%、棉纺45.5%），丝绸纺织27.9%，化纤业31.6%。丝绸纺织业受国际市场的影响，热销带动价格提高，使盈利水平快速增长，达52.6%。棉纺业亏损主要原因是由于原棉不足，等级混乱，造成企业无法合理配棉，产品质量上不去，物耗大，再加上原料价格一涨再涨，增大了企业生产成本。印染亏损，除历史包袱重、原料价格过高外，还有生产能力过剩，后整理落后，开发新品种缓慢，产品价格卖不上去等原因。1993年由于外汇比价高，进口化纤量减少，国产化纤销量和价格普遍提高，促进了化纤行业的效益进一步提高。

[**各种经济类型和不同规模的企业经济效益**]　从企业规模看，大型企业盈利较多，中、小型企业亏损普遍，而1992年只有小型企业亏损；从经济类型看，全民和集体企业亏损，其它经济类型企业盈利，1992年只有集体企业亏损。

（张昕）

科 学 技 术

[**科技攻关、技术开发、科技成果推广**]　1993年是完成国家“八五”科技攻关计划关键的一年。由中国纺织总会组织实施的“八五”科技攻关项目共计4大项，12个课题，59个专题。目前除个别项目需调整外，绝大多数项目正按计划顺利进行，预计1994年能完成计划鉴定项目的95%以上，1995年全面完成。

1993年度还由纺织总会组织实施了企业技术开发推广项目7项，共计12个课题，进展情况良好，预计1994年能完成80%以上项目，1995年将全部完成；由纺织总会组织的纺织科技三项费用项目，1993年度共完成50项。此外，一批纺织电子技术推荐贷款项目和工业化试验项目正在按计划进行。

1993年度纺织军工配套工程科研、试制项目共完成135项，纺织特品、军工科研工作进展顺利。

截止1993年底，纺织总会下拨科研开发专项经费7批，共计4496万多元。经审查并完成鉴定的纺织科技项目共计73项，其中由纺织工业部（现中国纺织总会）组织鉴定的33项，委托地方主持鉴定的32项，纺织军工科研项目已鉴定的8项。

1993年度纺织行业获国家级科技奖项目10项（占国家科技奖总数的1.28%），其中，获国家发明奖5项，国家科技进步奖5项。1993年度纺织总会部级科技进步奖，经纺织行业各专业小组和部级评委会评审，共评选出69项。其中，二等奖3项，三等奖26项，四等奖40项。另有12项获部级科技管理奖。

[**科技体制改革**]　1993年纺织科技体制改革继续按照1992年纺织工业部提出的《关于进一步推动纺织科研机构深化改革的若干意见》，积极探索并健全深化纺织科研机构改革的配套政策和措施，有效地引导和推动了纺织科研院所调整结构和人才分流，加速了纺织科技成果商品化、产业化进程。到1993年底，全国133家县以上纺织科研机构职工总数达25474人（其中专业技术干部9834人，约占39%），固定资产总额原值达83151万元，共进行科研项目1258个（其中应用研究、试验发展、设计试制类课题占总课题数的71%左右）。75%以上的纺织科研机构达到经济完全自立或基本自立，绝大多数科研机构基本实现了运行机制的转变，已从传统、单一的科技管理模式向灵活多样的新型科研经营管理模式转变。纺织科研机构中试手段普遍加强，与企业建立了比较广泛的联系，并创办了多种形式的技术经济实体，经济效益明显增强，向科工贸一体化方向发展。据统计，目前全国纺织行业有24家科研院所进入企业或企业集团，有27家成为行业技术开发中心。纺织科研机构下属经济实体已有113个，职工7009人，全年总产值27408万元，上缴利税540万元。

纺织工程技术研究中心、技术开发中心建设成绩显著。1993年由纺织工业部（中国纺织总会）组织申报的中国纺织科学研究院“纤维基复合材料工程研究中心”、中国服装设计研究中心“服装设计与加工工艺研究中心”和仪征、营口以及无锡（由地方申报）等三家“大型企业化纤技术中心”，经国家计委、国家科委、国家经贸委等部门评估，已获批准。原12家行业技术开发中心和基地建设工作在纺织工业部（中国纺织总会）与地方共同努力下，已基本走出困境，初具规模，正逐步发挥应有作用。

[**标准、计量**]　1993年纺织标准化管理工作积极采用国际标准制，组织修订了一批国家和行业标准，工作进展顺利。据统计，全年计划完成国家标准43项，行业标准103项，实际完成国家标准25项，行业标准80项，实际完成率70%；同时，完成了纯棉纱、布基础标准、方法标准等42项国家标准的报批工作和精、粗梳毛纺织品、人造毛皮等59项行业标准的审批发布工作；组织了对1991年批准发布的国家标准评选奖励工作，其中“服装号型、男子、女子、儿童”、“织物防毡绒性试验方法”、“纺织品耐家庭和商品洗涤色牢度试验方法”等三项获国家技术监督局科技进步奖。

纺织计量工作方面，1993 年计划完成纺织仪器检定规程 15 项，实际完成 6 项，完成率 40%。1993 年还完成了国家纺织计量站的验收和两个部级产品测试中心的计量认证工作。完成了条干仪计量标准装置的建标工作和条干仪建标科研项目的鉴定工作。

[科技工作宏观管理] 1993 年撤销纺织工业部、组建中国纺织总会后，按照转变职能的要求，原纺织工业部科技发展司改建为中国纺织总会科技发展部，进一步明确了宏观管理职能，并相应调整了纺织科技工作范围。科技发展部由综合、科技、特品和标准等 4 个处室组成，并新组建了中国纺织科学技术发展中心。按照新的工作职能，制定了《科技发展部工作规则》、《纺织科技三项费用管理办法》等规章制度。并与国家计委、科委、经贸委、国家技术监督局等部门进行了联系和衔接，各项科技工作进展顺利。（俞亦政）

劳动工资

[劳动用工、工资分配、社会保险三项制度改革] 1993 年继续坚持劳动合同制改革的方向，进一步扩大全员合同制试点。引导企业和职工走上劳动关系法制化的轨道，使企业在招收、录用、安排岗位和确定、变更、终止、解除同职工劳动关系方面享有充分的自主权。据统计，到 1993 年末，全国纺织系统内工业企业劳动合同制工人已达 272 万人，约占系统内职工总数的 38%。在扩大全员劳动合同制试点的基础上，企业内部不断完善对现有合同制职工的管理。针对纺织企业一线工人中农民合同制工人逐渐增长的情况，一些省市纺织劳动部门积极与地方劳动部门协商，解决农民合同工中的生产骨干农转非问题，调动了农民合同工的积极性，起到了稳定职工队伍的作用。为贯彻国务院颁布的《全民所有制工业企业转换经营机制条例》，深化纺织企业劳动用工制度改革，促进企业经营机制的转换，经与劳动部、全纺工会有关部门商研，制定并颁发纺人〔1993〕17 号文件，同意纺织企业可以根据生产经营的需要自主选择企业内部劳动班制。同时，纺织企业要不断减轻工人劳动强度，改善劳动条件，积极推进技术进步，加大技术改造力度。

1993 年进一步推进纺织企业岗位技能工资制的试点工作。岗位劳动测评工作是实行岗位技能工资制的基础工作，在棉纺织岗位测评的基础上，组织印发了毛纺织、麻纺织、丝绸、印染、化纤等 10 个行业的 400 余个排头兵工种的岗位测评排序结果，供纺织企业参考使用。同时，总结岗技制试点经验，编写了《纺织企业岗技制运用经验汇编》一书，收集了 26 个企业的经验及操作方法，供实行岗位技能工资制的企业参考。

纺织企业一线运转岗位劳动强度大，劳动条件差，工人常年三班运转，属于艰苦岗位，长期存在“招不进，留不住”问题，搞好提高纺织一线运转艰苦岗位津贴标准工作，有利于稳定职工队伍，有利于深化企业劳动工资制度改革，促进企业发展。经过认真调查研究，反复测算、修改、讨论，提出纺织企业一线运转岗位津贴标准的意见，经劳动部、财政部研究同意，劳动部以劳部发〔1993〕389 号文件正式批准，纺织企业一线运转岗位津贴标准增资幅度按每人每个工作日 1 元掌握，体现了工资分配向一线艰苦岗位倾斜的政策。

纺织企业是劳动密集型企业，近年来由于种种原因纺织企业效益滑坡，困难重重。纺织行业进行产业调整，妥善安置纺织企业富余人员成为劳动工作的一件大事，各地纺织劳动部门根据国务院第 110 号令《国有企业待业保险规定》，国务院第 111 号令《国有企业富余职工安置规定》要求，通过建立劳务市场，开办三产等多种渠道安置富余职工。据统计，到 1993 年末，全国纺织系统工业企业职工比 1992 年减少了 31.36 万人。

1993 年举办了 3 期三项制度改革研讨班，研讨在向社会主义市场经济过渡时期，如何搞好企业三项制度改革，全国纺织企业劳动工资干部 250 人参加了研讨班，大家一致反映开阔了思路，明确了目标，收到了较好的效果。

[劳动基础管理] 纺织各行业的工人技术等级标准修订工作从 1989 年开展以来，经过几年的艰苦工作，到 1993 年底，各行业的工人技术等级标准修订印制发行工作已告结束。这对加强劳动管理，提高工人技术业务素质，加强工人的培训考核有着积极的作用。

1993 年颁发了毛精纺、针织、印染、织绸、缫丝五个行业可比用工标准，这对加强企业基础管理，减少单位产品用工，减少用人，提高工作效率，提高劳动生产率和经济效益起到了积极作用。（张世昌　李小云）

教　育

[概况] 1993 年是纺织教育史上非常重要的一年。虽然纺织行业遇到了前所未有的困难，但纺织教育在《中国教育改革和发展纲要》的推动下，仍取得了较大成绩。学校规模有较大发展，改革不断深化，办学效益有所提高，专业设置和教学内容也发生了可喜的变化。

1993 年全国共有各级各类纺织院校 331 所，其中全日制纺织普通高等学校及设有系科的院校 20 所，全日制纺织普通中等专业学校 50 所，纺织成人高等学校 33 所，纺织职工中等专业学校 64 所，纺织技工学校 164 所。

1993 年全日制纺织普通高校招生 15000 人，年底在校生 44000 人；全日制普通中专招生 15049 人，年底在校生 40373 人；纺织成人高等教育招生 6259 人，年底在校生 12620 人；纺织职工中专年底在校生 11433

人。

［普通高等教育］　为适应纺织工业结构调整的需要，纺织高校加强了专业结构的调整，更新专业内容，拓宽专业方向，增加了一批新的专业。纺织高等院校学科门类较全，设有理、工、管、文、艺术等45个专业，其中有纺织工程、针织工程、丝绸工程、化学纤维、染整工程、纺织材料及纺织品设计、服装、应用物理学、高分子材料与工程、材料科学与工程、纺织化学材料、机械制造工艺与设备、热加工工艺及设备、机械设计及制造、机械电子工程、通信工程、应用电子技术、自动控制、检测技术与应用、工业设计、模具设计与制造、办公自动化、工业自动化、电气技术、计算机及应用、供热通风与空调工程、环境工程化工工艺、精细化工、工业分析、国际贸易、管理信息系统、英语、计划统计、会计学、市场营销、涉外会计、经济法、涉外秘书、管理工程、工业外贸、服装艺术设计、服装与表演、染织艺术设计、装潢艺术设计、装饰艺术设计等。

经国务院学位委员会批准，1993年全国纺织普通高等院校博士学位授予单位除了原有的中国纺织大学，又新增加了天津纺织工学院。现有博士学位授予点8个，6个专业（工业自动化、纺织工程、纺织材料、化学纤维、染整工程、纺织机械）；在原有6个硕士学位授予单位的基础上，又增加了山东纺织工学院为硕士学位授予单位，现有硕士学位授予点47个，共19个专业（纺织工程、针织工程、纺织材料、化学纤维、染整工程、纺织品设计、纺织机械、服装、应用数学、固体力学、机械制造、工业自动化、管理工程、计算机应用、供热供燃气通风及空调工程、化学工程、丝稠工程、工艺美术设计、环境化工）。此外，中国纺织大学还设有1个博士后流动站。

［职工教育］　在纺织行业经济效益下滑的形势下，职教工作遇到很多困难。广大教育工作者发扬艰苦奋斗、努力进取的精神，结合企业扭亏增盈、开发新产品和技术的需要，配合经济体制改革，开展了多种内容与形式的岗位培训、适应性培训和继续教育，针对性、实用性更强。特别是进行教育综合改革实验的企业，经过近几年的努力，实验工作取得了显著成效。在这些企业里，职工教育的地位得到了落实，企业负责人树立了较强的教育意识，亲自抓教育综合改革，在企业里形成了较好的育人环境；理顺了职工教育管理体系，形成了在厂长领导下各业务部门协同、配合，总厂、分厂、车间畅通、健全的管理网络；职工教育纳入了企业的生产经营计划和方针目标，同经营生产工作同步规划、实施、检查与奖惩；各项培训围绕提高职工的实际工作能力，改革教学内容，收到实效，使教育与加强基础管理，与技改、生产结合得更加紧密；各企业还结合深化改革的需要及开拓国际市场、跨国办厂的需要，及时组织办班，培训急需人才。职工教育提高了职工的素质，推动了生产经营工作和经济效益的提高。消耗减少，质量提高，交货期缩短，新产品开发力度增强，挖潜改造成效增大，增强了这些企业在市场上的竞争力和职工的凝聚力。

［增设二级学院，进行院系调整］　总会首次批准了在所属普通高校中设立非独立建制的二级学院，批准成立了中国纺织大学的服装学院、管理学院、成人教育学院；西北纺织工学院的成人教育学院、服装学院；苏州丝绸工学院的纺织艺术学院；浙江丝绸工学院的服装学院。

［第二届中国国际丝绸会议］　第二届中国国际丝绸会议于1993年9月20日～22日在苏州丝绸工学院召开。参加会议的代表共244人，他们分别来自中国、法国、日本、韩国、英国、澳大利亚、印度、瑞典、瑞士、南非、孟加拉、意大利等12个国家，以及香港地区。中国纺织总会杜钰洲副会长、中国丝绸集团总公司筹备组负责人、中国纺织总会许坤元副会长、国际丝协秘书长罗纳德·卡里先生及国内外有关科研机构、大学专家、学者、企业的厂长、经理和高级技术人员参加了会议。会议组织了学术报告会、技术交流会及丝绸精品展览会。世界上丝绸主要生产国家的代表们汇聚一堂，共同分析和交流国际丝绸业的当前形势、今后动向、存在的困难、可能的对策，为世界丝绸业的发展提供了广泛和深层的信息。对于我国目前在丝绸业比较困难的情况下，如何缩小与国际丝绸业的差距，跟踪和赶上国际发展趋势，都将产生积极而深远的影响。

棉　纺　织

［概况］　棉纺织业是我国纺织工业中的主要行业。1993年全国纺织工业系统内棉纺织企业（不含印染、棉制品业，下同）2466个，职工人数329.81万人；实现工业总产值（90年不变价）878.80亿元。全社会纱产量总计502.36万吨，其中纺织系统内425.62万吨。纱产量总计中棉纱331.53万吨、混纺纱113.72万吨、棉型纯化纤纱57.11万吨。总计中精梳纱60.40万吨。全社会布产量总计177.81亿米，其中纺织系统内128.27亿米。布产量总计中棉布106.11亿米、棉混纺交织布51.56亿米、纯化纤布20.14亿米。1993年末全国棉纺锭4131.94万锭，比1992年（下同）减少57.68万锭，其中乡镇企业棉纺锭442.70万锭。棉精梳机共有9420台，增加706台。棉织机85.88万台，减少2.79万台。其中无梭织机31243台，增加7676台。无梭织机占棉织机总数的3.64%，增加近1个百分点。拥有无梭织机最多的省份是江苏，为5874台，占全国棉用无梭织机的18.80%；省内无梭织机占有比例最大的是广东省，为29.14%；无梭织机占有比例高于全国平均水平的省市有北京、天津、辽宁、吉林、江苏、浙江、安徽、山东、广东、海南、陕西。

[纱布销售] 1993年棉纺织工业克服原料紧缺、价格上涨、资金不足等困难，积极采取措施，稳定生产，产销状况得到改善。控制总量、限产压库工作也取得一定成效。1993年纺织系统内纱布工业仓库付出量比上年增长，其中纱为280.98万吨，增长28.16%；布为107.95亿米，增长14.50%。1993年纱总计产销率为104.3%，同比增加8.4个百分点；布总计产销率为105.4%，同比增加7.5个百分点，均超出国家经贸委下达的97.48%的产销率指标。

[纱布质量] 1993年棉纺织行业进一步加强技术改造和企业管理，使纱、布质量又有提高。1993年全国纺织产品监督抽查，纱线共抽查了364个企业、570批产品，平均合格率为95.4%，本色布共抽查了209个企业、300批产品，平均合格率为95.3%。

[纱布出口] 据海关统计，1993年纯棉纱出口4.16亿美元、增长5.57%，涤棉纱0.43亿美元、减少13.32%，纯棉布22.30亿美元、增长8.42%，涤棉布5.37亿美元、减少19.61%。全国纺织品出口交货中，纱交货总折纱量184.09万件、增长9.17%，布折纱量645.06万件、增长7.64%。棉纱线出口19.87万吨、增加20.84%，涤棉纱线出口2.16万吨、增加2.12%，人棉纱线出口2.12万吨、增加53.32%。棉布出口37.86亿米、增加25.24%，涤棉布出口11.70亿米、减少0.80%，人棉布出口8.36亿米、增加54.11%。

[存在问题] 棉纺织工业存在的主要问题是低水平生产能力过大，虽然技术改造力度不断加大，但解放前和50年代的落后设备仍占较大比重。先进设备所占比例较低，无梭织机和自动络筒机拥有量所占比例低于世界发展中国家平均水平。1993年棉花资源紧缺、流通混乱，企业资金不足等问题相当突出，企业经济效益仍不见好转。

(胡伯陶)

毛 纺 织

[概况] 1993年毛纺织工业生产稳定发展。年末，全国拥有毛纺锭338.88万枚，比1992年（下同）增长9.6%。毛纺锭中精梳毛织品纺纱锭120.09万枚、占35.44%，粗梳毛织品纺纱锭73.58万枚、占21.72%，毛线锭138.85万枚、占44.97%（其中针织绒102.84万枚），气流纺和改造的毛纺锭6.37万枚、占1.88%。毛织机3.29万台，减少6%。年末纺织系统毛纺织企业800家（其中毛针织222家），实现工业总产值231.57亿元（现行价）、占纺织业总产值的9.1%，其中毛纺织204.26亿元、增长13.52%，毛针织27.31亿元、增长30.68%。

1993年生产呢绒3.49亿米、增长3.25%，其中精纺毛织品1.63亿米、占46.70%，粗纺毛织品1.76亿米、占50.43%，还有半精梳呢绒等。按原料划分，纯毛呢绒0.80亿米，占22.92%，毛混纺交织呢绒2.33亿米，占66.76%，纯化纤呢绒0.37亿米，占10.60%。生产毛线33.29万吨、减少5.05%，其中粗绒线12.27万吨、占36.86%，细绒线3.49万吨、占10.48%，针织绒17.39万吨、占52.24%。按原料划分，纯毛毛线10.81万吨、占32.47%，毛混纺毛线8.93万吨、占28.26%，纯化纤毛线11.83万吨、占37.44%。生产毛毯3115.47万条、增长26.80%，其中腈纶毛毯2321.98万条、占74.53%，此外还有纯毛毛毯、人造毛毯等。人造毛皮，产业用毛纺产品，装饰用毛纺产品，以及羊毛衫类毛针织品等大类产品都有较大发展。

[质量与品种] 在市场竞争日益激烈的情况下，提高质量与开发品种已经成为企业的自觉行为。开展各种质量活动、强化质量管理、狠抓“三基”管理工作，都取得一定成效。通过这些活动，不但提高了产品的内在质量，也改善了实物的外观质量。在提高质量的同时，抓住产品结构调整，产品向轻重量、新潮化、功能化和传统产品的高档化发展。①趋于高纱支、轻重量。以往畅销的粗纺拷花大衣呢、银枪大衣呢每米重量（下同）800～900克，如今被600克左右的短顺毛大衣呢、绒面大衣呢替代；精纺花呢类平均单位重量比前些年减轻10%左右。特别是高档花呢趋于高支纱，要求毛纱条干均匀，呢面光洁。毛毯产品，传统的水纹提花毛毯长期保持每条3.3公斤左右，现下降到2.5公斤；经编拉舍尔毛毯也由双层4公斤发展为单层2公斤左右；国际市场流行的旅游毯，结构松、重量轻；精纺羊毛衫由32～36公支毛纱制织的针织服装，发展为42～56公支纱的轻薄羊毛衫。以上这些产品均比以往好销。②趋于新潮化。多色纤维混合、多色纱线交织，配色多至6～8个颜色的格子、人字粗花呢已是女性时装或男性便装的畅销面料。色泽庄重、配色协调、工艺精细的粗纺花呢是高档西服面料，外销订货多、内销也畅销。针织外衣时装化的针织服装采用精、粗梳针织纱、手编毛线编织，配色和款式千姿百态。③趋于功能化。防缩、防蛀、抗菌、阻燃、防水、抗绉等功能性毛纺产品，愈加受到消费者青睐。④传统产品高档化。高纱支、高密度的驼丝锦、缎背华达呢、贡呢、单面华达呢是1993年内销市场抢手货。此外，山羊绒、毛牦绒等特种动物纤维的珍贵产品，已由外销市场发展到内销市场，要货急增。

[技术进步] 我国毛纺工业老基地的骨干企业设备严重老化，不少机器超过使用年限，不仅机器性能和效率低下，而且很不适应当前的生产需要，企业技术改造工作已刻不容缓。纺无结头纱、高支纱，改善毛纱条干均匀度，织造高密度、轻薄型织物，后整理的高档化和功能性处理，以及减少纺、织染整疵点，是1993年技改的重点。不少企业着力于：①按纺纱要求改进前纺工序和采用新型粗纱机、改造细纱机牵伸装置以及精梳机的梳理部件；②改变股线络筒为单纱络筒，采用空气捻

接器减少纱线结头；③采用无梭织机及相应的高速整经机；④加强染整工序计算机控制，强化工艺上机，采用整纬装置减少纬斜，改进洗呢、蒸呢、烧毛等设备与工艺，改善织物手感等等，取得较好效果。

[**市场**] 1993年国内毛纺市场趋好，产销率上升，库存下降，按纺织系统统计口径，呢绒产销率99.1%、上升5.5%，毛线产销率102%、上升3.1%。工业期末库存，毛线下降20.52%，呢绒下降0.13%。据商业系统统计，期末库存也是有减无增，呢绒下降8.8%，毛线下降7.1%。毛纺产品产销状况得到改善。

随着毛纺产品的市场适应性不断增强，出口得到一定发展，毛纺大类产品出口交货量分别为：呢绒4192.10万米、占总产量的12.01%，毛毯389.96万条、占总产量的12.52%，毛线3.61万吨、毛针织品折用纱线量1.04万吨，合计占毛线总产量的13.97%。各类产品出口交货量与1992年比较，呢绒增长8.59%，毛毯增长17.14%，毛针织品折用纱线量下降14.01%。据海关统计：毛纺产品出口创汇11.18亿美元（不含羊毛类原料与呢绒服装），其中呢绒1.08亿美元、占9.7%，毛纱2.08亿美元、占18.69%，羊毛衫类针织品7.92亿美元、占70.84%，毛毯0.1亿美元、占0.89%。创汇值虽比上一年有较大增长，但出口产品占生产量的比例还很小，在国际市场的占有率也很低。因此，必须在生产适销对路优质产品、加强售后服务和缩短交货期等方面下大力气，以增强出口产品的竞争力，扩大出口，促进毛纺织工业不断发展壮大。 （李椿和）

丝　绸

[**概况**] 1993年全国共有丝绸企业3000家，其中系统内丝绸企业829家；职工100万人；固定资产约120亿元。主要生产能力：缫丝机313万绪，其中自动缫丝机35万绪；丝织机20.4万台，其中无梭织机1.3万台；练、印、染能力30亿米。

1993年在丝绸行业广大职工的努力下，丝绸工业生产继续保持了持续发展的势头。全国丝绸工业总产值达316.12亿元，比1992年（下同）增加21.67%。主要产品产量：丝产量9.19万吨、增加25.38%，其中桑蚕丝7.65万吨、增加26.24%；丝织品产量28.03亿米、增加1.05%，其中桑蚕丝及其交织品10.97亿米、增加67.48%。

虽然1993年国际丝绸市场价格持续疲软，但由于丝绸服装及制品出口大幅度增加，使丝绸产品出口创汇额仍有所增加。全年丝绸商品出口创汇30.50亿美元（海关口径），增加12.18%。主要丝绸商品出口中：桑蚕丝出口6206吨、创汇1.94亿美元，分别减少19.10%和41.33%；桑丝绸出口1.46亿米、创汇3.75亿美元，分别增加8.96%和减少20.21%；丝绸服装出口3.5亿件、创汇21.2亿美元，分别增加67.5%和27.2%。

[**经济效益**] 1993年全国丝绸行业坚持深化改革，转换经营机制，调整产品结构，依靠技术进步，加速技术改造，强化管理，挖潜降耗，加强营销，克服了原料不足、资金短缺及税收加大等重重困难，使全系统经济效益有较大增长。1993年产品销售收入完成256.5亿元，增加23.8%；利税总额完成14.38亿元、增加47.94%，其中利润总额完成4.42亿元、增加52.41%。但一些企业由于产品结构不合理，产品质量较低，经营管理不善，亏损严重。据统计，1993年丝绸企业亏损面高达27.9%，亏损金额4.23亿元，增加25.2%。

[**品种质量**] 随着国内外丝绸市场竞争的加剧，各丝绸企业把提高产品质量，开发品种，提高产品档次作为参与竞争的重要手段。通过强化质量意识，广泛开展各种形式的技术练兵和操作比赛，使“质量第一”和“质量是企业的生命”意识深入人心。一些企业的真丝印花绸实物质量已达到或接近国际先进水平。据全国20个丝绸重点城市统计：桑蚕丝正品率完成99.94%、提高0.20%，白厂丝平均等级为3A29级、提高0.12级，丝织品入库一等品率完成88.55%、与上年持平，百公斤丝耗毛茧量为303公斤、增加8公斤。各企业在狠抓质量的同时，还根据国内外市场开发了很多适销对路的产品，不但增加了出口创汇，也满足了日益丰富的市场需要。

[**技术进步与技术改造**] 1993年是“八五”科技工作非常关键的一年，各个攻关项目已全面展开。上半年，对所有项目进展情况进行了中期评估，通过对各个专题及子专题的合同、技术、资金等方面的重新论证，对一些项目进行了调整，使“八五”科技攻关项目更趋合理、可行。一些项目经过科研人员的努力，已取得了阶段性成果。

1993年下半年，召开了全国丝绸印染新技术、新设备推广会，对“六五”、“七五”以来印染技术成果进行了一次检阅，此次推广会共推出38项新技术成果，成交额达2100万元，受到众多用户的好评，加快了科技成果向生产力的转化。

围绕上质量、上品种、上档次的需要，各丝绸企业纷纷加快了技术改造与技术进步的步伐。1993年，全国丝绸工业技术改造项目59个，总投资54497万元，全年共完成48个。通过技术改造，引进关键设备和技术，使一些企业面貌焕然一新，提高了技术素质和应变能力，增加了经济效益和在国际市场中的竞争力。

[**深化改革，调整结构**] 1993年是丝绸行业深化企业改革，调整产业结构的一年。许多丝绸企业在逐步建立现代企业制度以及转换企业经营机制等方面进行了探索，取得了一些进展。企业在推广用工制度和分配制度

改革的同时，进一步深化经营承包责任制，采取划小核算单位，风险承包，实行分厂制，完善了企业内部调控体系，明确界定企业分级管理的责、权、利，充分调动了广大职工的劳动积极性，使企业获得了新的活力。有的企业已开始探索建立现代企业制度的新路子，在组织形式、产权与经营权的关系等方面进行大胆的尝试。杭州东风丝绸印染厂与省丝绸公司等六单位共同组建了中外合资股份制形式的杭州凯地丝绸股份有限公司，完全实行自主经营、自负盈亏、自我约束、自我发展。通过股份制形式引进外资，扩大了企业的生产能力，提高了产品质量，同时也使职工的主人翁意识增加，企业的凝聚力和竞争力大大加强，获得了较好的经济效益和社会效益。为了使企业更加接近国际市场，许多企业纷纷申请进出口经营权，到1993年为止，共有42家丝绸企业获得对外进出口经营权，这些企业通过直接参与国际竞争，了解了国际丝绸市场的动态，从而加强了产品的开发能力，提高了企业素质，增加了出口创汇和经济效益。有的企业根据行业特点，内引外联，形成了农工贸、产供销一条龙的企业集团，很好地解决了原料、生产和销售的矛盾。一些企业在以丝绸生产为主的前提下，利用地级差价，大力发展第三产业，涉及了商业、经贸、交通运输、饮食服务等行业，使企业的发展后劲和综合实力得到加强　（单国宏）

化学纤维

［**概况**］　1993年全国化学纤维生产随着经济体制改革不断深入，逐步步入市场经济轨道。受各种因素影响，1993年化纤生产发展速度比较低，仅比1992年增长（下同）4.7%，增加10.38万吨，总产量221.5万吨。

人造纤维市场活跃，国内、国际两个市场需求旺盛，共生产28.51万吨，增长14.5%。合成纤维产量192.49万吨，仅增长3.4%。其中涤纶短纤、腈纶、维纶减产，产量分别为62.45万吨、13.73万吨、4.56万吨，减幅分别为－10.9%、－4.6%、－25.9%；涤纶长丝79.8万吨，增长19.9%；锦纶17.4万吨，增长8.1%；丙纶12.35万吨，增长12.8%。1993年全国实用化纤约304.7万吨（国产210万吨，进口化纤84.6万吨，进口化纤纱线10.1万吨）增长4.1%，国产化纤已满足国内纺织加工需要的69%。化纤浆粕、聚酯切片市场需求旺盛，供不应求，但受原料制约，化纤浆粕生产26万吨，减少0.9%，聚酯切片产量116.31万吨，增长4.5%。

合成纤维原料仍大量进口，全年共进口82.9万吨，用汇6.3亿美元，分别增长12.5%和1.6%。进口仍以涤纶用原料为主：乙二醇12.8万吨，对苯二甲酸25.6万吨，聚酯切片24.1万吨，共计62.5万吨，占合成纤维原料进口总量的75.4%。

［**经济效益**］　化纤行业是纺织业中经济效益相对较好的一个行业，1993年全行业利润总额为19.2亿元，但化纤行业中亏损企业增加，1993年上升到58个企业（在可统计的范围内），比1992年的21个增加1.5倍以上，总亏损额2亿元，比1992年大幅度提高（1992年亏损企业亏损额3677万元）。主要原因是能源费用提高、原料价格急剧上升，造成生产成本大幅度提度，而销售价格受纺织品市场供需关系的抑制得不到相应的增加，个别品种甚至还下降，另外化纤企业内部管理也存在一定问题。

锦纶民用丝和涤纶长丝行业效益下滑最为明显，虽然在下半年中央采取措施，平抑外汇比率，整顿金融秩序，但二行业减利总额仍在8亿元以上。35%锦纶民用丝企业发生亏损，涤纶长丝企业一改没有亏损的历史，亏损面突破10%。腈纶由于几个干法工艺建设项目试车不正常，也发生了较大亏损。

［**产品价格**］　1993年化纤产品及其原料价格完全放开，苦乐不均。氨纶供求稳定，价格平稳；腈纶价格浮动，仍带有季节性变化；维纶和丙纶价格略微上扬，尤其丙纶BCF仍维持自1992年以来的稳步、缓慢上升的趋势；涤纶长丝销售价格全年基本稳定，只是在7～9月份有所上扬，但马上又回落到原有水平，这是由于涤纶长丝行业为扭转原料大幅涨价所造成的经营被动局面，经行业协调，一致采取最低限价的办法。但人为协调是短期行为，不能持久，决定价格仍是市场供求关系的变化。

粘胶长、短纤，涤纶短纤价格上升，尤其粘胶长丝，涤纶短纤上升幅度前所未有，究其原因各有不同。粘胶长丝是由于国内、国际市场需求增大，人民币对美元比率大幅下降，刺激出口所致，1993年粘胶长丝出口达到近万吨的历史最好水平。而涤纶短纤价格上升是由于原棉供应逐步趋紧，棉纺企业对化纤的需求增长引起的。同时聚酯切片价格猛涨，导致生产能力在经济规模以下的涤纶厂承受不了成本急剧增加的冲击，大部分停产，从而造成市场总量上的巨大短缺也是重要原因之一。

合成纤维原料价格在1993年也猛涨。己内酰胺、尼龙66盐、聚酯切片价格最高分别达到14500元/吨、11000元/吨、12100元/吨，增幅高达26%、16%、60%，在中央平抑外汇比率、整顿金融秩序后才有回落，但年底的价格仍大大高于年初，发生这种冲击性的价格变化主要原因是：①我国化纤原料工业发展滞后于抽丝工业的发展，合成纤维工业用原料大量依靠进口，因而国际市场行情的变化以及我国外贸、金融、关税等政策的变化都直接影响到合成纤维工业；②1993年上半年外汇市场人民币对美元的比率大幅下降；③在市场不景气的情况下，长丝仍然大量增产，全年产量79.8万吨，较1992年增加19.9%，又人为地加重本已十分紧张的原料供需矛盾；④国家宏观调控手段没有及时跟上；⑤1992年国家为解决合纤原料紧缺所下达的临时调减税率使用额度和配套中央外汇减少，1992年度的原料缺口，必然在1993年反映出来。

[**存在问题**]　化纤行业自改革开放以来，取得了举世瞩目的发展，1993年按产量统计已占到世界第三位(国家和地区)，为纺织工业的发展作出了贡献。但在市场竞争的大潮冲击下，也进一步暴露出行业存在的弱点：①化纤原料发展还跟不上需要。原料、聚合、抽丝的比例为0.7∶1.1∶1.25，这种倒比例严重制约了我国化纤工业的发展；②化纤企业"散"、"规模小"，造成劳动生产率低下，产品缺乏国际市场竞争力；③品种单一，质量水平不高，行业内部结构急需调整。

[**基本建设及技术改造**]　1993年化纤基本建设收尾项目共4项，即河北秦皇岛腈纶厂、江西九江粘胶短纤项目、山东济南涤纶厂和青岛二棉锦纶帘子布工程。九江粘胶短纤工程于1993年7月23日顺利通过了72小时达产达标考核，进入四季度，生产一直稳定，产品质量逐步提高。青岛二棉锦纶帘子布工程于1993年7月开始全线进入试生产阶段，生产状况良好，产量、质量稳定。济南涤纶厂PTA、PET涤纶短纤、涤纶长丝4套装置均已满负荷运转，运行稳定，生产状况良好，其中聚酯装置已超过设计能力。

1993年在建化纤大中型项目共8项，即上海纺织涤纶厂聚酯工程、广州亚美聚酯工程、海南聚酯切片厂、山东淄博腈纶厂、浙江腈纶厂、广东茂名腈纶厂、湖北化纤厂粘胶短纤工程和海南海口锦纶帘子布厂。其中湖北化纤厂万吨粘胶短纤维工程于1993年12月25日建成，一次开车成功，形成万吨生产能力。其他项目在工程组织施工质量等方面情况良好。存在的主要问题，一是上半年资金到位差，10月份以后资金才得以解决，使各工程的进度不同程度受到了影响。二是采用干法工艺的抚顺、秦皇岛、淄博等项目虽然已分别于1992年、1993年相继投料试车，但由于该工艺操作要求高、设备又存在设计和制造质量等问题，再加上管理操作水平等原因，使试生产迟迟无法转入正常，造成试车费用多、亏损大，资金严重短缺。为此，由中国纺织总会牵头，成立了由国家计委、机电轻纺投资公司、中国石化总公司、中国技术进出口公司为领导成员的工作小组，于9月、10月分别对抚顺、淄博、秦皇岛三厂调查了解，决定进行整改，力图尽快达到稳定生产的局面。

1993年新开工的化纤大中型项目有：仪征化纤工业联合公司三期工程、浙江涤纶厂聚酯工程、无锡合纤总厂涤纶工业丝三个项目，经国务院批准于1993年11月份开工建设。此外，河北唐山粘胶短纤工程和四川自贡聚酯工程两个项目被国家列为1993年基本建设大中型预备项目。

1993年开工的限上技术改造项目有黑龙江涤纶厂聚酯项目、哈尔滨化纤厂人造丝项目和平顶山帘子布厂填平补齐增加万吨锦纶帘子布能力项目。这些项目预计在1995年底前后分别建成投产。

(王超鲁、郑植艺)

纺 织 机 械

[**概况**]　1993年是纺织机械行业加速改革开放的一年，纺织机械企业大力调整行业产品结构，引进国外先进技术，增大技术改造和技术进步的投入，加快技改步伐，取得了一定的成绩。全年完成产量38.78万吨，实现工业总产值67.55亿元，分别比1992年（下同）增长6.1%和16.2%，其中国家合同定购完成7.32万吨，工业总产值13.49亿元。全年共为纺织工业提供精梳机组230套、棉细纱机403台、气流纺纱机140台、无梭织机2078台（其中剑杆织机840台、喷水织机1137台、喷气织机101台）、自动缫丝机265台、圆网印花机49台等较高水平的装备，为满足纺织工业发展需要作出了贡献。

[**新技术与科研成果**]　"自动络筒机、无梭织机引进技术消化吸收国产化专项"是国家重大项目，1993年实施进展顺利。该项目由20个企业承担，项目总投资14.26亿元，外汇1.65亿美元。已签订对外引进合同。几个主机项目大部分完成了图纸转换和人员培训工作。各企业的基建工程、技术改造都在加紧实施。预计1994年底可初步形成规模生产能力。上海第二纺织机械股份有限公司承担了自动络筒机专项，1993年已完成散件组装20台，销售18台。咸阳纺织机械厂ZA205I型喷气织机全机图纸转换工作已完成，1993年已有20台产品供应用户，累计已签销售合同298台。南昌飞机制造公司P7100型片梭织机图纸和工艺文件已基本翻译完毕，进口及国内订购设备，1993年底全部安装调试完毕，准备投入生产。郑州纺织机械厂承担清梳联子项，上海中国纺织机械股份有限公司承担喷气织机，青岛纺织机械厂继续消化吸收萨维奥自动络筒机等均进展顺利。这些项目完成将大大改善我国纺织工业技术装备生产的落后局面，使我国纺织技术装备产品达到国际80年代末的水平。

[**新产品**]　1993年纺织机械器材行业完成新品试制并鉴定投产42项，主要产品有湖北天门纺织机械厂及中国纺织总会纺织机电研究所设计制造的FA303A—ф230、ф250型并条机，常德纺织机械厂设计制造的CGFA255型精梳机，江苏射阳纺织机械厂和上海纺织科学研究院设计制造的SGA211型高速整经机，天津纺织机械厂设计制造的FB401型毛纺悬锭粗纱机，上海第二纺织机械股份有限公司设计制造的KV731型纺丝牵伸机，山西经纬纺织机械厂设计制造的KV571

牵伸加捻机。

[行业管理]　根据深化改革的需要，1993年经国务院批准撤销纺织工业部成立中国纺织总会。中国纺织总会内部机构中的技术装备部作为全国纺织机械器材工业的行业管理部门也开始运作，并根据国务院文件精神和发展市场经济的需要，经总会领导同意，实行了技术装备部与中国纺织机械器材工业协会合署办公，纺织机械器材行业的管理进入了一个新时期。技术装备部及协会的主要职责和工作是搞好行业规划，推动行业结构调整，并组织协调列入国家计划的重大装备技术项目的引进和国产化工作；积极推动纺织机械和器材市场体系的建立和完善；加强信息的导向功能，完善信息网络体系；贯彻质量法，坚持不懈地抓好提高产品质量，负责纺机及器材的产品质量监督和纺织机械进出口管理工作。

[质量及质量管理]　“质量法”的颁布实施，标志着我国的质量工作已开始走上法制轨道。1993年在全行业大张旗鼓地宣传、贯彻“质量法”，提高各企业和广大职工对质量法的认识，从思想上牢固树立质量第一的观念。全年纺织机械行业共颁发52项标准修订计划，实际完成47项。试行了出口质量许可证，主要是棉细纱机试行发证工作，并对江阴动力机厂、上海第二纺织机械股份有限公司、经纬纺织机械厂按规定进行检查，经认真评审认为符合颁发出口质量许可证条件，并上报国家商检局统一发证。1993年国家技术监督局对梳棉机、棉纺锭子、织针、纱管四种纺机和器材进行了抽查，纺织机械行业对横机进行了质量复查，推动了纺织机械和器材行业产品的质量监督工作。

[销售]　1993年上半年，纺机产销形势较好，特别是绢纺和毛纺设备。下半午纺机的产销形势急转直下，不少企业销售不畅。全年纺织机械销售额、利税总额比上年有所下降。据对纺织机械行业312个企业的统计，1993年纺织机械产品销售收入91.39亿元，利税总额8.87亿元，利润总额5.91亿元。全年纺织机械出口创汇1.58亿美元，形势较好。　（尚艳静）

服　　装

[概况]　服装业是中国消费品制造业的重要组成部分，也是我国对外贸易的支柱产业。我国现有服装工业企业4.4万个，职工370万人。全国有服装科研机构104家，专业学校102个，在北京和上海有全国服装行业的高等学府——北京服装学院和中国纺织大学服装学院。此外全国还在40多所纺织学院、工艺美院开设了服装系，为服装工业培养输送技术和管理人才。当前，国内服装市场繁荣，生产竞争激烈，促进服装生产分布、服装企业经济成分结构和产品结构发生很大变化。服装产地由原来的遍地开花，发展到越来越趋向集中，目前主要集中在沿海和服装集散地周围。三资企业、乡镇企业中的服装生产企业迅速发展，打破了工业部门一统天下局面。服装产品从中低档向中高档发展。近几年是历史上服装工业发展最快的时期。

[生产]　1993年是服装工业在激烈市场竞争中生产持续高速发展的一年，年服装产量已达63.68亿件，服装生产超亿件的有13个地区，它们是广东、浙江、江苏、上海、山东、河北、辽宁、天津、四川、福建、湖北、北京、安徽，这些地区服装产量已占我国服装总产量的92%。与此相反，大部分内地省份产量则逐年减少。我国服装工业发展主要是由于乡镇服装企业迅猛增长，合资企业数量的逐年增加所致。到1993年乡镇企业服装产量已占全国服装总产量的60%，替代了原工业部门的主力军地位，广东、四川、山东、福建、浙江、天津等地的乡镇企业服装产量已占本地区产量的70%～80%。目前，工业部门服装生产萎缩，大部分国营和集体服装企业严重开工不足，生产能力闲置。企业生产经营状况也明显两极分化，一批设备先进、管理现代化、产品档次高、经济效益好的企业脱颖而出。有些企业不能适应商品经济的大潮，已被迫关、停、并、转。预计今后几年服装生产从总体上将会进一步向劳动力低廉、经营手段灵活的农村、乡镇企业转移。

[市场]　我国服装生产面对国内外两大市场。1993年国内服装市场十分活跃，服装总销售量约为30亿件左右。衣着消费已占生活消费总支出的17%。全国各大商场服装销售额1993年比1992年（下同）增长了16%，在销售总额中所占比重逐年上升，服装产品已成为消费热点。除国营销售渠道以外，全国还有几十个具有相当规模的交易市场，如辽宁海城西柳服装批发市场（年成交额31.9亿元）、山东淄博淄川服装城（年成交额26.0亿元）山东即墨市服装批发市场（年成交额15.8亿元）、浙江杭州四季青服装市场（年成交额6.40亿元）、广东普宁流沙服装市场（年成交额6亿元）等，已成为国内服装销售的主渠道，内销服装有70%～80%通过这些市场批发和销售。另外国内在大中型城市中，相继建立了服装专卖店和连锁店，表明现代营销组织形式进入初级发展阶段，并将成为城市未来服装销售的新生力量。

我国的服装市场从地区上可分为4个层次，沿海地区和经济特区——内地大、中城市——小城镇——农村。4个层次服装流行时间相差2～3年。

目前我国收入和支出水平的差距，使消费层次也迅速拉开。服装消费可分为3个层次：①高档、名牌服装消费层，这个阶层的人员主要包括外企中的工作人员、著名演艺界人士、部分个体经营者和农民企业家、中国涉外机构和一些大公司的高级职员、部分航空运输和金融界人士等，这个层次的人数约占人口总数的0.6%。②中档服装消费层，这个层次主要是城市中的工薪层，约占城市人口的70%～75%，在农村人口中约占 26%。③低档服装消费层，这个层次的人除城镇中低收入者和待业人员（约占城镇人口的 25%）外，在农村是主要消费群，约占农村总人口的 60%。另外在我国农村还有相当一部分生活在温饱线以下人口，他们是终年不买成品服装的。

中国的高档服装市场几乎完全被进口服装和中外合资企业产品占领。低档服装市场则完全是乡镇企业的领地，大多数国营和集体服装工业企业，两头受挤，一些企业一心向“外”在国内市场上反而失去了竞争力，工薪阶层需要的中国自己的名牌和中档服装相对不足。

[**出口**]　我国服装出口“八五”期间增长很快，平均年递增速度为 43%，出口到世界上 130 多个国家和地区。1993 年全年服装出口 30.5 亿件，增长 13.8%，出口服装数量占服装总产量的一半左右。1993 年服装年出口创汇 115.43 亿美元（不包括针织服装），增长 9.6%，雄据全国各出口商品创汇之冠，占我国出口总值的 12.6%，占纺织品出口总值的 44.3%。有 12 个国家（地区）进口中国服装金额已超过亿美元，这些国家和地区是香港（33.63 亿美元）、日本（27.28 亿美元）、美国（20.57 亿美元）、德国（5.3 亿美元）、俄罗斯（4.67 亿美元）、英国（2.08 亿美元）、加拿大（2.03 亿美元）、意大利（1.72 亿美元）、澳大利亚（1.6 亿美元）、法国（1.4 亿美元）、沙特阿拉伯（1.11 亿美元）。

我国已在世界衣着出口贸易金额排名表上名列前茅。美国、日本、欧共体、香港是我服装出口的主要市场，出口金额高达 94.5 亿美元，占我国服装出口总值的 81.9%。

1993 年世界服装市场，受全球经济不景气的影响持续淡况，只有美国、英国市场仅稍有回升，我国成衣出口日本高速增长时期已结束，对香港成衣转口也有较大衰退，因此 1993 年我国服装出口创汇的增长速度比前两年明显减慢，仅增长 9.6%。低于平均速度 33.4 个百分点。

1993 年我国出口服装量最大的两个品种是裤子（占总量的 26%）和衬衫（占总量的 21%），两项合计占总量的 47%。附加值高、季节性强的时装出口很少，高中档服装出口全部用的是国外的牌子。

[**存在问题**]　①服装产品结构趋向同化，生产发展是低水平延伸，没有质的飞跃，低档服装产量过大，产品结构与消费结构不相适应。②工业部门一些老的服装企业尽管在技术、设备和质量管理方面有一定优势，但由于经营机制问题和历史包袱过重，难以和乡镇企业和合资企业竞争，经济效益低下，有的已濒临破产。③外销产品价格体制尚未理顺，出口服装生产企业经济效益严重下降，最好的利润率也不过 2%。导致企业对生产出口服装积极性下降。④高级形态的纺织服装市场发育不足，缺少网络性批发、联锁销售等现代市场组织形式。出口服装环节多、手续繁，交货期长，使企业无法接高档服装和时装订单，难以提高产品附加值。⑤纺织后道工序印染后整理加工技术水平较低，面辅料产品不能满足中高档产品服装的生产和出口。

（周绍宁）

乡镇纺织业

[**概况**]　1993 年乡镇纺织工业持续、健康、快速发展。1993 年有乡村两级纺织企业 6.48 万个、比 1992 年（下同）增加 5600 个，就业职工 568.14 万人、增加 43.34 万人，工业总产值（90 年不变价）2965.37 亿元、增加 1044 亿元、增长 54.3%，销售收入 2752.82 亿元、增加 1025.94 亿元、增长 59.4%。

乡镇纺织行业中发展最快的是化纤业，由去年第四位（增长速度）跃居第一位，其次是缝纫、毛纺织、棉纺织、针织业。

化纤业 1993 年有企业 1248 个，工业总产值 96.34 亿元，销售产值 88.07 亿元，分别增长 201%、82.02% 和 82.45%。其中江苏省化纤工业总产值 50.64 亿元，约占全国乡镇化纤总产值的 57.5%，化纤行业的快速增长，表现了乡镇企业以较快速度占领市场空档、适应市场经济的应变能力。缝纫行业有企业 32037 个，总产值 838.54 亿元，销售产值 778.42 亿元，分别增长 12.9%、66.58%和 72.67%。毛纺织业有企业 2720 个，总产值 265.44 亿元，销售产值 241.15 亿元，分别增长 2.2%、51.89%和 37.7%。棉纺织企业 8284 个，工业总产值 539.39 亿元，销售产值 518.57 亿元，分别增长 0.9%、46.07%和 50.27%。针织业有企业 9646 个，工业总产值 285.24 亿元，销售产值 258.55 亿元，分别增长 25.68%、35.28%和 40.24%。

[**产品产量**]　丝 69285 吨、增长 103%，丝织品 160939 万米、增长 53.6%（其中乡办 98457 万米、村办 55649 万米），棉布 515151 万米、增长 31.7%（其中乡办 282327 万米、村办 174536 万米），服装 58.08 亿件、增长 78.16%（其中乡办 18.73 亿件、村办 23.59%亿件）。

[**结构调整**]　为了适应市场经济需求，乡镇纺织企业积极调整产品结构。一是产品档次明显提高；二是发挥当地优势，实行专业化、系列化、一条龙配套生产；三是发展多元化产品，形成了“一业为主，多业发展”的产业结构；四是企业组织结构向规模经营发展。据统计，全国产值亿元以上乡镇纺织企业达 100 多家。最大乡镇纺织企业产值 10 多亿元。有的乡镇纺织企业集中的产区，工业产值超过 40 亿元以上。

[**出口创汇**]　乡镇纺织企业把发展外向型经济作为推动乡镇企业发展的“引擎”，通过出口创汇，引进了技术、设备，使乡镇企业产品提高了档次，增强了竞争能

力。1993年乡镇纺织出口企业21801家，职工人数238.98万人，出口交货值808.04亿元，增长87.42%。其中服装399.46亿元、增长114.27%，丝织105.46亿元、增长80.43%，纺织303.11亿元、增长62.74%。

出口收购值较高的省有：江苏285.99亿元、占全国乡镇纺织企业产品出口收购值的35.39%，浙江136.82亿元、占全国的16.9%，广东131.4亿元、占全国的16.3%，上海73.02亿元、占全国的9%，福建34.85亿元、占全国的4.3%。

经国家经贸委批准，已有50家乡镇纺织企业获得了自营进出口权。

（李　侠）

新兴集团（总后勤部）纺织服装业

［**概况**］　中国新兴（集团）总公司经国务院、中国军委批准，于1989年9月正式成立，是集技工贸为一体、具有独立法人资格的大型综合性、多元化经济实体，下辖60个大中型全民所有制工业企业，其中25个企业及其它行业工厂的8个生产车间(分厂)属纺织服装行业。主要设备有棉纺锭18万枚，布机2300台，印染生产线22条，缝纫机1.3万台。按25个企业计算（不含其它车间分厂），拥有固定资产原值15.39亿元，流动资产21.94亿元，1949～1993年固定资产累计投资19.71亿元，其中1993年投资2.62亿元，占1949年建国后总投资额的13.29%。

［**生产经营**］　新兴集团遵循保军转民的原则，在确保完成军品指令性生产任务的前提下，大力开发民用和外贸产品的生产。25个纺织、印染、服装企业，1993年共创工业总产值33.52亿元，利税1.31亿元，与1992年相比（下同）分别下降9.54%和46.43%；实现销售收入35.95亿元，增长9.16%。主要产品产量：纱线2.27万吨，坯布5561万米，印染布2.1亿米，服装4765万件，其它棉纺织制品耗用纱线1.06万吨。利税下降的主要原因是产品成本升高因素增多，产品销售价格难于到位，致使效益下降。在全国纺织行业面临困难较多、效益大幅度下滑的情况下，军需纺织服装行业经过全体职工的全力拼搏，虽然1993年滑坡较明显，但基本保持了生产经营工作的正常运行和职工队伍的稳定。

［**技术进步**］　1993年企业把调整产品结构，推广应用新技术，提高产品档次作为重点工作来抓。共投入技改资金8000多万元用于设备更新改造和采用新技术、新工艺。①引进新设备。从日、德、台、港引进了先进的针纺织、染整、缝纫设备370台（套），并相应购置国产优良设备与其配套，改善了技术装备水平，为产品的开发和升级换代创造了条件。②采用新工艺。6个工厂对棉被生产弹花工艺实施改造，全部采用梳棉工艺，彻底解决了几十年来弹花不熟、不透、不匀等问题，产品实物质量明显提高。③运用新技术。3506、3509厂的纺织设备使用了电脑数据采集及处理系统。各被服厂普遍使用电脑CAD辅助设计系统，提高了劳动效率和设计水平，节约了原材料。3508厂的三维服装辅助设计系统通过了专家鉴定，其先进性和实用性均达到国际一流水平。④开发新产品。根据军队和市场需要，批量生产的宽幅涤粘平纹呢（仿毛中长）坯布色布、粉点涂层粘合衬布、针织运动休闲衣裤、真丝砂洗和牛仔系列服装、高档西服等产品，进一步改变了传统产品结构单一的状况。1993年3506厂工序控制QC小组和3509厂筒摇车间QC小组分别获得全国和全军优秀质量管理小组称号，另有10个工厂的15个QC小组获总公司优秀质量管理小组称号。

［**调整**］　①1993年底有5家企业完成搬迁工作，有3家企业在建之中。工厂搬迁之后，信息灵敏，交通便利，生产条件改善，为今后的发展创造了良好的外界环境。②根据集团公司总体发展规划，压缩传统被装行业生产规模，充分利用老企业地理位置优势，积极进行第三产业开发。一部分工厂开放了临街繁华地段，进行多种形式的经营活动；一部分工厂实施局部划块开发，独资或合资合作兴建宾馆、饭店、娱乐中心等项目；一部分工厂已经确定或正在寻找新型产业、新型项目，进行全面改造。

［**深化企业改革**］　①精简机构。各工厂根据自身情况，在治理企业内部机构重叠、人浮于事问题上狠下功夫，大幅度精简压缩机构和人员，实行兼、并、代，一人多职，一职多能，起到了克服内耗，减少矛盾，提高效率的作用。②三项制度改革。根据国家有关企业改革的新政策，对劳动、人事、分配制度进行了有益的改革尝试，取得了可喜的成效。压缩非生产人员比重，对富余人员采取充实到生产一线或从事三产经营、提前退岗等方式予以疏散，既减轻了工厂的负担，又调动了绝大多数人员的工作积极性。淡化干部和工人的界限，普遍实行聘任制办法，将工作平庸、进取心不强的干部免职或解聘，将胜任管理岗位的工人聘为管理者。工资、奖金向生产一线、重要岗位和对企业做出突出贡献的人员倾斜，使一线生产工人的奖金系数高于全厂平均系数。建立产品质量保障基金，用于奖励技术、检验人员（发生质量事故则予以重罚），对产品销售、开发、技术质量等工作作出突出贡献的，予以重奖。③下放领导干部管理权限。从1993年起，新兴集团公司将下属企业副厂级以下领导干部的任免权限下放给企业，总公司只管厂长和党委书记两名一把手，行政副厂级干部由厂长聘任，这一措施对于激发企业主要领导的改革意识，理顺关系，加强领导班子内部团结，提高凝聚力起到了积极作用。这是军需企业领导干部管理体制的一次重大改革。

（李学成）

新疆生产建设兵团

[**概况**] 新疆生产建设兵团纺织工业始建于1958年，历经逐年发展，特别是在党的十一届三中全会以后十多年来，有了较大发展。目前全兵团共有纺织工业企业53家，其中大型企业2个、中型企业9个、小型企业42个。按行业分，棉纺织业17家，毛纺织业8家，针织复制业4家，其它24家。截止1993年底，有棉纺锭36万枚，棉织机4471台，年印染能力3200万米；毛纺锭2.96万枚，其中毛精纺1.86万锭、毛粗纺1.1万锭、毛织机370台；针棉织品折纱量达5000吨。初步形成了包括棉、毛、麻、印染、针织复制、服装鞋帽等门类比较齐全的纺织工业体系。八一棉纺织厂、八一毛纺织厂等一批大中型企业，充分利用新疆的优良棉花、羊毛等原料优势，于70年代初就开始生产出口产品，而且逐年发展。近几年，为适应国内外市场的变化需要，着重抓了大中型企业的技术改造，投入技改资金1.39亿元，其中外汇800万美元。引进了自动络筒机，浆纱机，整经机，宽幅喷气织机，片梭织机，毛条、毛纱生产设备，针织大圆机，电脑绣花机，高温、高压、常温常压染色机等部分关键设备，使企业的技术装备水平有了明显提高，从而增强了企业参与市场竞争的能力。

[**生产与质量**] 1993年完成工业总产值87879万元，比1992年（下同）同期下降2.6%。其中，棉纺织工业完成产值51277万元、下降10.54%，毛纺织工业完成29883万元、增长11.34%，针织复制业完成产值6719万元、增长10.71%。1993年生产棉纱42544吨、下降7.06%，布8259万米、下降7.71%，印染布1255万米、增长26.90%，呢绒359.24万米、增长8.40%，毛线947吨、增长23.95%，毛毯14.72万条、增长65.58%，针棉织品折纱线量3872吨、下降9.89%。出口纺织品交货值6215万元，下降30.04%。

产品质量全年保持基本稳定。其中，棉纱一等一级以上品率98.91%棉布入库一等品率为97.26%，棉布下机一等品率为71.62%，呢绒入库一等品率为96.24%，毛线入库一等品率为97.53%，毛毯入库一等品率为88.75%，针织三大类综合入库一等品率为98.51%。

[**经济效益**] 从全年的利润、税金及销售收入情况看，经济效益比去年下降幅度较大。据不完全统计，截止12月底，利润亏损额达11072.43万元。其中，棉纺织工业亏损7254.53万元，毛纺织工业亏损3086.48万元，针织复制业亏损731.42万元。

[**产量、利税下降原因**] ①销售市场发生变化。棉纺织品、针织复制产品、粗纺呢绒产品销售量锐减，售价不断下降，各企业为保证经济效益不大幅度下滑，纷纷压缩生产规模，放慢生产速度，调整产品结构，以确保产品有销路。进入四季度，由于世界性棉花减产，纺织品、特别是两纱两布的销售市场看好，价格开始上扬，但仍然无法弥补前3个季度的欠产缺口。而粗纺呢绒由于产品结构不合理，仍然滞销，精纺呢绒、毛线、毛毯等产品销售回升。②大中型企业负担沉重。主要是困扰企业多年的三角债问题没有得到彻底解决，特别是国家政策规定的棉花拖欠款二次点贷没有落实，企业三项资金占用仍居高不下。大中型企业前几年出现的亏损挂帐计息。技术改造贷款、基本建设贷款（包括借贷的外汇）利息不断调高。7月1日起执行新的会计制度。企业社会负担过重，不但要负担退休工人的费用等开支，而且要负担学校、医院、环境卫生、计划生育等各种费用与摊派。③企业生产经营活动中的各项费用上涨。除机物料、零配件、染化料、建筑材料、人工费用、水费、电费、管理费等全面上涨以外，纺棉羊毛（绒）、化纤等价格也在上涨。④新疆棉花的含糖量有所增加，纺纱不仅要进行原棉含糖处理，而且纺纱生产工艺也要进行相应调整，生产成本上升。⑤运输困难。由于铁路运力有限，企业接单后往往由于运输问题，而耽误了产品交货期。有时也出现申请到车皮计划而无客户的情况。⑥国家、自治区人民政府支持纺织企业发展的优惠政策，兵团企业享受不到。⑦流动资金短缺。⑧人才流失严重。⑨产品结构不合理、装备落后、市场信息不灵、生产经营管理水平较低等也是造成产值、产量、利税下降的原因。

地 方 篇

The Survey of Textile Industry in Some Areas

北 京 市

[**概况**]　北京市纺织工业总公司系统有化学纤维、棉纺织、印染、针织、染织、复制、毛纺织、毛针织、丝绸、服装、鞋帽、机械器材 11 个行业，工业企业 83 户，其中国有预算内企业 39 户，固定资产原值 28 亿元，职工 11 万人。1993 年工业总产值 42.95 亿元，比上年（下同）下降 3.31%；销售收入 38.5 亿元，增长 9.38%；产销率 99.6%，增加 1.5 个百分点；库存产成品资金占用 6.3 亿元，其中实际库存 4.4 亿元，比年初略有下降；出口供货 15 亿元，增长 2%。自营出口创汇 6668 万美元，增长 30.8%；国有预算内企业实现利税 1.24 亿元，增加 26.8%，其中实现利润 3928 万元（1992 年为负 2682 万元），扭亏为盈。外商投资企业实现利润 5300 万元，劳动就业服务公司系统实现利润 1600 万元，均比上年有较大幅度增长。主要产品产量：化学纤维 19928 吨，下降 18.9%；纱 63234 吨，增长 2.52%；布 19409 万米，增长 1.59%；印染布 8738 万米，下降 27%；呢绒 1333 万米，增长 4.03%；毛线 4973 吨，下降 13.8%；毛衣裤 229.9 万件，下降 11.8%；针织衫裤 1182 万件，下降 22.1%；服装 1100 万件，下降 26.8%。

[**自营出口**]　1993 年有 20 户企业和企业集团获得进出口经营权，其中已有 11 户经营进出口贸易，出口创汇 6668 万美元，比上年增长 30.8%。清河毛纺织厂、三环毛纺针织集团公司和进丰鞋帽集团公司出口创汇分别为 1235.7 万美元、1159.6 万美元和 1101 万美元，其中清河毛纺织厂、进丰鞋帽集团公司首次突破千万美元大关，分别比上年增长 76%和 117%。京工服装集团公司自营出口第一年创汇即达 510 万美元。针织集团公司、染织集团公司、北京维尼纶厂开始经营进出口贸易，也取得了进展。

[**技术改造**]　按照“八五”计划，重点技术改造项目 120 项，投资 13 亿元，相当于“七五”技改投资的 2 倍。到 1993 年末，落实资金 10.35 亿元，占计划投资的 80%，其中国有大中型企业落实资金 9.54 亿元，占计划投资的 90%。60%以上的项目竣工投产、试投产。棉纺织、毛纺织、服装等行业技术装备水平明显提高。棉纺织行业 50%以上的清钢设备、60%以上的络筒机、80%左右的细纱机和 50%以上的织机达到 80～90 年代水平。毛精纺行业 60%以上的前纺设备、50%以上的细纱机和 55%以上的织机达到 80～90 年代水平。

[**利用外资**]　1993 年新建外商投资企业 27 家，协议总投资 1.8 亿美元。按合同期限入资率、开工率达 100%。平均投资额 600 多万元，大大超过以前所建外商投资企业平均投资额。截至 1993 年末，已建外商投资企业 69 家，协议总投资达 2.4 亿美元。全厂性合资企业 5 家，其中雪莲羊绒有限公司、高久雷蒙西服有限公司、京港物业发展有限公司、新华丰染织发展有限公司是目前较大的外商投资企业。1993 年，已经开工的 30 家外商投资企业工业总产值 5.7 亿元，销售收入 5.4 亿元，实现利润 5300 万元。雪莲、京澳、京华、丝金、埃姆等实现利润均在 300 万元以上，其中雪莲达 2568 万元，居全市纺织行业之首。

[**结构调整**]　1993 年新产品试制 303 个，投产 177 个；新花色、新款式试制 8803 个，投产 6613 个。新产品产值占 6.93%，实现利税占 32.4%。棉纺织精梳纱、布的产品产值比例达 22.3%，比上年提高 3.98 个百分点。京棉二厂精梳纱、布和气流纱、粗厚织物两大系列产品产量分别占纱、布产量的 13.2%和 9.9%，销售利润率分别为 17%和 23%。毛纺织轻薄产品产量有较大提高，如北京毛纺织厂轻薄产品产量已占 50%以上，平均克重降低 32 克/米，平均利润提高 20%以上。北京市技术监督局推荐全市 20 种好产品中，天鹅牌和古稀龄牌精纺呢绒、双鹿牌毛线、伊里兰牌羽绒服榜上有名。

1993 年通过合并、兼并，撤销了 6 家企事业单位建制。第九针织厂、第十针织厂被系统外企业兼并。第五针织厂并入北京帆布厂，华丽衬衫厂并入京工服装集团公司并与原服装四厂、八厂组建雷蒙西服公司，第一纺织机械厂与尼龙配件厂合并为北京朔方公司，北京化纤厂与北京化纤所实行厂所合并，组成新的、科研与生产紧密结合的北京化纤厂。

地处东四的北京羊毛衫厂把所有生产设备迁往郊区，扩建三友纺织品商场，于 1993 年 6 月 28 日重新开业，当年实现利润 320 万元。服装开发公司利用原织布厂房改建的天意小商品市场进一步扩大营业面积，成为城区最大的小商品批发市场，1993 年进入北京市“经济百强”。东郊纺织一条街开发建设规划已经形成，并拉开了帷幕。第一期计划开发 36 万平方米土地，可建设 130 万平方米的商业、宾馆、餐饮、娱乐、公寓、写字楼等高层建筑群。北京印染厂与香港客商合资开发建设的城市广场、第二印染厂与中信联建的华光大厦已经开工。

[**毛纺行业扭亏为盈**]　北京毛纺织厂、清河毛纺织厂、北京第二毛纺织厂、北京制呢厂、北京长毛绒厂和三环毛纺针织集团公司 6 户国有预算内企业已全面扭亏为盈。1993 年实现利税 1.06 亿元，其中实现利润 6550 万元。北京毛纺织厂、清河毛纺织厂实现利税分别为 2464 万元和 3366 万元，均创历史最好水平。北京制呢厂生产总量压缩 1/3，销售收入增加 13.8%，实现扭亏为盈。

（北京市纺织工业总公司）

河 北 省

[**概况**] 1993年完成工业总产值125亿元，比上年（下同）增长5.8%；销售收入99.44亿元，增长25.61%；出口交货值46.11亿元，增长30.74%，其中"三资"企业出口占总量6.84%；创汇5.35亿美元，增长3.02%；年平均产销率98.04%，上升5.29亿美元，增长3.02%；年平均产销率98.04%，上升5.29个百分点。由于受原料涨价、资金紧缺以及下半年实行"两则"等因素影响，虽然产销形势尚好，经济效益却不尽理想。全年实现利税1.76亿元，下降40.96%，其中利润为负2.17亿元；亏损企业142户，增加27.93%；亏损户亏损4.51亿元，上升2.75倍。完成固定资产投资9.55亿元，增长12%，其中基建投资3.8亿元，降低7.2%；技改投资完成5.75亿元，增长30%。主要产品产量：化学纤维35960吨，增加22.47%；纱369138吨，增加3.4%；布118497.46万米，增加0.09%；印染布50192.05万米，增加4.83%；针棉织品折用纱量35212.2吨，减少8.5%；针织品折用涤长丝量3635.38吨，减少15.92%；针织品折用锦长丝量1103.74吨，增加5.82%；毛线4090.52吨，减少0.76%；呢绒331.13万米，减少42.08%；麻袋914.75万条，减少3.98%；丝107.31吨，增加10.63%；丝织品2649.73万米，减少4.93%；成衣服装3908.4万件，减少3.1%；纺织机械9242吨，减少11.42%。

[**解决原棉短缺**] 1992～1993棉花年度，由于严重干旱、虫灾以及其它方面的原因，河北省棉花生产出现严重滑坡，全省收购皮棉仅375万担，缺口达300多万担。为解决纺棉缺口大的问题，省纺织工业总公司在1992年10月份，召开全省纺织工业地市局长（经理）紧急会议进行磋商，以搞好棉花采购工作，并及时向纺织工业部和省政府汇报，呼吁政府和有关部门高度重视并采取有力措施，做到早下手早主动。经省纺织工业总公司多次申请，在纺织工业部的大力支持下，国家先后三次共批准河北动用30万担储备棉，对确保效益好的国有大中型棉纺企业正常生产起到了重要作用。同时省纺织总公司积极动员和组织纺织企业采购原棉，适时进行产品结构调整，在保证产品质量、市场接受的前提下，采取提高纺纱支数、增加麻类和化纤等非棉纤维用量、压缩纯棉产品、利用气流纺多吃下脚棉等节棉措施，千方百计保证生产，使有限的原料产生更大的效益。由于化纤原料用量增加，省纺织工业总公司牵头，实行统一组织、统一谈价、统一进货的办法，较好地解决了化纤用量问题。经过各级齐心努力，虽然部分企业出现一些停产、减班、停台现象，但总体上维持了正常生产。

[**固定资产投资效果明显**] 为实现河北纺织工业"八五"规划规定的1993年度目标值，省纺织工业总公司会同各市地纺织主管部门，克服困难、团结协作，组织好项目的落实工作。先后编制了《贯彻〈河北省经济振兴大纲〉纺织工业实施计划》和《河北省纺织工业"九五"设想（初稿）》，并两次参与修订《河北省"龙虎"企业建设计划》，全省纺织工业"二龙七虎"计划覆盖26个骨干企业，40多个项目。为改变河北服装行业落后面貌，省总公司还会同省计委、经贸委等部门联合制定了《"八五"后三年服装行业重点技改项目计划》，并已作为导向计划下达各市地。鉴于中国纺织总会原拟1993年新开"印染后整理"和"产业用纺织品"两个技改专项未能启动，省内新开技改项目数量也少于往年的情况，省总公司把工作重点转移到项目储备上，为下步工作争取主动。陆续编制了1994年的《建设项目计划》、《压锭技改项目计划》、《印染后整理项目计划》、《产业用纺织品技改项目计划》以及《省级技改项目计划》，并多方奔走，争取批准实施。由于项目储备充足、规划重点明确，确保了基建、技改项目实施得以顺利进行。1993年全省纺织行业完成固定资产投资9.55亿元，比上年的8.53亿元增长12%，其中技术改造施工项目120项，已竣工55项，完成投资5.75亿元，比上年的4.43亿元增长30%；基建施工项目57项，已竣工24项，完成投资3.8亿元，比上年的4.1亿元减少7.4%。

与此同时，河北纺织工业利用外资工作开始从"小打小闹"向大项目、大投资、大中型企业方向拓展。全年引进外资签署的158项协议中，已经批准的外商直接投资项目有66项，合同利用外资3229万美元；国个政府贷款项目已实排7项，利用贷款共1400万美元，已到位贷款160万美元。技术引进工作也有了新进展，全年技术引进签约合同用汇达6585万美元。

[**重点建设项目取得进展**] 1993年纺织工业列入省重点建设的项目共有九项，其中省管和省直主管部门项目有五项。这五个大项目中，除石家庄市衬布总厂限上技改项目未能通过工商银行投资评估外，其它项目均在顺利进行之中。

秦皇岛腈纶厂年产3万吨腈纶工程，由于设计、设备技术问题不能正常生产，经过全年努力，先后在120多项技术和设备问题上取得明显成果。11月份全厂七条生产线已开出四条，生产比较稳定，首次跨过盈亏平衡点；12月份生产腈纶短纤维1300多吨、腈纶毛条800多吨，当月净收益360万元。由于设备、工艺等方面存在一定问题，中国纺织总会提出试车期延长两年。

唐山化纤厂年产2万吨粘胶短纤维项目，总投资5.95亿元（含外汇3990万美元），经过货比三家、技术交流及多次商务谈判，决定利用奥地利出口信贷，引进该国兰精公司的技术与设备。该项目将于1994年正式开工并争取1996年投产。

石家庄6万吨聚酯项目可行性研究报告已上报国家计委，有望批准。保定化纤厂7500吨粘胶长丝老厂改造工程预开工项目已完成投资1200万元，国家经贸委同意列入1994年开工计划。

此外，列入市管项目的唐山丰南涤纶厂工程后纺部分已试产，前纺部分设备已全部到厂，1994年可全面试产。

[产权制度改革进入实质阶段] 1993年河北纺织工业在认真总结1992年产权制度改革的基础上，一批企业依据自身的效益状况，在引进外资嫁接改造、合资租赁以及股份制经营等方面进行了大胆尝试，积极探索，迈出了可喜的步伐。其中具有代表性的企业是：

石家庄第二棉纺织厂与香港锦宏发展有限公司（国际控股）合资经营石家庄棉二锦宏纺织有限公司。合资模式为出让股权、嫁接改造、合资经营。项目总投资2987.91万美元，全部注册。石家庄第二棉纺织厂以自有固定资产和流动资产折价1493.96万美元投入，占注册资本的50%；香港锦宏发展有限公司以现汇购买石家庄第二棉纺织厂固定资产和流动资产折价1493.96万美元投入，占注册资本的50%。在此基础上，双方再各自投入500万美元用于企业技术改造。1993年9月27日双方正式签约，合资期限为25年。

石家庄第三棉纺织厂于1993年12月21日宣告成立"石家庄三泰纺织股份有限公司"，成为全省纺织系统第一家实行股份制的大型国有企业。

1993年底，邯郸第三棉纺织厂在完成清产核资、资产评估界定、资料申报审批、财务分帐、募集股本等项具体筹备工作基础上，部分实行股份制经营。该厂从1.75亿元的资产净值中拨出38.34%作为法人股金，职工股金1672万元，以总股金8366万元成立了"邯郸三环股份有限公司"。

石家庄第二毛纺织厂以租赁方式，与韩国罗田毛纺株式会社合资经营"石家庄南河毛纺有限公司"。石家庄第二毛纺织厂是亏损严重企业，在韩国有较大影响的罗田毛纺株式会社与该厂多次洽谈后，决定投资1800万元与石家庄第二毛纺织厂合资租赁经营。这种新的合资方式，不但给石家庄第二毛纺织厂带来生机，也为治理亏损纺织企业闯开了一条新路。

[出口创汇大幅度增长] 全省纺织产品出口数量增加，出口创汇增长。全年主要纺织品外贸收购总值完成46.11亿元，增长30.74%；出口创汇达5.353亿美元，增长3.02%。全省出口交货值比上年增长较大的有：邯郸、石家庄、保定、廊坊、沧州等市及保定衡水地区，上述市地增长幅度最低的也在28.55%。从产品出口交货量上看，纱为2.63万吨，增长89.3%；布为7.94亿米，增长15.2%。棉毛类衫裤、绒布类衫裤和服装也有不同程度的增长。在出口渠道上，一方面继续坚持贯彻本口岸与多口岸并重、全方位推进的出口方针；另一方面积极发展企业自营出口，到1993年末全省拥有自营进出口权的纺织企业已有87家。这两条措施有力地促进了纺织品出口，使全省1993年纺织品出口始终保持了增长势头。在全年累计出口交货总值中，本口岸收购值18.07亿元占39.19%；其它口岸收购和企业自营出口达28.04亿元占60.81%，外口岸出口交货值比上年同期增长2.39%，从9月份起外口岸出口比重便首次超过本口岸。

[经济效益呈阶段性特点] 上半年经济效益稳步回升；下半年经济效益大幅度回落。效益回落原因是多方面的，主要是原棉货紧价扬、效益过多地流向中间环节和实行新会计制度对纺织工业近期效益产生影响等。一至六月份全行业共实现利税2.67亿元，同比增长46.65%，其中利润实现8682万元，同比增长20.73%。效益绝对数居全国第五位。从省内看，与去年同期相比增幅高于全省平均水平的地市有保定市、保定地区，原石家庄市、邢台市、张家口市、石家庄地区、邢台地区。其中保定市和原石家庄市上半年共实现利税2.3亿元，占全行业实现利税总额的86%；全省棉纺和化纤行业共实现利税2.7亿元，占全行业利税总额的100.76%。"两市两行业"保持了我省纺织工业利税的主体地位。七月份以后，由于上述原因，全省纺织工业利润减少2.15亿元。截至12月底，盈亏相抵，全行业亏损2.17亿元；亏损企业达142户，增加27.93%，亏损面占预算内企业总数的50.53%。

（孙家宝　冉维群　陈康成）

山　西　省

[概况] 1993年全省纺织系统虽然做了大量工作，但仍未遏制住经济效益大幅度下滑的趋势。全年完成工业总产值33.14亿元，比1992年（下同）下降1.73%；出口产品交货值4.42亿元，增长9.14%；完成销售收入28.84亿元，增长16.06%；实现利税3630万元，减少52.31%；全省亏损企业56户，增加17户，亏损面为58.95%；亏损企业亏损额为10904万元，增加2.99倍。

从经济运行情况来看，全年呈"马鞍形"走势。上半年的形势好于往年，生产增长速度稳定，产品销售明显回升，经济效益逐步好转。但进入下半年以后，由于受资金紧张和棉花提价的影响，相当一部分企业处于停产、半停产状态，生产经营出现了严重的"滑坡"，不仅发展速度减慢，生产出现负增长，而且一度明显好转的经济效益又大幅度下滑。从指标完成情况看，上半年亏损企业只有40个，全省盈亏相抵后的净亏损只有180万元，比上年同期减少45%。而到12月亏损企业增加到56户，7～12月全省盈亏相抵后的净亏损额高达8512万元，为前半年的47倍。

造成纺织工业经济效益大幅度下滑的原因是多方面的。从自身来说，市场意识还不强，还没有形成适应市场经济的经营机制，加之人才缺乏，设备落后，使企业的产品缺乏竞争能力。从客观上讲，有些政策性增支减利因素则是加剧经济效益下滑的主要原因。一是国家从9月1日起提高纺棉供应价格，每担纺棉提价21.13%，按9～12月39万担纺棉计划计算，共增加成本3006万元；二是煤、电、水提价，仅电费提价一项，全行业一年增加支出3819万元；三是银行从7月起提高贷款利率后，全行业多支出利息1574万元；四是新会计制度接轨影响利润5892万元；五是税收负担加重，全年税金12322万元，比上年增长76.46%。以上五项合计，全年减少利润1.96亿元。

[**产品开发和产品销售**] 面对激烈的市场竞争，各企业按照"内抓产品、外抓市场"的指导思想，积极调整产品结构，使产品的品种、花色、款式和质量有了长足的进步。在全省第四届"两会一节"期间举办的精品展中，纺织服装产品获金奖25种，银奖45种，铜奖48种，入选产品146种，并荣获"最佳设计奖"和"最佳组织奖"。

各企业在抓产品开发的同时，注重了市场信息，加强与沿海地区的联系，积极开拓国际国内市场，使产品销售有了明显好转。首先，销售增长，产销基本平衡。全年完成销售收入28.84亿元，增长16.06%；全省产销率平均96.85%，提高7.9个百分点。其次，出口进一步扩大，全年出口产品交货值达到4.42亿元，出口创汇6180万美元，分别比上年增长9.14%和9.7%，保持了连续五年增长的好势头。第三，库存产成品减少。全省年末产成品资金32292万元，比年初下降23.18%，其中：棉纺织和印染行业产成品资金下降的幅度较大，分别为47.88%和50.72%。

从全年的销售情况看，上半年主要是毛纺织和部分化纤产品（如聚乙烯醇、粘胶短纤、涤纶和腈纶）好销，特别是二、三月份出现的"毛线热"，使生产企业和商业企业的库存毛线销售一空。下半年主要是棉纺织产品的销售逐渐好转，部分棉纱、棉布的售价开始回升，到年底有的已接近到位价。白厂丝成为紧俏产品。

[**基建技改**] 主要是按照"一调（调结构）、二上（上档次、上水平）、三高（高起点、高速度、高效益）"的原则，狠抓了企业的技术改造工作，并且对重点项目实行了责任制，明确了项目负责人和目标要求，使全省纺织系统的基建技改工作上了一个新台阶。全年安排基建技改项目23个（其中：省安排16个，地市安排7个），资金2.51亿元，是"七五"以来安排项目最多、投资最大的一年。这些项目主要是引进具有国际先进水平的清钢联、无梭织机、自动络筒机、松式人棉印花线、纺毛涤长丝生产线和涤纶毛条生产线。已经投产和进入试生产的有晋华纺织厂的清钢联1套，山西涤纶厂喷水织机120台，永济纺织厂等企业的自动络筒机9台和太原涤纶厂2400吨/年涤纶毛条生产线1条。此外，还进行了大同化纤纺织厂5000吨/年粘胶短纤维扩建工程、山西化纤厂5万吨/年己内酰胺前期准备工作和临汾纺织厂1.2万枚棉纺锭的更新改造。朔州亚麻纺织厂1000吨/年亚麻纱生产线和太原绒织印染厂300万米/年牛仔布生产线的建成投产，不仅填补了山西纺织行业的空白，而且产品畅销，经济效益好。

[**企业内部改革**] 许多企业为了适应市场经济的需要，在企业内部改革方面做了大量工作，并取得了新进展。

一是精简了生产管理等职能科室和后勤服务部门，以及党群机构，充实和加强了市场调研、产品开发和经营销售等方面的力量。如临汾纺织厂的科室由43个减到29个，中层干部由223人减到96人，科室人员减少20%。

二是剥离非生产经营单位，主要是对机修车间、汽车队、幼儿园、招待所、医院、食堂、劳动服务公司、理发室、澡堂等社会性服务部门和独立性较强的单位，采取切块分离的办法，逐步从企业主体中剥离出来，使之成为自主经营、自负盈亏的经济实体。临汾纺织厂靠剥离非生产经营单位分流脱钩人员430人，仅工资一项，全年减轻企业负担79.2万元。

三是按照"超越纺织、发展纺织"的思路，大力发展第三产业，搞多种经营。有些企业不仅搞了饮食服务、商业贸易等"三产"，而且开始转向房地产、旅馆、装璜、技术咨询、冶金、化工、汽车出租等盈利较好的行业和电脑等高科技产业，并初见成效。据对省直单位和太原市企业的不完全统计，兴办第三产业137个，从事第三产业的职工达到4310人，创造产值3.4亿元，增加税金306万元，减轻企业负担461万元。襄汾纺织厂投资400多万元，开发了五个矿场，办起了炼铁厂和焦炭厂。太原绒织印染厂的第三产业已成为企业发展的又一个新的生长点。

[**转变机关职能**] 1993年，山西省纺织厅紧紧围绕"搞活企业"这条主线，在转变机关职能方面突出抓了以下工作：

一是深入开展调查研究。在了解掌握全省纺织企业生产经营动态的基础上，先后向政府有关部门打了36个专题报告，及时反映情况和问题，并提出了解决问题的意见和建议。同时，对省外特别是沿海地区的纺织市场进行了考察，分析研究了我省纺织工业建立原料市场、服装市场和纱布市场的可能性。

二是及时发布各类信息。除利用《山西纺织通讯》、电话、传真、信函等形式向企业及时传递信息外，分别在2月、5月、9月、12月举办了四次信息发布会，发布原料资源状况、产品流行趋势、市场需求变化、价格变动、技术改造和企业改革方面的信息。特别是12月份的信息发布会，代替了一年一度的局厂长会议，不仅信息量大，而且比较准确及时，对提前做好1994年的生产经营工作起到了积极的指导作用。利用信息指导企业的生产经营活动是省纺织厅转变机关职能的一种新尝试，受到了省政府有关领导的好评。

三是积极搞好协调服务。主要是帮助企业协调解决棉花、资金、供电、运输等方面的困难和企业改革中遇到的问题，积极争取项目，并向有关部门反映和落实投资。全年为山西维尼纶厂和大同化纤纺织厂等企业协调解决车皮204个。

四是认真落实责任制。根据省政府下达的工作目标，制订了12个方面52项目标的责任制方案，将相应的指标和工作分解到地市主管部门、省直企业和厅有关处室，并与地市主管部门和省直企业分别签订了扭亏增盈责任制和重点基建技改项目责任制，做到目标明确，责任到人。 （孙宝明）

辽 宁 省

[**概况**] 1993年辽宁省纺织工业经济运行态势有喜有忧。国有纺织企业困难重重；乡镇企业、三资企业的发展势头较好，给全行业带来了生机和活力。

1993年国有纺织业的主要特点：一是产品销售转好。全年县以上企业销售收入121亿元，同比（以下同）增长16.7%。其中预算内企业82.9亿元，增长20.1%；产销率101%，增长4.6个百分点。由于销售增幅较大，带动了销售税金的增长，增幅达78.3%，实现3.11亿元。二是生产下降。县以上企业总产值完成113.61亿元，下降6.6%。纺织品出口创汇能力减弱，出口交货值33.8亿元，持平。三是经济效益继续下滑，亏损加重。县以上企业利润负67194万元，利税负16983万元。按财务口径，亏损企业亏损额67270万元，亏损面62.2%，其中实行新财会制度影响39087万元。资产负债率93.54%。服装、化纤行业实现利税分别为6379万元和6316万元；亏损重点是棉纺、印染、丝绸等行业。

[**改革转制**] 为适应市场经济的要求，各企业大力推进产权制度和经营方式改革，以加快经营机制的转换。

1. 股份制。鞍山合成（集团）股份有限公司在全省纺织行业中率先进行股份制试点，并实施了以分配关系调整为核心的内部配套改革，形成了与股份制相适应的经营管理体制和运行机制。

2. 划小经营核算单位，实行“一厂多法人”模式。鞍山针织总厂、鞍山毛巾厂、辽阳纺织厂等企业在实践中不断加以完善和深化。

3. 全员风险抵押承包经营。丹东丝绸一厂试行后，形成了盈亏共担、激励约束的利益共同体，促进了扭亏转盈。

4. 对国有、集体小型企业的改革，按省政府提出的“股、并、转、合、租、停、破、卖”八字方针，进行了国有民营、国有私营、兼并等探索。锦州市服装厂、衬衫厂实行股份合作制，还集体企业本来面貌，运作良好。

5. 移植乡镇企业机制。鞍山市工业布分厂、服装二厂、服装三厂等企业，借助乡镇资源及政策，移植乡镇企业机制，联手发展，取得成效。

深化企业劳动、人事、分配等三项制度改革，以分流人员为突破口，取得进展。1992～1993年共分流富余人员4.5万人。社会待业保险向企业内部延伸。此项工作在劳动部门的大力支持下，进行试点的30户纺织企业获得待业生活费、转岗培训费、支持发展第三产业和多种经营的低息贷款等，为安置分流富余人员近万人创造了良好的外部条件。

[**改组、转产**] 调整产业结构，加快改组转产步伐，大力发展第三产业和多种经营。1993年国有大中型纺织企业共兴办第三产业及多种经营项目561个，安置分流人员7500人，节约工资费用支出5000多万元。鞍山、大连市纺织系统以及辽阳纺织厂、沈阳纺织厂、铁岭色织总厂等进展较快，“副业”转旺。鞍山市纺织系统拓展多元化经营。一是将车队、食堂、浴池等后勤福利设施和人员，从企业中分离出来，形成面向社会、自主经营、自负盈亏的新经济实体。二是结合分流人员、创办各类经营网点和多种经营公司250多个，安置员工3400多人。1993年实现营业额1.43亿元，创利税800多万元。三是跳出纺织，多业兼营，在本市和外埠建立非纺织业10多家，形成多门类产业群体。辽阳纺织厂本着“主业精、副业兴”方针，跳出纺织，形成主业、三产、外经外贸和多种经营的合资企业“四分天下”格局。二、三级法人公司达80多个，从业人员近2000人，不仅为总厂节约工资及各项费用近1000万元，还创利税近400万元，补偿了主业面临的增支减利因素，确保了全厂微利不亏。

[**外向型经济**] 抓住国际产业调整转移的机遇，加快发展外向型经济，进一步加大“三外”（外经、外贸、外资）工作力度。1993年通过“投商引资”，系统内新注册的三资企业56家，总投资1.55亿美元，其中外资5282万美元。累计注册三资企业125家，总投资3.59亿美元，其中外资1.09亿美元，已投产65家。1993年三资企业总产值8.63亿元，增长33.3%；创汇3389万美元，增长44%。大连第二呢绒服装厂继

1989年与日本三家株式会社合资兴办富田服装有限公司后，又于1993年3月与日本合资成立大连双申服装有限公司，当年投资当年见效。全厂出口创汇776万美元，实现利税999万元。沈阳黎富服装有限公司，系沈阳黎明高级服装厂与日本富田株式会社等四家合资兴办，专做日本男式高档西服，80%以上出口日本，内销产品“奥尼特”荣获全国西服十大名牌奖。

为扩大外销，提高经营效益，除继续依靠国贸主渠道外，积极拓展自主经营出口渠道。在国家经贸委已批准具有自营进出口权的38家纺织企业中，已有20家开始运作，直接出口创汇2023万美元，增长46.7%。沈阳服装公司、大连服装公司、大连纺织厂、沈阳第一毛纺织厂、丹东化纤工业总公司及大连运动衣厂等6家企业的创汇均突破100万美元。加上辽宁丝绸进出口公司、辽宁纺织品联合进出口公司、大连纺织品联合进出口公司及沈阳东毛实业有限公司等工贸公司，1993年直接创汇1.3亿美元，与上年持平。

[乡镇纺织业] 坚持走“城乡一体、优势互补”之路，统筹策划两手抓，把城市与农村、国有大中型企业与乡镇企业的发展有机结合起来。1993年8月在感王镇“轻纺之乡”召开招商洽谈会，会上达成一批合资合作意向项目。感王镇充分利用毗邻西柳服装市场的辐射优势，先后建成纺织、印染、服装等企业398家，总投资2.8亿元，“轻纺之乡”初具规模。1993年总产值8.4亿元，创利润6200万元。全省已有40户国有、集体纺织企业同乡镇结合，办成62个纺织企业。

一批乡镇纺织企业茁壮成长，并向集团化、外向型方向发展。由著名女企业家李桂莲创办的杨树房实业总公司，现已扩展成大杨企业集团，成为一家以生产经营出口服装为主的外向型、综合性、股份制集团企业。现有直属成员企业42家，员工7000人，注册资本2.5亿元。拥有服装厂16家，其中合资企业14家。1993年出口服装540万件（套），形成西服、女时装、牛仔服、风衣、羽绒服、童装、皮装、运动服等10大系列；总产值4.5亿元，实现利税4000万元，创汇5400万美元，其中自营出口2908万美元，占53.8%，名列全国乡镇企业五百强的前列。大连大菊企业集团公司是由农民女企业家孙菊花以皮口第一服装厂为依托扩展而成的综合性、外向型集团公司，现有企业18家，员工3500人，以出口服装为主，兼营机械加工、房地产开发、建筑材料、汽车维修保养、商贸、服务业等。此外，还开办了大连广播电视中等专业学校大菊分校。1993年实现总产值2亿元，利税1120万元，创汇2000万美元。

[纺织服装市场] 为繁荣市场经济，沟通产销，促进流通，各地纺织服装市场已成为衔接城市市场与农村市场的纺织服装集散中心。沈阳市五爱市场和海城市西柳服装市场，通过快速收集流行款式及面料信息，组织厂家裁制加工，及时发运市场销售，形成信息、加工、销售一条龙，1993年商品成交额创新水平，分别达到32.4亿元和31.9亿元，增长65%和1.45倍，列全国十大批发零售市场的第三、第四位。一度不景气的辽中县茨榆坨服装市场，总结经验教训，理清发展思路，突出经营特色。通过招商展销，保产促销，对外联系着全国1万多个销售联系点，对内牵动着全县1.5万个服装产销户，成为全国呢料服装的集散地之一。1993年服装及面料交易额为4.5亿元。具有50年历史的兴城市东辛庄大集，以经营服装针纺加工业品著称，产品销往东北三省及河北、河南、内蒙、山东等省，在市场经济的大潮中，购销交易也日见兴旺。

（胡尔寿　彭　克）

吉林省

[概况] 1993年吉林省纺织工业有292家企业，16万名职工。全年完成工业总产值30亿元，比上年（下同）下降11.2%，居省内14个工业厅局第五位；预算内81户工业企业实现销售收入25.54亿元，增长18%；完成出口交货值6.28亿元，增长25.6%；利税为负856万元，按可比口径调整后为6627万元，增长34.7%，其中利润为负1.51亿元，由于新会计制度影响，减利7483万元，调整后为负7643万元，增亏2756万元；亏损企业亏损额为2.3亿元，调整后增亏58.4%。全行业经济效益仍未实现全面好转。

1993年主要产品产量：化纤浆粕6453吨，下降61.2%；化学纤维35176吨，增长4.3%；纱35820吨，下降35.8%；布15613万米，下降10.9%；呢绒470万米，下降20.3%；麻袋2646万条，增长3.8%；人造毛皮170万米，增长14.9%；服装3855万件，增长57.6%。

[加速产权制度改革] 吉林省纺织工业转换企业经营机制，从产权制度入手，加快改革步伐。辽源得亨股份有限公司发行记名式人民币普通股2500万股，并于1993年12月6日在上海证券交易所挂牌交易，成为当年吉林省五家上市公司之一。吉林化纤股份有限公司于1993年11月8日成立，发行股票13800万股。辽源东海羽绒服装厂等单位发起成立了辽源东信羽绒制品股份有限公司。通化市人造毛皮联合公司等企业也在积极筹备成立股份制企业。辽源市毛纺织厂推行股份合作制，实行“资产重组、分立经营”，以分厂为单位成立了3个股份合作公司。原毛纺分厂采取先卖后股形式实行股份制经营。设备经国有资产管理部门评估后，以74万元卖给职工，职工以股东身份拥有设备，成立合作公司。从9月至年底即盈利25万元。实行股

份制后，辽源毛纺织厂还清各种欠款85万元，补发了拖欠的4个月工资，新增毛纺细纱机3台，新开粗纺生产线一条，生产达到历史最好水平。

[**固定资产投资**] 1993年吉林省纺织厅加大技术改造工作力度，抓关键，抓进度，抓达标。全年有固定资产投资项目38项，实际完成投资3.87亿元，为年计划的98%，增长10.9个百分点。加速了吉林化纤厂6万吨腈纶项目的前期准备工作，实施了吉林化纤厂1.5万吨粘胶短纤维改造项目、四平印染厂高档人棉布生产线和浑江市纺织厂、通化纺织厂两个压锭项目。有17个项目建成投产或发挥效益。8个化纤项目中，已有7个项目投产。新增粘胶长丝900吨，涤纶长丝3000吨，木钙3万吨。吉林化纤厂900吨长丝项目提前五个月投产，增产长丝400吨，增加效益300万元。

[**调整产品结构**] 吉林省纺织厅引导企业，以市场为导向，依靠科技进步，进行产品结构调整，努力做到适应性调整、开发性调整、素质性调整和外向型调整相结合，促进产品上质量、上档次、上水平。增加了粘胶纤维、涤纶长丝、纱和畅销布、精粗纺呢绒、牛仔布、羽绒服装等产销率高、回款快、效益好的产品产量，开发了差别化功能化化纤、羊毛人造毛皮、驼丝锦、防蛀纯毛毯、亚麻纱、产业用、装饰用等产品。全年开发新产品194项，创产值4.4亿元，创利税5900万元。重点抓了白城市麻纺织厂纺粘法非织造布新材料、吉林市第一针织厂高弹系列织物新产品等科技攻关项目，推广了机外送径，定位刹车，电子清纱器等新技术推广项目，覆盖面达30%。有10项科技成果获省科技进步奖，其中长春市色织布总厂的高级轿车座椅面料开发获二等奖，三等奖6项，四等奖3项。有1项获中国纺织总会（部级）科技进步三等奖。

[**转变职能，为企业服务**] 从厅到各市地局，积极转变职能，搞好全行业的规划、协调、监督、服务。省纺织厅同省市有关部门组成调查组，历时一个月在四平市纺织厂蹲点调查，还对开山屯化纤浆厂、洮南毛纺织厂、长春纺织厂等7户企业进行企业活力调查。通过调查，摸清了影响企业状况的主要症结，写出了调查报告，并向省政府争取到减免税、注入资金等政策。派出5个调查小组，赴白城、通化、延边、吉林、辽源等地，调查纺织工业生产情况，尤其是棉纺织行业经营状况，探讨摆脱困境的出路。厅长带队，深入四平纺织厂、辽源纺织厂、通化纺织厂、浑江纺织厂、长春纺织厂等棉纺织企业搞专题调研，形成了《关于解决吉林省棉纺织行业目前困境的报告》，协调省有关部门为棉纺织企业偿还欠款6000万元，先后两次为企业清欠资金1.36亿元。

辽源市纺织工业局，通化市纺织工业局，四平市纺织局等市局不等不靠，一方面进行机关内部改革，妥善分流人员，另一方面积极为企业服务，帮助企业解决实际问题，有针对性地指导工作，在产权制度改革、招商引资、兴办第三产业等方面取得了成绩。

[**外向型经济有新突破**] 省纺织厅、各市州纺织工业部门和企业强化对招商引资工作的领导和组织，走外向型发展道路，借助外资，发展吉林省纺织工业。3月份，参加了吉林省在香港招商引资活动，吸引外资1970万美元。延边、辽源、通化、吉林等市州招商引资，效果显著。延吉纺织厂与韩国甲乙株式会社联合利用二手设备淘汰现有设备改造项目，1993年安装织机280台，1994年初可投产。延吉第一针织厂与韩国一公司合资生产出口产品，每月实现销售收入25万美元。珲春与韩国东一纤维株式会社合资兴办了珲春市规模最大的中外合资企业——珲春东一针织有限公司。总投资500万美元，其中外方300万美元，设备全部进口，多数工人赴韩国培训，1993年7月竣工投产，年产保湿针织系列内衣200万套，70%产品返销韩国。吉林化纤厂、白城市纺织厂、开山屯化纤浆厂、辽源海谊服装公司、龙井亚麻纺织厂等12户有自营出口权的企业，注重开拓国际市场，扩大产品出口创汇。通化市人造毛皮联合公司与澳大利亚雅伦斯公司合作成立了通雅人造毛皮有限公司，以澳大利亚羊毛为原料，开发生产纯羊毛滚球绒、汽车座垫等系列产品，产品全部返销澳大利亚，当年创汇50万美元。1993年，吉林省纺织行业完成出口交货额6.28亿元，增长25.6%。

（叶　伟）

黑龙江省

[**概况**] 1993年全省纺织工业完成产值41.57亿元，同比（下同）增长0.4%；完成出口收购值9.5亿元，增长15.4%；预算内企业实现销售收入28.9亿元，增长14.9%，其中亚麻、毛毯等行业增长35%；产销率达到96%，增长11个百分点；实现利税1.5亿元，增长66%，其中利润亏损2764万元，减亏448万元；完成固定资产投资4亿元，完成投产达产项目共45项。

1993年省纺织厅把企业转换机制做为重中之重的工作来抓，深化企业内部管理制度的改革，进一步改革企业领导体制，完善厂长负责制，全省80%的企业实行党政职务一人兼。进行了岗位技能工资制、全员合同制和干部聘任制的试点，27户大中型企业有30%实行划小核算单位。进行了企业组织结构的调整，组建亚麻集团，实施两户企业破产，积极开辟第三产业，安置富余人员。据调查，目前全省纺织系统企业应享有的14项权力，有60%得到完全落实。1993年共减1万余人。

根据“规划、指导、协调、服务”八字方针，加强对行业的指导和服务。一是抓新产品开发：通过信息引导，协助企业攻关，开展仿创国外样品，共开发新产品 86 项，400 余个花色品种。其中有 65 项批量生产，新增产值 3.5 亿元，利税 3800 万元。二是抓资金协调。省厅组成专门班子，派出得力干部专门负责这项工作，经过努力，去年共协调落实资金近 1 亿元，启动纱锭 15 万锭。三是抓清欠促销。省厅成立两个清欠促销服务组，由两名厅长分别挂帅，组织干部深入基层，协助企业开展清欠、促销工作。1993 年共清理三角债 4000 余万元，压缩库存 2.2 亿元。四是抓中观调控和指导。通过加强综合分析和信息传递，帮助企业提高决策水平，使企业健康发展。

1993 年达产项目完成 22 项，投产项目完成 23 项，新增产值 7227 万元，利税 971 万元。积极协助省经委进行招商引资活动，经与韩国和香港地区洽谈，共落实重点项目 9 项，资金 3 亿元。

[黑龙江龙涤股份有限公司成立] 由黑龙江涤纶厂、黑龙江北方企业集团股份有限公司、黑龙江省国际信托投资公司发起组建的黑龙江龙涤股份有限公司于 1993 年 6 月 28 日在阿城市成立。这是省纺织行业第一家股份制企业。

黑龙江龙涤股份有限公司前身黑龙江涤纶厂是国家大型一档企业，曾连续五年跻身于全国五百家最大经营规模企业行列。生产短丝、长丝等 5 个系列 78 个品种，产品畅销全国 20 多个省市。1993 年产品销售收入 6.13 亿元，实现利税 5734 万元。

目前，黑龙江龙涤股份有限公司拥有法人股东 89 家，遍布全国 11 个省市自治区，总股本 3.6 亿元。公司坚持以技术为先导，向管理要效益，探索出一套适应市场经济发展需要的现代管理模式，新上的八万吨聚酯配套改造项目，将于 1996 年建成投产。

[哈尔滨毛织厂推出国内独创新产品] 哈尔滨毛织厂拳头产品纯毛提花毯，解放后 40 余年一直很畅销。进入 90 年代，工厂为提高产品竞争能力，保住名牌产品的地位，组织科技人员对国产提花纺机设备和防蛀助剂进行技术攻关，解决了传统毛毯幅窄和虫蛀的问题，成功地开发出全国独家首创的 2.3 米×1.7 米宽幅防蛀纯毛水纹提花毯。这种新产品，毯面水纹牢固，底绒丰满柔软，弹性好，吸湿性强，保暖，不易沾污，光泽柔和，永久防蛀，同时提高了产品附加值 30%。

[省纺织工业贸易公司进入全省边地贸出口六十强] 黑龙江省纺织工业贸易公司于 1988 年底成立，到目前累计完成进出口贸易 6000 多万瑞士法郎，为全省纺织工业出口做出了重要贡献。进入 1993 年，由于受俄罗斯政局不稳定因素的影响，以及全省盲目发展边贸的冲击，对俄边境贸易形势非常严峻。公司在纺织厅党组的正确领导下，坚持发展就是硬道理的原则，全方位、多产业发展边贸出口，完成进出口贸易 2020 万瑞士法郎，被黑龙江省经贸委、黑龙江省边贸局确定为全省边地贸出口六十强企业之一。

[亚麻行业产销两旺] 历经四年低潮的我省亚麻行业，进入 1993 年，随着国际市场的变化，行业内部抓住机遇，调整产品结构，积极开拓国内、国际两个市场，建立多渠道的营销体系。1993 年完成工业总产值 6.38 亿元，增长 34.5%；销售收入完成 8.95 亿元，增长 94.6%；出口创汇 6000 万美元，增长 43%，创历史最好水平。全行业遏制了经济效益连续四年滑坡的被动局面，实现利税 4200 万元，增长 223%，出现了产销两旺，售价上扬，效益迅增的大好局面，新一轮的“亚麻热”又拉开了序幕。 （张滨馥）

上 海 市

[概况] 上海纺织工业以上海市纺织工业局所属企事业单位为主体。1993 年末，全局共有企业 493 家，其中全民企业 339 家，集体企业 61 家，股份制企业 7 家，三资企业 76 家，国集联营 10 家。拥有棉纺锭 226 万锭，棉布织机 40683 台，毛纺锭 20.9 万锭，毛织机 2201 台，印染能力 12.18 亿米。固定资产净值 63 亿元，职工 44.9 万人。

1993 年完成工业总产值 212.65 亿元，同比（下同）下降 3.27%；完成工业增加值 58 亿元，增长 16%；出口创汇 7.56 亿美元，其中自营出口 4.68 亿美元，增长 49.7%；实现利税 11.3 亿元，基本持平，其中利润完成 5 亿元，税金 6.3 亿元。

[出口创汇形成新格局] 1993 年上海纺织工业局加大了对外贸易和对外经济技术合作的改革力度，全年出口创汇 7.56 亿美元。其中自营出口企业创汇 4.68 亿美元，增长 49.7%，占总创汇的 61.7%；三资企业出口创汇 2.2 亿美元，增长 56.81%，占总创汇的 29%；外贸代理出口创汇 0.69 亿美元，下降 79.29%，占总创汇的 9.13%。自营出口和三资企业的出口创汇已占全局总创汇的 9 成以上。

综观 1993 年的出口创汇，有以下四个特点：

一是具有自营进出口权的企业已从上年 6 月底的 6 家公司（集团）、2 家工厂发展到 19 家公司（集团）、4 家工厂。这些企业主动走向国际市场，很快掌握了对外贸易的知识和操作程序，直接接触了更多的客户；在企业内部，调整管理体制，努力做到与国际接轨。

二是出口产品向高档次、新技术、深加工发展，产品结构发生了较大的变化。开发出一大批受到国外客商欢迎的产品，再现了上海纺织工业辉煌的形象。如 240 支全棉精梳纱、140 支液氨整理全棉精梳府绸、120 支全毛超薄型花呢、26 套色高精细印花真丝绸等，都是当今中国纺织业技术含量至高的精品。各种特殊后整理技术的广泛应用，加速了传统纺织品的升级换代。

人造棉、卡其、灯芯绒经过生物酶整理后变得丝绸般柔软飘逸，一跃成为高档时装面料。当今国际最新的羊毛脱鳞技术，使羊毛衫成为高档内衣，穿着十分滑糯舒适。出口值占总产值1/3，出口比重列全市各行业前茅。

三是不断扩大出口地区。一方面增加高档产品销往日本、香港和美国，使之占全部出口额的50%以上；另一方面大力开拓出口渠道，把重点放到无配额地区，向东南亚、中东等第三世界国家和地区增加出口。

四是大力发展三资企业，提高产品档资和增加出口。全局建立了163个项目的外商投资项目库，编印上海纺织对外招商画册，召开对外招商新闻发布会，吸引国外一些大集团、大公司、知名企业来上海纺织投资。如在香港签约的18个项目，金额达1.4亿美元，日本丸红、钟纺等一批知名厂商纷纷前来洽谈。至1993年底，上海纺织系统已有三资企业181家，已投产80家，总量为全市之首，其中1000万美元以上的大项目16个。

[抢先抓产品结构调整，有效拓展市场] 上海纺织工业在狠抓产业结构、企业结构、生产要素调整的同时，抢先一步抓紧产品结构的调整，积极开发、研制高档次、高效益、高创汇、高附加值的产品，加速了产品的升级升档、更新换代。1993年全局共开发新品种1600余种，新花色25000余只，新产品产值20亿元，利润1.7亿元，创汇9000万美元。产品适销，供不应求，产销率达100.74%，提高12.4%，取得历史较好水平。品种结构的调整为企业带来了生机，拓展了市场，扩大了市场占有率。目前，上海纺织在海外设点24个，市内网点670多个，外省市网点2700多个。1993年底，上海纺织举办的精品展示展销会，有205个企业参展，共推出精品、极品、珍品、孤品6000余种，展销七天，观赏、争购人次超过10万，销售总额近800万元，在社会上引起良好反响。

上海纺织在进行产品结构调整过程中，注重"四个结合"。一是产品开发与市场开发结合，加强市场调研，采集市场信息，坚持以销定产，大力开发、生产应市产品。二是组织一条龙开发与跨行业协作开发结合，充分发挥大纺织的优势，按产品发展目标，实行前后工序、前后企业、行业的配套、协作。三是设计开发与升级升档结合，努力发展技术含量高、市场容量大、能适应各种消费档次的产品，实现产品的升级换代。1993年上海纺织共评出深受市场青睐的高档次产品105只。四是开发机制与激励机制结合，积极为设计、开发人员创造宽松、良好的工作条件，将设计开发成果与经济利益紧密挂钩，充分调动广大设计开发人员的积极性、主动性和创造性。

随着产品调整力度的迅速加大，开发了一批深受消费者欢迎的高、新、精、珍产品。高：即高支高密、高级高档，采用高级原料经高级后整理加工，显示高贵典雅和高身价的产品，如80～140支液氨整理的全棉漂白、色织细纺和府绸、90～120支超薄型花呢、细支少股可机洗高档绒线等都反映了目前国内产品的先进水平。新：即采用新原料、新工艺、新技术、新科技开发的产品，具有高风格、新功能和新用途。如通过磨、洗、酸、涂等新工艺整理的面料，采用新纤维研制的除湿透气博士纱、罗布麻保健产品，防湿性能优良的南极服及各类新型的产业用纺织品等，都具有各自独特的风格。精：即精料精制、精工细作、精致包装，并配有精美饰件的针织、梭织服装，羊毛衫，装饰用品等，可与世界名牌精品相媲美。珍：即珍贵新奇、款新艳丽、珍希罕见的产品，有的是独一无二的孤品。如曾经拍卖的10件珍品都是去年底开发设计制作的，其中"地牌"西裤从200元起拍至3200元成交；"春竹牌"6件套羊绒羊毛衫裙拍卖成交价高达9800元。珍品的开发为上海纺织产品增添了新的光彩，再现了辉煌。

[抓住机遇，精减人员，成效卓著] 上海市纺织工业局针对现有企业内冗员多、效益差的状况，抓住企业经营机制转换的良好机遇，大胆开展劳动、人事、工资、保险、培训等劳动制度的配套改革，积极引进竞争机制，大力精减人员，使全局职工人数从1992年底的51万人，精减为43.05万人，全员劳动生产率达45478元/人，增长12%，间接增益达7亿多元，有效地减轻了企业的经济负担，增加了职工的可分配量，为搞活企业内部分配，贯彻按劳分配原则，创造了一定的条件。全局职工年工资水平比上年增长34.66%。

坚持从实际出发，采用加大分子，缩小分母，开闸放水，人员分流的做法，积极、稳妥、有力地压缩了企业富余人员。一是抓认识。坚持思想先行，引导全局上下正视企业中人浮于事，经济效益低下的现状，树立减员的紧迫感；分析各企业人员结构的特点及对企业的影响，增强减员的自觉性；局、公司层层发动，统一思想，使减员工作深入人心，调动减员的积极性。二是抓改革。坚持改革开路，挖掘劳动潜力，通过推行全员劳动合同制、上岗合同制及劳动制度的配套改革，在定编、定员、定岗的基础上，合理劳动组织，优化劳动组合，不断实现劳动力与生产资料的最佳配置，逐步撤离岗位上的富余人员。三是抓激励。坚持与改革分配制度相结合，在重新调整、核定企业工资基数时，按照"效益、减员率、劳动量"的原则对减员超过一定幅度的企业，相应加奖工资基数，有效地调动了企业减员的主动性和积极性。四是抓管理。坚持做好下岗人员的善后工作，采用建立劳务市场、组织转岗培训、兴办第三产业、举办劳动力洽谈活动等方式，积极为下岗人员的"二次就业"创造条件。

随着减员工作的深入开展，一些行业、企业纷纷出现了转机。工人竞争上岗的氛围开始形成，"岗位靠竞争、收入凭贡献"，"能进能出、能上能下"的观念逐步深入人心，促进了企业的人才流动，改变了原有的人员结构，使之朝精干、优化目标发展；成本开支明显缩减，一个在职职工的年开支近万元，精减一个人就是节省1万元，一些减员幅度较大的企业，深深尝到了甜头；队伍素质进一步提高，劳动潜力的挖掘和职工积极性的调动，为企业管理增添了新的活力，促进了企业良好生产秩序的建立及经济效益的提高。

[**固定资产投资计划完成情况**]　1993年全局固定资产投资14.73亿元，完成年计划的114.8%，增长42.8%。其中基本建设完成3186万元，技改完成11.31亿元，“九四”专项完成3.1亿元。竣工面积达49.27万平方米，完成年计划的107.1%。

列入市重大工程的上海纺织涤纶公司“七万吨聚酯工程”，项目总投资2.91亿元，用汇3425万美元，土建面积40440平方米，年末土建、设备安装、配套工程基本完成，一次验收成功。另外，上海二纺机股份有限公司的自动络筒机项目、上海中纺机股份有限公司的喷气织机项目、上海第一纺织机械厂的精梳机项目均列入市工业重大骨干项目，其中二纺机已组装自动络筒机20台，中纺机已装配喷气织机20台。1993年全局基建、技改项目竣工投产43项。在全局完成的投资中，银行贷款6.78亿元，占完成投资的46%，其余来自自筹资金、利用地租级差、开发房地产资金。

（卢　勇　张　明）

江　苏　省

[**概况**]　1993年末，江苏纺织工业有乡及乡以上工业企业5326个，其中县及县以上企业729个，职工66.82万人。主要生产能力及设备安装数：粘胶能力2.77万吨，合纤能力（不含仪征化纤工业联合公司）43.48万吨(其中涤纶33.40万吨，锦纶4.09万吨，丙纶5.88万吨)，棉纺锭543.63万枚，气流纺8.82万头，棉精梳机1668台，清钢联30套，自动络筒机275台，棉布织机14.33万台（其中无梭织机5982台，占布机总数的4.17%），棉印染能力21.49亿米，毛纺锭108.24万枚，红黄麻纺锭2.31万枚，床单、毛巾及毛巾被织机11912台，经编机1036台，大圆纬编机1303台，台车4336台，棉毛车4034台，袜机10879台。

全省纺织工业全年完成产值1005.88亿元（90年不变价），比上年（下同）增长30.41%，其中县及县以上企业产值321.85亿元，增长16.47%（纺织285.55亿元，增长13.52%；服装36.30亿元，增长46.49%）。主要产品产量：化纤37.07万吨，增长31.85%；纱71.27万吨，增长27.53%；布30.19亿米，增长3.96%；针棉织品用纱11.32万吨，下降15.65%；印染布20.40亿米，增长23.56%；呢绒1.17亿米，增长0.75%；毛线11.81万吨，下降9.73%；毛毯230.55万条，下降2.72%；麻袋3659万条，增长8.09%；服装5.02亿件，增长33.79%。

全省县及县以上企业实现利税12.88亿元，增长20.49%，其中利润4.4亿元（纺织3.23亿元，服装1.17亿元）。亏损企业210户，增加18户，亏损额3.45亿元，增加64%。

[**结构调整**]　1993年全省纺织工业围绕控制总量，优化存量，提高质量，增进效益的目标，着重在三个方面进行调整。一是调整产品结构，把市场需求作为产品结构调整的主要依据，实行以销定产。无锡、苏州、南通等地纺织工业通过减少低附加值产品的生产，开发档次高、质量高、卖价高、创汇高的“四高”产品，生产的色织高密府绸、彩色牛仔布、高档高支薄型精纺呢绒、特阔漂色装饰布等一批中高档产品成为抢占国内外两个市场的畅销产品。盐城、淮阴等地在产品的质量、档次和新品开发上也有所提高。经过全行业职工的艰苦努力，年末，全省纺织工业产成品库存下降2.36%，棉纱、白坯布、印染布的产销率都在100%以上，毛巾、床单等产品的产销率也在99%以上。二是调整地区结构。随着经济发展，纺织初加工能力和一般产品的生产向原料产地和劳动力低廉地区转移已成必然趋势，苏州、无锡、常州、南通等沿江经济发达城市的纺织工业顺应这一规律，实行减量增值战略，开始压缩棉纺织初加工生产规模和减少初级产品的生产，发挥自身技术优势，逐步转向重点发展高技术、高附加值、高创汇产品。苏北地区的纺织工业充分利用本地资源丰富和低成本的优势，也开始逐步由速度型向效益型转变。三是调整产业结构，实行一业为主，多种经营。一年来系统内纺织企业兴办三产企业数量发展较快，构成也逐步趋向合理，已从单一的贸易、饮食等行业，扩展到房地产、咨询、信息、技术服务、仓储、运输、文化娱乐等行业。据不完全统计，苏州、无锡、常州、南通四市的纺织工业，至1993年底已兴办“三产”企业1026个，分流安置富余人员16884人。

[**压锭改造**]　根据国家有关政策规定，1992、1993两年全省计划压缩棉纺锭35万枚。在压缩淘汰陈旧落后棉纺锭的同时，对国有大中型棉纺织企业进行技术改造。两年列入国家“压锭改造专项”的企业共21家，总投资5.5亿元。在各级政府的支持下，经过努力，1992年压缩了16万锭，1993年又压缩了18万锭，基本完成两年的压锭目标。全省棉纺锭总数比压锭改造前的1991年减少33.37万枚。通过压锭改造，引进、消化、吸收、推广了一批具有国际、国内先进水平的纺织生产设备。1993年末，清钢联、棉精梳机、自动络筒机和无梭织机的数量分别提高11%、9.74%、43.23%和67.89%，装备水平提高效果非常明显。

[外向型经济] 1993年全省纺织工业外向型经济发展较快，出口继续保持较好的增长势头。全年完成出口交货值160.1亿元，增长45.19%（其中本省口岸83.42亿元，增长38.24%）。主要产品出口交货量：纱9.08万吨，增长20.69%；布14.45亿米，增长13.71%；针棉品用纱5.50万吨，下降12.75%；呢绒1146.5万米，增长25.96%；毛纱线2.11万吨，下降34.45%；成衣服装1.26亿件，增长6.38%。据海关统计，1993年全省纺织出口创汇18.73亿美元，增长29.17%，其中服装11.97亿美元，占总数的63.91%；针棉织品5.15亿美元，占总数的27.50%。

利用外资向深度和广度发展。一是合资企业数量增长较快，据不完全统计，至年末全省纺织三资企业累计达到337家；二是合资项目从过去的以服装加工业为主逐步发展到棉纺织、印染、化纤、毛纺、纺机等行业以及非纺织行业；三是一些国有大中型企业，如无锡第二棉纺织厂、无锡协新毛纺织染厂等，成功地实现了与外资的嫁接，成为这一年利用外资的新特点。

对外经济合作在原有基础上有新进展。苏州、无锡、南通、常州、淮阴等市的劳务输出都有较快发展。1991年南通第二棉纺织厂在菲律宾办的吕宋纺织厂是我省纺织行业首家境外非贸易企业，经营情况良好，产品畅销，1993年又获得较好效益。苏州针织总厂在匈牙利的合资办厂也已进入具体运作。

自营进出口进度加快。1993年末，全省获自营进出口权的纺织企业已有66家。无锡协新毛纺织染厂、苏州苏纶纺织品联合公司、苏州振华毛纺厂、南通县双盟色织（集团）公司等自营出口已形成一定规模，取得较好成绩。

[科技进步] 1993年全省纺织工业贯彻实施省委、省政府提出的“以高新技术为主导”的经济发展战略，积极进行高新技术产品的研究、开发和生产，加快了用高新技术改造传统产业的步伐。无锡纺机厂、无锡华燕化纤有限公司、张家港涤纶长丝厂、常州纺织仪器厂、常州合纤厂、中港纺织集团公司经省科委确认为高新技术企业，成为继常州喷丝板厂、无锡合纤厂之后的第二批高新技术企业。全省首次认定52项纺织产品为高新技术产品，其中纺机纺器产品37项，化纤产品7项，产业用纺织品5项，纺织助剂产品2项，棉纺织产品1项。这些产品共创产值3.33亿元，经济效益比较显著。这批高新技术产品属纺织系统内企业生产的32项，乡镇企业生产的16项，非纺织行业企业生产的4项。

1993年全省有29项纺织产品被确认为国家级新产品，396项产品被确认为省级新产品。15项科研成果获省科技进步奖，其中二等奖1项，三等奖5项，四等奖9项；3项科研成果获中国纺织总会科技进步奖，其中三等奖1项，四等奖2项；27项科研成果获省纺织科技进步奖，其中二等奖4项，三等奖7项，四等奖16项；一项科研成果获国家星火二等奖。

由我省承担的整经—牵伸—上浆（WDS）联合机的研制、舒适性涤纶长丝、三异涤纶长丝、多重加工变形仿毛长丝、多功能毛条、化纤长丝仿毛产品的研制、剑杆带、自动络筒机四大关键部件（张力装置、大小吸嘴、金属槽筒、空气捻接器）、筒子染色车间机电一体化、连续碱减量处理机的研制共10项“八五”国家攻关项目已进入中评估阶段。国家重点企业技术开发项目“高速分条整经机”和省级重点攻关项目“易染型螺旋渐开线截面仿毛纤维及高仿真呢绒”、“三异涤纶共纺细旦长丝织物丝素化后整理及高仿真丝绸”分别通过部、省级鉴定。

[企业改革] 1993年全省纺织企业深化改革，转换经营机制继续向纵深发展。一些国有大中型企业较早地进行了现代企业制度的试点，无锡合纤厂和昆山三山集团进行股份制改组后作为我省最早的上市公司，已经向社会公开发行股票；无锡宏源纺机集团公司、常州第二色织厂改组成定向募集的股份有限公司已投入运转。各地还选择一些经营、生产比较稳定的集体企业，进行了股份合作制试点。无锡印染厂等一些亏损严重、经营困难的大中型企业，采取了“金蝉脱壳”的改革办法，保留老厂，内部分而治之，实行设备租赁，调动了全厂职工的积极性、创造性，企业出现了生机。一些小型企业通过公有民营、租凭、承包等改革形式，扭转了亏损局面，增强了企业活力。

企业内部三项制度改革继续深入。许多企业内部实行了分厂制、承包制、租凭制，划小核算单位，责任到人。已有一部分企业实行了全员劳动合同制。

（林庆生　吴　建）

浙　江　省

[概况] 1993年浙江纺织工业完成工业总产值114.8亿元，比上年（下同）增长20.5%；销售收入105.4亿元，增长24.6%；出口交货值39.5亿元，增长20%；实现利税6.15亿元，增长24.3%，其中利润1.40亿元，下降32.7%。亏损企业73户，增加4.3%；亏损额1.15亿元，增长135.8%；亏损面32.3%，增加2.1个百分点。全行业亏损的有印染、单织、色织、针织、毛粗纺等。

[产品、产业结构发生变化] 1993年全省纺织品产销率达94%。通过省级以上鉴定的新产品41只，创浙江名牌产品5只。化纤行业开发了差别化纤维，棉纺行业开发了纯棉色纱、混纺色纱、氨纶包芯纱、细丝纱等。在扶植新的经济增长点方面，一批效益高、市场

销路好的产品，如优质精梳纱、高档棉毯、印染后整理织物、络并捻设备等不断推出。服装行业发展尤为迅猛，总产量约4.6亿件，已成为全国服装生产大省。“杉杉”西服、“好来西”、“雅戈尔”衬衫、“一休”童装四大名旦，已在全国形成一定的优势。

改变传统产出结构，“立足纺织、跳出纺织”开展跨行业、跨产业的经营。许多企业不仅利用自己有利的地段、房屋、人员优势，大力兴办商场、餐饮、旅游、咨询服务等第三产业，而且还向效益高、市场前景好的化工、医药、家具等行业发展。据宁波市纺织局1993年上半年统计，系统内企业发展第三产业211个，从业人员3900余人，占职工总人数14.5%。万信纱厂1993年第三产业创利达100万元。

[**外向开拓步伐进一步加快**] 1993年浙江纺织工业在外向型经济的发展过程中，取得了较好的成绩。一是生产出口产品的企业不断增加，达到200多家。1993年出口产品外贸收购值39.5亿元，比1990年的21亿元增长88.1%。外贸收购值占销售收入的1/3以上。二是拥有自营进出口权的企业增多，现有25家，其中7家是1993年新发展的。这些企业大力开拓对外合作和商务渠道，在境外办厂设点，客户由少到多，出口额大幅度增长。自营出口创汇1.1亿美元，增长33.6%。自营出口企业已成为浙江纺织工业出口创汇的一支生力军。三是合资合作、引进外资步伐加快。据不完全统计，全省已有1/4以上纺织企业国外商开展合资合作，兴办三资企业。1993年杭州市新增三资企业11家，占全部三资企业总数的61%；宁波市新增13家，引进外资1270万美元。通过利用外资，上了一些具有一定规模和水平的项目，如浙江化纤联合公司投资20亿日元的合纤长丝、杭州合纤厂投资2995万美元的合纤长丝和宁波浙东针织厂拉舍尔毛毯等项目。这些项目为行业的结构调整起了积极的作用，使一些老企业焕发出生机。

[**技术改造**] 在资金紧张的宏观环境中，各级主管部门和广大企业，通过各种渠道筹集资金，保证了一批上水平、上档次、上规模的重点骨干项目的顺利实施。全年完成基建技改投资10.58亿元。省重点项目浙江腈纶厂毛条车间已开工试产、浙江化纤联合公司6万吨聚酯项目也全面开工、杭州第二棉纺厂限上技改项目开始部分安装。另外有三条印染生产线、四条涤纶细旦丝生产线、六条高支精梳纱生产线、1000台无梭织机等重点技术改造项目进展顺利。嘉兴棉纺厂等6家企业的6.8万锭压锭改造专项贷款也已下达。

(胡小军　章庆荣)

江 西 省

[**概况**] 1993年江西省纺织工业有五个特点。一是生产持续稳定增长。系统内完成总产值38.61亿元，比1992年（下同）增长12.73%，提前两年完成“八五”目标。总产值在全国30个省市中占第十七位，增幅列全国第七位。二是产销状况有所改善，产成品资金下降。据统计，全年完成销售收入32.31亿元，增长31.5%，产销率达到103.89%，提高9.48个百分点。产成品资金占用下降18.4%。三是出口有较大增长。完成出口交货值7.87亿元，增长29.9%，占同期销售收入的25.0%。四是基建技改、招商引资取得成效。全行业完成技术改造投资1.3亿多元，其中重点工程占82%。有3个重点项目建成投产。国家重点项目九江化纤厂2万吨粘胶短纤工程于去年7月通过验收。新批纺织、服装三资企业153家，其中外商独资企业40家，合同外资额6304万美元。五是利税增长，但利润大幅度下降，经济效益大量向外转移。全年实现利税1.4亿多元，增长17.1%，其中销售税金1.26亿元，增长54.8%；利润1358万元，下降64.1%。亏损面42.86%，上升4.32个百分点；亏损额上升1.38倍。10个地市中有6个地市出现全行业亏损；11个行业中有9个行业出现全行业亏损。全省纺织综合经济效益虽好于全国平均水平，但增产不增收。全省虽然没有出现全行业亏损，主要是靠原料性企业增收的支撑。效益滑坡幅度之大，亏损情况之严重，是近年来最突出的一年。

[**加强宏观调控，深化改革**] 全省纺织行业简政放权，转变政府职能，积极推进企业内部三项制度改革，进行各种经营形式的试点，特别是在内部分配、划小核算单位、租赁、转产、减员、发展三产和推行国有民营等方面迈出了新的步子，为企业注入了活力。各地市涌现出不少好的典型。如江西纺织机械厂实行计件工资制，百分计奖考核制，重奖科技人员，调动了科技人员的积极性；九江化纤厂实行岗位技能工资制和全员合同化管理，激发了职工的生产热情；横峰纺器厂采取“限额承包、自负盈亏，对外开放，有偿服务”的方式，建立了新的激励机制；九江棉纺织一厂利用老企业人才、技术优势，到厂外租赁经营，扩大了经营渠道；还有赣南纺织厂四班三运转改为三班三转，南康床单厂实行国有民营等等。

[**调整产品结构，大力促销压库**] 全行业坚持以销定产，坚持增畅、限平、停滞的原则，加大扩销压库力度，大力提高产销率。化纤行业努力增产畅销产品，实现利税近8500多万元，增长35.2%。九江化纤厂和江西化纤化工厂开足马力生产畅销的人造丝和聚乙烯醇，产量、销售收入和效益均大幅度增长，全年开发新产品54项。新余纺织厂、宜春苎麻厂和江西棉纺织印染厂等企业大力开发生产纯涤纶纱线系列产品、苎麻纱、布、人棉布等适销产品，扩大了销售，增加了效益。许多企业在促内销的同时，积极扩大外销。九

江第三棉纺织厂多渠道出口，去年交货值突破亿元大关，达1.32亿元，跃居全省纺织出口企业首位，增幅达71.43%。据统计，全省19类主要纺织产品的库存有14种下降。

[**强化企业管理，狠抓扭亏增盈**] 全行业进一步强化企业内部管理，建立并执行主要经济技术指标升档考核标准，加强监督协调，取得了良好效果。省纺织工业局制订增产节约的实施方案，通过各地市和企业的努力，取得了成效。如吨纱耗棉下降3.09公斤，百米布耗电下降1.17%，百米印染布耗煤下降1.51%。全行业消化增本减利因素，其中很大部分是靠增产节约实现的。据统计九江、抚州、萍乡、景德镇四个地市实现利税分别增长38.5%、15.9%、160%和91.4%。其中抚州地区实现利润644.7万元，增长6.2%。萍乡市消灭了亏损户，全市扭亏为盈。

[**依靠科技进步，加快实施“蚕桑工程”**] 全年推广应用10项新技术、新材料、新设备。申报科研新产品10项。获得省级新技术推广应用和新产品开发项目6个。九江化纤厂250D、300D有光人造丝和新纺涤纶多股线荣获1993年度省科技进步三等奖。技改投资回报率提高。据统计，全年新增能力的新增产值和利税分别达到2.5亿元和3000万元以上。“蚕桑工程”后加工能力取得了突破性进展。修水丝绸公司等一批技改项目已按期完成。到1993年底，全省缫丝能力达到7.9万绪，增长95%；真丝绸织机开台数上升到500多台，增长192%。一部分企业的丝绸质量有了提高，其中修水缫丝一厂、二厂，广丰、金溪、龙南缫丝厂等5个企业的缫丝质量达到了3A级以上。 （肖浔兰）

安 徽 省

[**概况**] 纺织工业是安徽重要的加工工业和经济发展的支柱产业之一。到1993年底全省拥有棉纺锭167.5万锭（其中乡镇企业5.8万锭），布机3.8万台，印染能力4.97亿米，分别居全国第八、第十和第十三位。系统内纺织工业企业486家（国有经济171家，集体经济307家，其他经济8家，大中型企业88家），职工近35万人。全年实现工业总产值79.92亿元，完成出口交货值19.35亿元，实现销售税金2.53亿元，分别比上年（下同）增长18.95%、28.42%和28.22%。产值增长高于全国平均水平10.64个百分点，增幅居全国同行业第六位，产值位居全国第十一位；出口交货增幅居全国第七位，绝对值由全国第二十位跃居第九位；纺织品出口创汇2.78亿美元，占全省出口创汇的28.8%，保持了全省创汇第一大行业位置。剔除新会计制度影响，利税增长1.86倍，盈利企业盈利额增长48.04%。由于纺织原辅材料大幅度提价，企业包袱逐年加重，给纺织工业的综合效益带来影响。据汇总376家企业财务统计，企业资产总额97.02亿元，负债总额86.25亿元，资产负债率88.89%，资本金利润率为负16.34%，销售利税率为负1.19%。

全年销售收入73.22亿元，增长25.31%，不变价产销全年完成101.67%，现价产销率达99.25%，分别增长11.8和8.57个百分点。

[**产权制度改革**] 安徽省纺织企业在转换经营机制不断深入，三项制度改革不断深化的基础上，从1992年下半年开始转向产权制度改革，探索企业扭亏增盈的深层次问题。率先迈出产权制度改革的是铜陵市纺织系统的丝绸行业。1993年初铜陵市丝绸行业13家企业全部实行“公有私营”，继而铜陵市纺织系统全部推行以“公有私营”、“国有民营”为模式的产权制度改革。至6月底，连续亏损三年的铜陵市纺织工业一举扭亏为盈，实现利税450.2万元，利润30.1万元。分别比上年同期净增1472.1万元和1265.6万元。为及时总结铜陵的经验，力促全系统产权改革，7月下旬安徽省纺织工业厅在铜陵市召开全省地市纺织公司（局）经理（局长）会议，实地学习考察“公有私营”的改革经验。8月下旬又组织两个调查组分赴南北片，对芜湖、铜陵、安庆、淮南和蚌埠、淮北、阜阳、宿县8个地市105家纺织企业产权改革情况进行调查研究。从调查看，纺织企业产权改革的主要形式和做法是：兼并、租凭、国有民营、公有私营、合资、嫁接、集团、股份合作、仿三资企业、资产承包、拍卖、破产等。产权改革加速了企业扭亏增盈，增强了企业活力，进一步落实了企业自主权，强化了企业内部改革和管理。

[**基建技改**] 调整发展改造提高是1993年安徽纺织行业基本建设和技术改造的基本原则，重点是增强企业发展后劲，提高全行业技术水平，产品朝着深加工、精加工、高档次、高附加值发展，突出化纤、服装、装饰用产业及后道深加工发展力度。全年基本建设施工项目18个，新开工项目5个，建成投产3个，完成投资额5468万元，新增固定资产1647万元。技术改造施工项目121个，其中新开工49个，建成投产50个，完成投资4.88亿元，新增固定资产3.86亿元。合资技改施工项目14个，其中新开工11个，建成投产4个，完成投资额7236万元，新增固定资产3304万元。棉纺压锭2.5万锭。

[**新产品开发**] 全年开发新产品207项，其中投产145项，投产率达70%，填补省内空白49项，达到国内先进水平22项，新增产值4.6亿元，产值率占纺织工业总产值的5.8%，新增利税4173.5万元，产值利税率9%，创（节）汇630.4万美元。新产品开发为企业参与市场竞争，取得新的经济效益起到了一定作用。列入省重点技术开发项目53项，完成36项，占68%。

列入省重大技术开发项目4项：广德纺织机械厂“新产品工业化试生产”和“直接式气功加压曲线后区牵伸机构”，芜湖强力帆布厂的“高效能防水防腐阻燃化纤帆布制品”，安庆市纺织机械厂的“开棉锯齿型棉花分试轧机”，芜湖市锦华被单厂的“开发高档纺织装饰配套产品”。列入纺织工业“八五”国家科技攻关项目并由安徽维尼纶厂承担的“细旦经轴产品的研制”和“整经、牵伸、上浆联合机的研制”两个子课题，今年已研制试产。列入国家“八五”重点技术开发项目并由蚌埠毛条厂、蚌埠第二毛纺厂、蚌埠羊毛衫厂承担的“精梳兔毛深加工技术”，已试制出合格的100%纯兔毛条，混梳条和精纺兔毛梭织、针织用纱，兔绒衫等产品。获省科技进步奖13项，其中二等奖两项，三等奖两项，四等奖9项。皖江机械厂“GL21W-A型全自动单线链式缝纫机”获部级科技进步四等奖。获安徽省优秀新产品奖10项，其中一等奖1项，二等奖1项，三等奖8项。安徽维尼纶厂、淮北印染厂获安徽省科技开发先进集体。

[创建芜湖服装城] 安徽省政府年初在芜湖市召开现场办公会议，决定利用芜湖市对外开放的优惠政策和芜湖市服装工业的基础条件，把芜湖建成安徽第一个服装城。创建芜湖服装城是以芜湖为先导，以服装为龙头，调整结构，发展深加工、精加工，促进全省服装工业上档次、上水平、创效益。这是一项加速安徽经济、特别是服装工业发展的一项重大战略决策。全省上下齐心协力，贯彻省政府现场办公会议精神，组建了创建领导小组和创建办公室，确定了创建目标和总体规划，制定了工作方法和工作步骤，一批创建项目正在实施。全省各地积极呼应，充分利用创建芜湖服装城这一契机，规划本地区服装工业，加速发展。

(范贤银)

山 东 省

[概况] 1993年山东纺织工业在纺棉缺口70%的情况下，全省纺织系统广开原料来源，粗粮细作，细粮精作，完成工业总产值216.54亿元，同比（下同）增长13.78%。八大类主要产品产量：化学纤维9.39万吨，增长29.71%；棉纱70万吨，下降2.24%；棉布24.84亿米，增长8.14%；印染布9.33亿米，增长9.12%；针棉织品折纱10.66万吨，下降16.22%；毛线26651吨，下降6.58%，呢绒1801万米，下降4.76%；服装38663万件，增长38.63%。

1993年完成工业销售209.46亿元，增长16.87%，其中省内销售98.12亿元，出口交货67.35亿元，省外销售43.99亿元，三者比例为4.7：3.2：2.1，产销率达97.6%，增加3.94个百分点。出口交货值创历史最高水平，增幅达30.85%。

1993年预算内企业实现利税2.78亿元，减少57.64%，其中税金6.16亿元，增长22%，利润大幅下滑。由于下半年执行新的财务会计制度，净减少利润4.2亿元，消化潜亏、挂亏2.9亿元，加上棉花提价等各种增支减利因素，全行业亏损达3.37亿元，下降272.37%。

1993年预算内企业总负债215亿元，资产负债率高达85%；产成品资金14.8亿元，减少9.56%，但应收及预付货款30.9亿元，增加46.57%，仅有20%约23亿元资金正常周转。棉花紧缺，价格上涨，生产成本增幅高达29.8%，造成成本上升高于收入增幅，形成投入产出价格倒挂而亏损面不断扩大，亏损企业226个，亏损面43.97%，亏损企业亏损额7.75亿元，增加4倍多。职工收入低，队伍难稳定，国有纺织企业人均工资2553元/年，低于全省地方国有企业平均工资的14.8%，扣除价格因素，实际收入相当于上年水平。

[科技工作] 为适应产品结构调整和产业升级的需要，1993年在新产品开发、新技术应用和科研攻关等方面取得突破。

在产品开发方面，毛纺行业又添新军，济宁毛纺厂开发的60～80Nm超薄毛精纺产品，已生产18个品种50个花色，达20万米；泰山毛纺厂开发的单面嵌条花呢通过鉴定并生产20万米；济南毛纺厂研制成功的抗菌整理精纺毛织品，已生产15万米。化纤原料及其新产品的开发喜获丰收，莒县涤纶厂开发的0.37dtex超细纤维，已生产出POY、DTY、NSY及三异混纤丝四大类十个品种达300余吨，将为开发仿丝绸、仿桃皮、仿麂皮产品奠定基础；淄博化纤总厂开发的6.6dtex×64～102mm、3.3dtex×64～102mm腈纶达400余吨，为毛纺原料开辟了新的途径；济南合纤厂开发的锦涤复合超细长丝WD整经牵伸丝已生产84吨；潍坊化纤厂开发的1.2D粘胶纤维已生产500吨，为棉纺企业开发仿丝绸产品打开了通路。烟台市发挥氨纶纤维优势，开发并批量生产氨纶双弹劳动布、幻光绒弹力裤、弹力牛津布、弹力汗布、泳装和时装裤等新产品。棉纺织产品向减少用棉、提高档次进军，临沂棉纺织厂开发的32支精梳麻棉纱，填补了国内空白；蒙阴棉纺织厂开发的麻棉七彩线600余吨，文登染织厂开发的高支精梳特细条灯芯绒达80万米，全部打入国际市场。产业用纺织品的生产领域不断扩大，原料使用从化纤短丝向长丝延伸，主要产品形成批量生产，阻燃汽车装饰用呢、化纤造纸毛毯、涤纶帘子布、丙纶交织油漆篷布、丙纶针刺工业滤毯、涤纶和锦纶整体带芯、PVC涂层维纶篷盖布等成为市场上抢手货。纺织机械配件和器材研制有新突破，昌邑纺织机械厂开发生产的125、155、185高目镍网，达到了国际同类产品先进水平；济南纺织器材厂开发的XH—9101三防（防老化、防静电、防变形）胶圈填补国内空白；烟台针织器材厂研制的高速大圆机针，已基本上替代进口。

在新技术应用方面，电子计算机CAD的应用迅速推开，应用于大提花已达18个企业、应用于色织毛纺和服装分别达到7家和5家企业。先后推广棉纺细纱INA摇架、有机载热体加热炉、紫外线照射胶辊、计算机企业管理系统等10项新技术。

在科研攻关方面，国产清钢联已由青岛纺机厂、江苏金坛纺机厂、德州棉纺厂和省纺织设计院联合攻关，年底联动试车成功；聚合物型阻燃剂合成和共混阻燃涤纶经山东纺院、济南合纤厂和滕州纺织助剂厂合作研制，并列入国家级的产、学、研项目计划，年底已开始试生产；粘胶纤维仿丝免烫技术，由潍坊化纤厂、诸城棉纺厂、潍坊第二印染厂和省纺科所联合攻关获得成功，并投产85万米；吸湿透气功能面料由山东纺院和淄博第三针织厂合作开发出单面、双面、三层中空三大类10余种产品，已投放市场；由省纺科所和淄博第二织染厂合作开发的防水透湿织物初步获得成功；由山东纺院和潍坊第二毛纺厂合作研制的毛精纺防静电面料已投入批量生产。发挥科研院校和企业各自优势，使科研成果迅速转化为生产力，收到良好的效果。

1993年全省纺织系统新产品开发达230项，获省、部科技进步奖共24项，省优秀新产品奖12项。

[**加速结构调整**] 优化增量、调整存量成为全行业共识。全年完成固定资产投资18.97亿元，其中基本建设施工项目49个，完成投资4.16亿元，占总投入的22%；技术改造项目192个，完成投资14.81亿元，占总投入的78%。技术改造新增固定资产13.28亿元，占新增固定资产总额22.08亿元的60%。特别是启动深精加工行业为突破口的工作收到较大成效，加大对印染、针织、复制、毛纺织、装饰用布和服装等企业的技术投入，占年度技改投资计划的30%以上，深加工行业产值比重增加了2个百分点，利税增额高于全行业平均水平；深精加工产品出口已占出口交货总值的69%。全年压减旧棉纺锭11.6万枚，更新改造15万锭，引进1400台（套）具有国际80年代水平的先进设备。企业组织结构调整加快，已有17个企业集团在市场经济的轨道上边组建、边运营、边完善。一业为主、多业经营，已成为二次创业的重要内容。特别是城市老纺织基地从企业间的兼并联合、企业内部兴办其他产业发展到企业成建制转产，迈出了可喜的一步。对个别扭亏无望、严重资不抵债的企业，实行破产。从全行业看，已开始逐步探索出加速结构调整和分流富余人员的若干经验和有效途径。

[**转换经营机制**] 我省纺织系统全面贯彻《条例》，企业以三项制度改革为主要内容，加快了经营机制转换。劳动人事制度的改革已从试点、发动全面步入实质性的健全、完善阶段。为适应现代企业制度的改革，继淄博合成纤维厂改造成股份制企业后，1993年又批准济宁如意毛纺集团、德州印染厂、淄博织染厂等一批有条件的大中型企业进行股份制试点。许多企业还划小核算单位、试行分厂运行机制，也有的企业对管理机构进行了大刀阔斧的改革，做到了优化组合、精简高效。对外经贸方面，在外贸出口体制尚未完全理顺的情况下，进一步加大多口岸、多渠道、多形式出口措施，确保出口大幅增长，全年出口创汇达11.62亿美元，增长39%。新增自营进出口权企业12家，系统内共达到24家，已初步形成了一批按国际惯例经营起步的企业。自营出口创汇1.6亿美元，占全省纺织的13.77%。利用外资兴办“三资”企业是开放以来最多的一年，全年批准“三资”企业283家，合同外资金额达2.14亿美元。到1993年底，累计批准成立“三资”企业774家，合同外资金额共计5.74亿美元。已投产的“三资”企业，全年出口创汇达1.5亿美元。

（訾德祯）

湖 北 省

[**概况**] 1993年湖北省纺织工业以改革为主线，加速股份制改造，使股份制工作取得了突破性的进展。为贯彻《全民所有制工业企业转换经营机制条例》，省纺织工业总公司废止16份、修改1份与《条例》精神相悖的规章、制度、文件，制定了纺织系统贯彻《条例》的13条具体意见，充分发挥总公司的“协调、监督、管理、服务”的功能，有力地促进了纺织企业14项自主权的落实。从下半年调查情况看，有8项基本落实，两项部分落实。全省已有18户纺织企业经国家批准改组为股份公司。

1993年在纺织工业企业流动资金紧张，老的棉花欠款不能归还，生产所需棉花购不回来的紧急情况下，省人行、工行在资金十分困难的情况下，多次点贷给省内部分大中型企业专用资金7000万元，省工行还筹集1亿元资金贷给襄樊棉纺织厂、安陆棉纺织厂等18户企业，消除了棉花款给农民“打白条”的现象。同时中央拨给武汉1.6亿元棉花清欠资金也顺利到位，保证了武汉市纺织工业企业的正常运行。

1993年“三资”企业352户，比去年163户增加一倍多，总投资5.8亿美元，外商投资2.1亿美元，创汇约5000万美元。

1993年固定资产投资计划41项（其中技改28

项，基建13项），新开工项目10项（其中技改7项，基建3项），总投资4.18亿元（其中技改2.34亿元，基建1.84亿元），实际完成投资3.65亿元（其中技改2.17亿元，基建1.48亿元），完成总投资的87.38%。竣工投产项目15项（其中12项为技改，2项为基建），部分投产12项。沙市合纤厂涤纶长丝由3000吨/年扩至9000吨/年，宜昌化纤厂涤纶长丝由2000吨/年扩至6000吨/年。湖北省化纤厂万吨粘胶短纤技改项目，当年投资当年投产，填补了湖北纺织行业原料品种的空白；安陆棉纺织厂引进的66台喷气织机也实现了当年投产当年受益。

1993年列入部、省级攻关开发、推广项目16项，资金975万元（包括部分拨款、低息贷款等）。获省科技进步奖4项，省纺织工业主管部门在资金紧缺情况下帮助13家纺织企业开发了新产品。

1993年有纺织企业956户、职工528900人，与去年相比，企业减209户，职工减7万人，全年实现产值152.8亿元，比去年（下同）增长9.69%；出口交货值39.11亿元，增长18.87%；产销率100.11%，增长6.35个百分点；国有企业销售收入增长20%，产成品资金占用比年初减少了3.15亿元。全行业亏损8288万元，全员劳动生产率低于全国平均水平。

[**股份制改造开始起步**]　1993年纺织行业实行股份制改造的企业已有18户，国家体改委批准的4家规范化社会募集公司中，纺织占1家，全省定向募集公司10家重点中，纺织行业占3家。股份制改造较好的公司有湖北化纤总公司、湖北美尔雅纺织服装实业集团公司、湖北襄樊棉纺织印染厂改组的湖北金鹏纺织（集团）股份有限公司、武汉冰川集团股份有限公司和黄石康赛集团股份有限公司。康赛股份公司于1993年2月经国家体改委批准为规范化社会募集公司试点，取得了进入上市公司的通行证。一年来，公司对黄石服装总厂进行了脱胎换骨的改造，推行《高质、高效、高薪金额计件法》、《职员等级聘用制》和《建立技术、经营两个特区》等“两区一法一制”的国外经营管理模式，工人日产量由原来的12件提高到30件，质量一次合格率也由原来的92%提高到97%，收入高的在千元以上，生产率提高60%。新产品开发以每日一款的速度发展，1993年开发出300多个花色品种，在湖北服装设计大赛中，获奖总数位居全省第一。全年实现销售收入6821.21万元，创利税1357.47万元，分别增长97.21%和86.86%，利润首次突破千万元大关。

[**扩大企业自营出口权，发展外向型经济**]　1993年有自营出口权的纺织企业已发展到18个（印染厂4个、床单厂3个、毛巾厂3个、纺织厂1个、服装1个、毛呢厂1个、化纤1个、毛毯厂1个、棉纺织厂3个），出口创汇727万美元。襄樊棉纺织印染厂针对直接经营对外贸易新课题，从组建队伍和业务培训抓起，不断扩大出口网点，拓展出口渠道，逐步打开了外贸工作新局面。仅从7月份开始到年底就完成了创汇91.5万美元，收汇62万美元，提前完成了国家下达的创汇50万美元的任务。

1993年有“三资”企业352户。这些“三资”企业一是由过去局限于小型企业向大、中型企业转移；二是由后工序向前工序转移，使化纤、棉纺织、印染等行业有了开拓国际市场的条件；三是项目含高科技、高起点成份，提高了产品结构；四是利用固定资产的股本，引进资金为流动资金，改善了企业的生产经营条件。

[**加快技改步伐，实现两条龙改造**]　1993年计划投资41项计4.18亿元，实际完成15项计3.65亿元，60%以上为技术改造项目，其中最重要的是纺织行业实现了服装、丝绸两条龙技术改造任务。服装龙头企业为中日合资美尔雅服饰有限公司，总投资3.84亿元，用汇4973万美元；丝绸龙头企业为黄冈地区丝绸厂，总投资9136万元，用汇685万美元。美尔雅（集团）股份有限公司原先是一个只有职工230人，年生产10万套高级西服的小厂，现已成为省服装行业创汇、创利大户。集团下属16家分公司均为中外合资企业，固定资产2.1亿元，员工4200人，年产西服60万套，各类时装100万件（套），精纺毛料120万米，1993年总产值2.85亿元，创利税4000万元，创汇5100万美元。该公司以生产西服为主，兼营男女各式时装，纺织、餐饮、化工、医药、高科技开发、建筑装饰工程、技术教育、进出口贸易及运输、修理等行业，是一个跨国界、跨行业、一条龙服务的产业集团。

[**黄石举办服装节**]　1993年11月1日至11月4日，黄石市举办93黄石服装节，同时进行湖北省模特大奖赛，服装节使湖北纺织工业和黄石服装业达到一个新的高度。通过竞赛，产生了湖北省十佳模特。会上颁布了设计师大奖，举行了1994年服装流行趋势发布会及中外模特荟萃表演。50多户企业借节日之机与外商广泛接触，引进项目23个，引进外资3.6亿元，光服装就成交8.06亿元。黄石市将以“美尔雅”“康赛”两个合资公司为依托，以大连市为榜样，向中国第二个服装城迈进。

（罗永丰）

湖　南　省

[**概况**]　1993年完成工业总产值52.68亿元，比上年（下同）增长2.93%，其中预算内企业完成39.06亿元，增长3.73%。14个地市除岳阳、益阳、株洲、湘潭4个地市外，都有不同程度增长。化纤、两纱两布、苎麻制品、色织、针棉织品、服装等增幅较大。特别

是进入四季度，棉纱、棉布、苎麻制品增幅更大。

至1993年底，已有12家纺织企业获自营进出口权。全年出口交货12.18亿元，增长5.2%。出口产品中增幅较大的有纯棉纱、纯棉布、床单、浴巾、棉毛类衫裤、苎麻纱线、苎麻布、成衣服装等。华升苎麻纺织企业（集团）公司注意发挥集团优势，统一开展进出口业务，采用“舰队模式”协同对外作战，去年出口创汇2580万美元。

1993年全系统完成销售收入53.68亿元，增长7.97%，其中预算内企业完成40.44亿元，增长27.48%。产销率为101%。产成品资金占用由年初6.25亿元下降为5.25亿元，下降19%以上。

[**新产品开发进度加快，质量稳定提高**]　为提高纺织产品档次和质量，省纺厅组织3个科研院所、6个苎麻和纺机企业，对“八五”国家重点科技项目——苎麻长麻纺新工艺、新设备进行攻关；组织14个纺织企业和科研单位，开发有一定加工深度和技术含量高的省级新产品32个、国家级新产品3个。创产值1.95亿元、利税1560万元。如益麻的亚麻与粘胶交织、纯麻竹节纱布；常纺的宽幅人棉布；澧纺的绢棉纱；衡纺的精梳无接头纱；省维尼纶厂的复合土工膜；邵阳针织总厂的割圈丝毛绒；娄底植绒厂的人造绵羊绒；湘潭丝绸厂的砂洗电力纺等产品，填补了省内空白，达到国内先进水平。同时，在全省有关厂推广了空气捻接器、清棉机自调匀整及织机送经、电子起始动装置、梳棉格拉夫新型针布等10多项新技术，对提高产品质量起了有效的作用。全省13大类产品，质量计划完成率达93.33%，质量稳定提高率为85%以上。省纺织产品质量监督检测中心在抽查66个产品中，合格率达89.39%。

[**改革和调整不断深入**]　为了摆脱困境，各地市和企业从实际出发，在承包经营、招商引资、租赁、兼并、合资、合作、联营、联合、拍卖、国有民营、股份制、一厂多制、一厂多元、发展三产等方面，进行了许多大胆而富有成效的尝试。株洲市纺织工业局，针对该市纺织工业基数小、底子薄、装备落后，组织困难企业突围，大力开拓“跳槽”产业，90%以上企业办起了合资合作项目。汨罗纺织厂在减员600人的基础上，1993年又减员500名发展其他产业；湘纺、邵纺、桃纺、长沙三纺等在推进三项制度改革的同时，把生活服务系统从企业内部分离出来，面向社会经营；岳阳黄麻纺织厂实行全员风险抵押承包，用好用活用足优惠政策，使一个濒临倒闭的中型企业开始恢复生机，1992年减亏200万元。1993年全省有34家企业扭亏为盈。

[**经济效益严重下滑**]　据127户预算内企业统计，1993年亏损高达3.86亿元，增亏2.73亿元；亏损企业92户，增加14户；亏损面为73.01%，增加14.28个百分点。14个地市全部陷入严重亏损之中。造成经济效益下滑的主要原因：

①成本大幅度上升。1989年前，全省纺织工业销售利税率保持在10%以上，1992年降到0.87%，1993年降为－3.19%。棉花1989年172元/担，1992年涨到329元，1993年涨到369.8元，涨幅高达115%，而棉纺织品平均价格涨幅不到棉花的一半。

②资金奇缺。全行业累计亏损挂帐9亿元，潜亏挂帐3.8亿元，发出商品4亿元，应收货款3.9亿元，合计占用流动资金贷款73.5%，只有26.5%（6.1亿元）参与50余亿元产值的生产运转。由于资金奇缺，尽管产品有销路，有盈利，也无法组织生产，只能一次又一次地失去良机。据益阳市统计，市属10家企业中，由于无资金，8家处于停产半停产状态。生产出口床单的株洲床单厂，1～10月已盈利18万元，由于无资金，被迫停产，企业由盈变亏。

③欠债多、包袱重。据统计，全系统预算内企业银行借款36亿元，每年仅利息支出就4亿元。资产负债率高达86.7%。以洞麻为例，基建贷款1.2亿元，几年来还掉1.2亿元，还欠1.2亿元。湘潭市针织厂累计贷款3773万元，每年支出利息320余万元，比全年发给职工的工资总额还要高。另外，全系统离退休人员达4.3万人，占在职职工的17%，每年开支达1亿元以上。特别是服装行业和一些老企业，几乎是一个在职人员养活一个离退休人员。

④设备老化，产品更新换代能力低。由于过去很长一段时间只讲数量，不注重质量和档次，只讲贡献，不注重投入，技术滞后现象严重，一大批骨干企业设备严重老化，又缺乏自我改造能力，很难适应当前激烈的市场竞争。全省126万锭棉纺设备中，落后的占24%，一般水平占30%。2.2万台织机中，具有先进水平的不到1%，低于全国平均2.1%的水平；印染设备中，具有先进水平的只有0.8%。

[**华升苎麻纺织企业集团公司科研开发成效显著**]
1993年是湖南省华升苎麻纺织企业集团公司科研开发最为活跃、最富有成效的一年，该公司所属株洲、益阳、洞庭3家苎麻纺织印染企业，坚持以科研促开发、以开发占领市场的方针，在资金十分困难的情况下，仍投入1803万元用于技术改造，全年共开发新品种155个。如色纺纱、麻腈纱、色纱、麻粘布、纯麻竹节纱、高支细薄纯麻布、麻棉牛仔布、高档针织纯麻布、丝麻绸等新产品，投放市场后，都产生了很好的经济效益。洞庭苎麻纺织印染厂开发的色纺麻棉纱，已成为该厂获得较大盈利的拳头产品。株洲苎麻纺织印染厂开发生产的纯麻针织布，在日本市场成为抢手货。益阳苎麻纺织印染厂全年新产品产值达4000多万元，创外汇250万美元。

开发出效益，1993年全集团完成出口创汇2692万美元，增长11.5%，所属3个企业全部实现扭亏为盈。

（宋宏尤）

广 东 省

［概况］　1993年广东省纺织工业总产值213亿元，比上年（下同）增长22.09％，在全国同行业中第一次超过上海跃居第三位，排在江苏、山东省后面，而且与位居第二的山东省仅差0.92％。产销率达96％，基本上做到产销平衡。棉纱、纯棉布、涤纶混纺布、印染布、汗衫背心、毛巾等主要产品期末库存量均比年初有所下降。经济效益明显提高，国有预算内企业实现利润3.3亿元，增长3.3倍。其他产品产量：化学纤维200250吨，增长17.35％；纱122084吨，增长4.29％；布27332万米，增长10.10％；印染布42969万米，增长9.10％；针棉织品折用纱线量72848吨，增长12.33％；毛针织品折用毛纱线量579吨，增长125.21％；呢绒303万米，增长8.47％；毛线23046吨，增长40.23％；毛毯506万条，增长52.42％。

［加速企业转换经营机制］　为进一步发展社会主义市场经济，广东省纺织行业主管部门对企业基本上全面放开。主要管好"一把手，一个承包数，确保资产增值"，把企业推向市场。企业普遍反映经营自主权、产品定价权、物资采购权、产品销售权、留用资金支配权、联营兼并权、工资奖金分配权比较落实，企业精简机构，人员能上能下，机制灵活，在市场竞争中较为主动。

为了克服旧体制的弊端，对一些长期亏损的企业，尝试进行兼并、转产、停产、承包等。佛山南方印染厂股份有限公司承包华南装饰布厂取得了较为成功的经验，使连续多年亏损的华南装饰布厂在产值、产量、质量，实现税利等方面均有新的突破，实现利润293万元，增长4.9倍。

积极推行股份制。全省纺织系统实行股份制改革的企业共15家，其中3家已在深圳挂牌上市。实行股份制试点的企业，经济效益普遍大幅度增长。鹤山美雅股份有限公司创税利1.77亿元，由于业绩优良成为深圳一线绩优股。

［加快技术进步，调整产品结构］　根据省制定的进一步改革开放措施，原来中央赋予省审批的基建、技改权限已全部下放到市，市的审批权限下放到县，大大调动了各级引进先进技术设备，加快技术进步的积极性。1993年完成基建投资9.95亿元，增长32.46％；完成技改投资18.04亿元，增加90.93％。这些基建技改项目基本上做到引进的技术装备是国际先进水平，产品的档次质量在国内外市场有竞争力，经济效益好，大大增强了纺织工业发展的后劲。

在市场竞争中逐步形成根据市场需要，调整和优化产品结构的经营思想。充分利用各种资源，积极采用新技术，大力发展花色品种。1993年有21个产品获省优秀新产品奖。

［多元化开拓国际市场］　随着国际经贸形势的发展，广东省纺织工业企业多元化开拓国际市场，努力扩大纺织品出口。除了继续巩固港澳市场，力争欧、美市场外，抓住东欧、东南亚国家实施经济发展和开放政策的时机，及时开拓新的市场。通过周边贸易、展销、到国外办企业等多种方式扩大纺织品出口。1993年，我省纺织行业在俄罗斯、立陶宛、新加坡、洪都拉斯等国创办了贸易公司和生产企业，迈开了多元化开拓国际市场的第一步。

（钟惠玲）

海 南 省

［概况］　1993年全省纺织工业共有化纤、棉纺、印染、麻纺、丝绸、纺器等7个行业49家企业（不含服装），比上年减少2家，其中系统内独立核算企业19家，年末职工12500人，固定资产4.9亿元。工业总产值5.32亿元，增长1.71％；产品销售收入5.16亿元，增长14.85％；利税7097万元，增长36.5％，其中利润3223万元，增长28.92％；出口交货值4547万元，增长5.13％。主要产品产量：化学纤维14294吨，下降11.98％，其中涤纶长丝13368吨，下降10.25％；棉布及混纺布553万米，下降11.8％；纱1593吨，下降38.68％；针棉织品折用纱线量1383吨，增长6.47％，羊绒衫13万件（去年无统计数字）。

［化纤行业］　居全省纺织工业主导地位的化纤行业努力克服原材料大幅度涨价、产品售价回落、供求矛盾尖锐、资金紧张、水货冲击等增支减利因素的不利影响，排除干扰，较好地实现了稳定职工队伍，稳定生产，稳定大局，提高效益的目标。5家大中型化纤企业的工业总产值仍达3.62亿元，占全行业工业总产值的68.05％。实现利税6750万元，占全行业利税总额的95.1％，其中利润4338万元，为全行业经济效益的稳定增长奠定了基础。琼海涤纶厂在激烈的市场竞争中，深化改革，强化管理，不但产品产量、质量和消耗等指标达到同行业先进水平和国家二级企业标准，而且他们立足"棋高一招"，重点围绕建立健全企业技术进步的自我发展机制，经过4个月的艰辛攻关试验，收集各种数据近万个，成功地开发出单纤一旦左右的细旦丝系列产品，并具备了大批量生产条件。该产品填补了省内空白，并使我省的细旦丝生产一举跃居全国先进水平，为企业参与高层次竞争创造了条件。该产品投放市场后，受到国际化纤专家和内外客商的一致

好评。海德涤纶厂坚持"内抓现场，外抓市场，强化管理上水平，搞活经营争效益"的指导思想，全年生产涤纶长丝5385吨，超过生产设计能力7.7%，产品合格率平均93.89%，提高0.26%，一等品率86.41%，提高1.44%，创造了产品产量和质量的两个历史最好水平。1993年5月，琼海涤纶厂、海德涤纶厂和海南化纤厂等三家骨干企业均被国务院发展研究中心和国家统计局评为中国100家最大纺织企业和行业50家最佳经济效益企业。

[转换机制] 1993年全行业已把转换机制的重心移向建立现代企业制度方面。在继续抓好"三项制度"改革的同时，企业"工厂制"向"公司制"的改造已全面有序地展开。省纺织工业局（总公司）注重在理顺产权关系、建立激励与约束相结合的经营机制、改革领导体制、转变职能和完善服务制度等方面积极探索新路子，所属的5家骨干企业已完成有限责任公司或股份制公司的改造。全行业80%的大中型企业以分灶、剥离、缩编、分配、保险、建制为特点的转换机制工作取得成效，全部新建大中型企业均按规范化股份制企业运作，初步显示了转机建制的活力。亏损大户海口纺织印染厂在企业内部进一步划小核算单位，实行风险抵押承包，并果断卖掉280台布机，使余下的224台布机的设备发挥能力由40%提高到70%，人员也由830人减少到300人。在实现纺纱与织布均衡生产的同时又大力压缩库存，进一步实现了产销平衡。全年共压缩库存坯布557.6万米，纱566.6吨，分别占库存总量的87%和96%，活化资金2820万元，全厂实现销售收入5627万元，增长22.11%。这个厂还与陕西第二印染厂联营，成功启动了"死火"6年的印染线，生产出了七套色印花新产品。

[调整结构] 海南纺织工业从"八五"开始，就着力发展引进高新技术，实施结构的战略调整，集中资金和技术力量狠抓了一大批起点高、规模大、效益好的重点项目。1993年共完成固定资产投资8.72亿元，是1992年的5.8倍，其中基建与技改投资比例为3：1。这些项目主要有：

7000吨锦纶丝和7000吨锦纶浸胶帘子布项目：已完成投资5亿元，建筑面积70000平方米，建设周期比国外同类企业缩短了6个月。整套引进设备已进入安装调试，计划1994年7月投产。

60000吨聚酯切片项目：完成投资2.1亿元，完成建筑面积37000平方米，占总面积的98%。从美国引进的全套生产装置已陆续运抵海口，计划1994年底投产。

5000吨腈纶毛条和100万条拉舍尔毛毯项目：总投资1.8亿元，全部设备从德国、意大利、日本引进，1993年1月动工，年末主要设备已进入安装调试阶段，计划1994年8月全面投产。

208台喷水织机项目：基建全面动工，总投资1.23亿元。引进日本、意大利生产的世界先进水平的喷水织机及配套设备已大部到货，生产规模为年产仿真丝绸1500万米，计划1994年10月投产。

此外还有：

海南化纤工业股份有限公司投资2.5亿元的5000吨差别化纤维二期工程全面开工兴建，计划1994年底投产；

海德涤纶厂投资9000万元引进3700吨长丝生产线进展顺利，计划1994年下半年投产；

与香港合资的50吨羊绒纱及15万件高档羊绒衫项目，投资2000万元，1993年2月开始设备安装，1994年5月投产；

琼海涤纶厂投资1500万元，引进4台日产33H弹力丝机投入生产，加弹能力提高78%；

海山织造厂投资3100万元的100台喷水织机项目已于1993年3月正式投产。

海南纺织工业在基础差、底子薄的情况下实施的大规模结构调整，已初步达到结构较为合理、水平趋于先进的目标，全行业的整体现代化水平有了显著提高。

（卞大中）

四 川 省

[概况] 1993年四川省有纺织企业554个，其中国有企业124个（预算内全民纺织工业企业99个），集体企业405个，股份制企业7个，合资企业2个，其它经济类型企业4个。按规模分类，全省大型纺织企业14个，中型企业48个，小型企业492个。年末纺织工业职工人数26.66万人（其中全民企业职工19.44万人，集体企业职工6.86万人，其它所有制企业职工0.36万人），离退休职工5.33万人。工程技术人员占职工总数的3.5%。工资总额5.99亿元，职工人均年工资2178元。全员劳动生产率：全民企业20347元/人，集体企业15438元/人，其它所有制企业40521元/人。

工业总产值（预算内企业，90年不变价）61.05亿元，比1992年（下同）下降6.03%，工业增加值（现价）8.77亿元。主要产品产量：化学纤维5.99万吨，下降10.44%；纱16.47万吨，下降17.81%；布9.4亿米，下降3.21%；印染布3.4亿米，下降6.4%；床单443万条，增长6.39%；毛线2037吨，增长60.77%；呢绒343万米，下降19.48%；毛毯41.5万条，增长11.86%；苎麻布1689万米，下降0.9%；麻袋3343万条，下降30.57%；服装1.12亿件，下降38.71%；布鞋2333万双，下降12.75%；纺织机械4903吨，增长30.36%。出口交货值8.6亿元。

全省预算内纺织企业产品销售收入 49.86 亿元，产品销售税金附加 2.18 亿元，销售利润 2.59 亿元，盈利总额 1.3 亿元，亏损总额 5.52 亿元，盈亏相抵后利润总额为负 4.22 亿元，其中新会计制度影响利润 9890 万元。1993 年全省有 10 余户纺织企业扭亏为盈或减亏。

[**固定资产投资**] 根据四川纤维资源情况和纺织工业现状，大力发展原料工业，积极调整产品结构。通过多种途径筹集资金，六万吨聚酯工程建设现已全面动工。1993 年，四川省纺织工业完成固定资产投资 6.5 亿元，其中基本建设投资完成 2.6 亿元，技术改造投资完成 3.9 亿元，引进外资 1614 万元。全年完成内江棉纺织厂全程更新改造 1.5 万锭及 40 台织机项目、广元纺织厂全程改造 1 万锭及 240 台织机窄改宽项目，遂宁服装工业公司增加绒布和牛仔布项目、广汉服装厂扩大绸类及仿真丝绸服装项目、广汉针布厂开发新型针布项目、遂宁织造印染厂更新 74 台织机及填平补齐绒布生产线项目、川康毛纺织一厂引进剑杆织机项目等技术改造，已部分建成投产。

[**管理部门和企业的机制改革**] 四川省纺织工业厅本着“精简机构、压缩人员、联合发展、增强实力”的原则，进行了机关机构改革，人员精简 40%，处室压缩 50%，分流人员充实到新组建的四川省纺织工业总公司、四川东华商贸公司和四川东华实业开发公司。机关机构改革和企业内部机制改革陆续展开。内江市纺织工业局于 1992 年底撤销，由内江棉纺织厂代行行业管理职能，形成内江市纺织工业局、内江市纺织工业公司和内江棉纺织厂三位一体的格局。德阳市轻化纺工业局撤销，由德阳市计划经济委员会行使行业管理职能。全省纺织行业先后有广汉涤纶厂、成都涤纶厂、四川第一棉纺织厂、南充嘉陵纺织集团、简阳棉纺织厂、四川聚酯工程、遂宁纺织厂和自贡纺织厂先后改制为股份制企业。其中，广华化纤股份有限公司（原广汉涤纶厂）为上市公司，四川第一棉纺织股份有限公司（原四川第一棉纺织厂）、四川锦华纺织股份有限公司（原遂宁纺织厂）为公众公司。绵阳市第一纺织厂通过“三制”改革，基本理顺了企业内部的分配关系，较好地处理了职工在岗、待岗和上岗的关系，强化了企业内部基础管理，增加了职工收入。

[**产品质量**] 为了提高企业对 ISO-9000 质量标准的认识和理解，省纺织厅举办了三次五期各种类型的学习班。并抓紧重点科研项目的实施进度，组织企业参加长江流域五省七方新技术、新产品交易会。多次派出科技人员帮助和指导企业开发适销对路的紬丝纱和桑紬棉绸产品，使企业获得了明显的经济效益，受到企业的欢迎和好评。配合质量月宣传活动，组织召开质量分析会，进行了质量问题问卷调查。全省纺织产品质量稳定提高率达到 95%，万元产值能耗降低 1.3%，棉布一等一级品率、棉布入库一等品率等于大质量指标均超过 1992 年水平。

[**经销工作**] 围绕加强销售队伍建设、提高销售人员素质、奖励销售人员、调动经销人员积极性，省纺织厅组织召开了全省纺织工业经营工作会议，分析产销形势，研究对策，通过政策、信息和培育市场，积极引导企业的生产经营工作，并举办了全省纺织产品交易会。1993 年，全省纺织产成品资金下降 26.8%，销售收入保持稳定增长。为了使企业逐步面向市场，成为市场竞争主体，纺织工业主管部门把培育和完善市场机制作为一项重要工作，不断增强“西南纺织市场”和“四川纺织市场”的辐射能力。面积 1.9 万平方米、具有多种功能的“西南纺织市场”正在抓紧建设，预计 1994 年 10 月正式投入使用。省纺织厅还组织各方面力量，对全省国营、集体、个体、批发、零售等不同类型、各个环节的纺织品专业市场进行专题调查研究，帮助纺织企业了解省产纺织品在本省城乡的销售情况和市场需求。

[**存在问题**] 四川纺织行业已经连续 4 年出现亏损，经济效益越来越差，亏损额逐年上升，亏损面达 77%，形势相当严峻。继重庆针织总厂破产、川东苎麻纺织厂被其他行业兼并后，又有营山麻纺织厂、内江印染厂和南部毛纺织厂先后宣告破产。部分破产企业决心利用破产、甩掉包袱的机遇，先死而后生，彻底转变机制，重新寻找新的经济增长点。由于纺织原料提价、设备落后及思想不够解放等原因，部分针织复制企业处于停产、半停产状态，职工生活困难，部分纺织企业资产负债率已超过 120%。（吴以源）

云 南 省

[**概况**] 1993 年完成工业总产值 15.47 亿元，比 1992 年（下同）下降 2.05%，其中全民所有制企业 11.72 亿元，下降 1.2%；集体所有制企业 3.62 亿元，下降 5.1%。10 种主要产品产量，除蚕丝增长 23.26%外，其余 9 种均减少，其中化学纤维、纱、布、呢绒、麻袋，服装等 6 种产品减少幅度均在 10%以上。全年共实现产品销售收入 15.62 亿元，增长 11.69%。上缴税金 7557 万元，增长 93.52%。全行业继续亏损，亏损额由 1992 年的 231 万元猛升到 3012 万元，净增 12.04 倍。

[**云南省纺织工业局撤销**] 4～5 月下旬召开的云南省人大八届一次会议决定撤销省轻工业厅、省纺织工业局，组建省轻纺工业厅。原省纺织工业局在职职工，除少数调轻纺工业厅外，其余全部转办经济实体——云南省纺织总公司，并经云南省人民政府批准，于 1994 年 2 月 28 日与省轻纺工业厅同时挂牌成立。原

省纺织工业局直属的云南维尼纶厂、云南省纺织工业供销公司、云南省纺织科研所等3个单位仍隶属于省纺织总公司。云南省纺织工业转体后，行业管理职能划归云南省轻纺工业厅。（侯开伦）

陕 西 省

[**概况**] 1993年全省纺织业在困境中拼搏进取，使全行业在生产、销售、创汇、技改方面都取得了一定成绩。全年共完成工业总产值54.63亿元、比上年（下同）增长0.16%，实现销售收入42.79亿元、增长19.32%；完成出口交货值15.29亿元、增长32.54%，出口创汇2.18亿美元、增长8.4%，占全省出口创汇的22.02%。

截止1993年底全省纺织系统内共有纺织企业265个，职工20.09万人，其中：省直属企、事业单位职工10.45万人，五环集团1.01万人，年末固定资产原值32.56亿元，净值21.85亿元，分别比上年增长15.98%和27.01%。全省系统内共有棉纺锭148.6万枚，气流纺15096头，棉织机3.08万台，印染生产能力6.11亿米，毛纺锭5.72万枚，毛织机897台，针织台车476台，棉毛车456台，经编机29台，化纤生产能力2.97万吨，桑蚕缫丝机4.7万绪，丝织机1678台。

建国44年来，全省纺织工业共为国家建设提供积累113.08亿元，为同期国家总投资43.34亿元的2.4倍，纺织工业的产值、利税及创汇一直处于全省的优势地位，即使在近两三年形势严峻的困难局面下，纺织业仍在全省国民经济中起着重要作用，占有相当地位，1991年～1993年（即“八五”前三年）全省纺织工业总产值累计完成162.66亿元，占全省工业总产值的10.79%，出口创汇累计实现6.29亿美元，占全省出口创汇的26.54%。

1993年生产化学纤维15925吨、下降31.36%，棉纱156027吨、下降4.67%，棉布69080万米、下降4.58%，印染布27517万米、下降1.96%，针棉织品折用纱12634吨、下降26.29%，呢绒638万米、增长12.92%，毛线1752吨、下降2.45%，毛毯26.65万条、下降0.18%，厂丝1082吨、增长6.60%，丝织品924万米、增长8.32%。

[**生产运行与经济效益**] 1993年，由于纺织原料紧缺、价格上涨，以及流动资金不足，纺织企业生产很不正常。全省十一大类纺织品中，呢绒、桑蚕丝、丝织品比去年有所增长，七类产品比去年减产，其中化纤减产31.4%，纱减产4.67%，布减产4.58%，针棉织品减产26.29%。全行业在这种不利情况下，通过调整产品结构，提高产品档次，仍实现了减产增值。全省和直属企业工业总产值分别比1992年增长0.16%和0.4%。

1993年由于外部因素的影响，全行业约增本减利2.64亿元。通过企业挖潜提效，消化了约2.11亿元的减利因素，但经济效益下滑的趋势并未遏止，全省实现税利－5036万元，比上年减少1.4712亿元，其中税金1.8872亿元，增长36.37%，实现利润净亏损2.3864亿元，增亏198.8%。占全省纺织工业主导地位的省直属企业，全年实现税利5053万元，比1992年下降41.24%；实现利润盈亏相抵后净亏损6506万元。

[**产品销售与出口创汇**] 1993年通过“扶畅、限平、砍滞”，开发适销对路产品，开展多渠道、多形式的营销活动，促使全行业销售状况明显改善，全年实现销售收入42.79亿元，比1992年增长19.32%，产销率累计达到102%，其中省直属企业达到103.5%，均比1992年提高7.7个百分点。省直属企业产成品资金比年初下降16.34%。

1993年全省纺织品出口继续保持增长势头，全年完成出口交货值15.29亿元，增长32.54%，其中省直属企业完成12.83亿元，增长40.5%（其中：自营出口企业完成4744.68万元，增长158.10%；合资企业2.03亿元，增长89.2%）。大类纺织品出口交货量比上年同期增长的有纱、布、针织品、呢绒等八类，厂丝、丝织品、毛巾被、单面布类衫裤等五类下降。全省纺织品出口创汇21800万美元，比上年增长8.4%。截止1993年全省获得自营进出口权的企业达到18家，其中省级企业有十三家，西北五棉、西北一棉、陕毛一厂、陕棉十厂、陕棉八厂、西北四棉、西北一印、西北七棉、西北三棉、西北二棉、西北六棉、陕西二棉、陕西二针。

[**新产品开发与科技成果**] 1993年全省纺织行业列入省级新产品开发计划的项目共有43个，已通过鉴定的有26项。全年分行业开发的品种有数十种，其中棉纺行业有新疆棉代替埃及棉特品（节汇产品）、产业用导电布、高支高密轻薄织物、高档防羽绒布、人棉仿绸和府绸等五个大类。除特品外都是出口产品，其中量较大的是高档轻薄织物，全年试产约400多万米。印染行业有防紫外线织物、长丝水洗布、仿蜡染织物、彩色牛仔布等。其中仿蜡染织物投产数量较大，约1200万米。毛纺行业有纯毛驼丝锦、纯毛高档礼服呢、混纺马海毛毛线和毛毯等。色织行业有用于出口的双径轴色织提花布、人棉色织布。丝绸行业以化纤产品为主，主要品种有弹力丝、中长、涤长丝仿麻（水洗）织物。在1993年全国棉印调研中心、棉印流行色研究中心年会及全国色织中心年会上，陕西有五块新产品和三张流行色应用图案获奖。

1993年全行业共有七个科研项目获得科技进步

奖，其中省纺织科研所“山羊毛综合利用”获陕西省科技进步二等奖，获省纺织系统科技进步奖六项。在全省第三届技术成果交易洽谈会上，纺织代表团共有获奖项目11项。

[技术改造与引进技术的消化吸收] 1993年全省纺织行业继续加大投资力度，加快技术改造的步伐，使全行业技术装备水平又上新台阶，同时也促进了产品结构的调整和产品档次的提高。全年国有经济共完成固定资产投资5.5996亿元，增长26.43%，其中基建投资3565万元，技改投资52431万元；建成投产项目共33个，其中基建项目5个，技改项目28个，全年新增固定资产43440万元。“八五”前三年全行业用于技术改造的投资共计11.8242亿元，相当于“七五”期间的98.2%，是“六五”期间的2.24倍，从1980年至1993年，全省纺织业引进国外先进技术和装备共用汇2.557亿美元，成交203项，引进设备4591台套，使全行业的技术水平获得了跳跃式的提高，在全国同行业中居于领先地位，全省精梳机已由1980年的104台发展到1990年的262台，1993年又达到387台，其中西北国棉一厂万锭达6.1台。通过技术改造，全行业产品的结构及档次有了明显提高。

全省已经形成了“引进技术——研制开发——推广应用”一条龙的配套协作体制，现已批量生产的有三十多种主机。

[深化改革与发展“三产”] 1993年全省纺织工业的改革向纵深发展。通过贯彻《转机条例》，企业活力进一步增强，大部分纺织企业能够充分利用生产、经营、出口、人事等方面的自主权，按照市场经济的要求，进行内部改革，对封闭式的车间和生产、生活服务部门实行多种形式的承包，划小核算单位，提高企业的经济效益和社会综合效益。总公司除在1992年底组建成立6个经营性子公司外，1993年10月又在深圳设立陕西纺织业的经销窗口，负责收集传递国际纺织品市场及纺织业高新科技动态信息，联络外商，同陕西纺织工业的技术经济合作洽谈，以及省内有关纺织企业的业务联系等，并组建成立了“深圳大纺贸易公司”，以拓展对沿海及港澳地区的经贸业务。另外，还在阿联酋设立了贸易公司，以扩大陕西纺织品的出口。

1993年全省纺织行业积极发展了以“三产”为主的多种经营，据统计，省直属企事业单位已开办的“三产”企业有121个，从业人数3417人，1993年上半年完成总产值4122万元，实现税利543万元。

[存在的问题] 1993年全省纺织工业面临的形势极为严峻，突出问题和深层次矛盾暴露明显，主要有以下几方面：(1)成本大幅度上升，利税不断下降。由于棉花价格连续几次大幅度上调，以及汇率调整、限制进口，致使化纤原料价格也随之暴涨，而纺织品市场受供求关系制约，无法从价格上消化增本因素，导致全行业经济效益下降，利税总额由1989年的5.62亿元下降到1993年的－5036万元，利润由1989年的3.66亿元下降为全行业亏损2.39亿元，从全省的利税大户变成了亏损大户。(2)企业负担沉重，资金严重紧缺。至1993年底省直属企业的技改贷款已高达17.41亿元，年支付利息在2亿元以上。企业用人多，包袱重，直属企业退离休人员达29.71%，且企业办社会问题严重，1993年的营业外支出高达1.4亿元，与销售利润大体相当。流动资金不足也严重制约了生产发展。1993年仅直属企业原材料采购资金缺口即达2.5亿元以上。(3)企业亏损严重，职工队伍不稳定。1993年全省纺织系统9个行业中，除化纤、缫丝略有盈利外，其它7个全部亏损；10个地市中除安康、商洛盈利外，其余8个地市全行业亏损；24个直属企业中，有14个亏损；全省县以上纺织企业亏损面高达66.67%。亏损企业大都处于停产半停产状态，职工发工资、药费报销困难，直接影响了队伍稳定，造成一批技术人员和生产骨干外流。从行业自身来看仍然存在结构不够合理、产品缺乏竞争力、企业机制不活等问题。

（张　辉）

宁夏回族自治区

[概况] 1993年宁夏纺织工业产值3.88亿元，比上年下降3.4%，总负债率已达92%。直属8个纺织企业，仅有1个企业盈利。

全国纺织生产能力过剩，宁夏并非如此，宁夏只有棉纺3万锭，毛纺2.5万锭，都占不到全国1%，化纤只有一家。如果产品品种、质量具有竞争力，加上有效的营销策略，是能够占领市场，宁夏纺织工业的生产能力决不会冲击全国的大市场。宁夏的真正差距在于品种少、质量差、竞争力不强。

[转换经营机制，完善内部改革] 宁夏以毛纺织业为主，由于种种原因，毛纺织产品积压，企业效益不佳，工人的收入、企业的积累都受到了严重影响。在扭亏增盈工作的实践中，企业领导逐步认识到在社会主义市场经济发展的新形势下如果还按老办法抓生产管企业是一条危险的路，只能把企业推向死胡同，企业的活力只会逐步削弱。因此，厅里对直属纺织企业贯彻《条例》情况进行了调查了解，及时进行分类指导，稳定了职工队伍，没有出现上访闹事的情况。银川毛纺织厂现有7个三产公司，分流了近200名职工。银川第三毛纺织厂划小核算单位，加强车间管理，使羊毛衫分厂的效益有了改观。银川第二毛纺织厂改部分车间为公司，机修车间承揽对外加工业务，工人收入增加了，车间有了活干。该厂在高科技开发区购买一层厂房，与外商联营，利用本厂优质毛料加工生产男女

中高档服装，既消化了本厂初级产品，又实现了宁夏纺织产品深加工的愿望，产品投放市场深受消费者喜爱。

[改变机关职能，加强服务协调] 在企业转换经营机制的过程中，厅机关放权于企业，使企业真正做到职工能进能出、工资能升能降，干部能上能下、机构能设能撤，使企业充满活力地进入市场。1993年轻纺厅按照自治区的统一部署，放开了企业用工自主权，厅里不再过问企业的招工事宜，企业要招多少、进多少人，均由企业作主，厅机关做好协调服务工作，决不干涉。在工资奖金分配上，按照上级的统一安排，进行宏观调控，建立体现效率与公平原则的新型分配制度，做到工资总额同经济效益挂钩；工资总额包干；国家计划指标控制。 （高广珍）

甘 肃 省

[概况] 1993年甘肃省纺织系统共有企业196家，其中，系统内63家，大中型企业14家，职工7.19万人。拥有固定资产原值9.68亿元。全年生产棉纱32000吨，精纺呢绒1000万米，粗纺毛呢350万米，毛毯300万条，毛衫139万件，毛线0.8万吨，针棉织品562万件，棉布6000万米，化纤2.5万吨。在总量相对过剩，结构矛盾突出，产销矛盾尖锐，原辅材料涨价，流动资金匮乏的情况下，全省纺织职工继续发扬艰苦奋斗的创业精神，在困境中拼搏，在奋斗中前进，依然取得了较好成绩。1993年完成工业总产值（系统内）11.5亿元（90年不变价），与1992年相比（下同）基本持平，省属企业完成销售收入7.29亿元，增长4.48%，其中毛纺增长9.1%，棉纺增长31.8%。纺织品出口交货值8674.26万元，增长66.66%，其中总会直属企业完成5880.68万元，占出口交货总值的67.79%，增长46.77%。

[一厂一策，增强发展后劲] 一是继续贯彻落实《企业法》和《条例》，深化“三项制度”改革，落实企业14项经营自主权，根据企业不同情况，引进外资实“嫁接”，开发“三产”进行转向，清产核资，明晰产权，为建立现代企业制度奠定基础。二是分类指导，抓影响企业的关键问题。对经济效益较好的企业帮助创造有利于放开经营、放手发展的条件。兰州三毛厂进一步发挥行业排头兵作用，在生产一流产品的同时，推动管理上台阶，创出了一流效益；兰州维尼纶厂把建设甘肃轻纺行业原料基地作为办厂目标，一手抓管理、降消耗、增效益，一手抓改革、改造、产品开发，开拓国际市场。对效益一般的企业加大了改组、改造的力度。兰州一毛厂精纺分厂狠抓技术改造，使产品质量不断上档次；粗纺分厂出口、来料加工和部分工序向精纺转移。对亏损企业按“主业精、副业兴、多种经营”的发展思路，重点抓了重组和改造工作。兰州棉纺织印染厂实行分厂制，划小核算单位，“分灶吃饭”，现已分设成兰州纺织厂和兰州印染厂，龙头龙尾平等竞争。兰州毛条厂扩大来料加工，并采取租赁、合资等办法，逐步发挥现有厂房效益。白银棉纺厂、白银针织厂在调整结构、开发新产品和多种经营上寻求新的出路。三是借鉴北京一轻总公司的经验，省纺机厂、兰州毛条厂充分利用“级差地租”优势调整产品结构，增强了企业活力和发展后劲。

[优化结构，壮大经济实力] 企业的市场意识、竞争意识普遍增强；围绕市场调整产品结构的自觉性显著提高；新产品开发周期大大缩短；对滞销和亏损产品采取限产或停产的果断决策。兰州三毛厂把系列化、高档化作为调整产品结构的主攻方向，开发出驼丝锦、毛绒贡缎、羊绒、毛丝等24个系列，新产品更新率达85%，新产品产值率为19.33%。兰州一毛厂开发新产品200多项，新产品更新率达58.94%，新产品产值率为36.87%。省纺织研究所狠抓产品上档次、上水平，严把质量关，开发的新产品走俏市场，在北京、东北等地颇受青睐。

[盘活资金，提高资金利用率] 近年来，资金短缺和“三角债”困扰成为企业生产经营的最大障碍。针对这种情况，各企业一方面实行销售大包干，强化营销力量，布网设点，扩大销售渠道；另一方面组织得力人员催收清欠。1993年底，全省34户县以上纺织企业产成品资金降低25%，省属毛纺企业下降5.8%，棉纺下降65.4%。同时，企业上缴三税明显增加，省属毛纺企业上缴所得税、调节税增长5.6%，产品销售税毛纺增长27.16%，棉纺增长69.16%。在毛纺企业中，兰州三毛厂一枝独秀，上缴利税2930万元，增长15.4%，位居全国毛纺同行业前列。 （殷国手）

新疆维吾尔自治区

[概况] 1993年自治区纺织全行业完成工业总产值（1990年不变价，下同）34.14亿元，比上年（下同）下降1.53%（系统内工业总产值26.85亿元，下降6.48%）。其中棉纺织业完成13.32亿元，下降11.9%；毛纺织业完成8.8亿元，下降2.84%。出口交货33146万元，下降1%。出口交货中，棉纱5930吨，增加22.3%；布总计920万米，下降52.45%；呢绒26万米，下降37.1%；针棉织品折用纱线量2319吨，增加6.18%。1993年系统内实现利税总额2535万元，下降77.3%。其中税金16920万元，增长7.9%，

利润负14385万元，除毛纺织业实现利润4285万元，基本同上年持平外，棉纺等其它行业均亏损，棉纺亏损大幅度增加，丝绸、化纤由盈转亏。

纺织工业形势是产值下降，出口减少，经济效益继续滑坡。除毛精纺产品外，主要纺织产品市场均处于低谷状态，棉纺行业走入谷底，至四季度才转入旺销态势。存在的问题是：企业资金短缺，原料不足，运输紧张，产品结构不合理，三角债严重困扰。由于全行业连续两年亏损，企业流动资金严重不足，迫使部分企业停产或半停产，阻碍了企业的生产和发展，加上全国棉花减产，区内棉花大量外调，影响了企业的生产。

1993年生产涤纶长丝2527吨、下降11.74%，纱125362吨（合69.977万件）、下降12.14%，布23250万米、下降2.42%，印染布3937万米、下降28.03%，呢绒1228.99万米、下降3.53%，毛线2225.7吨、增长41.76%，毛毯24.69万条、增长59.60%，针棉织品折用纱线量8088.8吨、增长2.26%，生丝379.5吨、增长18.97%，丝织品176.48万米、下降13.49%，亚麻纱562吨、增长34.13%，服装913.22万件、增长59.10%。

[技术改造] 1993年自治区纺织工业技术改造项目共有11项，其中续建项目8个，新开项目3个。计划总投资8942万元，实际完成投资9638万元，其中结转上年资金3634万元。

[基本建设] 1993年自治区纺织工业固定资产投资计划为8309万元，实际完成投资10329万元。在建项目有新疆民族服装研究中心、新疆涤纶纤维厂二期扩建工程、沙湾灯芯绒厂、阿克苏地区棉纺织厂、莎车县缫丝厂。当年新开工的项目有和田县缫丝厂。正在前期工作项目的有新疆人造纤维厂、新疆涤纶纤维厂扩建1万吨长丝一期2900吨项目、年产丙轮PP工业丝800吨规模的项目。1993年纺织行业竣工验收的项目两个，新疆毛纺织厂二期扩建毛精纺4800锭工程和五家渠联营棉纺厂棉纺锭33600枚工程。

[新产品开发] 1993年纺织行业列入自治区级新产品开发计划项目的产品共25个。主要有亚麻系列的高支纯亚麻纱、亚麻混纺纱、亚麻混纺交织布、亚麻织物的漂白印染产品等；毛纺系列的仿绸华达呢、仿绸哔叽、仿绸驼丝锦、毛纺针织呢绒、精粗交织薄型花呢、圈圈花呢、驼丝锦等；棉纺织物有精梳横贡缎、大提花装饰产品、纯棉立绒起绒布等；针织有卫生整理针织内衣，氨纶弹力衫裤等，到年底已有8个产品通过自治区级新产品鉴定。

[毛精纺效益继续回升] 1993年度自治区财务归口的8家毛精纺企业销售收入93369万元，比上年增加25116万元；实现税利14448万元，增加2259万元。其中利润8018万元，增加1415万元。毛精纺行业效益大幅度增加的主要原因：一是严格基础管理，从羊毛收购到各生产工序实行层层把关，保证产品质量；二是及时调整生产计划，严格按市场需求组织生产，保证产销畅通；三是加强销售力量，完善促销办法，奖罚合理，调动营销人员积极性；四是加快货款回笼，在不出现新拖欠的前提下，对历年欠款采用灵活的催款方式；五是加强企业横向联系，挂靠名优产品或先进企业，提高产品档次，扩大企业知名度，开拓市场。

[棉纺织全行业亏损] 1993年自治区棉纺织行业全面亏损。这个年度棉纺织产品市场出现较大变化，产品、原料价格波动很大，总的趋势是由疲转俏，价格由低水平徘徊转向快速上扬，从全年总趋势看，由于市场走俏及价格上扬发生在年末，所以，未能扭转棉纺织工业年度行业亏损局面。自治区纺织局财务归口的33家棉纺织企业，实现销售收入178957万元，增长16.57%；实现税金6968万元，降低9.79%；亏损面为84.85%，增加7.43个百分点；亏损额18297万元，增长104.76%；盈亏相抵后的净亏总额为18061万元，增长105.85%。亏损加大的主要原因，一是棉纺织产品总量过剩；二是原料价格上升过猛，全年增加成本开支8750万元，企业难以承受；三是新会计制度影响，因核算办法的改变，全年吃掉企业利润1800万元。

（新疆纺织工业局《纺织志》编辑室）

大 连 市

[概况] 1993年大连市有县（市）、区属以上纺织企业124个，比上年（下同）增加13个，职工65543人。其中，市纺织工业管理局直属全民所有制企业27个，职工35655人；集体所有制企业40个，职工12353人；“三资”企业28个，职工2029人；县（市）、区属企业29个，职工21300人。大型企业10个，中型企业25个，小型企业89个。国家二级企业14个。局属企业有工程技术人员1467人，占职工总数的3%。局属企业固定资产原值11亿元，增长10.9%；净值6.84亿元，增长11.4%。年末，全行业（指县区属以上工业企业，下同）拥有棉纺锭355715枚，棉织机7419台，丝织机1188台，麻纺锭3684枚，麻织机76台，柞蚕缫丝机5424绪，气流纺3416头。

1993年全行业工业总产值19.58亿元（1990年不变价），下降10%；局属企业工业总产值15.07亿元，下降10%；产品销售收入15.17亿元，增长4.1%；产销率99.1%，提高3.1个百分点，利税为负2745万元，其中利润亏损7917万元，年末三项资金占用5.73亿元，增长2.32%，其中产成品资金占用1.44亿元，增长9.6%；出口产品收购值7.53亿元，下降5.2%；12项主要产品质量计划完成率为92.9%，下降7.1个百分点；质量稳定提高率 64.3%，下降 28.6%个百分点；获科技进步奖项目 5 个；万元产值综合耗能 0.84 吨，降低 4.1%；吨纱用棉量 1077 千克，与上年持平；全年重伤 1 人，轻伤 65 人，与上年持平；无千元以上火灾，百元以上火灾 2 起，下降 50%。

1993 年合计减利 7500 多万元，其中处理库存积压产品亏损 2000 多万元；新旧财务制度接轨影响利润 2000 多万元；银行贷款利息增加 2000 多万元；棉花调价以及工厂开工不足，减利 1500 万元。全年局属企业有 9 户亏损，共亏损 8944 万元。局属企业全年安排技改项目 24 项，完成投资额 1.11 亿元，增长 39%。当年投产、达产项目 24 项，完成产值 1.65 亿元，实现利税 1800 万元，创汇 1600 万美元。全局试制新产品 49 种，新品种 184 种，新花色 616 个，实现产值 8581 万元，实现利税 740 万元。有 2 项科研成果获纺织工业部科技进步奖，3 项获市科技进步奖。

1993 年新建三资企业 15 家，总投资 19245 万元，其中利用外资 1057 万美元。全局已投产的三资企业 19 家，实现利润 680 万元，创汇 1200 万美元，其中有 5 家企业是当年立项，当年见效，加快了合资企业的投产速度。

1993 年主要产品产量：棉纱 40623 吨，下降 14.7%；棉布 9244 万米，下降 18.5%；印染布 4399 万米，下降 2.1%；合成纤维 2322 吨，下降 23%；麻袋 436 万条，下降 29.8%；人造毛毯 0.9 万条，下降 69%；丝 7 吨，下降 73.1%；丝织品 523 万米，下降 26.9%；服装 1347 万件，下降 18.4%。

[第五届大连国际服装博览会] 第五届大连国际服装博览会于 1993 年 9 月 12～19 日在大连举行。这届博览会由中国国际贸易促进委员会、香港贸易发展局、国际羊毛局、香港华润集团（有限）公司、中国服装工业总公司、中国服装研究设计中心、中国百货纺织品公司、中国纺织品进出口总公司、大连市人民政府共同主办。博览会在大连国际博览中心和米米米游乐城设两个主会场，设标准摊位 501 个，非标准摊位 10 个，进行西装、时装、衬衫、童装、羊毛衫、皮革、皮草、服饰佩件、服装面料和服装机械的交易，共有海内外 367 家企业参展。成交额 4.4 亿元，服装成交量 2556 万件，均超过以往四届。大连国际服装博览会已发展成为国内最具规模，海外颇有影响，交易成果显著的服装交易盛会。

本届博览会有以下特点：一是开放程度增强，海外参展企业大幅度增加。有来自日本、法国、意大利、新加坡、韩国、泰国、美国等国家，以及香港、澳门地区和台湾省的 145 家企业参展，比上届增加 88 家，占总参展企业的 39.5%。在 511 个摊位中，海外与三资企业占总摊位数的 71%。二是名牌产品增加，海内外差距逐步缩小。参展的海内外名牌名厂有法国皮尔·卡丹运动系列服装、意大利璐仙奴和丹尼皮装系列、美国苹果牌牛仔系列、台湾省的密雪儿时装，以及北京的蒙妮莎、银梦、罗曼、丹侬时装，大连的九星牌西装、麦奇克牌时装等等，还有新加坡的首饰、法国的面料、日本的服装机械等。

博览会期间还举行了 93’中国青年时装设计大赛，大连轻工业学院尤志华获非针织类服装设计第一名，大连制衣总厂刘军获针织类服装设计第一名。

在 8 天的展期中，共接待中外宾客 8 万人，其中有联合国副秘书长冀朝铸、全国政协常委王光美、前苏联部长会议主席团第一副主席阿尔希波夫、香港华润集团董事长李永志以及国际羊毛局、香港贸易发展局负责人等。

[全国第一所培养职业模特学校在大连成立] 经大连市人民政府批准、国家教委备案的全国第一所培养职业模特的普通中等专业学校——大连模特艺术学校。于 1993 年 3 月 23 日在大连市成立。

大连模特艺术学校隶属大连纺织工业管理局，由台湾、香港、美国等境外单位协办，它的前身是大连市时装模特学校。该校座落在大连市高科技园区，占地面积 12000 平方米，建筑面积 5500 平方米，其中教学主楼 4400 平方米，设模特专业（包括时装表演模特、广告宣传模特、公关礼仪模特）、服装设计与工艺专业、公共关系专业。学制分为两种：模特专业和公共关系专业招收应届高中毕业生，全脱产二年；服装设计与工艺专业，招收应届初中毕业生，全脱产四年。模特专业教学和生活区实行封闭式管理。模特专业主干课程聘请外籍和港台地区教师，以及国内外名模任教。职业模特学员在校期间由校方定期免费提供服装和化妆品。毕业成绩优秀者，由学校或境外协办单位高薪录用，或向国内外模特界、影视界、服装界推荐。大连模特艺术学校的办学规模为 360 人。 （张克俊）

青 岛 市

[概况] 1993 年青岛纺织工业总产值稳中有升，总公司系统内全年完成 26.14 亿元，同比（下同）增长 1.77%；销售收入增幅较大，实现 21.9 亿元，增长 14.53%，全年产销率达到 101.2%；产品质量稳定提高，计划完成率和稳定提高率均为 100%；出口形势继续看好，总公司系统内出口交货值完成 10.6 亿元，增长 14.82%；自营出口创汇 1.5 亿美元，增长 16.88%，均创历史最好水平。利税进一步增长，全年实现利税 1.12 亿元，增长 17.8%；其中利润 5616 万元，增长 76.7%。

全年利税超过千万元的有 6 户，比上年的两户增加了 4 户。如中大公司，在连续几年成功进行补偿贸易的基础上，又扩大生产能力，当年基建、当年投产，当年还款100多万元以后，实现利税1046万元，并且实现创汇超千万美元的好成绩。

1993年全系统共有三产实体420家，总投资2亿元，从业人员1.2万人，其中安置富余职工6372人。全年营业额1.3亿元，增长42.4%；实现利税748万元，增长33%。

[**转换机制**] 根据市领导的部署，坚持以深化改革为动力，以贯彻落实《条例》为主线，重点抓了企业经营方式的改革和劳动人事制度的改革。在企业经营方式改革方面：一是青岛第七针织厂实行股份制。由第七针织厂发起，青岛市国债服务部、工商银行青岛信托投资有限公司和烟台珠玑针厂三家参股，组成“青岛中大针织服装有限公司”。实行股份制，促进了生产增长、创汇增加和效益的提高。二是在青岛国棉五厂、六厂和青岛化纤厂三家企业，实行模拟外商投资企业经营管理方式的改革试点。在企业领导体制、税收政策、劳动工资保险等方面，均参照外资投资企业管理，促进企业提高效率，减少人员，增加效益。三是青岛第二毛纺织厂实行自主经营、自负盈亏试点，促进企业经济效益又上一个新台阶。四是在青岛纺织橡胶器材厂实行个人租赁经营，即以国有资产管理单位为出租方，将企业有期限、有偿地让渡给个人经营。承租者向出租方交纳一定数量的风险抵押金，依照合同规定，实行自主经营。此外，还将青岛花边厂实行产权出售，将产权出售给职工。在三项制度改革方面，全系统已有15个企业、3.4万人实行全员劳动合同制。9个企业先后实行运转班次改革，压缩了人员，减少了工费开支，劳动生产率提高近8%。

[**企业调整**] 青岛毛纺织厂自1988年起，由于连续几次经营决策失误，首先是投入大量资金，盲目扩大生产能力，但能力增加之后，未取得预期效果；其次是不顾企业的主客观条件，又在经济技术开发区建设了一个年产300吨兔毛纺分厂，由于超出了企业的承受能力，开工投产后，一直亏损。再加上企业领导班子调整频繁，科室机构庞大，一线工人逐年减少，经营机制落后，因此从1989年起连年亏损，截止1993年7月底，累计亏损1800万元，企业负债高达4500万元，使企业陷入绝境。为建立企业“有死有活”的新型机制，总公司经市府同意，以债权人身份向法院提出青岛毛纺织厂破产的申请，迈出了全市国有企业破产的第一步。在实施破产工作中，在市委、市府政策扶持下，在市中级人民法院的指导下，做了大量复杂、艰苦、细致的工作，各有关企业也从大局出发，接受了一部分破产企业的职工，使破产工作得以顺利进行。青岛毛纺织厂的破产，绝不是单纯的甩包袱，而是打破旧体制，建立优胜劣汰的重大举措，它对旧体制、旧观念是一个大的冲击，起到破一个、震一片的社会效应。1993年底，青岛毛纺织厂由青岛金狮有限公司出资1700万元整体收购，将以全新的机制，重塑企业的新形象。

在企业调整中，还解散了青岛第二毛巾厂。由于这个厂地处居民区，属“扰民企业”；再加上无污水处理设施，污染海水。经报请市政府批准，对第二毛巾厂实施解散。企业职工和债权债务等，均由市纺织总公司安置和承担。

[**两个化纤项目投产**] 青岛国棉二厂4000吨锦纶帘子布和中达化纤公司3000吨锦纶细旦丝两项工程，经两个单位全体职工的奋力拼搏，1993年分别顺利投产。这两个项目投产后，使我市的化纤能力由原来的不到1万吨，增加到1.65万吨。

青岛国棉二厂的锦纶帘子布项目在1993年3月试生产后，面临质量上不去，产品积压和资金沉淀等困难。为了使新线尽快全面投产，取得效益，除千方百计解决资金外，重点抓了产品质量。一是从上到下强化质量观念，在厂内实行质量承包责任制，从分管厂领导、中层干部、到全体职工，都把质量同各自的奖金、浮动工资挂钩；二是建立以总工程师为主，各级技术、质量部门负责人组成的质量管理体系。由于措施得力，产品质量迅速提高，到10月份优等品率上升到60.56%，一等以上品率达到93.36%，合格品率达到99.06%。质量的提高，打开了产品销路，占领了市场，为企业增加了效益。

中达华纤公司的锦纶细旦丝项目，1992年3月主厂房破土动工，1993年12月全线进行试生产，用了不到两年时间，建设速度在青岛是空前的。中达公司从基建、安装调试到试生产，始终坚持走高起点、高效率的道路，按合资企业模式管理，全厂仅有424名职工，实现了满负荷工作目标。试产一个月，就实现了从聚合到纺丝、加弹，全面稳定生产，质量不断提高，消耗逐渐下降，已步入正常管理的轨道。 （赵英恩）

广 州 市

[**概况**] 1993年，广州市纺织工业总公司属下有106个单位，其中，经营性公司11家，事业单位4家，生产企业90家（全民所有制企业36家，集体所有制企业18家，三资企业34家，全民与集体合营企业2家）。职工总人数5.73万人，资产原值18亿元，净值13.5亿元。完成工业总产值30.5亿元，比上年（下同）增长1.44%，全员劳动生产率12783元/人，提高29%，销售收入29.63亿元，增长19.7%，出口产品交售值14亿元，增长20%，实现利润5702万元，增长43%，上缴利税1.54亿元，增长44%。

广州纺织工业为了在市场经济竞争中取得主动，

实施行业性的大改革、大调整、大改组、·大改造，实现了行业结构调整达到三个三分之一的目标，并取得比较理想的效果：合资企业产值、利润分别占行业的36%、103%；当年技改基建投入占行业固定资产净值的48%；第三产业收益占行业实际效益的34%。

1993年，全行业压缩机构280个，精简科室干部30%，减少二、三线人员6595人。全年20个大类产品全部完成质量指标，质量稳定提高率达100%，提高10%，有指标考核的42个企业全部完成质量计划指标。

1993年新批准三资企业10家，合计34家，利用外资759万美元，增长85%，外商实际注入资金1000万美元。全年三资企业产值1亿元，增长48.8%。

1993年全行业亏损企业24户，减少两户；亏损额3303万元，减亏16%。

[**调整产品结构，开发市场适销的高精产品**] 针对纺织品市场依然供过于求的现状，广州纺织业抓紧产品结构调整工作，以四大拳头产品（针织品和服装、装饰及产业用纺织品、化学纤维系列产品、高档服装面料）引导行业逐步形成六个纺织小区（赤岗、天河、荔湾北、南石头、西郊、东南郊）。在四大拳头产品中突出抓好差别化纤维和功能化纤维、印染后整理、中高档服装以及适应消费潮流的居家装饰、旅游和产业用纺织品，形成一批在国内、国际市场上有竞争力的新产品，并积极组织行业的产品销售工作，全年行业产销率达100%以上，在广州市工业口中处于较好水平。

（广州市纺织工业总公司办公室）

文献篇

Documents

一、纺织工业法规性文件

关于发布《羊毛质量监督管理办法》的通知

技监局发（1993）05 号

为促进羊毛市场的建立，维护羊毛市场正常的流通秩序，加强羊毛质量的监督管理，保护国家利益和生产、经销、消费者的合法权益，根据国务院国阅（1990）124 号文件和国务院办公厅国办函（1993）2 号文件的精神，现发布《羊毛质量监督管理办法》，请认真组织贯彻执行。

附件：羊毛质量监督管理办法

附　件

羊毛质量监督管理办法

第一条　为了加强羊毛质量的监督管理，维护羊毛市场流通秩序，保护国家利益和羊毛交易双方的合法权益，根据产品质量、标准化法律、法规和国务院的有关决定，制定本办法。

第二条　凡在中华人民共和国境内从事羊毛交易活动的单位或个人，均应遵守本办法。

第三条　羊毛交易双方必须严格执行羊毛国家标准中有关分类分等、保证质量和净毛计价的规定；批量交易的，一律按净毛计价；禁止在羊毛中掺杂使假和其它有损羊毛质量的行为。

第四条　羊毛交易双方应当具有相应的国家标准文本和标准样品，严格遵守交易验收制度，明确质量责任。

第五条　凡进行羊毛批量交易的，实行公证检验制度。

中国纤维检验局认可的专业纤维检验机构（以下简称专业纤维检验机构）负责公证检验，出具的检验证书作为交易双方结价、索赔的质量凭证。

第六条　羊毛交易的卖方应当将用于交易的羊毛按国家标准分类、分等、分级，机械打包，注明产地、类别、等级、批号、包号。并在售前向当地专业纤维检验机构申请公证检验。

第七条　羊毛交易的买方应当在交易中要求卖方出具公证检验证书，或在交易合同中明确向当地专业纤维检验机构申请检验。

第八条　羊毛交易中的一方对专业纤维检验机构公证检验结果有异议，应当在收到公证检验证书之日起十五日内向原检验机构申请复验。对复验结果仍有异议的，应当在收到复验证书之日起十五日内向上级专业纤维检验机构申请二次复验。省际间交易的，向中国纤维检验局申请二次复验；省内交易的，向省级专业纤维检验机构申请二次复验。

第九条 专业纤维检验机构负责对零星交易的羊毛进行质量监督检查，并对执行国家标准进行技术指导。

第十条 专业纤维检验机构在执行公证检验和质量监督检查时，受检单位或个人应当积极配合，提供必要条件。申报公证检验应当按规定交纳检验费。

第十一条 在羊毛交易中有下列行为的，由国家技术监督部门授权的专业纤维检验机构按本条规定处理：

（一）出售未申请公证检验的羊毛，且压抬等级或混类混等的，应当按照公证检验结果重新结价，退补经济差额，可处以该批羊毛货值金额10％以下的罚款；对屡教不改或情节严重的，处以该批羊毛货值金额10％至20％的罚款。

（二）批量交易未实行净毛计价的，对责任方处以该批羊毛货值金额10％以下的罚款。

（三）有掺杂使假、伪造公证检验数据或其他作伪行为的，赔偿经济损失、没收违法所得，并处以该批羊毛货值金额10％至20％的罚款；违法行为使羊毛失去使用价值的，赔偿经济损失、没收违法所得，并处以该批羊毛货值金额20％至50％的罚款；情节严重构成犯罪的，由司法机关依法追究刑事责任。

第十二条 专业纤维检验机构，负责羊毛初加工产品的监督检验，对查出的质量违法行为按国家有关质量法规的规定实施处罚。

第十三条 当事人对行政处罚不服的，可以在收到行政处罚决定书之日起十五日内，向作出决定的专业纤维检验机构的主管技术监督部门申请复议，也可以直接向人民法院起诉。

第十四条 专业纤维检验机构的工作人员有下列情况之一的，由所在单位或其主管部门给予行政处分，构成犯罪的由司法机关依法追究刑事责任。

（一）工作失职造成经济损失的；

（二）伪造、篡改检验数据的；

（三）徇私舞弊、滥用职权、索贿受贿的。

第十五条 本办法由国家技术监督局负责解释。

第十六条 本办法自一九九三年六月一日起施行。

1993年中国纺织总会颁布的其它法规规章目录

部门名称	文　号	法规规章名称
规划发展部	纺计〔1993〕3号	关于颁发试行《纺织工业企业施工图设计内容和深度规定》等纺织工程建议规定的通知
规划发展部	纺计〔1993〕4号	关于颁发《纺织工业工程建设概预算编制办法及规定》的通知
规划发展部	纺计〔1993〕13号	关于布置纺织工业综合生产和固定资产投资统计1993年年报和1994年定期统计报表制度的通知
人事劳动部	纺人〔1993〕9号	关于颁发毛精纺、棉印染、缫丝、织绸、针织企业可比用工标准的通知
规划发展部	纺办〔1993〕46号	纺织工业企业职业安全卫生设计规范

二、纺织工业重要会议文件

刘珩副部长在全国纺机、器材工作会议上的讲话

（1993 年 2 月 15 日）

全国纺机、器材工作会议今天在苏州召开了。这次会议得到苏州市、吴县人民政府、吴县二纺机以及省、市纺机公司的大力支持，也受到全国纺机器材同行们的关注，江苏、上海、山东、陕西、浙江等省市分管纺机的厅局长和中国纺机集团公司、中国纺机和技术进出口公司、中国纺织器材公司、纺机行业协会的领导都出席了会议。同时，还邀请了国务院有关部委的同志们和纺织机械的老前辈位临指导。这次会议将以交流经验为主。我先作一个抛砖引玉的讲话，会议最后将由部装备司司长凌宝银同志作总结报告。我讲 4 个方面的问题。

一、纺织工业不会衰退

我们纺织机械、器材工业的好年景，来自于中国纺织工业的好年景，纺机器材行业盼望着纺织工业重振雄风。对此，我必须告诉大家，纺织工业有广阔的前景，是充满生机的朝阳。

被誉为中国产业大户、利税大户、创汇大户的纺织工业，过去和将来都将保持国民经济的重要地位。按 1991 年全社会纺织工业的统计口径：棉纺锭 4191 万枚，棉布织机 90 万台，印染能力 148 亿米/年，毛纺锭 303 万枚，麻纺锭 71 万枚，丝织机 17 万台，化纤能力 226 万吨/年（粘胶 24 万吨、合纤 202 万吨）。

总产值 3758 亿元，占全国工业产值 16%；利税总额 212 亿元，占全国工业收入 11%；出口创汇 167 亿美元，占全国出口创汇 25%（令人振奋的是 1992 年纺织工业出口创汇已超过 250 亿美元，占全国出口创汇的 30%）。

当前纺织企业由摇钱树变成了苦菜花，这也是事实。1989 年以来，纺织工业经济效益连续下滑，主要是因为前几年总量过多，品位不高，市场疲软，价格不到位。再加上原棉价格暴涨，外贸压价，以及大量国有纺织印染企业的装备落后，机制落后，负担沉重。

1991 年全国国有纺织工业企业的亏损面达 47.5%，税利比上年度下降 28.3%。1992 年经过全系统广大职工的艰苦努力，全国国有纺织工业制止住经济效益的滑坡，企业亏损面减少了 10.8 个百分点，税利比上年度增加 11.3%，而且克服了 1992 年纱、布价格继续下降、营业外支出大量增加等多方面不利因素。这些成绩来之不易。我们相信，随着国有纺织企业机制的转换，设备的更新，品种的优化以及自营出口的增加，经济效益定会逐年增加。

我们分析这几年纺织工业的形势，眼光不能光看到国有纺织工业企业的效益下滑，更要看到全国纺织、服装市场的空前繁荣。在国内市场，1991 年全国衣着类商品零售总额达 1356 亿元，占全国消费品总额的 16.5%，是仅次于食品的第二类消费品。中国 12 亿人口，生活越来越好，最主要的还是吃好、穿好。纺织工业作为衣着消费品生产，只会增长，不会减少。只要花色品种上去了，满足大家爱美之心，吸引大家去争购，其效益之好是个无底洞。现在金利来衬衣 250 元/件，名牌西服 2000 元/套……中国“大款”越来越多，购买力越来越强，要说纺织工业是夕阳工业，这是鼠目寸光。要看到，当前乡镇企业的发展，一发不可收，大量

的都是搞纺织品和服装。现在外商象潮水般地来华投资办厂，最多的也是搞纺织品和服装。因为他们都懂得，搞纺织工业，不仅是中国的市场最大，而且中国的纺织品和服装价格最低，从中国出口最有利可图。仅一年时间，中国的纺织品出口创 汇就增加了 50%。现在日本纺织界有人说："21 世纪的世界纺织工业是中国的纺织工业"，这不算夸张。因为中国原料价低，劳动力价低，能源价低，基本建设投资少，而市场特别大。别看国有纺织工业企业困难，真要是转变机制，大搞技术改造，搞活经营，那也是雄狮。上海二十八棉、无锡二棉、石家庄二棉、西北五棉都在沉重负担下持续创造了好效益。最近湖北黄石美尔雅服装厂把濒于破产的黄石毛纺织厂接收过来，为该厂承担了 4000 万债务，并与日本最大毛纺企业合资，设备全部进口，专门生产高档面料，顶替进口，供美尔雅西服用，毛纺织厂得救了，又象雄狮那样地吼叫了。至于当前占主导地位的国有纺织工业企业，机制能不能转过来，关键在于能不能真正地贯彻小平同志南巡讲话精神，按三条标准去办，而不要在姓"资"姓"社"的问题上争论不休。去年福建泉州市区的 41 家国有企业，全部交给爱国华侨来控股合资，有人提出非议。我在那儿说："这是泉州市的得天独厚，内地城市想要还要不到呢。"再说，过去我们对个体私营有偏见，田纪云副总理最近评价个体私营说："不仅是公有制的有益补充，而且是计划经济向市场经济过渡的先导作用。"尤其是乡镇纺织丝绸服装企业在当前的纺织工业中有很大优势。无锡县、吴县、吴江县、张家港市、江阴市等超前地富起来了，他们这些地方纺织占很大比例。张家港市的同志们说，搞乡镇企业是集体所有、集体富有。也就是说，乡镇企业已成为我国当前发展城乡经济的一大支柱，也是发展纺织工业的重要力量。他们没有要国家的投入，一开始就走市场经济的路，现在越来越红火(全国纺织利税 212 亿元，而国有纺织企业利税仅 75 亿元)。

我国纺织工业的广阔前程在于坚定不移地贯彻党的十四大基本路线，坚持一个中心、两个基本点，坚持扩大改革开放，坚持搞活国有企业，坚持多种经济成分。同时发挥国有企业、乡镇企业、三资企业以及私营企业的各自优势，扬长避短，相互促进。中国的纺织工业在 21 世纪的世界纺织工业中必将是最有优势。

二、纺机行业充满生机

我国纺机行业有较长的历史和较强的力量。在"六五"、"七五"全国机械制造行业调整时期，纺织机械工业调上不调下。当时由于 纺织热，带动了纺机热。随后纺织工业效益下滑，纺机产量减少，效益下降。但是，1991 年纺织机械工业就走出了低谷。1991 年、1992 年都有增长。按全国县以上 548 个纺机企业统计，1987 至 1992 的六年间，产值分别为 35、60、66、64、64 和 90亿元，产量分别为 40.5、66.9、57.5、42.6、45.3 和 51 万吨，销售收入分别为 32、64.5、77.3、64.90 和 108 亿元，利税分别为 6.6、13、14.8、9.2、10 和 12 亿元。1991 年亏损企业 99 个、亏损额 3103 万元，1992 年亏损企业 93 个、亏损额 2656 万元，同比下降分别为 6%和 14%。这比全国国有工业企业 1/3 的亏损，1/3 的潜亏要好得多。

从上面可以看出，1992 年纺机行业销售收入同比增长 20%，利税同比增长 20%。为什么当前纺织机械器材行业出现好形势？主要是：

1. 国务院有关领导非常重视纺织工业的技术改造。1992 年纺织企业技术改造出现高潮，要求严格控制总量，做好限产压库，在不增加一枚纱锭的前提下对老设备大量进行技术改造。纺织工业除了原"八五"规划确定的"三个专项"(当年总投资 36 亿，外汇额度 1 亿美元)，又增加了压锭改造专项（压 100 万锭陈旧设备，给予相应的当年技改总投资 10 亿元，外汇额度 1 亿美元）和压贷挂钩专项（当年产量压缩到 2500 万件纱，给予相应的当年技改总投资 18 亿元)。除了国家专项，还有大量的地方技改专项，因为各地方政府都醒悟到，要恢复到过去纺织工业的高税利必须下决心搞技改投入。在全国，纺织工业技改掀起高潮，引进设备也掀起高潮。往年最多进口纺机 10 亿美元/年，1992 年超过 25 亿美元（主要是自动络筒机和无梭织机）。但是，大量的还是使用国内纺机产品。只要质量好，纺、织、针织、印染设备就比较畅销，尤其是毛纺设备又热了起来。

2. "七五"攻关和合作生产大见成效，我国已开始多方位生产现代化的纺织机械和器材。

当前纺机产品正在生产的品种约 700 种，新产品约占 50%。新产品中的 70%即约 250 种达到国际 80 年代水平，绝大多数是 1984 年改革开放以后开发出来的。

例如腈纶成套设备，高速纺丝机和弹力丝机，无梭织机，FA 系列棉纺成套设备，新型针织设备，平、圆网印花设备等以及相应配套的某些器材。

必须指出，对于难度大而机电一体化程度高的新型纺织机械，还是应该走技贸结合、技术引进的道路，搞合作生产。像"七五"重点消化吸收翻版试制的自动络筒机，青岛试制了 4 台，常州试制了 2 台，785 厂试制了 2 台，115 厂试制了 2 台，都取得了经验和成绩。但由于开发周期拖得长，质量可靠性差，用户不敢买。所以要批量生产，占领市场还有很长的路。为此，朱镕基副总理要求我们尽早走桑塔纳汽车的路，即引进技术，先从组装开始，逐步提高国产化率。这是一条可靠的、迅速的路，是满足用户需求的好办法，用户也能接受。现在市场走俏的主要是引进技术合作生产的产品，如上海、无锡的长丝设备，沈阳的喷水织机，黄石的圆网印花机，常德、武进的经编机，常州的喷丝板，青岛的针布等。当然，像上海一纺机设计开发的精梳机组，郑州纺机厂设计开发的双浆槽浆纱机，杭州纺机、四川纺机设计开发的自动缫丝机，也都成为当前拳头产品，并给企业带来了活力。这就是说，我们既要重视消化吸收技术攻关，也要解放思想，争取时间，舍得花钱，引进技术，尽快使我国纺机、器材发生突破性的历史性的转折。从以量取胜转为以质取胜，成为世界上生产现代化纺织机械的大国。

3."自动络筒机、无梭织机技术引进国产化专项"取得突破性进展。

列入国家技贸结合、引进技术、技术攻关、技术改造的"自动络筒机和无梭织机专项"，我们称为纺织工业的"重中之重"。这是朱副总理亲自抓的纺织工业的"重中之重"，也是中国纺织机械行业空前特大的技术改造项目。共有22个子项，总投资规模16.8亿元（国家投入部分占85%），加上1.97亿美元的外汇额度。我国纺织机械企业的技术改造规模历来是很小的，原"八五"国家技改项目中，纺织机械没有一项是超过3000万元的，而这次22个子项中超过3000万元的有10个。其中，咸阳纺机、上海二纺机、郑州纺机以及南昌飞机制造公司都是2亿元左右的投入。尽管这些项目只是解决纱和布的上品位、增效益问题，但却是解决了我国纺织机械和器材的大难题。如能按预期进度，3年左右自动络筒机、无梭织机专项就能付诸实现。到1995年我国就能生产国际水平的自动络筒机600台/年，喷气织机4000台/年，片梭织机300台/年，清梳联合机50套/年，整经机100台/年，浆纱机100台/年，精梳机组50套/年，以及相应的纺织器材等。到那时，不仅体现出中国纺织机械的新水平、高水平，也使一批纺织机械和器材企业强大起来，更好地为纺织工业服务。

从上述三方面可以看出，中国纺织机械器材行业充满生机。当然，要把纺机行业形势看好，重要的还要转换国有纺机企业的经营机制，走社会主义市场经济道路，平等竞争，优胜劣汰。

三、竞争机制　优胜劣汰

我国的纺织机械作为生产资料行业，过去、现在和将来都将以国有企业为主。尽管当前纺织机械按产值计算，乡镇企业（包括部分大集体）占了30%，（国有企业占66%、三资企业占4%）。但由于我国纺织工业在今后较长时期都将实行控制总量，提高素质的方针，如果乡镇企业不立足于精益求精，提高品位，其发展是很困难的。以当前纺织机械而言，乡镇企业要压倒国有企业似乎不太容易。因为，国有纺机企业随着改革的深化，机制的转换，投入的增加，通过竞争、淘汰一部分落后企业，必将更加强大。现在已经出现这样的苗头。

如上海二纺机职工5300人，1992年销售7.5亿元，比1991年（下同）增48%；利税1.8亿，增115%；利润1.35亿，增145%；人均年分配8000元，增54%。

又如：郑州纺机厂职工7350人，1992年总产值2.75亿元，增29%；利税6144万元，增14%；利润4548万元，增16%。

再如，无锡纺机厂1990年职工人数1464人，产值7100万元，利税1290万元，利润734万元。成立宏源集团后，1992年职工2755人，产值1.48亿元，利税3036万元，利润2403万元。

此外，经纬纺机、上海一纺机、沈阳纺机、黄石纺机等一批纺机骨干企业都有较大的增长。尤其令人瞩目的是上海中国纺织机械厂是生产织机具有光荣历史的专业大厂，但是前几年产品开发慢，观念较保守，基本上是搞计划经济的那一套，因此效益上不去，情绪提不高。去年3月份，上海著名企业家黄关从受命于危难之中，自愿离开火红的二纺机，到相当困难的中纺机工作。九个月来，他与全厂职工立足改革，调整结构，引进技术，搞活经营，从严治厂，奋发拼搏，全厂职工6100人，1992年销售3亿元，增长40%，利税7000万元，增长130%，利润5100万元，增长208%（而且是在一季度基数很低的情况下翻上去的），人均年分配5344元，增长55%。实行股份制后，A、B股均上了市。年底又争取到了与丰田合作生产喷气织机的国家项目。整个企业都活起来了。为什么会有如此大的变化呢？是因为黄关从把上海二纺机锲而不舍的改革精神带到了中机。首先是以企业经济效益为中心，用人、分配、投资、管理模式均以效益为准则。其次是经营多元化，立足纺机，超越纺机；立足机械，超越机械；三产与二产并举；软经营与硬经营并重，改变一业定终身的模式，保证资产不断增长。在此基础下，提出了1993年销售将达4.5亿元，实现利润8000万元，人均收入7000元以上的更高目标。第三是树立大市场观念，立足上海，面向全国，走向世界，一定要有市场空间。

当然，全国国有纺机企业，由于所处环境和条件不一样，不可能都象黄关从那样干。但是，一个老企业的崛起，使人深深感到纺织机械市场机制已经出现，优胜劣汰是必然趋势。我们必须按经济规律办企业，按十四大确定的社会主义市场经济模式办企业，打破原来的那种传统的计划经济模式。过去对于国有企业由政府包任务、包投入、包销售的做法将要取消，企业要尽快走向市场，平等竞争，优胜劣汰。

1993年将是整个经济运行环境发生巨大变化的一年，新的观念将不断产生和出现，社会生产力将更加活跃。因此，在思想观念上和经营机制上，尽快适应新的经济形势，这是至关重要的。最近，我发现一个国有纺织机械厂，在一线生产工人仅占全厂职工的1/4，这种人浮于事的状况，长此下去，不仅要把企业经济效益搞垮，也会使职工的素质下降。如不下决心改革，那就别想打翻身仗。也有个别企业，好不容易把国家纺机专项争取到手，但工作抓得不得力，3年达标把握不大，这是非常危险的。因为大的投入，必须要有大的产出才行。国家专项贷款，也是要付利息的。成败在于效益，而效益要靠企业励精图治，发奋拼搏，科学工作才能取得。当前尚有一小部分国有中小型企业，基础差，实力弱，缺乏自我改造能力，产品档次低，越来越显得缺乏竞争力。为此，要寻找出路，能覆盖到乡镇企业的就覆盖，能和外商合资的就合资，能让先进企业兼并的就兼并，能开发第三产业、搞多种经营的，看准了就搞。确实产品没有优势的，早转向早主动。不然，债务越来越重就不好办了。

当前，市场竞争是激烈的。除了国内的国有企业之间的竞争，国有企业和乡镇企业之间的竞争之外，更严峻的是国际市场的竞争。据海关统计，1990 年纺机及零部件进口为 8.85 亿美元，1991 年为 10.97 亿美元，1992 年上升到 25.9 亿美元。

我们纺机产品出口，近几年均在 1 亿美元左右徘徊，大约占全部纺机产值的 6%左右。而国外纺机产品的进口却呈增长趋势，1992 年达 25.9 亿美元，约为国内纺机总产值的 1.4 倍。这是因为我国纺织企业技术改造任务太重。如自动络筒机的使用，世界平均水平占 30%，而我国只占 3%；无梭织机的使用，世界平均水平是 20%，发达国家一般达 60%，而我国只有 2%。技术难度大的机电一体化产品，国内无法供应，只能依靠进口解决。今后，随着重中之重项目的逐步实施，国产化率的不断提高，也许进口量会有所减少。至于"入关"后对纺机工业的影响，只要我们注重质量，加强推销，抓好售后服务，并降低成本，还是利多弊少。入关后，我国纺机器材也同样有前途。问题在于我国纺机、器材工业必须：

一要转换企业机制，尽快适应市场经济。

二要切实强化质量工作，走质量效益型道路。

三要加强自身改造，用好有限资金，尤其要把上档次上规模的重中之重项目的改造工作抓上去，确保项目实施及目标的实现。

四要加快开发适销对路的新产品，要与用户密切合作，为纺织工业的改造和开发花色品种，提供不同层次的纺机产品。这方面潜力很大，是广大中小纺机企业调整产品结构的主攻方向。

五要重视纺织器材行业的自身改造和产品开发。相比之下，器材行业要比纺机行业困难得多。但器材行业的职工正在迎着困难前进，1992 年同样取得了可喜的成绩。据 290 个器材厂统计，工业产值达 16 亿，利税总额 1.8 亿，其中利润 0.83 亿元，亏损额为 0.11 亿元，亏损面 11%。今后纺织机械的发展将带动纺织器材的发展。我们相信，纺器行业会走出困境的。

四、贯彻"条例"　转变职能

当前国有企业的成败，说到底是要看经营机制能否转换。但要搞活企业，首当其冲的是《条例》能否贯彻，政府职能是否已经转变。

要知道《条例》来之不易，贯彻更难。对执行过程中的困难，要知难而进。改革是对现有利益格局的突破，是一场革命。落实企业的经营自主权，厂长要充分运用《条例》赋予企业的权力，要敢于碰硬，把本来应当属于自己的权力，当仁不让地要回来。

为了加快国有企业转换经营机制的步伐，必须加快机构改革，转变政府职能。对此，我们必须提高对社会主义市场经济的认识。过去搞计划经济，实际上是由各个政府职能部门来行使权力，产业布点、投资方向、生产计划、技术改造、产品分配等都由政府定。如今搞市场经济，就是要逐步走上高度社会化和市场化的商品经济道路，一切经济活动主要靠市场调节，使社会经济运行符合市场供求规律，并通过市场机制的作用，来合理配置社会资源。这种经济方式被全世界称为"现代人们所共有的一种文明成果"。因此，今后必定要越来越淡化政府管企业的意识，尤其是要求专业经济部门转变职能，理顺关系，精兵简政，提高效率。但是如何建立一种正确反映市场、有效引导市场的新型的宏观经济管理体制，还得有一批管理行家从政策、信息、咨询等方面给予服务。如何进行专业经济部门的机构改革，也要有一个平稳过渡的过程。纺织工业部的机构改革，最后要等八届全国人大定。作为消费资料生产的专业经济部门也许要先行一步，但必定有一部分人要继续从事行业工作。从事行业工作的机构仍然要承担一部分政府的管理职能，尤其是纺织机械的行业工作，还必不可少。部装备司过去分管纺织机械的生产计划、产品分配、产品定价、进口设备审查、技改项目的审查上报以及给定点企业发生产许可证等，这几年逐步放权，1993 年只是下达指导性生产计划，产品一般都已进入市场。至于国务院规定要我们管的"控制生产能力"、"实行产品生产许可证制度"、"纺机进口要审查"、"技改项目要由装备司审查上报"、"重中之重要抓而不放"……，说是权力，实际上是义务和职责。当一天公务员，就要承担公务。当然今后属于政府限制性的管理，必定要减少，我们也会自觉执行。会议结束前，凌宝银司长在总结报告中将提出今后纺机行业管理工作。主要有：①根据纺织工业发展的需要，发布纺机工业改组、改造和投资指南，调整产品结构和投资结构的导向性意见；②积极培育和发展纺机市场，逐步形成市场体系；③对纺机工业近期产销形势进行分析，搞市场预测，引导生产；④进行质量监督，推荐优质产品，曝光劣质产品，为纺织工业服务；⑤使用国务院赋予我们的权力，为纺机器材行业争取项目，争取资金，争取好的环境，保护行业的合法效益。

对此，我表示同意。今后，除了装备司的工作之外，也要更多地发挥纺机器材协会的作用。这次协会理事会和纺机工作会同时召开，就是研究在新形势下行业协会的任务和责任，欢迎大家多提意见。

吴文英会长在中国纺织总会成立大会上的讲话

（1993年6月21日）

中国纺织总会今天正式成立。首先转达李鹏总理对中国纺织总会成立的热烈祝贺，让我们以热烈的掌声向李鹏总理表示衷心的感谢。我谨代表中国纺织总会和全行业广大职工向建国以来一贯关心支持纺织工业发展的党和国家领导人，向在纺织工业部及纺织战线上工作过的老领导、老专家、老同志致以崇高的敬意！今天特别荣幸的是中共中央政治局常委、国务院副总理朱镕基，中共中央政治局委员、国务院副总理李岚清，国务委员、国务院秘书长罗干等领导同志亲临大会，我们再一次表示衷心的感谢！向光临大会的国务院各部委的负责同志再一次表示热烈的欢迎和衷心的感谢！向一直关心、支持纺织工业发展的社会各界、新闻界表示诚挚的谢意。

中国纺织总会的成立，是纺织行业近1300万职工关心的一件大事，值此机会向辛勤耕耘在纺织工业第一线的广大干部职工表示亲切的慰问！

朱镕基副总理、李岚清副总理刚才都作了重要的讲话，指出了纺织总会的方向和任务，这是对我们全行业极大的关怀和鼓舞，我们一定要认真学习和贯彻。

八届全国人大一次会议原则通过了国务院机构改革方案，决定撤销纺织工业部，组建中国纺织总会。这是顺应社会主义市场经济规律的重要转变，是在社会主义市场经济新体制下建立新型行业管理模式的积极探索。

纺织工业部是建国初期最早成立的几个专业经济部门之一。44年来，她带领全国纺织职工为发展我国纺织工业，满足人民需求，加速资金积累，扩大出口创汇，支持社会主义建设作出了历史性的贡献，，建立了宏伟的业绩。为了促进纺织工业在新形势下的发展，90年代初，我们提出了本世纪末的纺织经济发展目标：在1990年基础上，人均纤维消费量增长25%，纺织品出口创汇翻一番，纺织工业劳动生产率提高50%以上。为了实现这一生产力发展目标，必须加大改革力度，探索建立行业管理新体制。

党的十一届三中全会以来，随着改革开放的发展，纺织经济的基本格局发生了巨大变化，一方面部分纺织原料，纺织中间产品和绝大部分的纺织最终产品都已进入市场，纺织经济的市场化、社会化程度日趋提高；另一方面，纺织经济的地区布局、系统内外（包括不同经济成分）的宏观结构发生了非常明显的变化。就纺织工业总产值和利税这两项指标来说，1978年系统内占全国总数的比例分别是为76.3%和86.6%，到1991年分别下降到57.9%和32.3%。1991年服装、厂丝、呢绒、布几种主要纺织品产量，乡镇企业已分别占到全国总产量的58.8%、36.1%、29%和21.7%。近3年来，乡镇纺织企业以平均每年20%以上的速度向前发展，三资企业发展更为迅速，而系统内的平均增长速度仅为5%左右。以上这些，说明自改革开放以来，纺织工业系统外的增长大大超过系统内。为了适应发展变化了的纺织经济格局，最近几年，纺织工业部的职能和管理手段逐步适应这种变化，开始跳出部门管理和纯行政手段的圈了，逐步转向行业管理的轨道上来。主客观条件的变化为纺织行业管理体制和机构的改革打下了一定的基础。

党的十四大正式确立了在我国建立社会主义市场经济新体制的目标，并在八届一次人大会议写进了宪法，这对加快政府职能的转变，使上层建筑进一步适应经济基础发展的要求，已经成为我国进一步加快改革开放的一个重要课题。江泽民同志在十四大报告中指出：加快政府职能的转变，这是上层建筑适应经济基础和促进经济发展的大问题，在这方面不取得实质性进展，改革难以深化，社会主义市场经济难以建立。今年以来，国务院领导同志对纺织工业部的机构改革多次作了明确指示，李鹏总理，朱镕基、李岚清副总理都指出：机构改革"轻纺两部的步了要大些，先搞试点。"并要求我们试点一定要试好。几个月来，我们认真贯彻国务院领导同志的指示精神和八届一次人代会通过的《关于国务院机构改革的方案》，对撤部建会我们做了大量准备工作。关于总会，国务院领导同志说了3条：一是国务院直属的正部级事业单位；二是承担部分政府职能，负责行业管理；三是总会不同于民间社团组织，仍使用带有国徽图案公章。依据国务院领导同志指示的原则，我们发动部机关全体干部研究讨论了总会的职能和基本工作思路。概括起来主要是“三个解放”、“三个树立”：一是要从计划经济的传统观念中解放出来，树立起市场经济观念，学会运用市场机制管理行业和引导企业；二是要从部门管理的框架中解放出来，树立起开放型、服务型的行业管理思想，行业管理要体现在对全行业的服务、协调、纽带的功能上；三是要从过去的行政管理传统习惯中解放出来，树立起主要通过市场导向、政策导向、信息导向对行业和企业进行指导。基于这样的认识，我们提出总会主要从3个方面行使行业管理的职能。

1. 由国务院授权，承担一部分行政管理职能。主要包括：提出纺织工业生产、建立、技术改造等中长期规划和年度计划草案，及固定资产投资方向；运用经济杠杆调整行业内部结构、技术进步、纺织品进出口方针等方面的政策建议；协助有关综合部委审查由国家审批的纺织行业基建和技改项目；参与制订纺织原料的价格、税收、信贷政策以及属于国家分配的纺织原料分配计划；编制纺织科技、教育发展规划和年度计划草案，组织协调纺织重大科研项目的技术攻关成果审定和推广，重大技术装备的引进和国产化工作；落实有关纺织行业的政府间、国际经济组织间的科技和经济合作协议，组织纺织行业国际经济、技术、贸易的合作与交流等。

2. 由总会自主组织和搞好行业内的各项管理和协调，维护行业的自身利益。主要包括：对省、自治区、直辖市和计划单列市的纺织行业主管单位进行业务指导，对商会、行业协会等纺织社团组织进行指导，对直属企事业单位进行管理；研究纺织行业在发展和深化改革中出现的新情况、新问题，向国务院及有关部门反映纺织行业的重大动态与倾向性问题，并提出建议；制订纺织技术、质量规范和标准；组织纺织企业在技术方面的联合研制及创新；做好市场立法的建议工作等。

3. 积极搞好为企业及全行业服务。主要有：进行调查研究、市场预测、信息发布，积极开展各种咨询服务；研究和推进各种纺织市场的建设，使纺织企业能更好、更有效地进入市场。

总会的内部机构也是根据总会主要职能，本着改革、精简、高效的原则而设置。机构数量比原来减少30%，人员编制减少44%。目前，正在抓紧搞好内设机构的组建和人员的分流工作。按照国务院提出的总会重点是“搞好行业规划，实施产业政策，进行宏观指导和为企业提供服务”的要求，并根据朱镕基副总理、李岚清副总理讲话的主要精神，我们进一步讨论和研究了今后的工作。当前和今后一个时期内总会要着重抓好以下7项工作：

1. 继续搞好行业规划，推动行业结构调整。

当前，纺织行业的结构调整，区域调整必须加大力度和跨度。经济发达地区的传统产业向技术密集型、资金密集型产业转换，初加工工业向原料产地和内地转移，其趋势不可逆转，这是市场经济规律在起作用。纺织工业区域性、结构性的矛盾只有依靠市场的途径，走市场化、社会化道路来逐步解决。

发挥市场在资源配置中的基础性作用，为纺织行业的结构性、区域性调整，实现要素优化配置创造了条件。总会要重点搞好行业发展规划和生产力布局，积极推动纺织行业的结构调整，鼓励纺织企业抓住机遇，加快发展多元化，走全方位的发展路子。

2. 积极推动纺织市场体系的建立和完善。

随着市场经济的不断深入及关贸总协定缔约国地位的即将恢复，建立开放的统一大市场势在必行。统一的大纺织市场体系是指从纺织原料到最终纺织品销售过程中，从国内到国际，开放的市场体系，信息通畅的市场网络。完善的市场网络，有待于深化计划、资产、金融、科技、教育、劳动等各方面体制的改革。80年代末以来，纺织行业在上海、广东等地创建了10来个区域性的纱布市场，全国已有近百个较大规模的纺织品服装的集散地。目前，各地的纺织市场建设方兴未艾。今后，纺织市场体系要朝着网络化、规范化的方向发展。有计划地建设全国性及区域性的各种现货市场，探索组建能与国际市场接轨的纺织期货市场。主动与各有关方面进行信息沟通，建立密切联系，打破行业局限，使已经建立的市场具有开放性和统一性。加强各种市场的规划建议，使市场做到有序地运行。

3. 加强信息的导向功能，完善信息网络体系。

准确的信息是企业生存的命脉，而准确的信息必然来自稳定可靠的信息渠道。网络建设在今后一段时间内显得相当重要。条块网络均要兼顾，逐步形成国内上、中、下游产业、企业与商业、国外客户与国内企业相联络的行业信息网络系统，适应纺织工业快速反应机制的转变。定期发布市场信息、政策信息、技术信息，充分挖掘信息资源，更好地为纺织行业服务。为企业和地方行业管理机构提供各种咨询服务。统计工作要朝着有利于行业监控的方向发展，逐步做到能全面及时地反映行业经济动态。

4. 广泛开展国际间的纺织经济、技术的交流与合作，加强贸易促进工作。

利用、发挥我国的纱、布、丝绸、服装等生产优势，建立与国际市场相联的信息传递网络，举办各种展销，进行各种交流，直接参与国际市场，协助企业拓展外销渠道，寻求境内外发展机会，进一步把纺织经济发展纳入到国际经济的运行轨道中去，促进纺织行业的国际化发展。

5. 大力推进技术进步，促进新型纺机的开发，为纺织行业技术装备上水平作努力。

我国纺织工业要进一步发展，扩大纺织品出口创汇，必须改变纺织装备陈旧落后的面貌，增加企业发展后劲。技术装备的进步，是纺织工业上新台阶的一项重大战略措施，纺织总会要继续抓好新型纺织、化纤装备的开发和技术的研制。提高纺织印染和后加工整理技术、工艺水平。

促进高新技术引入传统产业，深化科技体制改革和教育体制改革，大力培育人才，积极开发人才市场、技术市场，加速科技成果产业化，推进全行业的技术进步。

6. 理顺关系，做好各项衔接工作。

当前总会的重要工作是理顺与国务院各部委和地方政府的关系。主要在行业规划、产业政策、经济政策等方面，积极争取各方面的支持，为行业发展争取一个良好的宏观环境。

7. 加强总会的自身建设。

要提高总会工作人员的素质，以改革精神尽快完善内部机构建设，继续坚持两手抓，充分调动一切积极因素，把总会建成"高效、文明、廉洁"的行业管理机构。

当前纺织行业正处在改组、改造的关键时期，我们整个行业面临着新的机遇和挑战，特别是大量的国有纺织企业形势十分严峻。我们相信，有党中央、国务院的正确领导，各有关部委和各级政府的大力支持，紧紧依靠全国纺织行业职工的共同努力，团结奋斗、大胆改革、脚踏实地地开展工作，就一定能实现纺织工业在90年代再上新台阶的目标，为社会主义现代化建设作出新贡献！

*　　　　*　　　　*

吴文英会长在全国纺织行业工作会议上的讲话

（1993年6月23日）

会议已经开了3天，今天就结束了。这次会议包括两方面的内容：一是中国纺织总会成立大会；二是行业的工作会议。大家感到成立大会开得庄严、隆重、简朴。特别令人高兴的是朱镕基副总理、李岚清副总理、国务院秘书长罗干同志和国务院有关部委的领导同志光临成立大会。两位副总理作了重要讲话，给大家以极大鼓舞。会议期间，各地纺织厅局领导对中国纺织总会的成立给予了热情支持和祝贺。在此，我代表总会的领导向你们，并通过你们向全国纺织行业广大职工表示衷心的感谢！

关于成立总会的意义、职能和任务，在第一天成立大会上两位副总理已经讲得很明确。朱副总理在讲话中高度概括了在我国经济管理体制改革中建立新型的行业管理体制的紧迫性和必要性；充分肯定了纺织行业撤部建会，对于进一步发展纺织行业，对于整个国家经济管理体制的改革，及建立社会主义市场经济所具有的重大意义；就总会的运作、工作内容及发展方向作了重要指示。要求我们在撤部建会这一重大改革中，要解放思想、转变观念、勇于探索、积极学习和借鉴一些市场经济发达国家的有效经验，并结合中国国情，创造出一种行业管理的新形式，成为联接政府与企业间的桥梁与纽带。李岚清副总理就撤部建会和大家所关心的问题作了明确指示，国务院要求我们撤部建会的改革试点工作一定要搞好，取得成功。

在讨论中，同志们结合各地情况，畅谈了对撤部建会的意义及中国纺织总会的职能等方面的认识，这种认识是我们认真学习和领会国务院领导同志讲话精神，探索新型行业管理方式的思想基础，认识在逐步深化。不少同志谈到纺织行业的高速发展为管理体制改革创造了条件，纺织行业结构变化，已使传统管理体制不适应市场经济的要求。这次改革也是落实党的十四大关于"下决心进行行政管理体制和机构改革"的战略部署的重要探索。随着市场经济的建立和发展，政府的行政管理职能将逐步淡化。这是这次机构改革的一个特点。纺织总会成立后如何搞好行业发展，大家提出了一些很好的建议，如发挥总会的协调作用，协调行业的各种利益，探索建立会员制，以及增强总会实力等，对这些建议我们将进一步研究，逐步完善。

为了保证改革试点成功，我们要进一步解放思想，进一步转变观念，要更多地思考怎样改变计划体制下的思维方式，向能够适应市场经济的行业管理方向转变。希望同志们回去后向全行业广大职工积极宣传纺织行业管理体制改革的重大意义，向地方领导和有关综合部门汇报这次会议的情况，请他们对纺织行业的改革和发展继续给予支持。在这次会议上，一些同志介绍了地方行业体改的情况。我们希望在体制改革中要慎重稳妥，要结合本地的实际情况，加强调查研究，不要简单照套，若有什么设想和变化请与总会通气，使行业管理这条线保持不断、不乱。

怎样才能搞好总会的改革试点工作，大家的认识是一致的，认为既要借鉴发达国家一些行之有效的管理方法和管理手段，又要结合中国的国情，充分考虑到中国目前的经济环境和生产力发展水平。在发达国家，行业协会式管理是一种对同行业企业协调和自我约束式的管理，主要体现在协商价格、维护共同利益、制止过度竞争、向政府提出共同要求等方面。在发达国家中，日本的协会模式较为成熟。由于第二次世界大战以后日本的企业是在管制经济下成长的，企业与政府间有着非常紧密的联系。日本的各种协会、联合会既代表政府，又代表行业利益，是介于政府与企业间的一个管理、协调层次，这个特点与其它发达国家的行业管理有很大区别。在欧、美，行业管理只代表行业利益，不负责制订行业发展规划，也不负责实施国家有关产业政策。在某种意义上说，日本的行业管理模式对我们有更大的借鉴意义。

国外行业管理的共性职能我们可以研究、借鉴，但更重要的是要研究中国的国情和我们行业的具体情况。在我国纺织行业中，国有经济占很大比重，市场经济还没有充分发育，宏观管理中的国有资产管理、社会化管理和行业性管理三种职能还没有分离。在这种情况下，我们只能一步步探索，不可能照抄照搬国外的模式。在讨论中，同志们对新体制提出了一些需要进一步研究的问题。总会这样的行业管理机构国内以前没有过，要闯出一条新路子，我们感到责任重大。有些具体问题一时还说不清楚，只能摸索着干，在实践中总结。正象李岚清副总理所说，"这一改革将是水到渠成逐步进行的，也可能需要相当长的时间"。通过学习和讨论，最大的收获是总会的前进目标明确了，这个目标可以用三句话来概括：新的行业机构在宏观能够提供决策上的参考，在微观能够协调企业的关系；既能向政府反映企业的要求，又能代表政府向行业贯彻、实施产业政策；是联结政府与企业的桥梁和纽带。向改革目标前进，需要全行业职工和各级行业管理机构的支持和共同探索。尽管我们面临着一个全新的事物，尽管在改革中可能遇到各种各样的困难，但只要脚踏实地，敢于创新，就一定能搞好体制改革的试点，探索出一条中国行业管理的新路子。

关于当前的经济形势，5月份江泽民同志在华东六省一市经济工作座谈会上的讲话中，对宏观的经济形势作了精辟的分析。各地纺织行业的领导同志要结合当地的实际情况认真学习。纺织工业的形势，各地同志在发言中谈了不少情况。蔡祖琨同志、杨东辉同志对今年上半年生产情况和经济形势作了一些分析。这里我再讲一些意见。

去年，在邓小平同志视察南方讲话精神的指引和鼓舞下，在国务院的直接关怀和领导下，我们抓紧了行业的结构调整和企业内部机制转换等改革工作，并把技术改造、扭亏增盈、限产压库作为全年工作主线，重点抓了纺机专项。经过广大职工的艰苦努力，初步扭转了连续3年效益下滑的局面，完成了年初国务院领导同志提出的纺织工业1992年要制止经济效益滑坡的任务。据统计，1992年全系统纺织工业企业（不含服装）完成利税84亿元，比1991年增长22.1%；亏损企业亏损额比1991年下降了22.8%，其中国有企业下降了25.8%；企业亏损面比上年下降了2.8个百分点，其中国营企业下降了4.4个百分点。国有纺织工业全面完成了国务院经贸办提出的扭亏增盈指标。

进入1993年以来，纺织工业总的形势呈现出向好的方向转化的趋势。具体表现在以下5个方面：

1. 市场需求畅旺，产品销售率明显提高。1～4月份，10大类纺织品中有9类国内市场销售有较大幅度增长。目前国内纺织品零售市场比较活跃，城市纺织品需求明显回升，纺织品在经过数年的市场疲软后，开始步入商品销售的复苏期。

2. 生产持续增长。1～5月份，全国纺织工业总产值完成1023.68亿元，同比增长9.03%。15大类可比产品中，有11大类产量同比增加。全国29个省、市、自治区中，累计产值同比增长的有17个省市。

3. 出口仍继续增长。据海关统计，1～4月份纺织原料及纺织制品出口额为65.94亿美元，同比增长12.06%。

4. 改革力度加大，改革的层次有所深化。去年以来，围绕着贯彻《条例》，搞活国营大中型企业和搞好行业管理，各地在转换经营机制、改革管理体制方面进行了多方面、多层次的探索和实践，取得了良好的效果。上海市及其它省市的不少企业，已经或正在实行股份制改造。这是国有纺织企业重新焕发活力、培养长期自我发展能力的一个很好途径。在进行企业内部三项制度改革、完善和深化承包经营责任制、合资经营嫁接机制和推进企业破产、兼并、改组与联合等方面，各地亦取得了许多成果与经验。这些改革的探索与实践，无疑会在推动纺织企业和纺织行业尽快适应社会主义市场经济体制方面发挥出巨大作用。

5. 结构调整有了新的进展。国内经济的发展要求纺织行业必须有一个大的结构性调整。最近一段时期，产品结构、产业结构、区域结构的调整取得了一定的成效，上海、青岛、北京等老基地和大城市纺织工业大力调整结构，向其它产业，其它行业进行了大跨度的转移，开始初步扭转了当地纺织工业的被动局面，为全国大中城市纺织工业起到了示范作用。

当前纺织行业总的形势是向好的方向转化，但是也要看到，纺织行业的困难局面是由多种因素长时期积淀形成的，制约纺织行业摆脱被动局面的深层次矛盾仍没有得到解决。因此，纺织行业走出困境要经历一个艰苦的、较为长期的过程，全行业需要对此有一个清醒的认识，继续做出不懈的努力。

1. 总量平衡的问题还没有得到根本解决。去年以来，由于全国经济的加速发展，带动了国内纺织品市场的需求转旺，但还未消化掉总量超出部分，企业必须注重生产适销对路产品。在一定时期内，能力供过于求的矛盾将是影响纺织工业经济效益的主要因素之一，需要认真地寻找对策和下决心加以解决。

2. 利润水平低，经济效益仍十分困难。一季度全国国有纺织企业实现利润只有0.33亿元，资金利税率仅有3.57%，远低于全国工业平均资金利税率。而亏损面达到44.9%，亏损企业亏损额同比增加了3.3%，并存在着进一步上升的趋势。

3. 信贷资金趋紧，生产成本提高，企业压力进一步增大。今年以来，为了预防经济增长过热局面的出现，银行压缩了信贷规模。银根抽紧，企业资金供应环境日趋紧张，给企业生产和资金的筹措与循环造成了一定程度的困难。此外，由于1992年度棉花减产，化纤原料价格急剧上涨，导致企业生产成本提高，加上银行利率变化和汇率的变化，给企业的生产经营进一步增加了难度。

为了解决目前纺织工业结构调整中的困难，进一步提高经济效益，促进纺织工业的进一步发展，各级管理部门要根据社会主义市场经济体制的要求，加大改革的调整力度，力争开拓出一个更好的局面。

1. 大力抓好结构调整工作。

结构调整是纺织行业的一项长期工作，今后还要坚持不懈地抓下去。调整产品结构，要根据市场需求增加生产适销对路的产品，进一步把积压产品库存压下来；根据国内、国际市场的长期变化，调整好产业结构；促进区域结构的调整，不仅沿海老基地要向内地、向原料产区转移部分初加工能力，一些内地中心城市，也面临着搞好区域结构调整的课题，鼓励企业走一业为主，多种经营的道路，争取行业经济效益全面好转。

2. 深化改革，进一步促进企业转换经营机制。

加快企业经营机制转换是搞活大中型国有企业的一项重要内容，各地在转换企业机制方面做了大量的工作。通过国有企业与三资企业、乡镇企业合资合营，在国有企业中引进了灵活的经营机制；在企业破产、兼并、租赁、承包和产权改造等方面进行了有益的尝试。这方面的改革要继续深化，在探索中总结成功的经验，真正焕发出国有企业的活力。

3. 继续抓好纺织行业的技术改造。

在当前国家资金紧缺的情况下，国家有关部门对纺织工业技术改造给予了大力支持。今年安排技改项目485项，贷款总额28.3亿元。重点安排在纺织机械、棉纺、最终成品加工、产业用纺织品的出口创汇重点企业和国有大中型企业。前几年，我们制订和实施了出口产品一条龙、化纤仿真一条龙、压锭等专项技术改造，使一些骨干企业的技术装备水平、产品档次、市场竞争力和经济效益都得到了提高和改善。实践证明，要使纺织经济上一个新台阶，首先要全行业的技术装备上一个台阶。这次在总会内设机构中，准备继续建立技术装备部门和专抓全行业技术改造的处室，就是要把这项带有全局性和方向性的工作继续抓下去。

除了上述3项工作外，我还想说一点，提请各地区纺织行业和企业领导注意。今年7月1日，新颁发的《财务通则》和《会计准则》将同时正式实施。这是我国财会制度适应社会主义市场经济的发展，促进企业经营机制转换的一项重大变革，对整个经济体制改革具有十分重要的意义。对纺织行业来说，一方面这次财会制度的改革是企业转换机制、增强发展后劲的机遇，我们要充分用好这次新的制度转换过程中的有关政策，把资产核实，尽最大可能甩掉历史包袱，使企业及整个行业尽快步入良性循环；另一方面，"两则"的实施，对企业的近期效益将带来较大影响。据初步测算，原纺织工业系统下半年将减少利润近30亿元，相当于去年全年同口径实现利润（15.5亿元）的2倍。对此，我们要有充分的思想准备，做好实施前和实施过程中的协调工作，努力做到"前后衔接，平稳过渡"。希望各地随时掌握这方面情况，并与总会保持联系，便于我们及时研究和提出建议，报告国务院及有关部门，上下左右一起搞好这项大的改革。

此次会议是中国纺织总会成立后的第一次全行业的工作会议，会上所研究的问题也仅仅是根据总会职能的要求和目前掌握的部分情况提出来的，随着全国改革和经济形势的深入发展和总会工作的逐步开展，还会出现新情况、新问题。我们要坚定地执行党中央、国务院的决议，进一步解放思想，积极探索，勇于创新，为纺织行业开拓出一个新的发展局面。

*　　*　　*　　*　　*　　*

杜钰洲副会长在全国纺织行业工作会议上的讲话

（1993年12月27日）

文英会长刚才传达了李岚清副总理听取纺织总会汇报时的重要指示，我受文英会长委托，向同志们介绍一些半年来总会分析纺织工业形势，调查研究，提出有关政策建议的情况，供讨论时参考。

近几年纺织工业遇到了严峻的形势，困难很多，尽管全行业职工、各地政府和行业主管部门奋发努力，艰苦奋斗，克服了不少困难，消化了大量不利因素，去年在扭亏增盈方面也取得了一定成效，但不能说已经走出了困境。特别是今年上半年化纤提价、四季度棉花提价之后，纺织工业的困难进一步加重。全国棉花会议前后，总会根据全行业的情况，一方面召集有关企业和有代表性的厅局分析形势，研究政策，一方面积极向国务院反映情况。国务院领导同志和各综合部门都很重视纺织工业的发展和政策问题。8月中旬，在国务院研究棉花价格的总理办公会上，国务院领导同志作出今明两年棉花提价决策；同时很关心纺织工业的困难，要求纺织总会抓紧分析研究。在8月下旬棉花会议期间，国务院领导同志进一步听取总会和各地纺织工业部门的意见。李岚清副总理在总会向国务院上报《有关棉花价格和有关政策问题的请示》上批示：请经贸委抓紧研究，提出系统性政策意见；并在国家计委《关于扩大轻纺产品出口的规划和措施意见》上指示，赞成增加对轻纺出口创汇企业扩大出口专项投资贷款。国务委员陈俊生在棉花会议总结报告时，要求经贸委会同纺织总会和有关部委调查研究，提出纺织工业具体政策措施。根据这些精神，在调查研究和分析论证的基础上，总会各部门抓紧工作，9月28日首先提出《纺织工业摆脱困境的政策建议》（讨论稿）送国家经贸委、国家计委以及京津沪3个纺织局联席会上征求意见。10月15日拿出第二稿。10月17日，由国家经贸委组织，有关部委参加，开了第一次协调会会议。决定派联合调查组于10月26日至11月11日到上海、江苏调查，进一步征求意见，并在京召开了13个省市经委、纺织厅局座谈会。之后，在总会政策建议和调查研究的基础上，起草了两委一会给国务院的请示报告：《关于解决棉纺织行业存在问题的政策措施意见的请示》。11月底，经贸委主持召开第二次有关部委协调会，取得大致一致意见。12月22日，中国纺织经济研究中心组织在京专家学者研讨会，专家们赞成总会的思路及与经贸委、计委等部门共同研究提出的政策意见，同时在深度和广度上提出很多好的意见。专家们的主要见解已经通过纺织报发表。12月24日，李岚清副总理亲自听取总会汇报和经贸委对两委一会报告的说明，并作了重要指示，部署了下一步研究产业政策的工作。参加汇报会的有关部委领导同志都非常支持纺织工业摆脱困难，对两委一会的报告进行了认真的研究，提出了建议，现正在会签。事隔两天，全国纺织行业工作会议在这里召开。我们要认真学习、领会党的十四届三中全会和全国经济工作会议精神以及国务院领导同志的指示，共同研究行业大事。我们还要认真分析形势，研究政策，统一思想，振奋精神，把研究长远的工作方针与落实明年的具体任务结合起来，开拓新局面，争取新胜利。

一、对纺织工业形势的认识

（一）1993年纺织工业经济运行和改革调整情况

今年以来，纺织经济的基本运行情况是：生产保持适度增长；产品销售收入增加，主要产品库存量下降；出口有所增长；成本上升较快，行业经济效益继续下滑；改革和调整力度加大。

1. 纺织生产适度增长。

今年1～11月份，纺织工业总产值达到2344.04亿元，同比增长了8.45%，其中11个省市总产值出现负增长，主要集中在京、津、沪和东北、西南等非原料产区。39个大中城市同比增长1.22%，属结构性变化。预计全年产值可完成2570亿元，比上年增长7.37%。

2. 纺织品供过于求的矛盾有所缓解。

1～10月份，据对原系统内的不完全统计，除呢绒外，其它大类品种产销率都超过了100%。工业期末库存比去年同期下降，麻织物、丝织品、棉纱、坯布、印染布、汗衫背心、棉毛衫裤的工业库存量减少10个百分点以上。供求变动一是原料供应不足，成本上升，企业停产停台面扩大；二是由于预期原料价格继续上涨，商业和后道企业增加储备。

3. 纤维品出口有所增长。

1～11月份，纤维品出口为223.5亿美元，与去年同期相比增长5.5%，占全国出口总值的28.6%。纤维品贸易顺差达126.33亿美元。纤维品中纺织品出口同比下降1.2%；服装出口为135.3亿美元，同比增加10.5%，占纤维品出口的61%。预计全年纤维品出口增长率为6.5%左右。

4. 经济效益继续下滑。

1～10月份，39个大中城市国有企业实现利税23.6亿元，与去年同比下降了14.99%，扣除新会计制度影响7.91亿元，利润下降23.6%，销售税金及附加上升了24.25%。39个大中城市国有企业整体亏损3.91亿元。亏损企业亏损额达15.8亿元，同比上升84.11%，企业亏损面达46.02%。今年全行业广大干部职工作出了不懈努力，消化减利因素81%，在减利因素达117亿元的情况下，消化了94.5亿元。与城市纺织工业效益下滑相对应的是一些乡镇企业、三资企业和个体纺织业仍然保持着发展势头。

5. 改革和调整力度加大。

城市纺织工业加快了调整步伐。1992～1993年度的国家压锭改造项目，对纺织工业调整起到了良好的引导作用，到9月底，已在大中城市淘汰掉91万落后棉纺锭。以上海为例，通过转产和发展三产压缩23万锭，减少职工11万人；江苏淘汰35万锭。各地加大了企业机制改革力度。一批企业通过重新界定产权关系，通过合资、合营、承包、拍卖等企业制度改革措施，恢复了竞争活力。全国已有69个规范性股份有限责任公司（上市20个），沿海城市60%企业已搞合资。一些地区和企业通过办三产，转产减员，做到减量增值。十四届三中全会以后，特别是全国经济工作会议后，改革和调整势头更好，各地都出现了新的发展机会。

总之，1993年经过近1300万纺织职工的艰苦努力，克服各种困难，纺织行业在出口创汇、经济增长和维护社会安定等方面作出了应有的贡献。

（二）纺织工业发展中的突出困难和深层矛盾

改革开放以来，以1983年取消布票为转折点，传统纺织工业开始步入到调整、提高的新的发展阶段。但是，由于新旧体制转换过程中一些特定历史原因，使产业调整和升级没能顺利展开，加上国内外市场变化和成本大幅提高，使纺织工业面临着十分严峻的形势。

目前，纺织工业发展中的突出困难有两条：一是效益日益下滑，亏损严重；二是出口竞争力下降，增长速度下降，净创汇率降低。这两个问题已不是暂时性的，而在一个时期构成了一种趋势，并已危及全行业的生存和发展，这是值得深思的。

首先从效益情况看。

1. 成本大幅度上升，利税逐年下降，一些行业已出现全行业亏损。

1980年纺织全行业的销售利税率为24.3%，到1991年降为4.1%，成本上升最快的是棉纺织行业。1989年以来，棉花价格连续几次大幅度上调。1992年327标准棉由172元/担调到329元/担，涨价幅度达91.3%，1993年4季度比1989年上涨115%，1994年4季度收购价还涨50元，致使棉纺织企业经济效益大幅度下滑。粮食价格放开之后，按1∶8粮棉比价，棉花有持续上涨的趋势。1988年棉纺织行业利润为62.1亿元，1989年为55.6亿元，1990年降到19.2亿元，1991、1992年转为全行业亏损，1992年盈亏相抵后全行业亏损4.5亿元。1993年11月比1992年11月亏损额上升93.05%。

2. 实行新的财务制度，资不抵债企业增加。

以原纺织工业部财务统计口径计算，纺织工业1992年的亏损额为33.5亿元，盈利19亿元。新的财务制度实行后，潜亏及积压产品削价损失挂帐为121.4亿元，每年支付利息12～15亿元。到1993年11月末，大中城市纺织企业的资产负债率为80%，比正常值50%高出30个百分点；流动资产比流动负债（企业流动比）为1.01∶1，即企业每1元负债，只有1.01元的流动资产，这比理论标准值2∶1低近50%。上述两个比率说明城市纺织工业的偿债能力已进入危险警戒线，一些地区银行拒绝再给纺织企业增加任何新的贷款。

3. 城市纺织工业效益低、亏损多、包袱重，职工队伍不稳定。

1992年全国纺织、化纤、缝纫工业资金利税率为6.25%，远低于全国工业平均9.45%的水平，城市纺织工业的经济效益又低于全社会纺织工业的平均水平。

城市纺织工业是一个发展时间较长的传统产业，离退人员的比例大，各种包袱沉重。以京、津、沪3市为例，离退休人员占职工总数的比例分别为57.32%、48.39%、59.64%，远高于全国全民纺织工业企业20.58%的比例。由于亏损严重，城市纺织企业职工情绪波动，造成了企业管理的困难。现在全国有1/4能力处于停或半停状态，约200万职工停工待业。据总会调查，在亏损企业中，相当一部分已濒临破产。以开封市为例，市属纺织亏损企业共21户（亏损面为70%），开封市工商银行对其中的19户做了清资调查，发现已有18户资不低债。亏损企业职工多数收入水平低，无医疗保障条件，至于连续数月拖欠工资或以产品抵工资的现象在亏损企业中十分普遍。有些企业对停工放长假或待工人员，每月只发30～70元生活费，低于各城市社会救济标准。纺织工业的不景气状况使职工队伍严重不稳定。一些亏损企业职工呼吁，企业亏损了几年，再不能这样不死不活了，该扶持的扶持，该破产的就破产。

其次，从纺织品出口竞争力看。

1. 近年来纺织品、服装创汇逐年增长，但净创汇率有所下降。

自1986年以来，我国纤维品出口创汇增长迅速，但净创汇增长不快，原因是多方面的。我国纺织工业装备水平低，产品附加值难有较大提高；化纤原料仍需大量进口；服装出口扩大，但进口面料占整个进口额的30%左右。

2. 纺织品出口结构发生较大变化，但深加工产品出口并没有带动前道工序同步增长。

几年来，出口总构成趋势是两纱两布、丝绸、生丝等初级产品和漂、色、花布等中级产品比例均在逐年下降，1992年二者合计仅占26.2%，而且初级产品出口的绝对额持续减少，从1987年的28.76亿美元减少到1992年的25.18亿美元。中级产品的出口金额虽逐年增加，但净创汇金额下降。1992年面料进口（包括来料加工）44.6亿美元，出口37.67亿美元，逆差近7亿美元。

3. 今年以来，纤维品出口增幅持续减少，出口增长乏力。

与去年纤维品出口增长率22%相比，今年1～11月出口增速明显减缓，增长率仅5.5%，减少16.5个百分点。1987年以来，我国棉纱等产品已经落后于巴基斯坦等国；中间产品由于印染后整理技术提高缓慢，竞争不过台湾、韩国等中等发达国家和地区，形成面料进口大于出口，服装出口大量采用进口面料的局面。从1985～1992年，我国纺织品出口由32.43亿美元增加到85.87亿美元，增长1.65倍；而同期纺织品进口从16.07亿美元增加到66.95亿美元，增长了3.15倍。这反映了我国纺、织、染3大类出口产品有进一步被挤出国际市场的危险。

4. 周边国家纺织工业发展迅速，对我纺织品出口形成严重挑战。

巴基斯坦自从1988年以来，棉纱出口量年年大幅递增。1988年巴纱出口23.6万吨，1991年47.4万吨，已在世界各国领先，占世界棉纱出口量的39.49%，同一品种售价比我国高4.7～8.4%。同期，我国棉纱出口逐年下降，1992年只有18.6万吨，仅占巴纱1991年出口的39.4%，东盟、南亚国家成衣出口的竞争力也在明显提高。1992年印尼的成衣出口增长高达50%，孟加拉国服装出口增长高达78%。东盟、南亚国家或地区采取开辟出口加工区或开发区，实行减免关税及税收，提高折旧率，给予低息贷款，鼓励间接出口等种种优惠政策和措施，形成纤维品出口的强劲增长势头，对我国纺织品出口已经构成了很大威胁。

今年1～8月份，香港市场棉、涤棉纱、布、服装4大类商品平均单价下跌20～25%，导致了我国1～7月纺织、服装出口明显放慢，同期对比仅增长5.9%，大大低于去年同期的增长率。从今年四季度起，原棉价格上涨后，出口企业的成本上升，将进一步加重出口困难。

据海关统计，1993年1～11月丝绸出口1.31亿米，增长4.3%；金额3.40亿美元，下降23.5%。

纺织工业的困难仅仅靠一时的个别措施已无法解决。原料少解决原料，资金少解决资金，企业困难减税让利，出口困难增加补贴，都不能解决根本问题。这些过去早就出现的矛盾，现在几乎同时显现。价格上不去，成本下不来，出现过度竞争状况，就迫使我们必须在深层次分析困难，从趋势中把握规律。

第一，从主观与客观的矛盾中分析纺织工业发展的深层次问题。

不是全行业职工不努力，我们纺织职工队伍具有艰苦奋斗的优良传统；也不是厂长都变得不聪明了，或各地领导不重视，事实是厂长水平没有降低，市长、省长都围着纺织克服困难转。但长期以来，我们的认识和实践过分重视主观计划，没能适应不断变化的客观实际，即没有从数量增长为主的发展轨道及时转移到以质量增长为主的轨道。实际上，这10年仍然走了以低水平扩大能力为主的粗放经营的路子，积累的各方面矛盾，越来越严重。

第二，从微观经济与宏观经济的关系中分析纺织工业发展的深层次问题。

纺织工业的发展不是孤立的，而是整个国民经济系统中的一个要素。随着整个国民经济的高速发展和经济市场化程度的日益提高，必然形成产业结构调整的客观压力。原料涨价是必然的，城市工费提高是必然的，新兴产业的发展和新兴科学技术向传统产业的渗透从而提高传统产业的有机构成是必然的，两个市场的接轨和两个市场需求的改变也是必然的。宏观经济的发展和改革迫使纺织工业要不失时机地调整地区结构、产品结构、技术结构、生产组织结构，如果靠传统计划经济的办法，就事论事，对着调整规律干是不会有好结果的。现在，我们正品尝着落后于客观规律的苦果，而要解决纺织工业的困难就必须适应宏观经济发展和体制改革的大形势。

第三，从生产力和生产关系，以及经济体制和思维观念的矛盾中分析纺织工业发展中的深层次问题。

纺织工业出现的许多困难具有其它产业部门的共性，如低水平外延，技术落后，包袱沉重，效益下降等。纺织工业的发展要转轨变型，要走内涵为主的发展路子，要重视技术进步和产品开发，要宏观控制三大能力盲目发展。对这些重大问题不是没有认识，也不是没有采取措施，几乎是年年讲，天天叫，大会小会研究，可是没有明显成效，其根本原因是生产关系的改革问题。这里既有长期计划经济体制下积累的大量结构性矛盾，又有新旧经济体制交叉的问题，还有思想观念陈旧的问题。回顾一下10年中纺织企业面临的种种压力，以及一些改革开放快的地区积极调整的初步结果，充分说明了改革和发展的关系，改革是发展的根本动力。明年是历年改革出台最多，也是触及经济发展深层问题最配套的一年——从企业制度，到宏观经济配套改革，这是纺织工业调整改造改组极为有利的时机。

（三）纺织工业在国民经济现代化建设中的地位和作用

如何看待纺织工业困难的本质，如何认识纺织工业的前途，不仅关系到行业内部的信心，涉及到宏观政策，导向目标，更关系着国民经济能否持续、快速、健康发展的大局，因此很有必要分析一下这个重要问题。

第一，在今后相当长的一段时间内，纺织工业仍然是无可替代的创汇行业。

纺织工业在世界大多数发达国家工业化进程中都发挥着资金积累和创汇的作用，我国也不例外。改革开放以来，纺织品出口始终占主导地位。自1980年以来，共计创汇1382亿美元，而自身仅用汇667亿美元。1986～1992年，创汇1044.3亿美元，用汇580亿美元，有力地支持了国民经济重点建设。明年进入外债还款高峰，目前每年进口额增长率都很高，鉴于中国产业的现状，至少到本世纪末，纺织工业出口地位仍然是其它行业无法替代的。纺织工业出口量，已经占加工量的1/3，占世界出口总量的1/7，而我们的创汇额仅占世界出口额的1/14。这说明，即使出口数量没有大的增长，出口金额仍可能大幅提高。

第二，纺织工业是我国工业化过程中不可缺少的主导行业。

纺织工业当前的困难是产业结构调整过程出现的阵痛，各个发达国家都经历了这样的发展阶段。应该看到中国国情不同于这些国家，我国纺织工业的调整不是整个全国性的纺织衰退，而是行业内部结构的调整，是克服长期计划经济积累下来的弊端。在我国发达城市纺织业初级加工不景气的同时，一些新兴工业化地区纺织工业正走向兴旺。只要强调农业是国民经济基础，农业人口还占总人口的大多数，棉花还是中国农业的主要经济作物，那么在农村城市化和后进地区工业化进程中，在剩余劳动力转移、工业化资金积累、发展地方优势方面，纺织工业仍然是主导性的产业。从世界范围来看，在中国经济结构中，发达地区、发展中地区、不发达地区都具有相当可观的规模，而且要达到三种地区共同富裕还有相当长的时期，至少到下世纪初都不会具备纺织服装业不得不由国内向外国转移的条件。由于这一特定的历史条件，纺织工业在相当长时间内一直具有强大生命力。这说明只要我们顺应市场经济规律，主动调整内部结构，就会减少结构调整带来的阵痛。

第三，中国国内市场是世界上具有最大潜力的纺织品、服装市场。

这是中国纺织工业发展的最主要、长远起作用的动力。中国人口占世界1/5，要想使大多数中国人靠外国人提供纺织品服装，自己从事新兴产业赚钱买国际纺织品，就是到下世纪中叶也是不可想象的。因为现在的发达国家没有一个不在保护自己的纺织品贸易市场，北美如此，欧共体如此，日本反倾销，墨西哥也在反倾销。美国已很发达，它1990年拥有984万锭和69.3万头气流纺能力，1991年增长到991.6万锭和73.2万头气流纺能力；西欧1991年拥有1467.13万锭和68.7万头气流纺能力。而我国只要农民每人多买一米布，就是现在出口总量的1/7。中国人口众多和经济持续高速发展这两个因素，构成了中国市场的最大吸引力；中国具备劳动力和资源的优势，为中国纺织工业发展提供了有利的客观环境。80年代以来，发达国家及后起工业化国家和地区向中国大量输出纺织生产能力、资金和技术，无不着眼于争夺这个巨大的市场。目前，国内的中高档纺织品市场大量被外资和三资产品所占据，如不及时对国内纺织行业采取扶持政策，促进纺织工业的调整和改造，就无异于自动让出本来属于自己的市场。

第四，国际经济衰退和国际产业结构调整仍然是发展中国纺织工业的有利时机。

西方经济的衰退加速了产业科学技术的升级和竞争战略的转变。一方面，企业不惜以财力、物力和智力的投入，保持自身专有技术的领先地位；另一方面依靠以技术输出为载体的资本输出，利用别国的有利条件来进行跨国生产，已成为竞争的重要方式。这正是中国纺织工业吸收国际先进技术文明成果和利用外资提高我国纺织业资本有机构成，参与国际竞争的大好时机。“七五”期间用于纺织工业改造的进口设备每年约10亿美元，这几年大幅度增长，1993年1～11月，进口纺机和缝纫机达35.12亿美元，比1992年同期增长46.8%，引进制造技术也大幅度提高。近一两年来，大量外商来中国纺织界寻找机会，这说明在中国搞纺织工业有利可图；同时也表明，中国纺织工业从本质上说还是优势产业。只要我们加快改革步伐，政策对头，调整迅速，中国纺织工业在世界上还是有竞争力的，在未来相当长的时期内前景是十分光明的。它对中华民族振兴应起的重要历史任务，还远未完成。它孕涵的巨大潜力在社会主义市场经济条件下，必将以更明显的优势在国际竞争中表现出来。

二、纺织工业走出困境的思路和对策

纺织工业走出困境，既需要从生产力本身来研究，又需要从生产关系和上层建筑的改革来研究；既要从企业微观经济、行业中观经济来研究，又需要从相关产业和宏观经济来研究；既要重视主观能动性，又要尊重客观规律。总之，第一，要通过纺织工业产业结构的全局性调整，实行适应新时期发展特点的正确的产业政策，提高行业的生产力素质和国际竞争力；第二，要通过加速建立社会主义市场经济体制，认真落实国家已经出台和即将出台的一系列重大改革措施，提高行业的生机和活力；第三，要通过发扬纺织工业产业大军的优良传统，坚持两个文明一起抓的创业精神，团结一致，迎接挑战，战胜困难。

具体来说，主要有以下重要政策思路。

（一）调整结构、压缩总量

生产能力过剩和结构调整迟缓是困扰纺织经济的两大难题。从国内消费市场看，1985年以来，国内人均衣着类消费支出年均增长2.9%，而同期农村衣着消费年均增长仅0.87%。国家信息中心预测分析，城镇居民衣着消费1992～1995年线性支出衣着占消费比重持平。同期，农村缓慢下降，从1992年的8.0%下降到1995年的7.82%；生产资料价格上涨幅度大大高于衣着类增长幅度。从国际市场看，80年代纺织品服装贸易平均年增长8.5%，90年代逐年下降，到1992年增长5%以下。与此相反，1980～1992年，我国棉纺锭增长了2.35倍，而纱的社会需求仅增加84%，形成了以约1000万锭为代表的纺织过剩能力，造成大量能力闲置，企业间过度竞争。一方面资源不足，成本上升；另一方面无法传递涨价因素。总能力增长包含了一部分区域结构按成本比较优势转移的合理因素，也反映了中心城市纺织工业长期自我改造能力差，主要靠扩大规模能力增加效益的粗放经营的情况。还有一部分把淘汰设备转向农村。长期以来，纺织工业结构性调整滞后，中心城市没能及时抓住时机减少落后的初加工能力，加速改造，反而在保留落后设备的前提下，继续扩大一般加工能力。例如1987年以后，中心城市的棉纺锭从1381万锭增长到1933万锭，占全国总能力的比重达到46.1%。同时，县城、县级市和乡镇出于比较效益的有利条件，也出现了棉纺增长热，同期增长了1040万锭，到1991年增加到2259万锭，占总能力的53.9%。现在已经到了总量非压不可，结构非调整不可的时候了。解决这两个互相关联的难题，必须充分考虑到中国的国情和我国从计划经济向市场经济转变的特殊历史条件。

总量控制与结构调整是国民经济发展和产业升级的必经阶段。我国区域经济发展的差异促使传统产业按比较效益转移，这也是由价值规律所决定的。

我国纺织工业调整的方向是：大型中心城市，通过部分企业转产，部分企业压缩规模，减少棉纺织初加工能力，同时发展高档初加工和深加工行业，改变纺织工业的传统特征，提高产业的资金、技术密集程度。县级和乡镇纺织工业，调整的主要内容是在竞争中改组联合，提高企业的整体素质，总生产能力也要有一定数量的收缩。对中、西部地区，考虑到扶贫的要求，需因地制宜确定纺织工业政策。

任何一个发达国家，事实上都没有完全通过自由竞争的方式来解决产业结构调整问题，大多采取了明确的产业政策加以引导，这是很值得我们借鉴的。日本在实现产业调整时，政府采取了封存过剩设备的调整政策。1964年和1974年又先后制订了两个纤维工业调整法案，规定报废两台设备才能更新一台设备。到1981年，政府提供了524亿日元拨款和3075亿日元优惠贷款，共减少了500万棉纺锭和35万台织机，更新改造了一大批设备，使纺织工业平稳实现了结构调整、产业升级的目标。在传统产业调整时期，对失业采取的具体政策措施主要有：提供就业信息服务；对失业者进行就业指导和职业培训；对雇用特定衰退产业或地区的失业者的企业提供雇用开发补助费；为原企业提供劳动者停业补助和训练费用；延长特定产业或者区的失业者的失业保险金时间等。

应该看到，我国棉纺织在调整中有着自己的特殊性，长期的计划经济给企业积累了沉重的包袱，如人员过多（棉纺织业大致有1/3的富余人员），企业没有自我积累，只能靠贷款过日子，退休人员比例过大等。因此，我们提出以压锭改造挂钩和转产减员为主的引导政策。去年由朱镕基副总理决策的压锭改造挂钩政策，经实践证明，是减少总量、优化存量的有效措施。1992年度项目已基本落实，1993年如果资金到位，规定项目也能够完成。一些城市认识到压锭改造的积极意义后，纷纷争取列入到项目中去。如果这一政策再延长两年，全国可淘汰压缩500万锭。但要首先检查总结前3年执行情况，把压锭落到实处。目前压锭减量减产遇到的突出问题是人员安置困难，目前全国县以上纺织生产企业800万职工中停工待工、厂内退养人员约占20%左右。在调整中，避免出现社会震动，是我们制订政策的一个出发点。为此我们提出了压锭和关停企业转产的人员安置政策，建议设立企业转产、办三产专项贷款和压锭改造专项贷款。经与有关部门协商，得到了有关部门和中国人民银行、有关专业银行的支持。在调整中，对大批人员的安置，主要靠办三产、转产、多种经营等措施。同时经劳动部同意，对纺织工业给予以下政策：1993年在停工和资不抵债、濒临破产的棉纺织企业中，对从事纺纱、织布的年满45岁以上的挡车女工，由劳动部门和企业共同组织培训，推荐就业；其中基本生活确无保障的，经劳动部门批准，可从行业保险基金中适当补贴。纺织工业企业安置富余职工、进行生产自救所需资金，按《国务院办公厅关于做好国有企业职工和离退休人员基本生活保障工作的通知》〔国办发（1993）76号〕执行。

搞好棉纺织行业结构调整，是纺织工业调整的重点，纺织其它行业也面临同样重大的调整任务。调整不可能一蹴而就，要有一个过程。从长远来看，城市纺织行业约有30%、化纤行业约有40%的职工要在调整中重新安置，一批企业需要转产、改组。除已向国务院报告的几项政策措施意见外，纺织行业需要进一步解决以下3个问题：

1. 对厂内待业、退养人员，建议尽快纳入到社会统筹范围中去。

2. 对骨干企业因技术改造背上的债务包袱，给予停息还本的优惠政策。

3. 设立纺织行业传统产业调整基金。传统行业结构调整的任务十分艰巨，建议国家每年设立20亿元的纺织调整基金，重点解决城市纺织工业调整并列入政策性贷款范围。

（二）加快技术改造，提高纺织品出口竞争力

技术改造是中国传统纺织工业产业升级的核心，控制总量、调整结构、技术改造是三位一体的系统工程。从生产技术来看，我国纺织工业明显落后于发达国家，也落后于后起工业化国家；从我国装备的制造能力来看，差距进一步拉大。马克思曾经指出：种种时代的区别不在于生产什么，而在于怎样生产，用什么劳动资料生产，劳动资料不仅是人类劳动力发展的测量器，而且是劳动借以进行的社会关系的指示器。这说明技术装备对一个产业的重要程度。

我国棉纺织工业两个加工层次，即初级产品层次和深加工层次中，目前纺织品出口的纱、布两大类产品，已失去昔日的主导地位，其中一个重要的原因就是装备落后，导致了纺织品质量提高不快，严重影响了我国产品的国际竞争力。以我国输往香港棉纱布为例，1988年中国棉纱占85%，巴纱所占比率不到7%，到1991年上半年，巴纱占港市已达32.6%，目前已占到50%左右。这与巴基斯坦现代纺纱设备增长快于我国有直接关系。

尽管我们拥有一些先进设备，但前后不配套，没有收到应有的效益。以目前棉纺、织造、印染先进设备的拥有量，远远满足不了生产出口产品的需要。若用目前拥有的自动络筒机全部用来生产出口产品，仅能满足23%的需求；如果把全部无梭织机用来生产出口织物，仅能满足26%的需求。

染整作为深加工层次，现在形势十分紧迫。从装备来看，目前在2000条生产线中，具有80年代初水平的只占6%，超期服役的占60%。工艺普遍落后，不适应小批量、多品种、高质量、快速反应的现代竞争需要。不仅要把大规模生产线改造成小批量、高效生产线，而且要大量增加特殊后整理设备。现在由于印染后整理技术落后，不仅在国际市场上没有打开局面，而且国内中高档市场也被大量国外产品所占领，加上体制的原因，上下游不配套，出口产品档次低、价格低、合格率低，使企业出现大量亏损。经过两个五年计划的改造，染整设备只满足出口的1/5，因此不仅应在“八五”后两年适当调整技改项目，增加印染后整理改造，还要研究下一步“九五”时期更有力度的改造计划。染化料、助剂也是影响产品质量的重要因素，需要制订鼓励发展的政策。

技术改造政策的重点，是向骨干出口企业倾斜。一要在薄弱环节上有所突破，在对纺纱织布能力进行重点改造的同时，还要重点改造印染后整理技术和设备。二要制订染化料、助剂开发研制的鼓励政策。三是要加快化纤等新兴纺织产业的技术改造和品种开发步伐，使之尽快具有国际竞争力。鉴于纺织工业目前的困境，企业难以承受还款付息，希望在调整、改造和产业升级期间，采取优惠政策。我们考虑，在本世纪末以前，淘汰2000万棉纺锭，更新并形成1000万锭具有国际先进水平的生产能力，以及与此配套的印染后整理先进能力。这一举措，总投资约需400亿元人民币、20亿美元。化纤工业必须按规模经济的要求进行改组，同时化纤装备除涤纶长丝较为先进外，涤纶短纤维约50%的生产能力落后，粘胶纤维生产设备仍是五六十年代的老设备和陈旧工艺，锦纶有40%的设备需更新。无梭织机在丝绸工业中仅占4.6%。亚麻、苎麻印染后整理，关键技术仍没有解决。毛纺织设备基本不适应生产高、细、薄产品。亟待改进。

要改变企业无力开发产品的局面。据1992年财务统计，预算内企业5489个，开发费占销售额的比重分别是：纺织业0.4%（其中丝绸0.71%、棉0.35%、麻0.12%、针织0.27%），化纤0.92%，纺机1.5%，纺器0.28%。而国际上纺织、化纤、纺机业技术开发与销售额之比分别为2～3%、10%和8～15%。这是我国纺织工业产品竞争力弱的一个重要原因。在新的税制出台以后，必须大力提高开发投入。同时与科技体制和教育体制改革相衔接，提高科技生产力的作用。

（三）减轻大中型企业负担

纺织工业是传统行业，一些老企业在计划经济体制下，通过母鸡下蛋的方式来发展与母体分离的新企业；而在市场经济体制下，企业是通过自我发育和向外延伸来壮大自己，同时也在客观上实现了行业的发展。“母鸡下蛋”是靠损耗自己来发展别人，因此在同样的市场竞争条件下，老企业由于包袱沉重而处于不平等地位，需要给老企业卸掉历史包袱。

传统产业与新兴产业也处于不平等竞争地位。我国的新兴产业是依靠传统工业积累发展起来的，传统产业在计划经济体制下不可能突破部门界限，利用时机向其它部门渗透、转移。随着经济的发展，城市产业的整体升级致使老纺织基地逐渐由摇钱树变成苦菜花，不改造难，改造亦难，已无力承受贷款压力。在市场经济条件下，传统产业是在价值规律的作用下，通过生产要素转移、行业交叉发展和生产经营多元化来实现传统产业的转换，基于中国工业化发展的特殊道路，在向市场经济体制转换时，必须考虑到纺织这一老行业的困难，给予特殊政策。

正是考虑到上述情况，我们提出了减轻纺织企业和行业负担的几项政策：

一是棉纺织行业（包括针织、复制、印染企业）争取实行低税率。对国有大中型棉纺织企业3年内返还企业上交税收的50%，主要用于技术改造。

二是按有关政策规定处理历年亏损挂帐、潜亏等问题。

三是纺织工业的“拨改贷”专项资金，目前无力偿还的予以豁免，改增国家资本金等。

四是对城市纺织企业利用厂地条件级差地租开发三产给予优惠。

五是对纺织企业破产予以高度重视。

（四）扩大纺织品出口

技术改造资金重点解决提高出口竞争力。体制是影响出口增长的另一个关键，必须迅速把中心城市的骨干出口企业推向国际市场，直接参与国际竞争。发挥进出口商会协调指导、咨询服务的作用。根据国营大中型企业现实情况，总会在一开始就提出，要选择10～20家（最后确定为10家）出口创汇1000万美元以上，质量好、有信誉、管理好的企业进行两纱两布自营进出口权的试点。我们要认真试点，也要有充分的信心做好这一突破性改革试点工作。

以北京第三棉纺织厂为例，这个厂坯布出口占全国对欧共体出口量的25%，每年创汇4000万美元，在国际市场上有较高的知名度，也有稳定的长期客户。京棉三厂在80年代利用日本政府和其它渠道贷款进行了全面改造，由于企业无权自行出口两纱两布，创汇企业不能用汇，只能用人民币购买调剂额度还贷，3年中，因汇率变动使企业归还日本政府贷款所付出的资金已是当初贷款时折合人民币金额的2.79倍。1992年这个近万人的大厂全年利润才2500元。从明年开始，该企业每年要归还400万美元的改造贷款，如果继续实行外贸收购制，出口产品销售利润只有40万美元，只能归还10%的应还贷款，企业无法生存下去；如果企业取得两纱两布出口许可证和配额，允许自营出口，出口同样数量的坯布，可得到560万美元的净收益，归还贷款后还有利润。根据京棉三厂对该厂产品品号1136坯布进行的测算，1993年1月至2月，欧洲市场销售价最低点为每码0.58美元，最高价为每码0.78美元。而外贸公司收购价每米只有3.87元人民币。这反映出外贸体制不合理是生产企业出口亏损，出口竞争力不高的重要原因。

同时，我们也要注意另一方面问题。初级产品国际市场竞争激烈，保护主义严重，品种相同，容易打乱仗，互相杀价。现在有50家外贸公司，我们参与试点的企业必须严格统一政策，加强监督，有破坏全局利益的严厉处罚，取消出口资格。试点搞得好就可以逐步扩大。此次试点关系全局，只能试好，不能搞砸。

京津沪3市纺织工业要争取自营进口棉花，以方便企业生产和配棉需要。

落实自营进出口生产企业与外贸公司平等地位，主要是配额分配问题，要公开公平，一视同仁。

（五）稳定天然纤维供应，优先发展化纤及化纤原料工业

努力恢复和稳定棉花生产，加快化学纤维及其原料的建议，搞好非棉纤维的利用，是我国纺织工业长远发展的一项具有战略意义的政策。

为了进一步解决化学纤维大量依赖国际市场的局面，我国应充分利用国际化学纤维生产向东转移的时机，加快发展国产化学纤维。

1. 根据“八五”“九五”发展需要，本世纪末纤维加工量要从现在的700万吨增加到950万吨。化纤和化纤原料工业必须大力发展。对列入“八五”计划的项目要抓紧建设，确保按时投产。对已批项目逐个审查实行优胜劣汰。争取在“九五”期间把化纤原料建设纳入到优先发展的原材料工业中，并加以重点扶持。对同一产品应实行同一贷款政策，不能因部门不同而采取不同政策。过去上的大型化纤项目从列项到建成投产要8年时间，现在到2000年还有7年，而“八五”时期批准的120万吨能力的项目，只有极少数开工，急需加快进度。

2. 需要继续对进口生产化学纤维的原料采取优惠政策，逐年下调进口关税，以扶持国产化纤的生产。

（六）根据纺织工业的特点，深化以建设现代企业制度，转换企业经营机制为主的各项改革

企业要通过建立现代企业制度，转换企业机制，落实“企业法”和转换企业机制条例，加强管理，做好自身的工作。探讨行业管理改革的新体制，适应社会主义经济的需要；要加强调查、研究，做好行业规划；研究并实施系统的行业政策，进一步细化纺织行业调整改造的实施步骤；探索进行宏观引导和为企业服务的新思路、新方式，完成国务院赋予纺织总会的各项任务。

1. 认真学习贯彻全国经济工作会议各项改革措施，搞清楚各项改革方案对纺织工业的具体影响，研究如何更好地适应新体制、运用新体制的优越性。

2. 在理清产权关系、完善企业法人制度的条件下，改革企业制度和管理制度，要有较大的改革跨度，把改革深化作为纺织工业调整结构，压缩总量，加快改造的动力。

3. 培育市场，探索和促进各类要素市场的发展，发挥市场配置资源的作用，加速市场预测，健全信息系统，为行业管理和企业决策服务。

4. 在改革行业管理体制方面进一步探索。

*　　　*　　　*

加速调整　深化改革
实现纺织经济发展的良性循环

吴文英会长在全国纺织行业工作会议上的讲话

（1993 年 12 月 30 日）

这次全国纺织行业工作会议今天就要结束了。在三天半的会议中，传达了李岚清副总理对纺织工业的重要指示，介绍了总会同经贸委、国家计委、以及国务院各部委共同研究制定纺织工业摆脱困境的有关政策的思路，贯彻十四届三中全会通过的《中共中央关于建立社会主义市场经济若干问题的决定》和全国经济工作会议确定的明年的工作方针以及各项改革方案，结合纺织工业的实际情况进行了认真热烈的讨论。大家听了李岚清副总理的指示感到深受鼓舞，对两委一会的报告都表示了赞同的意见，在纺织工业压缩总量、结构调整、技术改造以及深化改革的问题上统一了认识，明确了方向，增强了信心。在讨论中，各地介绍了许多改革、调整、开拓新局面的好经验，互相启发，开拓了思路。希望各位代表回去以后真抓实干，落实会议精神。总之，这次会议会期不长，但开得很好，很有成效。下面我就纺织工业面临的形势、机遇、改革与调整及明年的工作，再讲几点意见。

一、认清形势、增强信心

1993 年纺织行业认真贯彻党的十四大精神，加快改革开放的步伐，积极向社会主义市场经济迈进，近 1300 万纺织职工面对重重困难，艰苦努力，使纺织工业这一传统的产业在出口创汇、经济增长、满足人民物质、文化生活需要等方面继续作出了贡献。

1. 生产适度增长。今年 1～11 月份，纺织工业总产值达到 2344.04 亿元，同比增长了 8.45%，其中京、津、沪等一些经济发达城市纺织业生产总量有所下降，表明纺织生产结构趋向合理。

2. 产销状况有所改善。11 大类产品中有 7 类产销率超过 100%，工业库存大幅度下降。企业注意开发适销对路的产品，生产总量增长有所控制，纺织品供过于求的矛盾有所缓解。

3. 纤维品出口继续增长，1～11 月份纤维品出口为 223.5 亿美元，与去年同期相比增长了 5.5%，占全国商品出口总值的 28.6%。纤维品贸易净创汇达 107 亿美元。服装出口为 135.3 亿美元，同比增加10.5%。

4. 结构调整力度加大。1992～1993 年度的国家压锭改造项目，对纺织工业调整起到了良好的引导作用，基本上完成了 1992 年的压锭任务。北京、上海、青岛等大城市开始主动压缩初加工能力，通过转产和发展第三产业等方式积极进行结构调整。江苏省从 1991 年到今年年底淘汰了 35 万棉纺锭，并制订了鼓励苏南棉纺初加工能力向苏北产棉区转移的相应政策。上海市通过转产和发展第三产业，压缩棉纺生产能力 23 万锭，减少企业职工 11 万人。

5. 企业改革向纵深发展。各地加大了企业机制改革力度，一批企业通过合资、合营、承包、拍卖、重新界定产权关系、股份制改组等改革措施，增强了竞争活力。企业改组联合取得进一步进展，目前区域性的企业集团已达 80 余家。

6. 消化大量减利因素，但经济效益继续下滑。1～11 月份 39 个大中城市实现利税 24.98 亿元，同比下降了 14.91%，企业亏损面为 48.76%。全行业广大干部职工，付出了不懈努力，在减利因素高达 117 亿元的情况下，消化吸收了 94.5 亿元，消化减利因素达 81%。

但是，由于长时期问题的积累，以及新旧体制转换产生的种种矛盾，使纺织工业面临的形势仍然相当严峻，主要问题是：纺织初加工生产能力相对过剩，技术装备水平低、工艺落后，出口产品的竞争能力减弱，企业经济效益下降，大中城市纺织企业资产负债率高达 80%，企业无力改造的现象十分普遍。

对 1993 年纺织行业的情况和面临的矛盾与问题，杜钰洲同志在会议开幕时已作了说明，我在这里就不展开讲了。我认为，我们存在的问题主要是新旧体制转换下出现的。中国纺织经济从粗放型向集约型、效益型转变，需要经历一个艰苦的全局性调整过程。经过调整，我们就可以把握主动，取得富有成效的发展。各地许多经验已经很好地证明了这一点。上海市纺织工业在1993年调整工作中做到"五个抢先"，即①抢先一步开发级差地租，近期可获级差效益7.4亿元，长远可获增益房100万平方米，折合人民币30～40亿元；②抢先一步精简人员，全年比上年减7万人，增加效益5.6亿元，职工人均收入可望达5500元，增长30%；③抢先一步做好人才开发工作；④抢先一步调整产品结构，全年完成新产品产值20亿元，利润1.7亿元，创汇9000万美元；⑤抢先一步争取政策，多家企业被批准为上市股份公司、定向募集股份公司和股份合作制公司。江苏不少城市通过调整，扬长避短，闯出了路子，进一步明确了自己的定位。无锡市发挥技术优势，实施减量增值战略，使老基地向高水平发展。南通市通过合资发展服装深加工行业，收到显著效果。盐城市以其资源、劳动力优势，建设以棉纺织行业为主的新基地。连云港市跳出传统的棉纺织行业，用高投入发展化纤高技术行业，增强了发展后劲。

纺织行业调整改造所面临的困难和问题，已经引起国务院、有关部委及各级政府的高度重视。要从根本上解决纺织行业中的深层次矛盾，真正实现纺织经济的良性循环，需要一个较长时期的调整过程，因此国务院将组织有关部门，一方面制订应急措施，制止纺织行业继续下滑；另一方面拟定长远的产业政策，使纺织行业通过不断调整，逐步走上良性循环的发展道路。我们全行业各级领导要充分认清形势，统一思想，在国务院和各部门的支持下，积极行动起来，主动进行调整，使纺织行业尽快摆脱困境，为国家出口创汇、满足人民物质、文化生活的需要，作出新的贡献。

二、抓住机遇，深化改革

纺织工业在调整时期，需要注重研究国内、外两个市场的变化，准确估价国内经济与世界经济的变动趋势，抓住各项宏观改革和企业制度创新的有利时机，针对各种机遇和挑战，制订相应对策，减少纺织工业为调整与改革付出的代价。

从国内市场看，近几年人均衣着类支出增长缓慢，衣着类消费在总消费支出中的构成有所下降。尽管从长期看，随着农村收入水平提高，中国国内纺织品市场还有很大增长潜力，但最近几年，纺织品市场不可能出现大的增长。今年9月份以来，原料成本推动了纱、布价格的上涨，预计明年纺织最终产品市场可能出现消费回落。但高档服装和装饰用纺织品的市场容量会明显扩大，城市纺织工业要根据这一变化，重点开发高附加值的纺织品，加大产品结构和产业结构的调整力度。

纺织行业需要对国内纺织品、服装市场的市场结构和总体发育状况进行认真的研究。目前，我国集市性的集散性贸易发展较快，说明初级形态的纺织服装市场正在快速发育，而高级形态的市场严重发育不足，缺少网络性批发和连锁销售等现代市场组织形式。最近一段时期，香港、日本的一些贸易集团开始着手在国内投资建立连锁性、集团性销售组织，而我国的纺织工业企业却没有注意抓住这个市场空间。我国第三产业和高级形态的市场发育不足，这成为纺织行业转产和调整的有利时机。纺织企业必须改变大生产、小经营、分散竞争的传统模式，利用建立现代企业制度的改革机遇，联合投资，向现代市场营销组织领域扩展。

从国际经济发展看，发达国家的经济衰退逐渐走出谷底，但在经济复苏期，失业率仍居高不下。1991年以来出现的纺织、服装贸易增长缓慢，制造业加速向发展中国家转移的两大趋势仍然不会改变。我国纺织品一方面要继续实行多元化出口，拓展新的市场，出口纺织品要以质取胜；另一方面，要积极利用国际经济结构调整机会，利用国际资本和国际先进技术推进我国纺织工业的改造、调整和产业的升级换代。

今年12月15日，乌拉圭回合谈判结束。1995年1月1日乌拉圭回合协议正式生效后，即将产生全球性的多边贸易组织。对我国来说，明年将是"复关"的关键一年。按照关贸总协定规定，我国的进口关税将进一步降低，纺织工业面临的国际竞争压力进一步加大。总会和有关部门正在研究"复关"前后，纺织工业将要面临的机遇和挑战，希望各地纺织行业管理机构和纺织企业对此给予高度重视，积极研究对策。

1994年国家在金融、投资、财税、外贸、国有资产管理等方面的改革方案将陆续实施。各项改革措施对纺织企业即将产生的影响主要是：①金融和投资体制改革对资产负债率较高的纺织传统工业部门来说，贷款难度相应加大，企业效益状况和项目发展前景将成为能否取得商业性贷款的主要衡量尺度，这使企业在投资时必须考虑投资回报率；②统一所得税率，取消两金，对企业发展是有利的，纺织行业实行17%的增值税率后，实际税负将增加近0.5%，由于实行分税制，税收征管力度加大，税收减免会大大减少；③外汇体制的改革重点是汇率并轨，对外贸和自营出口企业实行统一结汇制，将取消目前的双重汇率，即便在进口关税不变的情况下，以市场汇率计算的实际税负会有所提高，有利于扩大出口、抑制进口，但对利用贷款引进设备也产生了一定的抑制作用。从总体看，各项宏观改革方案的实施将减少行政对企业的干预，加强经济和法律手段的约束，为企业的长期发展创造出公平的竞争环境，为纺织行业按照市场经济规律进行结构调整提供了有利的条件。同时也意味着靠减税让利扶持企业的路子再也走不通了，给主动调整、深化改革提供了内在动力。各地纺织管理部门和纺织企业管理人员需要对各项宏观改革方案认真研究，深刻领会。

面对国内、外的各种机遇和挑战，我们要振奋精神，勇于进取，以改革为动力，推动纺织全局性调整向纵深发展。转换企业经营机制，进行企业制度创新，有利于按照市场经济规律要求，调整纺织经济结构。这表现在：①通过合资、合营，解决企业改造资金不足的困难；②通过商业与工业资本的互相渗透，通过引进外资，向经营领域延伸，缩短了市场与生产企业的距离，有利于企业转变单一生产型的传统模式；③通过不同领域资本的相互融合，为纺织企业兴办三产或向其它产业转产寻找到可行的路子；④清晰界定产权，使企业管理人员担负起资产增值保值的责任，有利于企业转换机制，以效益为目标，主动进行调整。一批纺织老企业已通过企业机制改革，激发出竞争活力，走出了经营困境。

我们要抓住改革这一中心环节，以企业制度改革为重点，做好3个方面的工作：

1. 纺织行业是竞争性行业，从长远发展看，国家独资或国家控股的企业只能是少数，主要集中在大型化纤企业及一部分大型出口骨干集团企业。大多数国有大中型企业要向产权多元化的方向发展，在基础性设施主要由国家投资的情况下，国有资产应该向非竞争性行业流动。需要积极探索国有资产以价值形式在不同产业间合理流动的具体途径，调整国有和非国有资产在纺织传统工业中的比重。对部分纺织大中型企业实行股份有限责任公司制度，具有两方面的意义。一是改变纺织企业单一的大生产、小经营的传统模式，鼓励企业把生产与市场营销联结起来，更能适应市场需求的变化。二是清晰界定产权关系，保护资产所有者权益，实现所有权与经济支配权的合理分配，完成机制的转换。

2. 国有小纺织企业可改组为有限责任公司、股份制合作企业；也可采取承包、租赁方式，或进行拍卖，实行产权转让，出售给集体或个体。城镇、乡、村企业在界定资产来源、明晰产权的基础上改组为合伙企业、股份合作制企业和有限责任公司，少数规模大、效益好的可以组建企业集团和改组为股份有限公司。

3. 各级行业管理部门要积极鼓励、推动国有企业在制度创新中的改组、联合，在保证国有资产保值增值的基础上，鼓励、支持企业向其它行业转产，同时要注重发挥优秀企业的存量优势并使其迅速壮大。发展以资产联结为纽带的跨地区、跨行业的大型企业集团，企业集团要走生产多元化、经营多元化的发展道路，并发挥其在促进结构调整，提高规模效益，加快新技术、新产品开发，增强国际竞争能力方面的重要作用。

与此同时，还要加强对各类事业单位体制和机制的改革，充分发挥他们在纺织工业调整改造中的积极作用，提高他们的生机活力。

三、明年的工作重点

明年是全面贯彻党的十四大和十四届三中全会精神，落实全国经济工作会议各项体制改革的实施方案，推进改革进程的极其关键的一年。我们要以改革的精神，大胆探索摆脱困难的途径、方法，为行业的结构调整、技术进步、转换机制、尽快实现良性循环，扎扎实实地开展以下几项工作。

1. 研究制定全面、系统的纺织产业政策。

今年下半年以来，总会各部门对棉纺织业实现纺织生产总量平衡，调整棉纺织业的经济结构，加大技改力度等重大问题进行了专题调研，提出了解决纺织行业深层次矛盾的一些思路，为形成系统的产业政策做了大量的前期研究准备工作。明年，将按照李岚清副总理的指示，由国家计委牵头，国家经贸委、中国纺织总会及有关部门参加，尽快制订出系统的中长期纺织产业政策。系统的产业政策包括对传统产业的调整政策及对新兴行业的扶持、振兴方案。在对全行业的现状、存在的主要问题作全面分析的基础上，根据纺织行业今后一段时期内在国民经济中的支柱产业地位及国际纺织业的发展趋势，提出对纺织各行业，包括棉纺织业、化纤业、毛纺业、丝绸业、麻纺织业、纺织机械与器材制造业的发展带有规范性指导意义的系统的政策措施，从根本上解决纺织行业在发展过程中存在的问题，为纺织行业走上良性循环打下良好的基础。

2. 加大结构调整力度。

明年要认真落实国务院即将批准的两委一会关于棉纺织业摆脱困难的政策措施。各地要对1992年、1993年安排的压锭改造项目逐一检查落实。总会要组织力量对每一个项目逐个清理，对已安排的项目要完善报废手续。取得贷款不去压缩本厂能力，而去购买其它厂设备来抵冲的要采取惩罚性措施。1994年以后的压锭改造项目一律要先压缩能力，并保证按期完成，只有这样才能保证压锭挂钩政策达到预期的目的。对于列入项目，没有按要求完成压锭任务的，今后不再给予技改贷款。

3. 深化企业改革，转换企业经营机制。

明年要继续落实《企业法》和《全民所有制工业企业转换经营机制条例》。国有纺织行业作为竞争性行业，要积极创造条件向现代企业制度过渡。我们要总结现有股份有限责任公司和上市股份公司的经验，明年将召开规范化股份公司的座谈会，探索纺织企业向现代公司制过渡的具体途径和运作方式。结合国家100家现代企业制度的试点，纺织行业要与各省、市、自治区体改部门具体协商，争取多一些企业列入百家试点之中，重点选择培育20～30家纺织企业作为省部现代公司制的试点。对于试点的企业，我们将在压锭改造、优先赋予进出口权、原材料的供应等方面给予倾斜，使之形成具有一定实力的、示范性的有限责任公司。

无论实行公司制还是工厂制的企业都应继续执行以全员劳动合同制为主要内容的劳动制度，形成企业依法享有用工自主权，劳动者依法享有择业自主权的现代企业用工制度。在企业产权明晰、约束机制健全的前提下，逐渐实现由劳动力供求状况决定工资水平，企业能够自主分配的现代企业工资制度。建立与国际惯例一致的现代企业财务会计制度。

4. 在自营出口企业间建立规范化的联合、协商机制。

随着外贸体制的进一步改革，越来越多的企业获得自营出口权，需要加强自营出口企业之间的协调和联合，建立出口企业的约束机制。

明年纺织工业将选择10家生产企业试行两纱两布自营出口的试点。在试点中，为避免出现低价竞销，试点企业必须服从出口的统一政策，接受监督，在价格、经营方面建立联合、协商制度。两纱两布自营试点一定要试好，这样才能争取进一步放开经营。对已经获得自营进出口权的400余家企业要加强引导。明年我们将召开自营企业出口工作会议，总结自营出口经验，逐步建立企业间的价格协调机制，帮助企业进行销售网络的联结，协助企业共同开拓国外市场，带动国内市场的健康发展，尽快形成国际纺织品市场快速反应机制。大力培育以大型生产企业为核心、以资产联接为纽带的具有生产、金融、外贸、科技、教育等多种经营和多种功能的大型出口企业集团。

继续鼓励科研、设计、教育单位积极发展外向业务，办好科、工、贸一体的出口实体。要重视发挥出口商会的作用，改变单个企业在国际市场上孤军作战的局面，使出口商会在协调出口、拓展市场，进行公益性的国际营销服务等方面起到应有作用。

在目前原棉供应趋紧的情况下，为了保证纺织品出口，国库棉分配要向骨干出口企业倾斜。

5. 大力促进和培育纺织品市场体系。

目前全国已有8个区域性纱布市场和2个全国性的纺织原料市场。总会考虑在现有市场的基础上，继续培育全国性或区域性的各种现货市场，探索组建能与国际市场接轨的纺织品期货市场，扶植一批有一定辐射能力，有一定规模的区域性市场，使之形成信息通畅，能提供全方位服务的开放性的市场体系，发挥市场在资源配置中的基础性作用。各地纺织行业管理机构要积极促进和配合劳动部门，尽快建立不同层次的劳动力市场，加快劳动力在不同产业间的合理流动。

鼓励各地积极探索建立符合我国特点的现代营销体系。长期得不到很好解决的面料市场等问题，关键不在于建立某个有形市场，而是应该建立现代商业营销网络，联结上、中、下游各类企业。积极培育各类市场中介组织，使其在社会化大生产中发挥好联接生产与消费（包括生产性消费）的市场纽带作用。工业企业要向市场经营延伸，通过直销、联锁销售、专卖等多种现代营销形式，适应国内外消费市场的变化。

6. 完善信息网络建设。

为了保证纺织工业持续稳定发展，必须建立统一的纺织经济信息和决策服务信息系统，改变目前信息分散，机构重复，信息反馈过于缓慢，不能满足宏观经济预测和决策，无法为企业提供准确信息服务的状况。为了适应行业经济结构的变化，统计工作和综合信息工作要很好结合，都要适应市场经济的新情况。去年成立了纺织工业部信息领导小组和行业信息协会，明年领导小组和信息协会要加强行业信息的各项建设工作，边建设、边服务、边培训，发挥综合效益。

明年首先将总会内部及总会所属单位的信息机构统一规划，使之形成较为完整的管理决策信息系统，灵敏地监控行业发展态势，及时向国家反映带有倾向性的重大问题，为企业提供信息服务。

下一步总会将建立横向与国家经济信息系统及与纺织工业相关部委、纵向与各行业协会、各级纺织管理部门和重点企业的信息系统相联结的信息网络，其中包括纺织工业宏观经济预测、纺织工业企业和产品信息、纺织品价格和市场信息、国际纺织经济信息、纺织工业法规信息等5个系统，为纺织行业管理决策部门提供准确可靠的决策信息，为企业面向市场竞争提供信息服务，初步形成开放式的纺织经济信息网络。

7. 健全行业管理体系。

总会在内设机构基本到位情况下，正着手加强行业协会建设，使之真正成为行业管理的支撑点。行业协会的主要职能是：掌握行业动态，反映行业呼声，研究行业政策，执行总会交办任务，协调行业内部事务，组织企业间的经验交流与经济合作，开展信息咨询、专业培训，共同拓展国内外市场等。在充实现有的8个行业协会的基础上，明年将新组建4个行业协会，基本上完成全国性行业协会的组织建设，并为其创造一定的工作环境。行业协会建设还要借鉴发达国家的经验，吸收企业家参加，按市场经济的要求建成真正的有权威性的行业自己的组织。总会将超脱于日常的具体事务，集中精力抓宏观形势的分析研究，制订纺织全行业的产业规划及提出政策建议，实施国家产业政策等。

完善行业管理体系还应包括块块上的各种层次的纵横交错的行业协会和企业家联合会组织，各地要进行新型行业管理模式的大胆探索，使这些中介组织能够成为协调企业间或行业间关系的主要力量。我们还初步设想在纺织比较发达的县城、乡镇组建行业性公会，并在条件成熟的时候，推行会员制。

8. 加强各级主管部门的行业管理职能。

明年全国省市一级的机构改革将要全面展开，我们认为不管各地对纺织机构采用什么形式，都不能削弱行业管理工作。目前已有部分省市厅局信息机构人员不稳定，渠道不畅通，严重影响了管理信息系统的准确性、权威性，使总会无法作出正确的产销形势判断，不利于对各地的指导和为企业提供正确及时的信息服务。总会要求各地在机构改革中，从全局利益出发，做好行业管理的基础工作，要对统计、质量、安全、职工教育、企业改革和市场培育以及产、销、效益分析预测等工作给予充分的重视。

在省市纺织机构改革、调整中，要注意发挥舆论宣传的作用。大家对纺织报的工作要给予支持，需要稳定各地的纺织记者队伍，利用中国纺织报这一行业宣传喉舌，及时反映各地的改革、调整情况。

9. 搞好两个文明建设，探索企业思想工作的新路子。

明年的改革进入到整体推进、重点突破的新阶段，一系列重大改革措施将陆续出台，产业结构调整加快，企业内部改革继续深化，涉及到职工切身利益的问题大量增多，思想政治工作和工会工作在当前显得尤为重要。企业党组织和工会组织要广泛组织职工认真学习《邓小平文选》第三卷，认真贯彻党的十四届三中全会《决定》，为纺织工业加速调整和深化改革做好思想政治工作。企业思想政治工作和工会工作要紧紧围绕纺织行业的结构调整、技术进步、转换企业经营机制、建立现代企业制度等重点，探索党委和工会工作的新路子。我们要全心全意依靠工人阶级，充分调动广大干部职工的积极性、主动性、创造性，正确处理好改革、发展和稳定的关系。要积极协助有关部门解决关、停、并、转企业和亏损企业职工的实际困难，保证职工的基本生活需要。广大思想政治工作者和工会人员要投身于改革，提高改革的参与能力，为经济建设发挥出更大的作用。

在产业调整改造时期，要高度重视发展教育、科技事业。科技教育要面向经济建设，经济建议要依靠科技教育。这是提高队伍素质和行业素质的重要工作，各地各部门要加强领导，增加投入，并促进产、学、研的联合。

同志们，这次行业工作会议即将闭幕，新的一年即将到来，摆在我们面前的任务十分艰巨，但是我相信，在国务院及各级政府的关怀下，经过全国纺织职工的共同努力，只要坚持两手抓，两手硬，全心全意依靠全行业广大干部职工，按照市场经济规律加速调整，深化改革，纺织工业就一定能再创新局面，再上新台阶。

人 物 篇

Persons

1993 年纺织系统荣获全国“五一劳动奖章”个人名单（58 人）

姓名	性别	工作单位	职务
周文楷	男	北京毛纺织厂	厂长
李元征	男	北京雪莲羊绒有限公司	总经理
张桂敏	女	天津市仁立毛纺织厂	工人
于焕然	男	天津市色织工业公司	经理
王平生	男	天津市纺织工业局	工会主席
张善民	男	河北省元氏县纺织厂	厂长
吴砚田	男	石家庄市新华服装厂	厂长
仝立祥	男	山西维尼纶厂	总工程师
史艳玲	女	山西永济纺织厂	挡车工
张鹤生	男	山西涤纶厂	书记
夏敬杰	女	辽宁抚顺市第二毛纺织厂	挡车工
安福江	男	丹东化学纤维工业公司	总经理
栾明祥	男	吉林四平市化纤厂	工人
金玉贵	男	黑龙江省庆安县纺织品公司	经理
刘书论	男	哈尔滨亚麻纺织厂	厂长
战　凯	男	牡丹江经编厂	厂长
金彩莲	女	上海二十八棉纺织厂	生产组长
林引中	女	上海第七印绸厂	厂长
李贻明	男	上海正章纺织制品厂	厂长
李荣根	男	苏州刺绣研究所	工人
曹建新	男	常州第二色织厂	厂长
尹国新	男	江苏晨风丝绸集团公司	总经理
阮玲娟	女	丹阳丝绸厂	挡车工
王立勤	女	江苏邗江县丝厂	厂长
高仲芳	男	无锡市合成纤维总厂	厂长
穆　玲	女	江苏建德市新安江丝绸厂	挡车工
徐亚芬	女	宁波人丰布厂	挡车工
陈冬霞	女	马鞍山市纺织厂	挡车工
华冠雄	男	安庆纺织厂	厂长

姓名	性别	工作单位	职务
何光芬	女	江西九江第三棉织印染厂	高级工艺美术师
张宁宴	男	青岛第七针织厂	厂长
王晓明	女	潍坊棉纺织厂	值车工
袁文和	男	潍坊市呢绒服装厂	厂长
韩桂芝	女	河南省第一毛纺织厂	工人
张成山	男	平顶山棉纺织厂	厂长
周玉新	女	平顶山市被单厂	工人
刘娜林	女	河南南阳棉纺织厂	挡车工
邢恩义	男	河南沁阳县丝毯厂	厂长
李新敏	男	河南省第三毛纺织厂	厂长
周远溪	男	武汉美佳服装机械股份有限集团公司	党委书记
孟兰华	女	武汉第二棉纺织厂	挡车工
罗日炎	男	黄石美尔雅公司	总经理、书记
答帮贵	女	襄樊棉纺织印染厂	摇车长
操军英	女	湖北安陆棉纺织厂	工人
关少平	女	广东韶关第一棉纺织厂	工人
余兆斌	男	中山涤纶厂有限公司	厂长
刘永峰	男	湖南湘潭纺织印染厂	干部
孙怀珍	女	常德纺织机械厂摇架分厂	装配工
黎景冰	女	佛山棉纺厂	挡车工
李桂清	男	广西南宁棉纺织印染总厂	工会主席
罗敏尤	男	广西柳州市针织总厂	工人
张友耕	男	四川蜀东化纤厂	厂长、书记
刘君玉	女	四川万县丝织厂	挡车工
郭秀红	女	四川三台西平丝绸厂	工人
王声云	男	贵州省凯里涤纶厂	厂长
刘育玲	女	西北第一棉纺织厂	赵梦桃小组组长
热西旦	女	新疆伊犁第二毛纺织厂	挡车工
阿童古力	女	新疆七一棉纺织厂	工人

1993年全国纺织行业“巾帼建功”标兵名单（101人）

姓名	工作单位	职务
马淑芝	北京第三棉纺织厂	细纱挡车工

姓名	工作单位	职务
李绍荣	北京第二毛线厂	车间主任
张秀英	北京制呢厂	技术科科长
刘媛媛	天津市第一棉纺织厂	细纱挡车工
蔡陆琴	天津市第二棉纺织厂	织布挡车工
张继香	天津市色织四厂	织布挡车工
吕玉欣	石家庄第二印染厂	工会主席
吕秀霞	邯郸市第四棉纺织厂	粗纱挡车工
郑友莲	保定化学纤维联合厂	挡车工
周瑞芹	唐山市棉纺织厂	布机挡车工
王军凤	大同化纤纺织厂	粗纱挡车工
张梅荣	赤峰第二毛纺织厂	质检处处长
王宏明	沈阳黎明高级服装厂	厂长
张春玲	大连市金州纺织厂	织布挡车工
石玉红	营口第二纺织厂	织布挡车工
石锦玲	锦州女儿河纺织厂	织布挡车工
阎　霞	丹东纺织厂	细纱挡车工
王兆义	本溪市第二纺织厂	细纱挡车工
曹海霞	朝阳毛纺织厂	织呢挡车工
陈国范	开原市亚麻纺织厂	党委副书记
王凤兰	四平市纺织工业局	局长兼党委书记
王忠荣	开山屯化学纤维浆厂原木加工分厂	女工委员
林　莉	哈尔滨亚麻纺织厂	织布分场副主任
孙　晶	黑龙江涤纶厂长丝分厂	前纺卷绕工
靖相芝	富拉尔基纺织印染厂	细纱挡车工
韩巧玲	佳木斯纺织印染厂	织布挡车工
沈雅梅	上海第一棉纺织厂	筒子小组大组长
缪宏林	上海第五棉纺织厂	厂长
蔡美芳	上海鸿章棉纺织厂	布机挡车工
宋小楚	上海经昌色织厂	副厂长
王秀妹	上海第二羊毛衫厂	厂长兼党支部书记
马伟芳	上海章华毛纺织公司	毛织挡车工
周鸿玉	上海绢纺织厂	技术科主管
贺　萍	上海大华纺织装饰用品厂	厂长
查燕萍	南京第一棉纺织厂	细纱挡车工
彭爱珍	苏州市纺织工业公司	党委副书记兼副总经理、纪委书记
韦翠英	无锡市第一棉纺织厂	布机挡车工
周小同	中外合资常州绅士时装有限公司	董事兼副总经理
姚美英	南通第一棉纺织厂	生产组长
董素梅	盐城市纺织厂	前纺工场主任
奚碧玉	清江棉纺织厂	副总工程师
翟新兰	徐州毛巾厂	技术科副科长

姓　名	工作单位	职务
陈顺援	江苏省服装鞋帽工业公司	经理
卢美娟	宁波万信纱厂	副轮班长
陆文香	嘉兴第二毛纺织厂	布机挡车工
陈莉芳	浙江麻纺织厂	布机挡车工
周洁萍	浙江化纤联合股份有限公司聚酯工程指挥部	办公室主任
汪开秀	芜湖纺织厂	生产组长
甘采兰	马鞍山市泸皖巾被厂	织造车间值班长
葛修萍	淮北印染厂	总工程师
顾丽娜	龙岩毛巾厂	厂长
刘爱武	九江化学纤维厂	后整理挡车工
杨美英	抚州棉纺织厂	织造挡车工
刘月霞	青岛第八棉纺织厂	细纱指导工
赵　丽	济南第三棉纺织厂	织布挡车工
王淑玲	烟台宽幅布厂	织布挡车工
陈广秀	潍坊染织总厂	织布挡车工
李玉琴	淄博第二毛巾厂	副厂长
樊春霞	德州棉纺织厂	细纱挡车工
赵海玲	枣庄市第二棉纺织厂	细纱挡车工
陈若楠	临沂棉纺织厂	工会主席
石　晶	山东如意毛纺集团总公司	副厂长
郭海兰	郑州第一棉纺织厂	生产组长
尚丽霞	河南中原棉纺织厂	织布挡车工
戚嘉瑛	安阳豫北棉纺织厂	技术处织部工艺质量负责人
黄积微	博爱县棉纺织厂	厂长
姚汉生	武汉毛线厂	工会主席
张秀英	宜昌旭光棉纺织厂	分场场长助理
全惠亭	沙棉股份有限公司	工程师
张芳华	襄樊市热电厂	工会副主席、女工委员会主任
梁平安	嘉鱼棉纺织厂	细纱车间生产组长
王少芳	云梦棉纺织厂	布机挡车工
易　云	石首市毛纺地毯厂	销售科销售员
汪水英	湖北鄂东纺织印染服饰总厂	工会主席
柳俊林	永顺纺织厂	工会主席
李小娥	湖南洞庭苎麻纺织印染厂	细纱挡车工
曾　嵘	长沙毛巾集团公司	总经理
熊　黎	桃源纺织印染厂	织布乙班团支部生产委员
李美爱	广州第七染织厂	络筒工
岳　鸣	佛山市棉织二厂	生产副厂长
吴翠贞	江门市棉纺厂	细纱车间轮班长
张丽云	柳州市第三棉纺织厂	技术科科长
张向萍	重庆第二棉纺织厂	并条挡车工

姓名	工作单位	职务
周素华	成都市线厂	党支部副书记
孙小华	阆中棉纺织厂	细纱值车工
刘经英	凯里涤纶厂长丝四厂	加弹班班长
盈红梅	云南省沾益毛纺织厂	细纱挡车工
王振玲	西北第三棉纺织厂	准备车间穿筘工
郑红玲	西北第五棉纺织厂	整理车间修布工
张淑芹	陕西第一毛纺织厂	副总工程师、精纺分厂厂长
李桂芬	甘肃毛纺织厂	挡车工
赵芝秀	青海第二毛纺织厂	纺纱挡车工
蒋敏华	银川第二毛纺织厂	车间副主任
阿斯亚·阿比孜	新疆绿洲长绒棉纺织有限公司	粗纱落纱长
赵　英	新疆第二毛纺织厂	整经挡车工
纪月英	青岛纺织机械厂	车床工
唐嫦娥	邵阳第二纺织机械厂冷作分厂	电焊工
苗桂青	郑州纺织工学院	管理工程系党总支副书记、讲师
胡秋莎	武汉纺织工学院	人事处副处长
张露娜	西北纺织工学院	副教授
张现英	仪征化纤工业联合公司涤纶二厂	前纺车间卷绕工

1994年全国城镇妇女“巾帼建功”标兵名单　（纺织系统　10人）

姓名	工作单位	职务
严明英	咸阳市纺织机械厂	工人
袁琴华	中国纺织大学	副教授
林红桔	天津市纺织工学院	副教授
王　瑛	天津市服装四厂	厂长
岳玉荣	内蒙古自治区化学纤维总厂	厂长
王巧云	江苏淮阴市毛巾厂	厂长
殷静珠	江苏无锡市第二丝织厂	生产组长
吕启秀	安徽界首市毛巾厂	厂长
陈芹华	湖北沙棉股份有限公司	验布工
谭英利	四川涪陵地区新锦绸厂	厂长

大 事 记

Chronicle of Events

1993 年纺织工业大事记

中国纺织总会办公厅　编

1 月 1 日

纺织工业部表彰 1992 年有突出贡献的 92 名中青年科学、技术、管理专家。受表彰的中青年专家中，有在纺织科研、技术改造和新产品开发中获得国家和省、部级奖励的科研设计人员；有在各类纺织院校教育工作中著书立说、教书育人的优秀教育工作者；有在完成国家重点工程建设、引进设备技术攻关项目中做出突出贡献的工程技术人员；还有在纺织企业的生产技术管理工作中取得显著经济效益和社会效益的厂长。

1 月 6 日

刘珩副部长出席了在山西榆次召开的‘92’中国纺织机械集团工作会议并讲话。

2 月 12 日

纺织工业部扭亏增盈工作会议在京召开。会议总结了 1992 年限产压库促销扭亏增盈工作经验，对成绩突出的地区和单位进行了表彰和奖励。河北纺织工业总公司、河南纺织工业厅、广东丝绸等获一等奖；陕西纺织工业总公司、广东纺织工业总公司等获二等奖；上海纺织工业局、江苏纺织工业厅等获经济效益优秀奖。吴文英部长在会上做了重要讲话，杜钰洲、王曾敬、刘珩副部长出席了会议。

2 月 14～19 日

全国纺机纺器工作会议在苏州召开。刘珩副部长出席了会议并讲话。

2 月 17 日

江苏六家纺织企业与美国宏大公司、蓓蕾公司合同签字仪式在京举行。中共中央政治局常委、国务院副总理朱镕基在人民大会堂亲切会见了美国宏大公司、蓓蕾公司董事长穆霭莲女士和马杜拉先生一行，会见时吴文英部长在座。纺织工业部部长吴文英、江苏省副省长杨晓棠出席了签字仪式。

2 月 18～21 日

许坤元副部长随中共中央政治局常委、国务院副总理朱镕基到山东济宁、济南、德州等地考察棉花生产、收购等情况。

3 月 5 日

刘珩副部长出席了在深圳召开的全国纺织科技情报站长会议并讲话。

3 月 5～7 日

吴文英部长出席了在京召开的十四届二中全会。

3 月 8～11 日

全国棉花工作会议在京召开，吴文英部长、许坤元副部长出席了会议。

3 月 14～27 日

刘珩副部长出席了在京召开的第八届全国政治协商会议第一次会议，并当选为八届全国政协常委。来自纺织行业的 19 名全国政协委员出席了大会。

3 月 15～30 日

王曾敬副部长出席了在京召开的第八届全国人民代表大会第一次会议，并当选为全国人大财经委员会委员。来自纺织行业的 68 名全国人大代表出席了大会。

3 月 19～20 日

吴文英部长代表国务院到全国人大会议江苏、浙江代表团，听取代表对政府工作的意见。

3 月 22 日

八届全国人大一次会议通过了《关于国务院机构改革方案》，方案中决定撤销防织工业部，组建中国纺织总会。

天津纺织原材料交易市场在天津开业，许坤元副部长和天津市李盛霖副市长为交易市场开业剪彩。

4 月 23 日

王曾敬副部长出席了由澳大利亚贸易发展委员会、初级产品和能源部在京主办的澳大利亚—中国羊毛研讨会。

4 月 28 日

杜钰洲副部长在上海出席了中国纺织大学服装学院成立大会。

4 月 30 日

北京毛纺织厂厂长周文楷等 58 名同志获得 1993 年全国五一劳动奖章，邯郸第四棉纺织厂电子清纱器小组等 9 个小组获得全国先进班组称号，吉林省白城市纺织厂等 3 个单位获得全国先进集体称号。

5 月 14～19 日

‘93’中国国际服装服饰博览会在京举行。王汉斌副委员长出席了开幕式并为博览会剪彩。本次博览会规模空前，23 个省市 300 多家企业，以及法、意、英、美、德、日、韩、奥地利等国家和港台地区的200多家企业参加了展出。世界时装设计大师——意大利的瓦伦蒂诺、费雷和法国的皮尔·卡丹应邀在博览会上举行专场时装表演，江泽民总书记在博览会期间会见了三位服装设计大师。博览会期间举行了第二届“兄弟杯”世界青年设计师大赛，并首次在国际服装博览会上发布服装流行趋势。博览会期间经贸活动十分活跃。

5月15日

吴文英部长参加了新西兰总理访华欢迎仪式。

5月15日

国务院任命原纺织工业部部长吴文英为仪征化纤联合工业公司董事长。

5月26日

国务院办公厅发出关于启用中国纺织总会印章的通知，从即日起开始启用。

5月28日

国务院任命原纺织工业部部长吴文英为中国纺织总会会长，原副部长杜钰洲、刘珩为中国纺织总会副会长。

6月3日

中国企业评价中心、《管理世界》杂志社发布的1992年中国500家最大工业企业中（按销售额）仪征化纤工业联合公司等20家纺织企业榜上有名。

6月3～5日

全国纺织财务工作会议在西安召开。吴文英会长出席了会议。

6月4日

邹家华副总理主持召开第六次总理办公会，研究中国纺织总会组建方案。

6月8日

中国纺织总会揭牌仪式在京举行。吴文英会长为总会揭牌并发表讲话。

6月15日

吴文英会长，杜钰洲、刘珩副会长就中国纺织总会的性质、职能等问题接受了中新社、《中国日报》、《中国纺织报》等新闻单位记者的采访。

6月21日

中国纺织总会成立大会在北京人民大会堂小礼堂隆重举行。李鹏总理对中国纺织总会的成立表示热烈祝贺。中共中央政治局常委、国务院副总理朱镕基，中共中央政治局委员、国务院副总理李岚清出席了大会并作了重要讲话。国务委员、国务院秘书长罗干及国务院有关部委的领导，原纺织工业部的老部长、老领导，各地纺织厅局的负责同志，机关及企事业单位的职工代表等400多人出席了成立大会。吴文英会长在成立大会上讲话。

中国纺织报发表题为《走自己的路，探索中国新型行业管理体制》——再论撤销纺织工业部组建中国纺织总会的社论。社论指出：总会的首要任务是促进广大干部职工进一步解放思想，开动脑筋，把总会的工作重点创造性地转向“搞好行业规划，实施行业政策，进行宏观指导和为企业提供服务”；探索新型行业管理体制，必须认真学习国外先进的行业管理经验，提高纺织行业现代化管理水平；纺织总会进行全行业管理，必须从中国的实际国情出发，积极探索，大胆实践，走自己的路。

6月21～23日

全国纺织行业工作会议在京举行。这是在中国纺织总会成立后的第一次行业工作会议。与会代表认真学习了朱镕基、李岚清副总理在总会成立大会上的讲话，讨论了中国纺织总会的性质、职能及今后的工作思路等。中国纺织总会会长吴文英在闭幕式上作了总结讲话。

6月24日

吴文英会长出席了澳大利亚总理基廷访华的欢迎仪式。

6月25日～7月14日

杜钰洲副会长率中国纺织工业代表团到瑞士、奥地利进行工作访问。

7月12日

国家统计局发布1993年生活消费相关行业利税十强企业，苏州振亚丝织厂等10家纺织企业被评为纺织利税十强。

7月28日

我国首家全国性茧丝绸专业市场——中国茧丝绸交易市场在浙江省嘉兴市试营业。

8月3日

经国务院正式批准，国务院办公厅发出关于中国纺织总会机构组建方案的通知。中国纺织总会是国务院直属事业单位，国务院授权其对全国纺织行业进行行业管理，重点是“搞好行业规划，实施行业政策，进行宏观指导和为企业提供服务”。中国纺织总会机关设办公厅、规划发展部、经济贸易部、科技发展部、经济调节部、人事劳动部、国际合作部、技术装备部、教育部、机关党委等十个部门。

8月23～25日

国务院在京召开棉花工作会议，25个省市以及有关部委的领导参加了会议。李岚清副总理、陈俊生国务委员在会上作了重要报告。吴文英会长、杜钰洲副会长参加了会议。

9月1～6日

吴文英会长参加了中国妇女第七届全国代表大会。

9月15～16日

吴文英会长、季国标监事长出席深圳华联纺织（集团）有限公司成立十周年活动。

9月18日

中国服装设计师协会在京成立。杜钰洲副会长当选为主席。

刘珩副会长出席了中国纺机股份有限公司与日本丰田公司合作生产喷气织机首批产品出产仪式并剪彩。

9月20～22日

第二届中国国际丝绸会议在苏州召开。

9月26～28日

纺机专项工作会议在陕西咸阳召开。刘珩副会长出席会议并讲话

10 月 12 日

越南轻工业代表团访华，吴文英会长在京会见了以陈光祟为团长的代表团全体成员。

10 月 22 日

1993 年度中国纺织总会部级科技进步奖评审结束，69 项成果获奖。其中二等奖 3 项，三等奖 26 项，四等奖 40 项。

10 月 24～30 日

中国工会第十二次会议在京举行，刘珩副会长当选为全总副主席。来自纺织系统 79 名代表出席会议。

11 月 18～22 日

由中国纺织总会和中国国际贸易促进委员会主办的第三届中国国际服装机械展览会在北京举办。德国、日本、意大利、瑞典、中国、以及台湾省和香港地区的 115 家公司参展。

11 月 25～26 日

京、津、沪等 13 个省市经委和纺织厅局领导，就原棉提价后纺织行业面临的困难及需采取的措施，在京召开研讨会。国务院有关部门的同志参加了会议。吴文英会长、杜钰洲副会长出席会议。

12 月 13 日

福建省福州市马尾经济技术开发区内台商独资经营的高福纺织有限公司发生特大火灾，60 人死亡，8 人受伤。

12 月 24 日

李岚清副总理听取中国纺织总会工作汇报。李副总理充分肯定纺织工业所取得的成绩和广大纺织职工的贡献，并对纺织工业如何摆脱困境、走上健康发展的道路作出重要指示。

12 月 27～30 日

1993 年全国纺织行业工作会议在北京召开。会议的主要内容是贯彻党的十四届三中全会精神，交流一年来纺织行业在向社会主义市场经济体制迈进的工作经验和体会，分析面临的新形势，研究如何进一步摆脱困境、走上良性循环发展道路的对策，探讨新型行业管理的思路。杜钰洲副会长在开幕式上就纺织工业 1993 年形势，走出困境的思路和对策作了讲话。吴文英会长在会议闭幕时作了题为《加速调整、深化改革，实现纺织经济发展的良性循环》的报告。

全国纺织工业思想政治工作研究会第十次年会及研究会成立十周年座谈会在京召开。

12 月 31 日

仪征化纤工业联合公司全年完成聚酯切片和涤纶短纤维 54.5 万吨，比上年增长 2.64%，创投产以来最好水平。

企　业　篇

Textile Enterprises

1993 年纺织系统获得“五一劳动奖状”全国先进集体名单

吉林省白城市纺织厂
黑龙江涤纶厂
上海第一纺织机械厂

1993 年纺织系统获得“五一劳动奖状”全国先进班组名单

邯郸第四棉纺织厂电子清纱器小组
内蒙古化学纤维厂涤纶分厂后纺车间二工段
营口第二纺织厂织造车间
上海时装厂技术科
江苏盐城纺织厂后纺工场细纱丙班
无锡市第三棉纺织厂乙班“小老虎”组
郑州第五棉纺织厂前纺乙班并粗三组
湖北宜昌纺织机械厂空压站班
贵阳棉纺织厂准备车间乙班络经组

1994 年纺织系统获得全国“巾帼建功”活动先进单位名单

江苏仪征化纤工业联合公司涤纶四厂后纺“青年女子班”
安徽安庆纺织厂女职工委员会
湖北安陆棉纺织厂细纱车间
青海省第一毛纺厂羊毛衫车间

1993年全国纺织业利税十强企业名单

企业名称	利税总额（万元）	企业名称	利税总额（万元）
广东美雅股份有限公司	30480.4	鄂尔多斯羊绒衫厂	7197.9
深圳纺织工业集团公司	10952.0	上海第十七棉纺织厂	7179.5
上海申达股份有限公司	8223.1	江苏艺龙集团	6363.0
宁波金轮集团总公司	8162.0	江阴市精毛纺厂	6108.8
新疆天山毛纺织品有限公司	7273.7	上海第二毛纺织厂	5976.2

1993年全国服装业利税十强企业名单

企业名称	利税总额（万元）	企业名称	利税总额（万元）
深圳华丝企业股份有限公司	8111.8	南通三友时装有限公司	2880.0
四川省天歌轻工（集团）股份有限公司	5835.6	中国人民解放军三五零二工厂	2783.4
青岛双星集团公司	4578.0	江西共青羽绒厂	2779.1
正章服装厂	3403.8	宁波雅戈尔（集团）股份有限公司	2734.2
湖北省幸福实业股份有限公司	3241.9	江苏省常熟市康博集团公司	2675.0

1993年纺织自营出口企业出口额超千万美元的企业名单

上海申达纺织服装（集团）公司
上海华申纺织印染（集团）公司
仪征化纤工业联合公司
内蒙古伊克昭盟羊绒衫厂
湖南华升苎麻纺织企业集团公司
上海第二毛纺织厂
哈尔滨亚麻公司
佛山市纺织工业公司
绍兴市天然羽绒制品总公司
上海康达纺织印染联合公司

上海第一丝绸印染厂
上海第二纺织机械厂
北京清河毛纺织厂
青岛第一针织厂
上海针织公司
杭州丝绸印染厂
北京市三环毛纺针织集团公司
上海第七印绸厂
杭州通达印染集团公司
绍兴县甬越工贸联营纺织厂

1993年12月全国纺织行业工作会议15家典型纺织企业经验介绍

全面转制接轨，严格按股份制规范运作

无锡市太极实业股份有限公司

无锡市太极实业股份有限公司是经国家体改委批准，由原无锡市合成纤维总厂按“股份制规范意见”组建的江苏省第一家上市股份制公司。主要生产烟用聚丙烯丝束、涤纶工业丝、仿生纤维三大系列产品，是我国化纤行业的骨干企业，连续3年跻身全国500家最佳经济效益工业企业。

太极公司组建于1993年4月，组建后严格按照国家体改委关于股份制企业规范意见运作。成立仅三个多月，经济效益直线上升。七、八、九3个月实现利润1335万元，超过上半年6个月的利润总和，10月份利润更创历史最好水平，达到1241万元，全年完成利润将突破股东大会确定的5321万目标。公司转制后的主要工作是：

（一）理顺产权关系，建立“三会决策监督、总经理行政指挥、党委政治保证，职工民主管理”的领导新体制

7月25日，召开了第一届股东大会，通过了公司章程，选举了第一届董事会，监事会。董事会会议上，选举了董事长和副董事长，任命了公司的总经理、副总经理、三总师，对公司的经营方针、发展规划作了全面统筹安排，决定了股资的原则、方向、形式和投资决策顺序，通过了“关于劳动人事管理实施细则”，明确了用人原则和坚持分级、分类的管理原则，通过了“高级职员经营责任制方案”，明确了考核原则、分配原则。监事会也召开了会议。

公司实行董事会领导下的总经理负责制，健全了各项管理制度，建立了总经理办公会议制度（每星期一次），对公司的日常生产经营和行政管理进行研究讨论，作出决议并检查实施。整个公司的生产经营工作按规范化要求全面进入有序受控状态。

公司转制股份制后，领导机构中党政交叉任职，党委书记任董事会副董事长，纪委书记任监事会主席。工会仍为职代会的常设机构，行使审议通过、审议同意、审议决定的三大权力。

（二）重在机制转换，严格按股份制规范要求建立适应市场经济的经营机制

1. 建立裂变式的发展机制。充分发挥股份制企业能自主决策，有资金实力的优势，多元化高速发展公司，使股本金不断增值。向内纵向延伸，产品从单一到多元，子公司、分公司从一个到多个。功能向多产业、多领域、多功能、多专业方向发展，形成了以化纤工业（烟用聚丙烯丝束、涤纶工业丝、仿生纤维三足鼎立）为主柱，第三产业为依托的新的产业结构。向外横向扩展，采取加入型的参股参与、参与型的控股控权、占领型的收购兼并等各种形式，已先后投资金融证券业两家、工业企业两家、商业企业两家、合作医疗业一家。

2. 建立责、权、利配套的责任风险机制。重点抓住划小核算单位，把以前承包形式调整为适应市场经济的产销一体化，使分厂、子公司逐步向两级法人过渡，公司成立内部银行，实行独立核算，完全根据市场的需求安排生产、销售产品，逐步从自主经营过渡到自我发展。

3. 建立择优上岗的劳动人事竞争机制。公司全部实行全员劳动合同制，建立公司内部的劳务市场。工人优化组合、竞争上岗，职员择优聘用、优胜劣汰。还建立了待业培训制。

4. 建立了按劳分配、论功行赏的分配激励机制，分配向一线倾斜。

5. 建立自我约束机制。公司最高领导层加强制度建设，完善自我约束机制，自觉接受股民的监督，员工的监督和制度的监督。

（三）加大科技投人，注重开发新品，加速投资回报

太极公司实行股份制后，募集了2.88亿元的股金，公司将股本金主要用于科技开发、品种开发和后劲项目建设。

1993年1～10月份，公司实现利润3726万元，比上年同期增加72%三产投资收益利润、主营业利润、销售收入、产量、资金回笼都达到历史最高水平，非生产性费用降到历史最低水平。

推行“分权管理”改革，建立全员激励机制

中国纺织机械股份有限公司

中国纺织机械股份有限公司前身为中国纺织机械厂，创建于1920年。占地面积45万平方米，现有员工5700人。主要生产织布机、无级变速器、粉末冶金制品、石油加油设备及铸造机械。在贯彻落实《条例》，转换企业经营机制过程中，以股份制公司化改造为契机，大胆试验，积极探索，逐步形成了不断创新的改革思路。通过一年多来的努力，取得了显著的效果。1992年实现利润5033万元，比1991年增长了204.8%，1993年为8000万元左右。

（一）针对两个难点　推行两项改革

原来企业存在两个难点：一是企业和员工缺乏紧迫感、危机感；二是企业吃国家的“大锅饭”，部门职工吃企业的“大锅饭”。针对这两个难点，公司坚持进行深层次改革。首先进行股份制改革，解决了企业不吃国家“大锅饭”的问题。在此基础上，1992年底，又推行了事业部制，实行了“分权管理、分灶吃饭”的改革。通过内部“裂变”，将6000多人的“航空母舰”改编为一个以“旗舰”为首的联合舰队。把企业原有的36个科室、车间重新组合，在公司本部设“五处二室”，行使“规划、协调、监督、服务”的职能。下设“四部一所一中心”（纺织机械、通用机电、投资经营、综合服务事业部以及中央研究所和教育培训中心）。事业部下属18个具有独立法人资格的全资子公司。为了提高事业部和子公司的生存能力，从1993年3月开始“断奶”，母公司只发本部和一所一中心600余人的“皇粮”，其余5000多员工的工资奖金由事业部、子公司各自负担。母公司与子公司、子公司与子公司相互之间的关系是经济和市场关系，双方以质量、价格、服务实行等价交换，赢得市场。紧接着又进行了“分权管理”的配套改革，探索企业资产所有权和经营权分离，推行“个人经营、逐级承包”的试点，在公司内培养造就一支经营者队伍，形成一个经营层，为企业发展成跨行业、跨地区、跨国界的企业集团创造条件。

在试行“个人经营、逐级承包”中，将11个条件成熟的子公司，以招标竞标方式，确定子公司经营者，并以个人财产作风险抵押。夺标者自行组阁，采取层层承包方式分解落实经营目标，以提高每个员工的积极性，使个人利益与企业利益紧密结合，形成利益共同体，使企业由一个经营者的积极性，变为十几个经营者的积极性，变为全体员工的积极性。

（二）“分权管理”改革后的成果体现

1. 企业产品、产业结构发生变化。纺织机械主业有了加强，其它副业有了拓展。在新产品开发方面，推出具有当代世界先进水平的喷气织机和新型号剑杆织机，试制出中档喷气织机和剑杆织机、石油加油设备、铸造设备和织机电控箱等新产品，为发展纺机、超越纺机打下了基础。还加快了第三产业的发展速度。

2. 提高了劳动生产率。“分权管理”改革后，经营者用人标准和用人意识得到了增强，精减了人员。全公司由1992年的6200人减少到1993年11月底的5708人。

3. 经营者的积极性得到了充分调动。首先，经营意识增强了。过去销售人员是“坐商”，如今变“坐商”为“行商”，建立了销售、通商两支营销队伍，主动出击，做好销售服务工作，销售部门实行了“无厂休日”的销售制度。为了打开业务渠道，不论客户业务大小、难易程度、交货期限如何要求，只要有利可图，总是千方百计克服困难，满足客户要求。其次，直接经济压力增大了。为了降低成本，提高效益，他们在用工、用料、用钱等方面都是精打细算，改变过去“大手大脚”的不良作风。第三，工作责任性提高了。他们已经打破了“八小时工作制”和节假日的概念，把精力倾注到工作上。

4. 员工的精神面貌发生了较大变化。

坚持三年改革、摆脱困境走新路

上海民丰实业股份有限公司

1993年6月，上海市工业系统第一家定向募集的中外合资上海民丰实业股份有限公司宣告成立。它是由上海第十印染厂通过3年改革，在嫁接外资组建中外上海民丰纺织印染有限公司的基础上改制而成的。三易其名，反映了民丰公司从单一生产型企业向一主多副、多角经营集团化公司方向发展的历史轨迹。

（一）以效益为中心，自主经营，走向市场

上海第十印染厂是专业生产外销"漂、色、花"绒布的外向型企业。历年来，供产销全部依靠指令计划进行。1990年受到市场疲软、资金短缺、原材料价格上涨和能源紧张等一系列困难袭击，加上老厂改造债务，企业出现了亏损。为扭转这一局面，企业调整了经营战略，向传统计划机制发起冲击，大胆甩掉计划经济的条条框框，创自主经营新路，通过"自采原材料、自找客户、自定价格"等措施，企业效益明显提高。①自采原材料，建立自己的原料基地，坯布由原来90%计划对口转变为基本自筹；②自找客户、广泛接触外商、自辟多种出口渠道，接单能力从零上升为50%以上，并与70多个国家和地区的客户建立了商务联系；③根据客户要求、花样难度、货单缓急等情况，实行价格浮动。营销体系的自主经营，为十印打通了生存之路。1990年第二季度就扭亏为盈，并且全年实现创利600余万元，利税1016万元。

（二）抓住契机，嫁接外资，探索合资新路

营销体系的改革、自主经营的拓展给十印带来生机和市场，但产品进入国际市场，仍需要中间商。为了使企业在经营上拥有出口权，使产品直接进入国际市场，给企业发展带来更大后劲，以及在管理机制上能与国际先进接轨，企业积极寻找一条合资、借船出海的道路。1991年12月，十印以印花、成品两个车间作为投资，同台湾民兴纺织股份公司在香港的转投资公司（香港金礼发展有限公司、香港民亿实业有限公司）合资创立了上海民丰纺织印染有限公司。合资公司的成立，不仅为企业还清了一大笔老厂改造的债务，同时为企业开辟了出口渠道。

（三）实行股份制，向多角化经营、集团型企业迈进

通过实行部分合资及企业内部改革，为十印带来了一定的活力。但企业要在激烈的市场竞争中处于不败之地，必须不停地、锲而不舍地根据市场经济要求进行更深层次的改革。企业要进一步发展，一方面不能吊在印染一棵树上，必须一主多副多元化经营、综合性发展，提高参与国际竞争的能力；另一方面，要在企业内部形成新型的产权关系，优化企业资源配置，使企业每个部门、每个员工的经济利益真正同企业效益挂起钩来。由中外合资企业在增资前提下改制为股份制公司的设想，也得到台方董事长等合作方的共识。同比例增加投资，合资厂注册资金由原575万美元，上升到1010万美元，改制申请得到上级各方领导的关心支持。1992年底，市经委、市体改办批准上海民丰纺织印染有限公司采取定向募集形式改制成股份公司。1993年6月，一个"立足纺织，超越纺织"，可以跨行业投资企业，实行多角化经营的上海民丰实业股份有限公司正式开业。

开业以后，在原有的印染生产主体外，拓展了房产、金融、出租汽车、物资贸易、仓储运储、餐饮等经营业务，并积极开展和筹措境外技术服务和投资业务。

在经营管理上实行"分灶吃饭、分散经营、分级管理"，成立了物资公司、储运公司等4个子公司，以及15个独立核算的经济实体。1993年公司创利润可达1200万元。

企业固定资产从1988年的2030万元，上升到1992年的6504.9万元，是1988年的3.2倍，相当于五年前的三个十印厂，实现了国有资产的保值增值。

抓住机遇办合资，乘势而上转机制

无锡市第一色织厂

无锡第一色织厂先后办成二家合资企业——太发染整有限公司和太平洋纺织有限公司，一家独资企业——中幸服装有限公司，一家合作企业——太平洋樱花面包房，经营机制发生根本性转换，推进了企业外向型经济的发展。1993年预计实现综合效益1100万元，销售收入15000万元，分别比上年同期增长10.5%和30%。直接出口收汇额达到360万美元，实现零的突破。

（一）多种形式办合资

1. 试点探路，局部嫁接型合资。1992年初，与香港发达时崇德有限公司合资成立太发染整有限公司，总投资120万美元，色织一厂以整理分厂一条整理线和部分厂房作价，年返销出口高档色织整理布1000万米。人员编制62人，都是从原第一色织厂人员的编制中分割出来，生产经营单列分开，财务上独立核算，自负盈亏。

2. 全厂合资，整体嫁接型合资。在试点取得成功基础上，与香港苏港服装有限公司合资成立太平洋纺织有限公司。总投资为2500万美元，色织一厂以厂房、设备、通用设施等作价。主要生产、销售各类中高档色织布、染整布和服装，产品主要销往非配额国家和地区。从签约开始到资金到位，前后仅花了半年时间。

3. 多株嫁接，复合嫁接型合资。1992年把厂房、通用设施以租赁形式，由日本国株式会社中幸服装有限公司来厂独资创办服装厂；还以合作经营的形式，创办中日“太平洋樱花面包房”。

通过多种形式办合资，一是可以拓展企业出口渠道，增加市场回旋空间。目前企业的出口渠道有：①以省市进出口公司为主要依托，与国内10多家口岸建立进出口业务的“本口岸为主，外口岸为辅”的多渠道出口；②自营进出口；③以合资企业自身的出口权，组织产品返销国际市场。二是可以加快老厂改造。在合资中，共吸引外方投资总额达480万美元，相当于厂八五技改总投资。把这部分外资用于引进72台THEMA-11型剑杆织机及其配套的前道整经机、浆纱机的还贷，加快了织机无梭化改造进程。仅此一项，企业每年可以减少利息支出约400万元，腾出资金发展再生产。

（二）加快企业内部经营机制转换

1. 建立起适应市场竞争的快速反应机制，成立“三室六部五分厂”，与先前24个科室形成鲜明对照。在管理职能上，从单一管理型转向管理经营型，用足用活出口权，逐步形成五大中心：一是经营销售中心，二是物资贸易中心，三是三产发展中心，四是财务中心，五是生产发展中心。

2. 建立优化产品结构的快速反应机制。以市场为导向，销售、计划、生产、资金回笼一体化的运作体系，拓宽与市场接轨空间，形成拳头产品批量化，色织产品系列化，最终产品成衣化。高技术含量产品出口比重增加到40%，吨纤维创汇达到10000美元。配套色织布面料（含本厂做服装直接出口）占色织布出口总量的90%。拓展市场多元化，坚持“高质量、多品种、小批量、快交货、全准期、优服务”18字经营方针，与50多个国家和地区建立稳定的贸易渠道。

3. 建立独立核算、自负盈亏的投入产出机制。对染纱、织造、整理、服装4个相对独立的生产单元，建立4个分厂，独立核算，成为产供销一体、责权利结合的相对独立的经济实体。把分厂推向市场，分厂以效益为中心，实行投入产出总承包，享有10个方面自主权，工资总额与创造的效益直接挂钩，上不封顶，下不保底。按照合资企业财务会计法运行，把本厂产品经营增利的全部和直接创汇创益（含汇兑损益）的70%划归分厂，使效益向分厂生产领域倾斜。

4. 建立工效挂钩的分配激励机制。

5. 建立深、细、严、实的管理机制。

“嫁接式”企业带来新的生机

吉林省通化市人造毛皮联合公司

通化市人造毛皮联合公司有5个生产车间，职工820人，固定资产2700万元。1993年1月份，划出一个人造毛皮生产车间与澳大利亚雅伦斯公司合资“嫁接”，创立中外合资经营企业——通化市通雅人造毛皮有限公司。公司主要以澳大利亚羊毛为原材料，生产羊毛人造毛皮，并由雅伦斯公司100%包销。

在合营公司的带动下，企业一反几年来生产效益持续下滑的局面，产品销售市场异常活跃，产品定货数量比上年同期增长一倍。1993年1～11月份，联合公司实现产品销售收入4249．7万元，比上年同期增长93%，实现利税419．3万元，增长82．7%。

（一）利用“嫁接”优势，带动企业发展

人造毛皮联合公司生产人造毛皮上百个品种，就是仿珍奇动物毛皮也有几十种。过去，一些高档次、高质量的人造毛皮找不到市场。合资后，首先把握国际市场，针对市场需求，开发新产品。如今，通化市人造毛皮制品不仅销往澳大利亚、美国、加拿大等一些国家，而且又开拓了中东和欧洲一些国家的销售市场。国际市场的开发又带动了国内市场的发展，原来国内只有几个大城市的服装厂是销售客户，现在许多中、小城市的服装厂也纷纷订货，企业产品销售出现了淡季不淡的局面。过去出口都是由外贸部门代理，创立合营公司后，企业有了产品的出口权，能够把握产品进出口过程中的对外经济活动。1993年，实现出口创汇额50多万美元。

企业直接参与国际经济循环，促进企业生产结构优化。合营公司生产羊毛人造毛皮，利用澳大利亚羊毛和联合公司先进的生产条件、技术力量，通过优势互补，生产出高质量、高档次的人造毛皮制品，再全部返销澳大利亚市场。通过合营，利用外资快速建成了国内第一条年产40万米的羊毛人造毛皮生产线，优化了企业生产结构，为提高产品质量提供了保证。

（二）发挥“嫁接”优势，加快企业发展步伐

1993年9月份，雅伦斯公司再次邀请联合公司前去澳大利亚商谈有关事宜。根据市场需求，雅伦斯公司决定继续增加对合营公司的投入，再上一条羊毛人造毛皮生产线；同时通化市通雅人造毛皮有限公司将在澳大利亚设立分支机构，进一步发展业务。

利用合资契机，狠抓整顿管理与拓展经营，重创企业生机活力的新局面

广州（恒丰）染整厂有限公司

合资一年多，广州（恒丰）染整厂有限公司，适应市场经济机制运行，呈现出蓬勃的生机活力，1993年1～10月，完成总产量3485万米，比去年同期（下同）增长19.3%；漂染布入库正品率98.42%，提高1.07%；出口交售值79442万元，增长14.4%，全员劳动生产率52747元/人，实现利润1593.4万元，为上年同期的1.7倍。均超过原广州染整厂历史同期最好水平。

（一）建立良好的合资合作关系，发挥内外两方积极性

第一，挑选合作“伙伴”，要看双方的基本条件是否有利于合资企业的发展。广州染整厂是一个具有良好的生产场地，较为先进的技术装备以及几十年生产经验优势的企业；而港方是一家贸易公司，具有国际

纺织市场中转渠道和能比较及时掌握国际市场信息的优势。双方的基本条件属于工贸合作，有利于适应市场竞争。

第二，双方都具有互惠互利真诚合作的意愿。无论是合资企业的基本方针，还是组织生产经营的主要策略和方式方法，合资双方都坚持在发展合资企业的基础上谋求各自平等、对应利益的原则。例如，合资后在增添设备和使用原材料问题上，双方都能取得一致的认识，凡是国内达到产品质量要求的就在国内买，国内尚未达到要求的，哪里价钱便宜就去哪里买。

第三，建立以中方原有骨干为基本班底的管理队伍。个别职位确有必要的才外请人员担任，这样做，一是有利于原有骨干队伍的稳定，从而有利于生产经营的顺利过渡、衔接和发展；二是有利于把境外有效的管理方式与国内的管理方式相结合，促进我方员工努力掌握先进的管理方法和技术，把企业办好；三是有利于节省外籍管理人员的高薪酬费用，有利于企业降低成本，提高经济效益。

（二）建立高素质的员工队伍

合资企业重视人员素质的培养，把员工队伍建设放在企业发展战略的重要地位。

一是思想教育。在建立严格的纪律管理制度的同时，灌输、教育员工自觉遵守纪律，服从管理，勤奋工作。

二是技术教育。实行上岗考核，把技术水平、工作表现、晋升和加薪有机联系起来，促进员工学习技术的自觉性。厂定期举办漂染知识技术系列讲座，学习是班后业余时间进行，且不设考勤登记，完全是由员工自觉参加，并规定凡参加技术讲座学习的员工总评成绩合格，今后调薪时免考应知项目。该讲座开课以来，参加学习的员工占应考核员工的90%多。

三是公司提倡上下沟通，协调互助，建立良好的人际关系，使每一个员工能在融洽愉快、心情舒畅的环境中工作。注重思想激励，每季评选一次最佳员工活动，激发员工学先进、争当最佳员工的热情。

四是设立总经理信箱，倾听广大员工的意见和建议，对员工提出的问题全部由总经理审阅处理，作出负责的答复。

（三）依靠各级管理骨干，强化经营管理

公司建立严格层级责任管理，使企业产品质量和生产效率稳定提高。在生产经营管理的范围内，下级必须无条件服从上级，以确保生产指挥的政令畅通，生产运转秩序正常。依靠技术和管理骨干，加强“三基”现场管理。

发挥营销人员的积极性，及时掌握信息，扩展售渠道。合资公司的营销渠道以中港双方保留各自原有经营渠道为基础，再联手抓生产发展，扩大生产经营。利用香港是国际纺织品市场中转站的有利条件，在港设立经营业务联络处，成为合资企业的桥头堡。

转换机制，走“合资”新路

上海第十九棉纺织厂

上海第十九棉纺织厂建于1921年，是一个有70余年历史的老厂。1991年全厂拥有纱锭8.6万枚，布机1540台，职工6700余人。

自1987年开始，同日本钟纺株式会社合资建立了第一个厂内合资企业“华钟袜子有限公司”。双方共投资1.8亿日元，袜机50台，年产尼龙女袜75万双。1988年3月正式投产，当年即获利160万元（人民币）。5年来，袜厂规模连年不断扩大，目前已拥有袜机480台，职工500余人，年产各类女袜370万双。1991年又搞了两个合资项目，即“华钟纺纱有限公司”和“华钟三山染色针织有限公司”。这两个合资企业于1993年初正式投产，产成品已达到日本同类产品的水平，100%销往日本。1993年1～7月份3个合资企业共获利润1361万元。“合资”工作经历了从无到有、从小到大、从少到多的过程。

（一）着眼长远利益，不搞寸利必争，坚持原则，重大利益寸步不让

外商来投资是为了赚钱，我们与外商合资是为了获利，在此基础上，双方都要贯彻“平等互利”的原则。为了吸引外商来投资，不在枝节问题上寸利必争，但在重大利益问题上，做到坚持原则，寸步不让。

（二）尽力为外资创造良好的投资环境

合资企业需要各类人员，就在老厂范围内挑选工作勤奋、技术过硬、能吃苦、又具有较强民族自尊心的同志去“合资”企业工作，保证了队伍的素质。食堂、浴室、医务室、托儿所等福利性项目均由母厂提供有偿服务，使合资企业能集中精力生产。发生限电情况时，首先保证合资厂的生产。想方设法保证有足够的厂房，满足袜厂扩大生产需要，使合资企业得以发展。

（三）抓住机遇，主动争取项目，扩大投资规模

“华钟袜子有限公司”建成后，吸引了其它日商来厂参观。厂里便主动向日方提出合资改造一个纺部工场的意见，并在最短时间里拿出了高质量的样品。经日本国内检验，证明质量达到日本同类产品水平。这样，抓住机遇，“华钟纺纱有限公司”在此基础上建立起来。目前，这个纺纱公司由过去1.4万锭增加到2.09万锭，人员却从420人减到270人，效益非常好。

袜厂日方总经理是日本钟纺株式会社中搞纺织的一位老前辈，并且是厂第一个合资企业的总经理，平时对他的尊重及真诚的合作态度，使他深为感动。在他的争取下，谈成了筒子染色的合资项目。

转换机制，减量增值，着力建设现代企业

无锡国棉二厂

1993年，无锡国棉二厂面临严峻形势，增本减利约2000多万元，在职员工和退休工人总计万余人，双方各半，各种社会费用共计已达450万元，技改投入负债逐年增加，利息每年要支付一千多万元。另外，由于3次汇率调整，又使企业增加了2000多万元的债务。

面对严峻的形势，他们以“改革驱动、外向带动、承包推动”为指导方针，提出了“深化改革、转换机制、优化结构、减量增值、集约管理、多元经营”的战略目标，并随市场经济发展稳步实施，取得了一定的进程和成效。

（一）外向带动，全面转轨

该厂大胆引进三资企业机制，严格按照国际惯例办事，初步实现了3个方面的转换，带动生产经营步入良性循环。

1. 工厂体制的转换。年初与香港华润公司德信行、香港北丰被厂有限公司等合资创建了无锡庆丰纺织有限公司。企业领导体制由厂长负责制改为董事会领导下的总经理负责制，职工代表大会改为员工代表大会，并建立了以总经理为中心的指挥和管理系统。同时，精简了内部机构，将原有的24个职能部门削减、归并为11个，初步改变了过去那种机构重叠、人浮于事的“臃肿、涣散、低效”工作状态。

2. 用工制度的转换。企业职工全部由固定工转为聘用合同制员工。出台了《关于实行员工聘用淘汰制的意见》。对公司全体员工实施定量考核，综合评价，严格筛选，择优选用，按比例淘汰。这样，在全公司建立起优胜劣汰、竞争上岗的用人机制，使全体员工确立了强有力的风险意识和危机感，有效地增强了工作责任心和事业心，大大改善了员工队伍的素质。

3. 分配方式的转换。从平均分配转向按劳分配。在工人中建立了岗技效益浮动工资制度，在职员中实行了职级工资制，坚持向科技、经营、生产一线及重点岗位倾斜。同时，公司内部福利性分配模式逐步向高工资、低福利方式转换，对煤气包、疗养、住房等实行贡献性分配。

（二）减量增值，集约管理

1. 压编减员初见成效。采取稳定一线、优化二级、压缩三线的方针，在全体员工中分岗位、分部门、分层次、分阶段进行压编减员工作。已从年初的6486人裁减为5435人，年底将压到5000人以下。具体措施：一是精简机构、部门兼并；二是改革班次，压缩人员；三是定编定员、聘用淘汰，年内聘用率为97%，淘汰率为3%；四是“分灶吃饭”，自负盈亏。

对于分流和安置编余、待业员工，采取不同方式：内部退养；内病退和外病退；停薪留职；放长假；转向三产就业；鼓励自谋职业；对外调动；厂内待岗。

2. 创优达标再上水平。在新产品开发方面，由高质量、高难度、高水平、高效益的产品结构，向多原料、多功能、多结构、多门类产品结构转移；从高密防羽布、军需坯布、针织色织用纱3大系列，向床上用品、服装用布、装饰用布、产业用布系列转移。在产品质量方面，制订了适应性质量标准。同时，从前道抓起，从半制品抓起，从工序质量抓起，组织质量攻关大会战。加强工艺研究，狠抓基础管理，取得了显著的攻关效果。棉纱质量达到国际乌斯特25%的

标准，高密防羽布达到国际先进水平。面对市场，以“信”取胜，逐步建立起启动市场、引导市场的新机制，即高质量、多品种、快交货、浮动价、优服务。

3. 增效降耗挖掘潜力。紧紧抓住“三个一”的原则，即一个头领导、一揽子承包、一支笔审批，按照三资企业的制度和规定进行核算，建立以优质、高效、低耗为主的利润控制中心，推动双增双节工作深入发展。全年增效 393 万元。降耗 608 万元。

（三）多元经营，发展纺织

1. 全面重新组合。创办了三个中外合资企业，总投资达 3900 万美元。同时，积极组建庆丰实业公司。对外参与商品经济，全力发展第三产业；对内为三个合资企业提供全方位的生产技术、生活后勤和劳务等方面的配套服务。本着整体发展、优势互补的方针，拟把多家合资企业组建成具有跨国经营的、综合加工的、高度集约化的国际企业集团公司。

2. 大力发展贸易。与香港华润集团公司全面合作，代理出口，发展非配额能卖高价的国际市场，增加有效益的出口产品，多做深加工产品和化纤产品，力争贸易额占销售收入的 20%。

3. 抓好横向协作。发挥自身技术管理优势，继续办好 3 个分厂，输出技术和劳力，努力扩大经营范围，寻求新的发展增长点，变单个作战为兵团作战，变小经贸为大经贸，内资外资一起上，为公司多创利，多得益。

4. 拓开境外办厂。

积极探索老纺织企业生存发展的道路

辽宁省辽阳纺织厂

辽宁省辽阳纺织厂有 70 年历史，近 12000 名职工，纱锭 10 万枚，布机 2000 多台，年工业总产值 2 亿多元。1990 年、1991 年连续两年亏损，是全省纺织行业的头号亏损大户。1992 年实现了扭亏；1993 年 1～9 月份，各项主要经济技术指标均比上年同期有较大提高。棉纱棉布产量比上年同期增加，出口量翻了一番，销售收入实现 1. 6 亿元，比上年同期增加 5253 万元，利润按老财会制度计算略有盈利。

（一）抓质量、抓市场、抓人心，在滑坡路上站稳脚，实现扭亏

1. 抓质量。一是抓意识，制定了《强化全员质量意识的十条决定》，加大了质量考核力度。一年中，厂中层以上干部因产品质量和工作质量问题被下浮 1～2 级工资的达 150 多人次。二是抓政策。取消了执行长达 8 年的工资总额承包制，对各级干部和辅助部门的职工实行质量责任工资，对生产一线职工实行质量否决工资。三是抓技改。进行了近百项短平快及一系列配套项目改造。四是抓管理。1992 年共开除、除名和解除合同的违纪职工 400 多人。通过“四抓”，产品质量大幅度提高。

2. 抓市场，搞活经营。调整了经营机构，扩大了销售队伍，由原来的 1 个部门 7 个人，扩大到 6 个销售公司，100 多名销售人员。内销用户发展到 150 多家大中型用户；外贸以辽宁主口岸，开发了青岛、上海、北京、湖北等 30 多家省级和单列市外贸口岸；开辟了瑞丽、凭祥、满洲里、珲春等 14 个边境贸易网络。还在匈牙利、俄罗斯、香港等国家和地区建立了境外公司，扩大出口贸易。

3. 抓人心。首先狠抓了各级领导班子的建设。其次加大改革力度，将 58 个行政部门，压缩到 26 个，下岗人员达 500 多人，绝大多数过渡到自负工资的行列中。第三，从实际出发为职工办实事。

（二）抓三产、抓外贸、抓跨行业项目，形成辽纺新格局

目前，全厂已形成“主业、外经外贸、第三产业、多种经营项目”四大块的新格局。

主业即纱布生产，全部划小核算单位，形成在招工用工、分配晋级、采购销售、机构设置、品种开发、技术改造、管理方式等方面完全自主的 6 个独立核算的纺织厂。总厂只管独立法人的任免和确定承包的利润指标及审计，其它全部放权，消化了 5000 多万元的费用负担。

对外经济贸易方面，调整出一座三层大楼改为“辽纺外贸大楼”，集中了厂 5 个外贸公司，齐头并进地开发国际市场。厂直接从事国际贸易的人员达 180 多人。1993 年，5 个外贸公司实现利润均将超过 50 万元。

1992 年企业制订了《大力开发第三产业总体方案》。目前，全厂第三产业形成了 4 大块，二、三级法人公司达 80 多个，从业人数近 2000 人，贸易范围达 200 多项。厂办第三产业 1 周年，各类三产公司已累计实现产值和营销额 5000 多万元，实现利税近 400

万元。同时为总厂节约了工资及各项费用近1000万元。

在大力兴办第三产业的同时，确定了一条内引外联“嫁接”式改造企业的工作思路。仅四个合资项目，每年可创产值1亿元以上，创利1000万元以上。

（三）抓人才，选拔培养二次创业“将帅才”，形成一支企业家队伍；抓重点，组建二次创业骨干企业群

为实现这一目标，全厂开展大讨论、大发动、大挖潜、大发挥活动，扭转小富则安、小步慢走、小打小闹的“三小作风”，大力提倡和树立想大事、挣大钱、创大业的“三大精神”。

靠能人发展经济是基本思路。通过采取自荐、推荐、招聘、借用等办法选拔人才；通过办企业家协会培养人才；通过重奖政策激励人才；通过优胜劣汰优化人才。继续深化改革是主要措施。

重点放在用工制度、分配制度和管理体制3个方面的改革。

探索沿海大中型企业扶植内地亏损企业走共同发展之路

上海第二毛纺织厂

上海第二毛纺织厂于1992年10月6日正式全额风险承包成都毛纺织厂，时间为5年3个月。一年多来，已达到了预定目标，取得了初步成效。1993年11月20日，又全额风险承包了四川省德阳毛纺厂，为沿海大中型企业扶植内地亏损企业，探索了一条共同发展的道路。

上海第二毛纺织厂连续9年荣获全国精纺行业经济效益第一，是一个从原料直接进口，制条、纺织、整修及服装加工为一体的、具有60年历史的国有大型外向型企业。厂本部有6个生产车间，10296枚纺锭，84台有梭织机和16台无梭织机，500万米能力的后整理设备，职工2400人。在四川、江苏、浙江、上海松江县、浦东新区等地拥有17个分厂，总人数12000人。企业自有资金积累达1亿元，可调配的企业群体资金达5亿元。年生产4000吨毛条，800万米精纺呢绒及150万件（套）西装、西裤、茄克、时装。外销产品主要销往美国、日本、澳大利亚、香港、中东等50多个国家和地区，在国内外享有盛誉。年用毛量3600吨，是用毛大户。年创汇2500万美元，创纯利润近5000万元，一年上缴国家财政2000万元。以同口径比较，目前上海第二毛纺织厂的创汇额为上海整个毛精纺行业9家厂的总和，利润总数为上海整个毛精纺行业的总和，人均创汇已达上海市最高水平。1992年被上海市经委授予“转换机制先进企业”称号。企业内部“划小核算单位，扩大车间权限，实行内部银行”改革，出现了勃勃的生机；企业内部开展了企业文化建设，激励人们热爱企业，奋发向上，该厂正向具有国际水平的企业迈进。

成都毛纺织厂1987年2月破土动工，1989年10月正式投入试运转。设计能力为120万米精纺毛织品。开工32个月，生产能力仅达设计能力的29.6%，产成品一级品率也仅30%左右。价值1162.3万元的产品，因质量差而积压在仓库内。到1992年6月底，该厂合计负债8925.7万元，资不抵债达3704万元。

1992年上海第二毛纺织厂以全额风险承包的形式承包了成都毛纺厂。挂牌后的上海第二毛纺织厂成都分厂集中力量迅速转换经营机制。大刀阔斧地精简了科室，富余人员充实到了第一线，将原有15个科室精简为6个，人员由89人减到63人，厂部生产科、供销科、财务科由工程技术人员和管理人员主管；生产由厂长一根“指挥棒”指挥。4个生产车间实行产量、质量、消耗与工资总额挂钩承包，调动了车间干部、职工的生产积极性。通过一年的运转，已取得了良好的社会效益和经济效益。到1993年10月底，已生产各种呢绒几十个品种，共72万米，针织绒44吨，其中部分已经出口。产成品一等品率已达96.5%。1993年获利800万元，成为上海第二毛纺织厂企业群体中管理好效益好的企业之一。

树立名牌战略，在市场竞争中脱颖而出

上海第二衬衫厂

上海第二衬衫厂是国内衬衫行业中唯一的一家国家一级企业。“海螺”和“绿叶”牌男式衬衫获国优和部优称号，长期以来以选料优、工艺精、款式新而享誉市场。近10年来，该厂率先引进美国、日本等国的计算机辅助排样设计系统、电脑绣花机、电脑平缝机及众多的专用加工设备和专用质量检测设备，组成具有国际先进水平的生产流水线，严格按国际先进标准组织生产，并辅以电脑辅助企业管理系统，使先进生产手段和科学管理技术融为一体，在行业中独树一帜。

近年来，该厂在生产总量略有下降的情况下，销售总收入以年平均30%以上幅度递增，取得了明显效果。这是企业转变思想观念，树立名牌战略，参与市场竞争的结果。确立长期的名牌战略，将企业经营目标定位在“依托名牌搞活经营，追求最大的经济效益”上，紧紧围绕提高企业经济效益这一中心开展各项生产经营活动。

改进企业经营管理方法。他们打破常规，以粗线条原则代替面面俱到的计划；针对市场变化了的实际情况开展具体操作研究，由副厂长分头开展，代替按计划一板一眼执行，使企业工作节奏能跟上变化的市场。目前，厂长只抓市场、抓经营，其它工作仅仅是点个头，只要能解决问题，任何方法都可以，不再一定要按厂长意愿办。这样，副厂长和各级干部权力大了，责任也重了，抓工作有了主动性。

消化压库产品。对事实上已成为滞销品的面料和成衣作了削价销售，虽然企业亏去了600余万元，但将削价销售后收回的900余万元资金投入到高档产品的开发，从包装、原料、设计、工艺、制作等作全方位的提高，不仅消化了隐亏，还产生了200万元的利润，一举扔掉了包袱，轻装上阵。

恢复生产高档产品。“海螺”牌产品是120支全棉高支府绸衬衫，由于一些原因，该产品逐渐退出了舞台。为了企业发展的后劲，该厂毅然决定花大力气全面恢复这个产品，并在此基础上通过科技进步，开发更高档次的140支全棉高支府绸衬衫等一系列新产品，从而使企业具有独一无二的产品优势，“海螺”牌衬衫在市场上出现了供不应求的名牌效应。

构造市场销售体系。销售对象由“二级站”转向“大百货”，铺下近3500万元资金，在全国设立了400个销售网点，大部分以经销或联销的方式经营“海螺”、“绿叶”牌产品，并按国际惯例灵活促销。这一举措对企业生产经营良性循环具有长远的效应。

进行客观的市场调查和品牌分析。1993年初，该厂进行了关于“海螺”、“绿叶”牌衬衫市场营销的调查，了解衬衫在用户中的知名度和美誉度，以及目标消费者心目中高档衬衫应具有的形象和品质。通过200个样本所作的统计分析，正确地估价了“海螺”牌具有的实力和潜力，确立了“正式场合穿海螺”的市场定位方式，对今后的发展走势做到了如指掌。

通过苦练“内功”，该厂逐步走上了良性循环的道路。目前，人均年创利近7000元，在行业中处于领先地位。

坚持自营出口，转换经营机制，提高企业效益

天津市仁立毛纺织厂

1988年7月天津仁立毛纺织厂获得自营出口权，并享受全额留汇的优惠政策。企业坚定不移大打自营出口，狠抓品种质量，不断完善企业内部生产经营机制，使企业健步走向市场，走出了一条新的路子。1993年1～11月份产值7982万元，出口交货量99.47万米，出口收购值4819.30万元，利润525.80万元，利税合计924.1万元、比上年提高13.87%，全年出口交货量突破100万米，创汇预计达到410万美元、比上年提高8.75%，被市政府命名为天津市经济效益百强企业之一。

该厂珍惜自营出口权，用好自营出口权。

首先，从建立新机制入手，成立进出口部，厂长兼任经理，抽调生产骨干边干边学，短时间里培训了一支比较精干的外销进出口业务队伍，提高了办事效率。同时企业还建立了洽谈、报价、投产、检验、审证、制单、报关、商检、储运、结汇等一套适应自营出口需要的体制，较好地适应了企业自营出口的需要。其次，靠质量过硬，打自营出口。如日本、意大利客户强调按他们国家的质量标准交货，为此从前部投毛抓起，对条染、纺、织后整理原有的工艺、设备、操作标准重新进行修订与完善，狠抓职工技术操作培训，经过一系列强化管理措施，使质量问题得到解决。几年来该厂出口一等品率一直保持93%以上。第三、调整品种结构，开发新品种。近几年共开发了八大类百余个新品种，千余个新花色，根据国际市场的需求，推出高档次、高附加值的产品。如80支衬衣面料，70支高级羊绒牙签条，高支纱缎背花呢，驼司棉、轻薄系列产品，民航阻燃产品等，平均每米卖价10～12美元，高级牙千条每米利润高达88元。第四、以合同为龙头，抓好“四按”履约率。重点抓好企业内部的两个配套，一是以条染为龙头直到成品检验的生产配套，各环节进行承包，从1989年到现在没有一个误期合同，没出现一票索赔；第二是健全配套的管理机制，从洽谈开始到签定合同，由出口部、计划科、技术科、销售科、财务科组成一个配套管理网。出口部负责安排合同，催证、审证、制单、备货、商检、保险、租船、订舱、报关、储运等一系列工作；计划科负责建立出口台帐，现场调度；技术科负责现场工艺跟踪，质量把关；财务科负责结汇；销售科负责送货，报商检，装箱配合交货，形成一套完整的管理网络。几年来，出口履约率为100%。

立足内部管理，增强企业活力

河南省洛阳棉纺织厂

洛阳棉纺织厂是一个建厂35年的老企业，十分重视各项管理，把强化管理作为搞好各项工作的前提和基础，长期以来形成了严谨的管理风格和良好的厂风，具有较强的应变能力。近年来，不断增强品种和质量优势，保持全国先进水平。1993年在消化2000多万元的减利因素后，仍取得良好的经济效益，1～11月份，产品销售收入、实现利润、利税总额分别比去年同期增长103%、8.7%和67.66%。

（一）敢于管理，用户需要什么就生产什么

该厂为了更好地适应市场，从加强管理入手，建立了一系列机构和制度，形成了从信息收集、产品开发到新产品投放市场等一整套有效的管理机制，始终

能对市场信息作出快速反应。一条信息到厂以后，3天之内即有结果。往往在别的企业刚刚意识到某一产品好销时，该厂已将产品推出，占领了市场。

在品种的选择上突出“敢”字。该厂确定产品向“高支高密、高支稀薄和低支粗厚”两极发展的方向，力争高档次、高水平，避免在低水平上与人竞争，从而甩开了一大批竞争对手。1993年共试纺纱品种81个，投产8个；试织布品种29个，投产8个，比往年多出几倍。

在生产管理上体现“细”字。1993年1～11月份，细纱机翻改达779台次，平均每台3.3次；布机翻改5115台次，平均每台1.8次，由于管理工作做得细，始终保持了稳定的生产秩序，产量有较大幅度的增长，棉纱产量和棉布产量比上年同期分别增长5.28%、15.05%。仅增产一项，就多创百万元的经济效益。

（二）精于管理，向用户提供一流的产品

该厂着重建立质量保证体系，增强自控能力，坚决不让不合格产品流出厂。重点工序设立质量管理点，普遍设立QC小组；整理车间，设立了100多名的复验工，对出口品种匹匹把关；再辅以全员质量把关，形成了纵向到底、横向到边的质量管理网络，从原棉进厂到成品出厂，每道工序、每个环节都受到严密控制。新品种一上车即达到较高水平，为实现“多品种、小批量”的品种决策思想提供了可靠的保证。

该厂依托扎实的管理工作，强调高标准，高起点，对出口品种，制定了高于国标的企业内控标准，出口棉布均按国标加严20%～40%控制。出口棉纱，全部按国际标准组织生产，同时采用用户标准满足用户要求。建立走访用户制度，通过各种渠道收集用户的意见和建议，对用户提出的问题，及时给予解决，赢得了用户的信赖。

该厂先后荣获3个国家银质奖产品，在全国外贸系统评比中获得了一“银”、一“铜”。1993年省商检、测试中心来抽查，批次合格率均为100%，漏验率为零，被列为“商检一类企业”。

（三）善于管理，把优质服务送到用户手里

该厂在经营管理上下功夫。一是加强销售力量，提高销售人员素质。二是实行销售承包，考核销售收入、销售利润率等指标，严格奖惩制度，拉开销售员之间的收入差距。三是加强销售管理，把开辟外销口岸作为工作重点，按东、西、南、北、中把全国分为5个区域，分区指定销售人员，明确目标，分清责任。四是搞好售后服务，认真履行合同，保证交货期，至今没有因为厂方的问题和用户发生大的纠纷。1993年创汇额可达2400万美元，再创历史最高纪录。

治厂之道，治人为本

上海针织内衣（集团）公司

上海针织内衣集团成立于1990年8月。3年多来，依靠技术进步，大规模调整产业结构和产品结构，致力于新品种开发，发展高档内衣系列，形成并逐步完善了新产品开发的快速反应机制，不断推出高技术含量、高附加值的产品，经济效益3年来连续翻番。在企业深化改革中，充分调动科技人员、经营管理人员积极性，增强企业凝聚力，提高了集团整体素质与水平。主要做法是：

1. 在技术职称评定中摒弃论资排辈、单讲学历的片面做法，强调能力和实绩。对具有一定专业基础知识、在工作中作出显著成绩而学历欠缺的同志，采取先享受职称的相应待遇，而后创造条件给予参加业余学习，来补学历的不足。而对某些虽有学历但无实绩的人员，要他们做出成绩再评定职称，享受相应待遇。现在，集团各类专业技术人员占管理人员总数的63%。

2. 对各类专业人员实行分级保健制，免费供应保健饭，发保健津贴，实行定期的健康检查，增强了专业人员对企业的凝聚力。

3. 对关键岗位上出类拔萃的管理人员和技术尖子，实行高级职员聘任制。对于聘任的高级职员给予较高的月津贴，使他们的收入逐步和中外合资企业相应的管理人员基本持平。这些高级职员在感受到这一份特殊荣誉的同时，也增加了做出更好实绩的压力。

4. 在内部分配上，坚决打破“大锅饭”，在工资、奖金、晋级、住房分配上，对各类专业人员给予优惠。工资、奖金不搞平均主义，按对企业效益的贡献大小，作为分配的依据，合理拉开差距。

5. 加强对各类专业人员的培训。积极创造条件为专业人员开阔眼界，活跃思想，提高水平。组织各成员企业厂长和产品开发人员进行市场调研，走访商场，选购样品，早茶座谈，瞄准国际、国内先进水平，开阔设计思路，交流经验，确定产品开发的目标。每月至少一次，已经形成制度。

转换企业经营机制，积极参与市场竞争

兰州第三毛纺织厂

兰州第三毛纺织厂是毛精纺综合全能企业，职工6000多人，固定资产原值1.1亿元。拥有20520枚精纺纱锭，2400锭针织绒，80万件羊毛衫和20万件服装引进生产线及年产千万元纺专器材的生产能力。主要生产工序采用大型电子计算机自控。产品行销欧亚、美国、日本、新加坡、香港等10多个国家和地区。

近年来，该厂努力转换企业经营机制，落实企业各项自主权，初步建立了一个适应市经济的高效、灵敏、合理、有序的运行机制，增强了市场竞争能力，从1987～1992年，企业6年跨了六大步，工业总产值平均每年递增7.04%，利税递增11.42%，销售收入递增13.37%，上缴增值税递增17.17%，效益翻了一番多，6年赚回了一个半三毛厂。

（一）深化改革，启动企业内部动力机制

一是搞活承包，完善二级承包经营责任制。以企业内部二级承包为中心，按不同层次、不同性质，采取多种承包形式，层层签订了承包合同书，并通过不断完善，逐步形成了指标分类别、标准分档次、考核分系数的比较完整的经济承包责任制体系，推动了企业生产经营的快速发展。

二是搞活人事管理，引入竞争机制。充分运用企业的劳动用工自主权，打破年龄、文凭、厂内、厂外、固定工、合同工的界限，搬掉了干部的铁交椅，实行干部聘用（聘任）制和干部任期目标责任制。在用工制度上，推行多种用工形式，实行上岗、试岗、待岗“三岗制”和全员合同化管理。

三是搞活分配，强化利益机制。实行“标米质量计酬法”、费用包干分成法、工资利润包干分成法、全额计件法等8种形式的分配制度，调整了企业内部的利益分配格局，克服了平均主义，使分配向苦、脏、累、险岗位、技术复杂岗位和技术人员倾斜，向生产一线倾斜。

四是搞活经营，建立新的生产机制。扩大第二产业，发展第三产业，不断调整经营结构，采取租赁经营、承包经营、合资经营、股份经营、个体经营等多种形式，搞活了企业的生产经营。

（二）科技立厂，建立企业发展机制

一是抓技术改造。进行两万锭总体技术改造，兴建制条和针织绒两条生产线，扩建条染生产线，改造织造、服装等7条生产线，提高了企业的生产能力和技术装备水平。

二是抓技术引进。淘汰一批性能差、消耗高的织机和细纱机，引进具有当代先进水平的小比例混条机和环锭细纱机、片梭织机，建立5000锭高档呢绒生产专线，提高了产品的技术含量和档次。

三是抓计算机的推广和应用。在条染、匹染、洗呢、煮呢、蒸呢等关键工序实现了电子计算机自控。目前产品结构和经营结构已开始向高技术含量、高附加值、高难度的技术复合型方向发展。高技术产品已占生产总量的1/3左右，年多创经济效益近千万元。

（三）优化管理，完善企业运行机制

一是理顺企业的管理体制。把厂长的中心主导作用，党委的保证监督作用，专家的智囊参谋作用，职工的民主管理作用有机地结合起来，形成了“四位一体”的决策体系。强化企业综合管理，实行“一个集中、四个统一”，即党、政、工、团工作集中，都围绕着企业生产经营这个中心，统一计划、统一调度、统一核算、统一经营。实行分层调控，建立总厂决策层全面负责，行政管理层专业保证，分厂执行层贯彻实施的管理运行机制。

二是以法治厂，增强企业自我约束能力。

（四）面向市场，强化企业竞争机制

一是依靠高质量的适销产品打天下。制定了“以市场为导向，以适销为前提，以引导消费为重点”的新产品开发指导思想，平均每一天半开发一个新产品。到1993年6月，仅精纺呢绒产品就有18个系列，1600多个品种，13000多个花色。

二是坚持向科、工、贸“三位一体”的方向发展。成立了毛纺研究所，坚持一业为主，多种经营，综合发展。在全国各大中城市建立了50多个销售中心和8个办事处。

三是坚持朝外向型企业集团化的方向发展。联营和租赁了安宁、桃源、东川几个集体企业，兼并了兰州针织厂。购买了兰港毛衫有限公司几个股东的全部股份，使这个长期亏损的中外合资企业，变成了兰州三毛厂的羊毛衫分厂。

成 果 篇

Outcomes

荣获国家科技进步奖的纺织科技成果

授奖部门：国家科委

（1993 年）

（一） 二等奖（2 项）

序号	项 目 名 称	主 要 完 成 单 位
2-01	LMA331—180、200型圆网印花机	黄石纺织机械厂
2-02	纺牵一步法纺丝技术及设备	大连合成纤维研究所

（二） 三等奖（3 项）

序号	项 目 名 称	主 要 完 成 单 位
3-01	转移法涂层技术和产品开发	中国纺织科研院等
3-02	吊挂传输式服装生产系统	中国纺织大学等
3-03	真丝砂洗绸系列产品	广东中山丝织印染总厂

荣获国家发明奖的纺织科技项目

授奖部门：国家科委

（1993 年）

（一） 三等奖（2 项）

序号	项 目 名 称	主 要 完 成 单 位
3-01	活性阳离子染料及毛/腈混纺染色新工艺	北京服装学院
3-02	聚丙烯腈预氧化纤维针刺整体毡及针刺机	上海市纺织科学研究院

（二） 四等奖（3 项）

序号	项 目 名 称	主 要 完 成 单 位
4-01	烟滤嘴用改性聚丙烯丝束	北京服装学院、北京化工学院、佳木斯合成材料厂
4-02	亚麻特克松	牡丹江市纺织材料总厂
4-03	湿敏性变色涂料	北京市纺织研究所

中国纺织总会科技进步奖（部级）获奖项目

授奖部门：中国纺织总会

（1993年）

（一） 二等奖（3项）

序号	项 目 名 称	完 成 单 位	主 要 完 成 人 员
2-01	节能空调系统	中国纺织设计院 中国纺织大学 常熟市鼓风机厂 北京国棉二厂 无锡河埒水泵厂	王锡章、郁履方、戴义、叶大军、许文元、徐冠勤、陈东武
2-02	高速织机用丝浸泡助剂HJ—202研究及其工艺研究	浙江丝绸科研院	钟雷、何美珍、项金火、陈洪元、陈怿
2-03	湿法涂层技术和产品开发	中国纺织科研院 广东鹤山化工制布厂	吴慧莉、童德根、曹明华、肖渭坦、李汉青、郝继文、唐伟球

（二） 三等奖（26项）

序号	项 目 名 称	完 成 单 位	主 要 完 成 人 员
3-01	NL—250锦纶66帘子线耐高温纺丝油剂的研制和应用	中国神马帘子布公司 天津纺织工学院 天津化学试剂二厂	郭书道、谢如阜、季松青、陈书兴、葛启
3-02	新型醋酸乙烯合成反应装置工业试验	清华大学化工系 山西维尼纶厂	汪展文、立祥、金涌、刘马群、姚文虎
3-03	抗静电涤纶	北京服装学院 山西省化纤研究所 肇庆化纤厂 陕西第三印染厂	童俨、高绪珊、蔡为洲、张华勋、韩存田
3-04	阻燃涤纶研制	吉林纺织设计院	郭文惠、裴杰民、何山鹰、姜行知、孙媛

续

序号	项目名称	完成单位	主要完成人员
3-05	非织造布粘合剂热熔胶合成与应用研究	上海纺科院 中国纺织大学 金州无纺布联合体 郑州大学 长葛尼龙化工厂	张家祥、俞秀娟、金基淑、何华雄、王友文
3-06	涤纶服用长丝超高速纺牵联合工艺与设备	中国纺织科研院	潘金照、章朝晖、李振光、陈时达、黎书犀
3-07	SXFA254 型精梳机	经纬纺机厂配件总厂 无锡纺机研究所	何银康、吴肇邦、刘义明、刘德民、王崇义
3-08	SXFA341 型并卷机	经纬纺机厂配件总厂 无锡纺机研究所	赵仁、刘义明、朱承志、张丽君、阎建国
3-09	倍捻机消化吸收	北京化纤研究所 首都航天机械公司	杨星、郑克志、武燕燕、何学明、王惠丰
3-10	清棉棉尘防爆除尘系统	北京第三棉纺织厂	刘因樱、王锡章、杨福生、刘连瑞、陆北晨
3-11	兔羊毛织物印花色谱研制及高比例兔羊毛衫开发	新型纺纱技术开发中心	李兴富、倪菊芳、王洪、胡志云、徐联明
3-12	毛条连续轧染同浴媒染工艺研究	北京服装学院 上海华丰毛纺厂	胡蓓弟、顾慧如、朋荣、孙翠芬、范常乐
3-13	制丝助剂研究与开发	浙江丝科院	梁进、陈海相、沈芝英、朱翠华、魏丽
3-14	GE162 型单面圆纬机	宜昌纺织机械厂	季林息、王丙申、余为大、叶齐炎、金元龙
3-15	威斯克衬里布	江苏省盐城染织厂 盐城市纺织研究所	顾钰良、孙容、周金林、沈余萍、潘成瑛
3-16	小批量连续轧染机的研制及生产试验	武汉纺织机械厂 大连印染厂	张德宇、汪振中、任秀、陶庆仪、于爱武
3-17	有机废水深度处理新工艺	中国纺织大学 张家港第二印染厂 上海第二丝绸印染厂 山东乳山制丝厂 江阴华士东方环保厂	陈季华、奚旦立、姜佩华、曹兴后、王谷鸣
3-18	LMA687 型高速高效皂洗机	山东薛城纺织机械厂 武汉印染厂 山东薛城纺机厂 山西化工研究所	顾文德、于衍、刘道铸、李启军、万格生
3-19	YGB1—C 型条干均匀度仪	长岭机器厂 中国纺织科研院 西安交通大学	赵利、蔡锡堂、曾明高、宋湛华、邹理和
3-20	YG003A 单纤维强力仪	太仓纺织仪器厂	包慧珠、张倩、陈建明、工爱英
3-21	“七·五”重点攻关项目纯化纤呢绒质量考核指标、检验方法的研究	西北纺织工学院 上海毛麻纺科所 北京毛纺科研所	姚穆、应茴茴、徐巧世、将素婵、施楣梧
3-22	〈毛织品抗虫害性能测定〉科研项目和〈标准制定〉项目	上海毛麻纺织研究所 浙江嘉兴毛纺总厂 上海化学品毒性试验所	方雪娟、尹端宏、于肇德、李智华、王玉兰

续

序号	项目名称	完成单位	主要完成人员
3-23	服装立体整烫机消化吸收研制	中国纺织大学 无锡服装机械厂 上海第一服装厂	闻力生、吕静平、邱惠源、叶润德、万莉萍
3-24	特种纺织品采用美国军用标准的研究与对策	中国纺织信息研究所	白国军、姜军贤
3-25	TF 系列微波辐射屏蔽织物及服装	丹东丝绸工厂 邮电部北京通讯设备厂 丹东纺织厂	孙承科、秦鸿龙、常乃有、李振学、王惠民
3-26	低露点空气干燥机组	浙江省造纸研究所 浙江建筑设计院	陈宇成、潘志高、邬企彭、张力、陆国炜

（三） 四等奖（40 项）

序号	项目名称	完成单位	主要完成人员
4-01	TFN—103 锦纶—6 帘子线耐热纺丝油剂研制	天津纺织工学院 上海第十一化学纤维厂	葛启、张琳燕、邓宝祥、戒志伟、王金榜
4-02	三维卷曲涤纶短纤维及其织物的研究	广州第二合纤厂 广州纺研所	梁建清、张凡、何丽萍、吴竟
4-03	无光人造丝	丹东化纤公司	冯守知、赵玉山、姜再胜、有令基、季明
4-04	KV505 型涤纶复丝牵伸加捻机	经纬纺织机械厂	张巧珍、王发全、赵晋芬、张景风、赵青华
4-05	涤纶高速缝纫线	北京服装学院 宁波线厂	黄关苞、武荣瑞、徐海雄、范宇俊
4-06	涡流纺 600 头工业性试验	天津纺研所	张国玉、孙松、赵祖铭、程厚基、马桂友
4-07	TFY—G126 型矿用多层整体输送带芯多臂剑杆织机及其产品	天津纺织研究所	魏波、王福连、孙文义、丁汝林
4-08	特宽（90 英寸）全棉、涤棉印花装饰产品	上海大华装饰用品厂	贺萍、吴祚永、徐耀东、潘俊德、谢玉珍
4-09	药包布—特种工业系列产品	北京纺科所	付立、尚立、胡建国
4-10	ZFU 双级滤尘器	深圳纺织研究所	张松、邱胜明、刘静、杜志诚、陈华
4-11	LFU35 型板式滤尘联合机	上海第一纺机厂	艾盛栋、彭汉林、蒋维俊、邹佩夏、金毅
4-12	新型针织呢绒（港型洋呢）系列产品	江阴市长泾港型洋呢厂 江阴市纺织公司	夏建平、陆月华、周奕辉、周依萍、周君平
4-13	防霉系列毛线	上海第二十毛纺厂	董学庆、汤娅、金国伟、谈嘉隆
4-14	T210 全毛珍珠细团绒	上海第十七毛纺厂	徐钧伟、林萃、黄寅寅
4-15	丝素保护快速精练剂	浙江丝绸工学院 杭州东风丝绸印染厂	封云芳

续

序号	项目名称	完成单位	主要完成人员
4-16	真丝包缠设备研制及包缠丝产品研究开发	浙江丝绸科研院	周才、胡飞宇、邵永润、徐元乾
4-17	丝棉交织防羽绒印花绸	浙江绍兴丝绸印花厂 浙江富利达公司	杨天生、钱军、丁六明、钱黎忠
4-18	真丝绸防缩抗皱整理	青岛丝织厂	于福生、陈真光、孙新军、王全、任好芝
4-19	碧纹水洗绸	杭州丝绸印染厂	李启光、沈建琴、周惠东、何业虹、沈吉年
4-20	梭针联合衬纬单面提花织机及产品	天津围巾厂研究所	张文华、史国兴、魏舒毅、赵麻清、祝文勋
4-21	针织多层复合面料与服装	上海纺织科研院	周鹏华、方敦、戴淑清、焦渝、赵玉琴
4-22	染色用防泳移剂的研制和应用	中国纺织大学	宋心远、沈如、杭志伟、王亦民、周明训
4-23	仿制英国筒子染色机	广州华南制线厂	梁伟雄、麦世泽、陈永恒、朱治国、丁平心
4-24	AZD20—13 型锅炉烟尘治理	青海毛纺总公司	立功、刘知恺
4-25	新型蚕茧收购仪器及微机管理系统研制	浙江丝绸科学院	葛存宪、励道铭、金宪德、周向东、杨慕慧
4-26	印染产品成本利税核算软件包	上海第三印染厂 上海计算机服务公司 上海棉纺印染管理处	马健、张德联、金宏祖、邹联勋、周吉
4-27	全国纺织科技成果信息库微机管理系统	中国纺织信息研究所	韩宝成、景宝珍、施雍西、吴丽英、李力
4-28	引进纺织机械设备数据库	中国纺织信息研究所	陈肖丽、贺佳惠、段铸、李瑞萍
4-29	织针舌偏摆测量仪	山东烟台针织器材厂	李义成、刘日升、候增军、李国季、许永华
4-30	YG053 型化纤细度仪	常州纺织仪器厂	张润康、刘鸿飞、王淑英、蒋伯成
4-31	FZ71004—91《精梳绒线》行业标准	北京毛纺织研究所	孙寿椿、吴国英、元苗苗
4-32	中华人民共和国纺织行业标准《毛针织品》	北京三环毛纺针织公司 北京毛纺织研究所	金动、冀树常、夏颖、吴国英
4-33	FZ71001—91《精梳毛针织绒线》 FZ711002《粗梳毛针织绒线》 FZ71003—91《精梳毛型化纤针织绒线》行业标准	北京毛纺科研所	俞佳琦、张秀清、孙寿椿、罗明江、李恺琴
4-34	〈连衣裙、裙套〉行业标准	上海市服装研究所	严雪萍、徐云风
4-35	批量生产服装样板系列化研究	大连市服装研究所	苏盛艺、王东风、丁继峰
4-36	棉纺织工业合理地区布局研究	北京服装学院	王牧先、任子中、单洪忠、杜兰君、张国和
4-37	HN1，HN2 摩擦式假捻器轴承	衡阳纺织机械厂	戚佩民、冯向文、董玉英、人豪
4-38	BJC31×152 型粘接式整体精梳锡林	白银纺织机械针布厂	高义平、于卫东、赵国瑞、徐刚、赵新民
4-39	GL21W—A 型全自动单线链式缝纫机	安徽皖江机械厂	胡庆云、董树菊、方长珊、朱超峰、王相科
4-40	GN1500 高速包缝机	上海针织机械三厂	孙若谷、陈建德、施皓岩、胡盈盈

中国纺织总会科技管理奖(部级)获奖项目

授奖部门:中国纺织总会

(1993年)

序号	项目名称	完成单位	主要完成人员	获奖等级
管-1	科技管理理论探讨与管理实践	北京服装学院	杨爱文	三等
管-2	致力于科技管理的理论与实践推动科学技术进步	北京服装学院	刘卓夫	三等
管-3	加强科技管理提高科技水平和经济效益	内蒙轻工厅科技处	韩仁钦	四等
管-4	纺织科技情报和网络系统管理	中国纺织信息研究所	刘树梅、张景芳、尹耐冬、薛虹	三等
管-5	抓好目标规划,推动科技发展	山东纺织厅科技处	顾铭淦、王晓然、韩克秀、梅珊、卢福江	三等
管-6	科技管理	山西省纺织厅		四等
管-7	科技管理	北京市纺织局科技处	张兰	四等
管-8	科技项目的选题、立项和科研成果向生产转化的模式、方法及效益	天津纺院科技处	崔振光、丛莉珍、蔡连成、杨学礼、孙涛	三等
管-9	科技管理	大连纺织厂	龚宗仁	四等
管-10	采用高新技术改造沈阳纺织行业传统产业的研究	沈阳市纺织局	李景弟	四等
管-11	推动全行业办科技,振兴丹东纺织工业发展	丹东丝绸管理局	王树龙	三等
管-12	氨纶产品开发的组织与管理	烟台市纺织工业公司	骆耀富、郭光、韩昌志	四等
管-13	淄博市丝绸工业"八五"期间科技发展调研和预测报告	淄博市纺织公司	高木兰	四等

国家科技进步奖部分获奖项目内容简介

2-02 **纺牵一步法纺丝技术及设备** 纺牵一步法工艺是化纤牵伸丝生产技术发展方向之一。本项目在吃透国内外先进技术及设备的基础上，综合考虑设备的先进性、实用性和价格因素，采用工程承包的形式，提供全设备和工艺软件。该项目技术难度较大，在侧吹等部件的设计、制造上有创新和独到之处。综合水平属国内领先。在价格功能比上可与进口设备竞争。投产后运转稳定，技术经济指标及质量指标与进口机型相当。

现投产及在建共14套，用户反应好，有较大经济社会效益。

3-02 **吊挂传输式服装生产系统** 该项目是在引进消化进口设备的基础上，结合国情研制的国产化服装生产吊挂传输系统。该系统总体性能达到瑞典GTON2001型水平，国产化率达100%，而价格仅为进口设备的1/3，设计合理，结构紧凑，电器控制安全可靠。

3-03 **真丝砂洗绸系列产品** 真丝砂洗绸是近年兴起的真丝绸新型整理工艺，该产品具有绒感、腊感，手感柔软、丰满、滑腻、厚实，有弹性、耐磨。真丝砂洗服装可免烫，悬垂性好，缩水小，水浸、皂洗等染色牢度均比砂洗前提高，深受广大人民群众的喜爱。砂洗绸是以真丝印染绸为坯料，通过助剂的化学作用，在砂洗机中进行物理磨擦制成，改变了纤维组织对光的反射状态，使其织物的光辉更加柔和。纤维表面起了一层细匀的绒毛，不仅手感好而且还能遮盖由于原料及织物织造而造成的部分疵点，提高了坯绸的利用价值。由于丝绸在砂洗过程中无张力，因而绸地自然回缩，厚度增加，弹性增加，抗皱性好，制成的服装尺寸稳定。广泛用于男女高档时装、中档服装面料等，用量大，效益可观。该产品不仅给丝绸行业带来好的效益，也为服装行业带来很好的经济效益。

国家发明奖部分获奖项目内容简介

3-02 **聚丙烯腈预氧化纤维针刺整体毡及针刺机** 该项目是一种组合技术的结合，采用双项输送机构及层叠式针刺工艺，可制成厚度不受限制的整体针刺毡，产品表观密度可达0.2克/厘米以上，是一种优良的复合材料，主要用于火箭发射发动机的喷管喉衬材料。经多次试验，均获成功，并可提高发动机的可靠性，稳定性，且质轻，成本低。产品新颖、先进和实用，具有较好的经济、社会效益。

4-01 **烟滤嘴用改性聚丙烯丝束** 该项目是将聚丙烯与改性剂以高剪切形式共混造粒，经纺丝、拉伸（以扩大相界面间的空隙，产生大量应力集中点，使强度下降），生产烟滤嘴用聚丙烯丝束，与未改性的聚丙烯丝束相比，其特点是抗拉强度降低，而切割性、被粘性、吸附能力，均有很大提高。该成果接烟率由原94%提高至97%，硬度88%～90%，吸阻280～320mmH_2O，吸附性能由未改性的2.0×10g/cm提高到2.5×10g/cm，接近醋纤2.7×10g/cm。

4-02 **亚麻特克松** 该项目是采用下脚料（称亚麻二粗）与棉加几种化工助剂，经物理、化学方法而生产的一种高级制鞋板，该鞋板具有良好的弹性、透气性、吸湿性、柔韧性和耐磨性，主要用于高档皮鞋、旅游鞋等。该发明打破了美国对特克松原料的技术垄断。经测试和使用，各项技术指标达到了国际同类产品先进水平，可替代进口。该发明不仅使亚麻二粗 原料得以利用，变废为宝，同时还减少了环境污染，具有较显著的社会效益和经济效益。

4-03 **湿敏性变色涂料** 该涂料是由湿敏性变色体、敏化剂、增色剂和成膜剂组成，利用环境气候中的湿度变化，使敏化剂在空气中浮获水分子，传递给湿敏性变色体，产生色泽变化。增色剂是增大色差和组成四个变色系列；成膜剂是将以上物质牢固的附着在织物上，并兼有预报晴雨的功能。该发明主要用于印制变色印花织物、绘画及环境商品的湿标等。具有敏感性好，反差大，具有可逆性（非水中），制造简单，可曝晒。

中国纺织总会科技进步奖（部级）部分获奖项目内容简介

2-01 **节能空调系统** 该系统是一种新的纺织空调技术，具有结构简单、调节维修方便、节能效果显著的特点，比传统空调节能30%左右，适合于老厂改造。该系统包括湿风道系统和干风道系统。湿风道系统属小型节能系统，风量在每小时3万立方米左右，喷雾风机直接安装在风道一端，出风口有挡水板，风道带水运行，热湿交换在整个风道内进行，加湿效果好，并具有一定的降温作用。该小型空调系统适用于温度要求不严格或受客观条件限制的中小型纺织厂，而在要求湿度高的华北、西北等地区，可与大型空调串联使用。干风道节能空调系统则属大型空调。风量每小时6～18万立方米。春、秋、冬三季只开喷雾风机就能满足生产车间的温湿度要求，比传统空调节能20～40%。夏季保留一排喷淋装置，直接喷冷冻水即可满足生产要求，可节能10～15%。该系统具有国际同类产品先进水平。

2-02 **高速织机用丝浸泡助剂HJ—202研究及其工艺研究** HJ—202浸泡助剂具有优良的渗透力、平滑性、强力、抱合性、抗静电性和防霉性，赶上和超过了进口助剂的质量指标，达到国际先进水平，已替代进口。我国高速剑杆和片梭织机使用该助剂的覆盖面已达50%以上，价格比进口低70%，用量省20%，并克服了进口助剂在霉雨季节发生3%霉变的不足，具有较大的经济和社会效益。

2-03 **湿法涂层技术和产品开发** 该技术是近年来国际上发展较快的新型纺织材料加工技术，湿法涂层产品是以纺织纤维与聚氨酯的复合物形式出现，被广泛应用在衣料、体育、汽车、旅游、装饰、工业等领域。此项目使用国产材料为涂层基布、涂层剂，建立了聚氨酯湿法加工、后整理磨毛、印花、轧纹、干法复合和基布纺纱、织造、染整、起毛等全套工艺、生产技术和工艺流程开发，生产了包括印花革、绒面革、干湿复合革、轧文革等十余种产品供各领域使用，产品达80年代同类产品国际先进水平。

3-01 **NL—250锦纶66帘子线耐高温纺丝油剂的研制和应用** 该项目全部采用国产化工原料，技术水平较高。油剂各项技术指标、可纺性能、产品质量，均已达到和接近原配套使用的进口油剂水平，已批量生产，可逐步顶替进口。

3-03 **抗静电涤纶** 该项目采用抗静电母粒共混纺丝新技术，形成在纤维内层的海岛型结构，利用在电场作用下，“岛”的极化和放电的新型抗静电机理，研制开发出抗静电性能优良、持久的涤纶POY、DTY长丝和普通短纤维，已在七个企业推广应用。该产品抗静电性能稳定，在极低相对湿度下，仍能保持优良的抗静电性能。纤维的可纺性及其纺织加工性、服用性等方面都有很大的提高，达国际先进水平。

3-12 **毛条连续轧染同浴媒染工艺研究** 此专题开发了毛条媒染染色的途经，采用三价铬同浴媒染取代毒害较大的六价铬的新工艺，属国内首创，该技术具有工艺路线短、减少环境污染、操作简便、成本低、羊毛损伤小等优点。工艺方向研究了常用的酸性媒介染料对于三价铬同浴媒染工艺的适用性，在理论与实践方面做了测试与分析，在技术上有一定难度。

3-17 **有机废水深度处理新工艺** 该项目是将经常规方法处理后的有机废水，通过加压溶气、常压释放、生物炭的富氧消化吸附，使难降解的可溶性染料助剂等有机物以分解。该方法与国内外类似的方法相比，具有投资少、方法简单、流程短、去除效率高等特点，处理后的废水可回用，在水资源贫乏地区更有推广价值，属国内先进水平。

3-18 **LMA687型高速高效皂洗机** 该机采用平幅→绳状→平幅组成，洗涤效率较高。机构上主要在联合机中采用二组绳状容布箱，有其先进性，其他设备为老式结构。

3-19 **YGB1—C型条干均匀度仪** 此型是在YG131型基础上为适应化纤长丝质量检测而开发的。该仪器重新设计了检测器，纱线牵引机构，改进并扩展了数据处理系统，扩展了波谱频道达60个。波长范围展宽一倍，长波段测量可信度提高了8倍，优于瑞士生产的UT—1C的相应部分，达到80年代中期国际同类产品水平，可替代进口。

3-23 **服装立体整烫机消化吸收研制** 该项目是在消化吸收意大利样机基础上，结合我国元器件等实际情况而设计研制出来的，其主要技术指标和工艺性能达到国外80年代末先进水平，填补了国内空白。该项目对提高服装生产附加值起很大作用，国内服装行业，干洗店及大宾馆均可推广使用。

4-11 **LFU35型板式滤尘联合机** 该机对LUWA板式滤尘器吸嘴巡回路线及U型管可调压差控制等方面作了改进，与A172A/B—AU052LTG、原LUWA等滤尘器相比，具有占地面积小、阻力小、能耗低、维护保养方便、机电一体化程度高等优点，各项性能接近80年代末同类产品水平。该机已推广使用，有较好的经济效益。

4-15 **丝素保护快速精练剂**（ZS—1、ZS—2） ZS系列丝素保护快速精练剂，是一种多羟基、氨基和多羧基化合物的混配物，具有保护丝素快速精练的功能。ZS—1型用于平幅连续精练机精练工艺，全部替代进口。ZS—2型用于同精练设备中，精练时间可缩短50～60%。该产品与国内外同类产品比较，湿润性能好，洗净能力强，超泡性能低。白绸的光泽弹性好，得色鲜艳，上染率高，产品质量好。该产品填补了国内空白，达到国际先进水平。

4-26 **印染产品成本利税核算软件包** 该软件包对印染产品成本、利税管理等方面作了统一口径，统一办法，统一信息格式和统一代码的规定。所提供的各项核算功能符合财务会计制度的规定，为统一印染行业成本核算提供了规范化条件。该软件包不仅大大提高成本核算的工效，而且有助于加强成本控制，因此具有良好的经济效益。

4-27 **全国纺织科技成果信息库微机管理系统** 该信息库及管理系统是在GW286EX硬件和DBASE Ⅱ软件基础上建立的，具有实用性和可扩充性，软盘数据格式与国家科委的要求兼容。在软件设计方面较好地解决了不等长数据的建库问题和查询速度问题。该信息库的应用可为各级领导提供科技决策依据，避免重复研究，因此具有较大社会效益。

4-29 织针舌偏摆测量仪 该仪器根据电磁原理，利用可控的磁力推动针舌的摆动量，并选用JC10型读数显微镜直接读数，测试精度0.01毫米，测试范围0～2毫米，为舌针制造业提供了检测仪器，为国内首创，使反映舌针综合质量指标——针舌偏摆量能够定量检测，可促进舌针制造业加工工艺的改进和技术改造，提高舌针产品质量，可顶替进口。

通过鉴定投产的纺织机械器材新产品

（1993年）

1. FA303A—ϕ230、ϕ250型并条机 设计制造单位：湖北天门纺织机械厂、纺织工业部纺织机械研究所。该机继承FA303A型的优点，采用获得国家专利的“防积尘压力棒”牵伸形式，并开发独特的机前压缩的上增容装置和自动换筒。它与头距120毫米转杯纺纱机配套使用，属国内领先技术水平，已生产50余台。新机比A272C型并条机车速提高25%～40%、增加出条筒容量50%左右，配台数比老台机减少15%左右。机器的成纱条干不匀率（CV%）达到1989年乌斯特公报25%水平，满筒棉条切断率100%，新机车速120～250米/分，喂入并合根数6～8根，喂入条筒ϕ400×ϕ900或ϕ400×ϕ1100毫米，输出条筒ϕ230×ϕ900或ϕ250×ϕ900毫米，三上三下防积尘压力棒曲线牵伸，眼数2，眼距550毫米，主电机1.8/0.5千瓦，主机长5380毫米、宽2000毫米。

2. CGFA255型精梳机 设计制造单位：湖南省常德纺织机械厂。该机是在FA251系列精梳机的基础上，吸取国外同类设备优点研制的，具有整体结构刚性好，高速运行中隔距稳定，分离运动、梳理运动计算机优化，排除短绒、结杂梳理效果好，分离加压摇架加压准确、定位可靠，最高钳次速度达230钳次/分。在自行设计的国产精梳机中居技术领先水平。该机眼数×眼距为8×440毫米，喂入小卷规格ϕ400×ϕ270毫米，条筒规格ϕ400×ϕ900～ϕ1100毫米，电机功率4.4千瓦。

3. SGA211型高速整经机 设计制造单位：江苏省射阳纺织机械厂、上海纺织科学研究院。该机采用直流电机双闭环无级调速直接驱动经轴、恒线速卷绕、PC程控、双柱圆盘式张力器以及门式集体换筒，与无梭织机配套使用。机器幅宽1600～1800毫米，车速200～600米/分，筒子架容量672锭，筒子架锭距240×240毫米，经轴边盘ϕ800毫米。

4. ASFT281型车间高空清洁机 设计制造单位：江苏省如皋市纺织机械厂、北京市第三棉纺织厂。该机采用节约风机叶轮吹风口通过多级齿轮传动围绕轴芯回转的形式，往复移动进行车间高空全程全方位吹风清洁。该机能及时将车间内屋顶、管道等部位聚积的短绒飞花进行清洁，减轻了人工清扫的劳动强度，改善了成纱和坯布质量。该机已获国家专利，属国内先进技术水平，现已生产20余台，具有较大的社会效益。主要技术参数：风量950米^3/时（最大），全压效率>70%，吹风口风速≥30米/秒，蜗壳旋转转速9转/分，往复行走速度13米/分，电机功率0.49千瓦。

5. SK—60型编丝机 设计制造单位：航空航天部华燕仪表厂。该机是对真丝及化纤等长丝进行深加工，所纺的产品是一种带有芯线的包复线，专用于针织或各种外衣时装，具有良好的弹性、悬垂性、凉爽性和华丽的感观。机器锭数60锭/台，最高转速1800转/分，引线速度2～3米/分，满管重量0.5公斤，总功率10千瓦。该机采用两台高性能数字式变频器完成电控和调速，设有断丝自停等检测控制功能。该机的专利技术是编丝部件，利用在凸轮槽中有若干根钩针上下往复运动，在芯线外形成一层包覆线。机器的技术水平系80年代中后期同类型水平，填补了国内空白。

6. FB401型毛纺悬锭粗纱机 设计制造单位：天津纺织机械厂。该机车头结构采用框架式；传动部分的差速箱、换向箱、涡轮箱等三个齿轮箱，采用油浴并集中在车头内；锭翼系悬吊式结构，使回转平稳，锭端振动小，落纱不需拔下锭翼，以适应高速大卷装。该机设有满纱自动控制装置，采用八组红外光自停装置，机前两组（控制粗纱断头自停），机后一组（控制毛条断条自停），超降部位两组（防止因误插管造成损坏筒管或顶弯锭杆），车前三组（防止人身事故）。为改善粗纱的重量不匀，该机还设有张力微调及防细节装置。主要技术参数：适纺支数——精毛纺714～250特、绒线1204～500特，锭距216毫米，每节锭数4，每台锭数

72、84，三罗拉双皮圈滑溜牵伸或控制牵伸，牵伸倍数5.023～16.232。升降动程400毫米，成形尺寸ϕ152×ϕ400毫米，锭翼转速600～1000转/分，主电机功率8.6千瓦。该机与老机B465A对比，具有高速、大卷装、提高产量与纺纱质量及减轻落纱劳动强度等优点。

7.KV731型纺丝牵伸机 设计制造单位：上海第二纺织机械厂。该机将聚酯切片经熔融纺丝，再经牵伸、高速卷绕成涤纶全牵伸丝筒子。产品适纺范围50～120旦，生产能力1000吨/年，单面排列形式，纺丝位距1100毫米，纺丝部位数8，每部位喷丝头数8，每部位热辊数4，每部位卷绕头数2，每卷绕头卷装筒子数4，卷绕速度6000米/分（最大），工艺卷绕速度5200米/分，产品外型尺寸为长12.6米、高9.175米、宽6.36米。该机采用SIEMENS变频器，全数字化，用于编程和显示；采用热辊牵伸系统实现纺丝牵伸工艺，以空气轴承支承的分丝辊适应高速运行；增设了网络喷嘴，使成品丝束退绕及织造性能改善；采用油雾系统，保证卷绕头高速轴承运行。全机的技术水平相当于国际80年代末同类型产品先进水平。

8.KV507型牵伸加捻机 设计制造单位：山西经纬纺织机械厂。该机采用微机控制系统，整机的控制、设定、显示、报警全部由计算机完成，调整工艺方便可靠。主机选用变频电机拖动，罗拉上、下牵丝盘采用同步电机单独传动，无级调速，锭子运转曲线可根据工艺需要设定输入，故卷装成型良好。机器技术水平达到80年代末期国际先进水平，所纺成品丝的物理指标达到GB8960-85一等品标准。主要技术参数：型式为双面式，双区牵伸，适纺线密度4.95～16.5特，锭数144锭/台，锭距170毫米，牵伸倍数一区、二区均为1～5，出丝速度300～1200米/分，锭速6000～12000转/分，卷装重量约2.8公斤，钢领型式ZGH5-140锥面钢领，捻度10捻/米以上，主电机功率22千瓦，机器长15980毫米、宽1360毫米、高1870毫米。

9.KR401型粘胶长丝纺丝机 设计制造单位：山西经纬纺织机械厂。该机的用途是将已溶解的粘胶纺丝成形，成为酸性的粘胶长丝，成品为13.3～8.4特（75～120公支）的长丝丝饼。主要技术参数：型式为单面式，锭数70锭/台，锭距250毫米，每节7锭，每节长度1900毫米，纺丝速度80～120米/分，凝固浴槽系管中成形型式，丝束浸浴长度730毫米，丝上浴长度800毫米，计量泵流量0.835厘米^3/转，升降动程170毫米，丝饼为空心圆柱形800克，主电机功率3千瓦。该机采用管中成形纺丝新技术，专门设计锥帽型喷丝头。为减少粘胶原液在喷丝头孔中流动阻力，微孔喇叭口部分采用特殊的圆弧曲面，在喷丝头表面进行了CVD的吸氮硬化处理，以增加硬度及耐磨性。传动系统采用齿形带传动，以降低车头传动噪音。

10.KR402型粘胶长丝纺丝机 设计制造单位：邯郸纺织机械厂与美国CHEMTEX公司合作开发。该机采用了程序控制的变频技术，双连杆专利技术的升降机构，具有牵伸、纤度补偿和升降差微自控功能，并采用了流管纺丝等先进技术，技术水平达到80年代末期的离心式纺丝机国际水平，产品物理指标达到部颁一等品标准。机器为双面型式，8区段离心式，适纺纤度为44～330分特的各种粘胶长丝。锭数132锭/台，锭距250毫米，纺丝工艺速度130米/分，水平玻璃管成形，丝束浸浴长度700毫米左右，喷丝帽面径8毫米，标形孔径0.07毫米，40孔，纺丝泵0.835厘米^3/转，升降动程100～180毫米，空心圆柱形丝饼750克，电锭电机为0.25千瓦×132只、8000～8200转/分，机器长18590毫米、宽2450毫米、高3780毫米。

11.KR411型粘胶长丝纺丝机 设计制造单位：山西经纬纺织机械厂。该机是在粘胶长丝半连续式纺丝机R353型系列的基础上改进研制的新机型。机器采用管中成形技术，纺丝速度提高到120米/分，成形丝饼800克大卷装，以减少落丝次数，降低劳动强度。机器的泵传动组、凝固辊传动轴、去酸辊传动轴采用永磁同步电机，变频无级调速。用PC可编程序控制器对全机进行程序控制，微机屏幕显示工艺参数和监控。采用喷塑技术，提高整机防腐性能。主要技术参数：锭数48锭/台，单面型式，纺丝工艺速度100～120米/分，新型锥面钽材喷丝头，升降动程160毫米，电锭160瓦，单锭排风量80米^3/时，采用ZL101铝硅合金离心罐。

12.LFN906型多功能开松机组 设计制造单位：湖北省沙市第一纺织机械厂。该联合机组由三个单元机组成：FN906型多功能开松机；FN903型旋转切断机；FA935型卧式液压打包机。机器的用途是针对纺织工业生产中产生的废料，即棉、毛、麻、丝、化纤等纤维的软硬回丝及成品织物边角料的开松、梳理、除尘，使之成为单纤维状的纺织原料。新机是在消化吸收进口样机基础上研制的。原料的切断长度24～120毫米范围，输送原料线速度0.15～0.75米/秒，切断机由螺旋切刀组成，开松机由喂入、开松锡林、尘笼、输出和滤尘器等组成，锡林速度分别为1460转/分、1615转/分、1825转/分、2044转/分，联合机的产量30～100公斤/时。

13.FA423型悬锭粗纱机 设计制造单位：河北省太行机械厂。该机是在FA421型棉粗纱机基础上研制的194毫米小锭距悬锭粗纱新机型。该机在纺制18特精梳纯棉纱的试生产中，其粗纱和细纱的大面积质量条干CV%值均优于1989年乌斯特公报的25%水平（CV%＝4.06%、重量不匀率为0.77%）。机器具有变频调速，等导纱角，上清洁器拉杆，筒管导向橡胶顶尖，五路内藏式红外线光电自停等机构。技术水平相当于国际80年代同类产品水平，属国内先进。主要技术参数：适纺支数0.8～5支，捻度18～80捻/米，总牵伸倍数4.2～12，锭速1200转/分，锭距194毫米，牵伸型式分四罗拉双短皮圈、三罗拉双短皮圈，锭数108、120锭/台，主电机功率10千瓦。

14.FA761型倍捻机 设计制造单位：山西经纬纺织机械厂、北京纺织机械研究所。该机可将合并后的两根或三根纱加捻成股线直接卷绕成锥形筒子或圆柱形筒子，适用于棉、涤纶及其混纺纱、纯涤纶缝纫线及腈纶线的加工。机器型式为双面单层，锭距254毫米，锭数72～144锭/台，最大动程152毫米，卷取筒子直径ϕ250毫米，采用龙带传动锭子，捻度172～1982捻/米，锭速6000～11000转/分，卷取速度70米/分以下。该机是在消化吸收国外先进技术的基础上研制的，试纺29.5特×2（20英支/2）、14.8特×2（40英支/2）纯涤纶等几个品种，股线质量均达到企业标准。

15.GA162型高速分条整经机 设计制造单位：江苏省射阳纺织机械厂。该机适应棉、毛、麻及化纤等品种，可与无梭织机配套使用，是具有机电一体化水平的新一代机型，结构先进，产量、质量均达到国际80年代末期同类机型的技术水平。该机机幅为2200毫米，经轴盘片直径800毫米、1000毫米，筒子容量420只（毛）、672只（棉），筒子锭距250×250毫米，整经速度为300～800米/分、倒轴速度0～160米/分，倒轴卷绕张力3750牛，整经线速度波动范围±3%，主电动机功率整经16.5千瓦、倒轴13千瓦，主机长16400毫米、高2800毫米、宽8900毫米。机器的筒子架采用矩型单式筒子架，由微机控制整经台的动作程序，实现整经台的位移和分绞定位。滚筒由6毫米钢板卷制成形，直径为1000毫米，为适应毛纺、丝绸的品种需要，锥度分别为1∶5、1∶8两种，采用盘式制动器液压控制动作。采用ZVA分绞装置结构独立组合式，以交流变频电机驱动经织轴，配以微机控制，实现恒线速恒张力卷绕，倒轴加压由气动控制，微电脑在传动、伺动、工艺参数、全机跟踪检测、运算、记忆、计长及故障显示等实现整体软件技术微控功能。

16.ASGE171型双面提花纬编机 设计制造单位：江苏省南通针织机械厂。该机可使用腈纶、涤纶、弹力锦纶和精纺纱作原料，编织罗纹配置的双面变换组织、色泽提花组织和胖花组织等织物。机器采用木梳片式提花机构，全封闭式传动装置及链条式提花控制装置。该机是一个系列产品，针筒直径为558毫米、762毫米，进纱路数为24、48，选针机构采用竖滚筒木梳片式，转速9～12转/分，机号分别为12、14、16、18、20，总针数分别为828、936、1080、1224和1368，色泽范围为二、三、四色对称型和不对称型。

17.ASGE271型高速钩编机 设计制造单位：北京纺机研究所、武进县第八纺织机械厂。该机是在消化吸收国外进口样机的基础上研制而成，其结构特点是融偏心连杆和凸轮传动于一体，采用偏钩针适应高速，可编织各种复杂图案的花边、条带、穗边带及弹性松紧带等。主要技术参数：机号E15（6针/厘米），工作幅宽360毫米，梳节8把，针型偏钩针，正常工作速度500～700转/分，密度范围4.5～16.5横列/厘米，电动机功率1.5千瓦。机器性能接近80年代中期国外同类产品水平。

18.MA474型宽幅钢丝起毛机 设计制造单位：浙江省海宁纺织机械厂。该机主要适用于宽幅棉和棉混纺织物及毛毯等织物表面起毛。锡林采用斜向拉杆式结构，起毛辊采用宽距双支承结构，并增设抄针装置，机器具有起毛和抄针两种功能。主要技术参数：公称宽度2800毫米、3200毫米，织物速度8～30米/分，无级变速，锡林转速85转/分，起毛辊数量30根，主电机功率15千瓦。机器具有80年代末国际同类产品水平。

19.LMA442—180型预缩整理机 设计制造单位：上海印染机械厂。该机适用于棉及其混纺织物的后整理工艺，作为织物防缩处理及改善手感之用，使织物具有良好的尺寸稳定性。主要技术参数：公称宽度1800毫米，运转布速10～100米/分，橡毯厚度67毫米，热源蒸汽工作压力0.5兆帕，由三单元长轴传动，同步效果好，缩率由微电脑显示。机器性能达到80年代末期国外同类产品水平。

20.MA635—200型松式烘燥机 设计制造单位：上海印染机械厂。该机采用多层网式烘燥，风口交叉排列，上下喷风，超喂进布，织物烘燥过程呈松弛状态，达到蓬松与收缩效果。烘房采用小循环单元组装结构，体积小，热效率高。同步传动采用交流变频。主要技术参数：公称宽度2000毫米，运转布速5～45米/分，超喂量0～50%，容布量20～40米，饱和蒸汽热源，帘带形式为四只涤纶循环网，电机功率53千瓦，机器长9480毫米、宽4038毫米、高3530毫米。

21.ME694型阻尼预缩机 设计制造单位：江苏省昆山纺织机械厂。该机消化吸收了国外样机的结构特点，能有效地控制经过预缩整理的针织物的缩水，改善织物的手感，提高加工产品的档次。主要技术参数：工作幅宽1100毫米，机械预缩率20%，处理织物速度8～50米/分，蒸汽压力0.69兆帕，蒸汽温度158～170摄氏度，阻尼刀温度150～170摄氏度，主电机功率7.5千瓦，机器长7040毫米、宽2300毫米、高2560毫米，具有国内先进技术水平。

22.FB723型针织绒捻线机 设计制造单位：无锡市第七纺织机械厂、上海纺机研究所。该机采用狭幅机架、大卷装、新颖扇形块推动式断头自停机构及数字显示装置，自动化程度高，填补了国内卷装针织绒捻线机的空白，属国内领先技术水平。全机锭数276锭/台，锭距100毫米，锭速范围2750～6400转/分，捻度范围120～800捻/米，钢领直径ϕ75毫米，成品卷装ϕ70×ϕ280毫米，适纺单纱线密度80～20.8特。经测定226全毛针织绒平均捻不匀率，小纱、中纱、大纱分别为5.98%、6.80%及5.87%，826腈纶针织绒品种分别为

4.5%、3.94%及3.01%，248全毛针织绒品种分别为9.63%、7.39%及7.81%，技术指标均达到国家行业标准。新机平均每度电纺纱4.05公斤，满管净重260克/只，比老机B061型毛捻线机卷装容量增大2倍左右。

23.Y571W型纺织品摩刷色牢度试验仪 设计制造单位：无锡纺织仪器厂、解放军总后军需生产技术研究所。该仪器造型新颖，一机多用，既可用于摩擦色牢度试验，又可进行刷洗牢度试验，既能做单向刷洗色牢度试验，又可进行往复刷洗色牢度试验，在仪器的自控和传动方面有所创新，且操作方便。仪器摩刷往复行程100～150毫米，可任意调节。摩刷形式有往复或单向，可选择设定。往复速度60±3次/分，往复次数1～99次预选，摩擦与刷洗调换摩头后可通用。

24.LAF—16型织物保温性能测试仪 设计制造单位：山东安丘纺织仪器厂。仪器的结构由专用电源检测器、A/D转换及接口电路和JD801单板机及打印机组成。检测器由热元件和IC集成传感器组成，模拟转换及接口电路采用11位A/D转换器，它能满足1/2000分辨，保温率20%～80%，保温特性克罗值0.20～0.40千升，传热系数5.44×10^3～117.23×10^3焦/厘米^2·时，测量误差为±5%，测试数据输出方式为数显及打印。

25.BD200型分梳辊 设计制造单位：北京纺织器材厂。它是与转杯纺纱机配套的关键专件之一，材料选用LY12CZ或LY12CS硬铝合金，采用数控车床加工，研制了专用包卷分梳辊齿条的机床，其齿条是选购瑞士格拉夫OK40型牌号配套。此分梳辊在捷克转杯纺纱机上试纺59.3号品种，转杯转速31000转/分，分梳辊转速7000转/分，喂入定量25.168/5米，实测数据乌氏13.15%，细节0、粗节35、棉结33、单强厘牛/特8.30，黑板棉结/结杂为7/23.5，黑板条干0：10：0，条干水平基本上达到1989年乌斯特公报25%水平。该分梳辊纺纱性能与捷克分梳辊相当，可替代进口。

26.SHGT011型气动式喷水雾空气捻接器 设计制造单位：上海纺织五金三厂。主要适用于棉、毛、麻单纱、股线、粗支纱、气流纺纱等纱线的捻接。该机除具有空气捻接器功能外，还增加了水量调节和定量喷水雾功能，因而使纱线捻接处均匀光洁、质量稳定，填补了国内喷水雾捻接器的空白。

27.MTG型高目印花镍网 设计制造单位：山东省昌邑县纺织机械厂。它是目前国际上先进的圆网印花镍网，可适应于各种细线条、几何图案及半色调花的印制。主要技术参数：目数125、155、185目，开孔率15%、13%、11%，壁厚0.08～0.10毫米，周长640毫米，印花宽度1280毫米、1620毫米、1850毫米，公称长度1450毫米、1780毫米、1980毫米。该产品经多家印染厂试用，印制云纹花型及精细线条等质量稳定，可替代进口的Penta网或Topas网，质量达到80年代末期国际同类产品的水平，为我国填补了一项空白。

28.MT171型尼龙轧辊 设计制造单位：南化工业（集团）公司靖江工程塑料公司。尼龙轧辊是三轧辊多用途轧光机的主要配件，它是采用改性MC尼龙浇铸而成，具有机械强度高、弹性回复好、耐磨、耐腐蚀、低蠕变、不导电、吸水率低和热稳定性好等特点。主要技术性能：拉伸强度70.5兆帕，断裂伸长率224%，拉伸弹性模量2.76×10兆帕，静弯曲强度94.3兆帕，弯曲弹性模量2.0×10兆帕，压缩强度93.5兆帕，压缩弹性模量0.90×10兆帕，冲击强度（无缺口）＞331千焦/米，邵氏硬度97Å，磨擦系数0.115，相对密度1.15克/米，热变形温度169摄氏度，x轴线膨胀系数8.6×10 1/C。MT171型轧光机尼龙辊达到国外80年代末期同类产品水平，填补国内空白，可替代进口，具有较大的经济效益。

29.FK822型绢丝烧毛机 设计制造单位：上海第四纺织机械厂。该机与老机DJ691型烧毛机对比具有调速，操作方便，无边筒子大卷装成形，张力小，成形好，吸尘点分布合理，火口稳定，外型美观等优点。机器单面24锭/台，适用各种高、中、低支绢丝烧毛。锭距480毫米，每锭钉帽数11只（上6下5)，槽筒成形，槽筒直径82毫米，动程127毫米，防叠动程2.5毫米，采用城市煤气作为燃烧器热源。烧毛次数三丝（烧1度)，烧丝线速度高支180～220米/分，中支200～240米/分，低支220～260米/分。每锭共有5处吸尘点，吸尘总风量4000米^3/时。煤气压力800～1200帕，主电机功率5.5千瓦。主电机采用变频调速器控制，燃烧立柱部件上设有上下钉帽区、燃烧区，经火口后丝线上的毛茸和棉粒被烤焦变脆，再通过钉帽的摩擦来除去。机上设有超喂和防叠装置，使丝线成形整齐，并设有丝线断头自停装置。全机噪声平均81.6分贝，经检测规格120公支/2、200公支/2的绢丝经烧毛后的质量为支数不匀率2.1%、1.88%，支数偏差率1.83%、3.1%，条干均匀度70%、85%，洁净度80%、80%，千米疵点数1.68个、1.84个，断裂长度28.4千米、26.7千米，强力不匀率6.6%、8.84%，断裂伸长率8%、7.3%，捻度不匀率4.63%、4.13%，捻度偏差率3.64%、1.38%，评等均为一级。该机系国内绢丝烧毛机更新换代产品，具有国际80年代中期技术水平。

30.FD091型热风烘茧机 设计制造单位：浙江省湖州纺织机械厂。蚕茧干燥设备，目前国内仍以土灶为主，由于灶内温度分布不匀影响干茧质量，而FD091型系吸收国外先进技术，根据蚕茧干燥规律，实现工艺配置科学化，干燥过程连续化、机械化，改善了劳动条件，提高了干茧的内在质量，机器的技术性能属国内先进水平。蚕茧经该机烘后，干茧率、上车率、出茧率增加，干茧洁净度提高，干茧所缫厂丝抱合、强力均有明显提高，烘茧机烘茧用工减少。

31. BC272W型四联分条梳毛机 设计制造单位：山东省胶南纺织机械厂。该机消化吸收了国外梳毛机结构的特点，在BC272H型基础上对自动喂毛机构采用两台调速电动机配合二次称重装置，剥毛机构采用滚筒式三排橡胶打手结构，称重毛斗减少了因冲击力造成的误差，使喂毛重量不匀率明显降低。全机边轴传动选用单片式电磁离合器，同步性能好，运转平稳，机器运转效率比老机提高5%。预梳机构中锡林上针布采用自锁式针布，提高了梳理性能。在车头搓皮板轴承处采用自动集中加油润滑装置，以减轻劳动强度，保证操作安全。经运转测试16支毛纱，新机毛斗重量不匀率为1.07～1.3%，支数变异97%～104%，极差<13克，机器属国内技术领先水平。

32. SDZ600T型双面衬纬提花机 设计制造单位：青岛第四纺机厂。该机以精梳棉为主要原料，适宜编织具有空气层的双面衬纬小提花织物。机器装有条带式积极输纱装置和张力调节装置，有断纱自停、漏纱自停、坏针故障自停装置及缓步起动、点动开车装置等。主要技术参数为24英寸、26英寸、30英寸筒径，18机号、32路进纱，车速17.7转/分，班产20公斤，电机功率1.1千瓦。

33. LKP601型BCF变形丝联合机 设计制造单位：中国纺织科学研究所机械厂。该设备主要将PP切片经融熔纺丝、牵伸、变形、网络，并卷绕成筒子。经牵伸变形后的丙纶丝，可用于编织化纤地毯及装饰用布。主要技术指标及规格：纺丝规格1330分特/80f、1660分特/100f，牵伸辊速度（最大）2500米/分，卷绕机速度（最大）2250米/分，产量630吨/年（1330分特）750吨/年（1660分特），纺丝箱体2只，每箱位数2个，位距750毫米，全机纺丝组件数8个。该机的结构特点：有自动输配料系统，高产量挤出机，预过滤装置，不停机换网，提高传热效率的圆形纺丝箱导流板，可调的侧吹风和油剂喷淋上油装置，采用无接触红外传感测温，变频调速的热辊装置，采用对开喷嘴和叶片式变形室的三维卷曲变形装置，新型网络装置，锭子驱动式，微机程控，恒张力全自动卷绕机，外循环蒸汽加热装置，矩形纺丝组件，异形孔喷丝板及晶体管变频调速系统。整机达到80年代国际水平，填补了国内空白。

34. TJGN206型多臂毛织机 设计制造单位：天津第一纺织机械厂、天津纺织工学院。该机主要用于宽重工业网类织物织造。机器筘幅4.5米，多臂开口装置采用单动式中央闭合开口，积极回综，综框最多8片，在开口高度60～160毫米范围内任意调节。引纬系统采用自动夹持纬纱头引纬，电子程控气动系统完成喂纬，并有电压陶瓷断纬自停装置，主传动机构采用电磁离合器确保启动及制动。主电机功率7.5千瓦，并附设电子护经装置。

35. ZGJ90型刚性剑杆织机 设计制造单位：嘉善纺织机械厂、浙江丝绸工学院。该机适用于真丝、绢丝、合纤和高支混合纤维丝、高支棉、毛等原料的轻型和中型织物的织造。主要技术参数：有效筘幅160厘米，织机速度180～230转/分，纬密范围10～160根/厘米，选纬数6色机械式任选。噪音<90分贝，效率85%以上。整机可与提花机配套使用，织造大花纹织物，也可以加装多臂机制织各种变化组织的小花纹和素织物。

36. FY140型针织物程控整理轧光机 设计制造单位：山东省德州纺织机械厂。该机由可编程序控制器经机械传动进行全过程控制，并由光电传感系统和限定系统进行监视跟踪，控制运行动作可靠，工艺参数可调整。机器的撑板采用分离式单撑板，轻便可调能有效地解决针织物整理的轧光印，适应多品种批量生产。

37. ZBDP系列微机自动煮茧机 设计制造单位：温州市丝绸机械厂、浙江大学。该机改变了煮茧工艺传统的手工操作方法，采用微机自动监控系统，可对煮茧机各个工艺区段的温度、压力进行监控与自动调整，具有稳定煮茧工艺、提高煮茧质量、节约蒸汽用量、提高工效等优点。主要技术参数：规格分120型、104型、80型三种，煮茧量分别为43～93公斤/时、34～80公斤/时、48～108公斤/时，耗气量分别≤0.3吨/时、≤0.28吨/时、≤0.2吨/时，耗水量分别≤2.5吨/时、≤2.2吨/时、≤1.5吨/时，功率分别为2.2千瓦、1.5千瓦、1.1千瓦，温度控制范围40～110摄氏度，温控精度±1摄氏度，压力控制范围0～0.4兆帕，压力控制精度±0.01兆帕。

38. VZ701型服装吊挂传输系统 设计制造单位：浙江省嘉善纺织机械厂、浙江省纺机器材工业公司。该系统适用于服装缝制，在整烫过程中实现裁片、成衣的自动传输和有序管理。产品产量可提高40%、生产周期缩短30%左右，能适应服装行业小批量、多品种的生产。该系统填补了国内空白，达到国外80年代同类产品水平，可顶替进口。主要技术参数：基本工位14个，工位间距2200毫米，工位间搬运时间6秒，悬吊重量1.5公斤，工作压力0.5兆帕，传输噪声小于70分贝，直进总功耗小于100瓦，驱动电机功率15瓦，基本型传输线长15000毫米、宽1000毫米、高2250毫米。

39. 4.4米非织造布针刺设备（BG253型铺网机、BG312型双滚筒预针刺机、BG322型上针刺机、BG332型下针刺机 铺网机采用夹持式铺网，克服了纤维在输送过程中的飘网现象，夹持帘速度与前道工序梳理机的输网速度相适应，使纤网不会受到意外张力而破坏，提高了铺网的质量和速度。预针刺机采用双滚筒结构，克服了一般预针刺机的纤维网拥塞现象，从而使纤网克重可以增加。上下主针刺机采用双立轴，使曲柄滑块机构的惯性力得到二级平衡，以提高针刺频率和运动平稳性。机器主要技术参数：BG253型铺网机工作幅宽2.5米、4.5米，纤网最大输出速度6米/分，纤网输出克重 100～1000 克/米²，铺网最大高度 250 毫米，电机功率 5.5 千瓦、7 千瓦。BG312 型双滚筒预针刺机工作幅宽 2.2 米、3.3 米、4.4 米，最高针刺频率 300 次/分，最大输网速度 3.5 米/分，刺针行程 60 毫米，植针密度 460 针/米，纤网克重 200～2000 克/米²，电机功率 3 千瓦、4 千瓦、5 千瓦。BG322 型上针刺机及 BG332 型下针刺机的针刺形式为单针板式，工作幅度 2.2 米、3.3 米、4.4 米，针刺频率 400～800 刺/分，植针密度 3770 枚/米，针刺行程 60 毫米，输网速度 0.6～6 米/分，最大纤网克重 1000 克/米²。这四种机型技术性能均属国内先进水平，设备主要结构接近国外 80 年代同类型技术水平。

40. FX551 型亚麻干纺细纱机 设计制造单位：黑龙江纺织机械厂。该机适应亚麻二粗、机械短麻、胡麻、化纤等非棉纤维的纺制。机器牵伸机构选用双皮圈、轻质辊、气加压、三罗拉单区滑溜牵伸结构，可适纺 3.5～10 公支干纺纱。主要技术参数：纺纱牵伸倍数 10～44 倍，锭数 180 锭/台，锭距 100 毫米，锭速 1958～4500 转/分，捻度范围 28～880 捻/米，主电机 11 千瓦，产量 20～25 公斤/时。属国内先进技术，并填补国内空白。

41. ME542 型回转式袜机 设计制造单位：宁波纺织机械厂。该机是在消化吸收国外产品的特点的基础上，采用直接蒸汽定型、间接蒸汽烘燥、手工装袜、自动脱袜、PC 机控制程序动作、自动循环等技术，是机电一体化产品。机器适用于尼龙、高弹等原料编织的长统袜、连裤袜、中、短统袜子的定型，以保证袜子的挺括、光泽。该机班产 400～600 打。此外，机器设有故障代码显示仪，当机器发生故障时有自动保护系统，并在显示仪上显示故障部位的代码，便于故障检查和排除。产品的各项技术指标均符合国家标准。机器性能达到 80 年代国际先进水平，是织袜行业定型工艺中更新换代产品，可替代进口。

42. 非织造布防静电输送带 设计制造单位：江苏江阴制革总厂。该输送带是以聚酯织物为芯材，表面覆以防静电橡胶，以特殊的加工方式复合而成，适宜于纺织、化工、轻工等行业的物料传送。技术性能指标：扯断强度（带厚 3 毫米）193 牛/毫米，扯断伸长率≥17%，剥离强度 3.5 牛/毫米，曲挠次数 5 万次不断裂，接头强度百分比≥带体强度的 80%，脆性温度－10 摄氏度～130 摄氏度。产品是以聚酯织物芯带采用高强低伸强力工业涤纶长丝作经线，以涤纶丝为纬线，以经密纬稀的结构编织而成的一种新型复合涤纶网。输送带的覆盖层橡胶采用高和中高丙烯腈含量的进口丁腈橡胶，并加入两种高效防静电剂和一种导电填充剂，保证了输送带表面橡胶具有耐磨、耐曲挠、耐老化、耐介质及足够的强度和弹性。

新颁发的纺织产品标准目录

（1993 年）

（一）国 家 标 准

标 准 代 号	标 准 名 称	被代替的标准号
GB/T 398—93	棉本色纱线	GB398—78
GB/T 406—93	棉本色布	GB406～407—78
GB/T 411—93	棉印染布	GB411～412—78
GB/T 2667—93	男女衬衫规格	GB2667—81
GB/T 2668—93	男女单服套装规格	GB2668,2669—81
GB/T 4856—93	针棉织品包装	GB4856—84

续

标准代号	标准名称	被代替的标准号
GB/T 14189—93	纤维级聚酯切片	
GB/T 14190—93	纤维级聚酯切片分析方法	
GB/T 14272—93	羽绒服装	
GB/T 14304—93	男女毛呢套装规格	GB2669—81
GB/T 14310—93	棉本色灯芯绒	GBn78～80—80
GB/T 14311—93	棉印染灯芯绒	GBn81～83—80
GB/T 14334—93	合成短纤维取样方法	FJ536—85
GB/T 14335—93	合成短纤维线密度试验方法	FJ536—85
GB/T 14336—93	合成短纤维长度试验方法	FJ536—85
GB/T 14337—93	合成短纤维断裂强力及断裂伸长试验方法	FJ536—85
GB/T 14338—93	合成短纤维卷曲性试验方法	FJ536—85
GB/T 14339—93	合成短纤维疵点试验方法	FJ536—85
GB/T 14340—93	合成短纤维含油率试验方法	FJ536—85
GB/T 14341—93	合成短纤维回潮率试验方法	FJ536—85
GB/T 14342—93	合成短纤维比电阻试验方法	FJ536—85
GB/T 14343—93	合成纤维长丝及变形丝线密度试验方法	FJ555—85
GB/T 14344—93	合成纤维长丝及变形丝断裂强力及断裂伸长试验方法	FJ556—85
GB/T 14345—93	合成纤维长丝捻度试验方法	FJ557—85
GB/T 14346—93	合成纤维长丝电子条干不匀率试验方法	
GB/T 14460—93	涤纶低弹丝	FJ554—87
GB/T 14462—93	维纶短纤维	ZBW52001—86
GB/T 14463—93	粘胶短纤维	FJ282—85
GB/T 14464—93	涤纶短纤维	FJ507—82
GB/T 14575—93	纺织品综合色牢度试验方法	
GB/T 14576—93	纺织品耐光、汗复合色牢度试验方法	
GB/T 14577—93	织物拒水性测定　邦迪斯门淋雨法	
GB/T 14578—93	柞蚕水缫丝	
GB/T 14644—93	纺织织物　燃烧性能　45°方向燃烧速率测定	
GB/T 14645—93	纺织织物　燃烧性能　45°方向损毁面积和接焰次数测定	
GB/T 14798—93	土工布　鉴别标志	
GB/T 14799—93	土工布孔径测定方法	
GB/T 14800—93	土工布顶破强力试验方法	
GB/T 14801—93	机织物和针织物纬斜和弓纬试验方法	
GB/T 14802—93	纺织品　烟浓度测定　减光系数法	

（二）行业标准

标准代号	标准名称	被代替的标准号
FZ/T 01023—93	贴衬织物沾色程度的仪器评级方法	GB6410—86
FZ/T 01024—93	试样变色程度的仪器评级方法	
FZ/T 01025—93	纺织品耐高湿氧化氮色牢度试验方法	
FZ/T 01026—93	四组份纤维混纺产品定量化学分析方法	
FZ/T 01027—93	评定变色用彩色样卡	FJ560—86
FZ/T 01028—93	纺织织物　燃烧性能测定　水平法	
FZ/T 01029—93	纺织品　稳态条件下热阻和湿阻的测定	
FZ/T 01030—93	针织物和弹性机织物接缝强力和扩张度的测定　顶破法	
FZ/T 01031—93	针织物和弹性机织物接缝强力和伸长率的测定　抓样拉伸法	
FZ/T 01032—93	织物及其制品缝纫损伤的测定	
FZ/T 01033—93	绒毛织物单位面积质量和含(覆)绒率的测定	
FZ/T 01034—93	机织物拉伸弹性试验方法	
FZ/T 01035—93	纺织材料　标示线密度的通用制(特克斯制)	
FZ/T 01036—93	纺织材料　以特克斯制(tex)的约整值代替传统纱支的综合换算表	
FZ/T 01037—93	纺织产品　保证文件	
FZ/T 10002—93	色织牛仔布疵点评分方法	
FZ/T 10004—93	棉及化纤纯纺、混纺本色布检验规则	GB410—78
FZ/T 10005—93	棉及化纤纯纺、混纺印染布检验规则	GB432—78
FZ/T 10006—93	棉及化纤纯纺、混纺本色布棉结杂质疵点格率检验	
FZ/T 10007—93	棉及化纤纯纺、混纺本色纱线检验规则	GB405—78
FZ/T 12002—93	本色精梳棉缝纫线专用纱线	
FZ/T 13001—93	色织牛仔布	
FZ/T 20005—93	毛纺纯毛和混纺产品的标志	
FZ/T 20006—93	精梳、粗梳毛织品生产评等检验的抽样方案	
FZ/T 20007—93	精梳、粗梳毛织品交付验收的抽样方案	
FZ/T 20008—93	毛织物单位面积重量的测定	
FZ/T 20009—93	毛织物缩水率的测定　静态浸水法	
FZ/T 20010—93	毛织物缩水率的测定　温和式家庭洗涤法	
FZ/T 21001—93	自梳外毛毛条	FJ218—64
FZ/T 24002—93	精梳毛织品	ZBW23001—86
FZ/T 24003—93	粗梳毛织品	ZBW23002—86
FZ/T 24004—93	粗梳低含毛混纺及纯化纤毛织品	FJ373—79

续

标准代号	标准名称	被代替的标准号
FZ/T 24005—93	座椅用毛织品	
FZ/T 25002—93	造纸毛毯	FJ310,311,497,498,499—81
FZ/T 40002—93	丝织物尺寸变化测定方法	
FZ/T 42001—93	柞蚕药水丝	
FZ/T 43006—93	柞蚕绢丝织物	
FZ/T 52003—93	丙纶短纤维	
FZ/T 53001—93	维纶牵切纱	
FZ/T 54003—93	涤纶预取向丝	
FZ/T 54004—93	涤纶低弹网络丝	
FZ/T 60009—93	金属镀膜复合絮片针刺密度的测定	
FZ/T 60010—93	金属镀膜复合絮片断裂强力和拼搭强力的测定	
FZ/T 60011—93	金属镀膜复合絮片剥离强力的测定	
FZ/T 60012—93	金属化纺织品镀层耐磨牢度的测定	
FZ/T 60013—93	金属化纺织品保温性的测定	
FZ/T 60014—93	金属化纺织品及絮制品耐久洗涤性能的测定	
FZ/T 60015—93	毛巾、床单检验规则	ZBW57003—86
FZ/T 60016—93	毛巾、床单回潮率和重量试验方法	ZBW57004—86,FJ441—79
FZ/T 60017—93	卫生用薄型非织造布液体穿透性试验方法	
FZ/T 60018—93	非织造布衬里材料水洗试验方法	
FZ/T 62005—93	被套	
FZ/T 62006—93	毛巾	ZBW57001—86
FZ/T 63002—93	粘胶长丝绣花线	
FZ/T 63003—93	棉工艺绣花绞线	
FZ/T 63004—93	维纶缝纫线	
FZ/T 63005—93	机织腰带	
FZ/T 64002—93	金属镀膜复合絮片	
FZ/T 64003—93	喷胶棉絮片	
FZ/T 64004—93	薄型粘合法非织造布	
FZ/T 72002—93	针织人造毛皮	ZBW62001,62002—87
FZ/T 75001—93	涂层织物　撕破强力试验方法	
FZ/T 75002—93	涂层织物　光加速老化试验方法　氙弧灯法	
FZ/T 75003—93	涂层织物　胀破强度的测定　弹性膜片法	
FZ/T 75004—93	涂层织物　伸长和拉伸永久变形试验方法	
FZ/T 82003—93	注塑布鞋	SG170—84
FZ/T 90044—93	染整机器公称宽度	

续

标准代号	标准名称	被代替的标准号
FZ/T 90045—93	纺织机械产品型号的编制和管理	FJ401—78
FZ/T 90046—93	棉纺设备调换齿轮	FJ371—67
FZ/T 90047—93	圆柱齿轮结构型式及尺寸	FJ/Z112—84
FZ/T 90048—93	织机左右侧定义	FJ506—82
FZ/T 90049—93	织造准备机械左右侧定义	FJ504,505—82 FJ503—82
FZ/T 90050—93	纺部机械左右侧定义	
FZ/T 90051—93	纺织机械产品图样及设计文件的计算机编码	
FZ/T 90052—93	弹性针布产品分类、术语及产品标记	GB6209—86
FZ/T 90053—93	织造准备和整理机器宽度	FJ364,365—80
FZ/T 91001.1—93	工艺文件完整性及审批程序	
FZ/T 91001.2—93	工艺规程格式	
FZ/T 91001.3—93	管理用工艺文件格式	
FZ/T 91001.4—93	工艺装备设计图样及文件格式	
FZ/T 91002.1—93	工艺装备设计管理导则　总则	
FZ/T 91002.2—93	工艺装备设计管理导则　工艺装备设计选择规则	
FZ/T 91002.3—93	工艺装备设计管理导则　工艺装备设计(修改)任务书编制规则	
FZ/T 91002.4—93	工艺装备设计管理导则　工艺装备设计程序	
FZ/T 91002.5—93	工艺装备设计管理导则　工艺装备的验证	
FZ/T 91003.1—93	制造工艺管理导则　总则	
FZ/T 91003.2—93	制造工艺管理导则　产品工艺工作程序	
FZ/T 91003.3—93	制造工艺管理导则　产品结构工艺性审查	
FZ/T 91003.4—93	制造工艺管理导则　工艺方案设计	
FZ/T 91003.5—93	制造工艺管理导则　工艺规程设计	
FZ/T 91003.6—93	制造工艺管理导则　工艺定额编制	
FZ/T 91003.7—93	制造工艺管理导则　工艺文件标准化审查	
FZ/T 91003.8—93	制造工艺管理导则　工艺文件的修改	
FZ/T 91003.9—93	制造工艺管理导则　工艺验证	
FZ/T 91003.10—93	制造工艺管理导则　生产现场工艺管理	
FZ/T 91003.11—93	制造工艺管理导则　工艺纪律管理	
FZ/T 91003.12—93	制造工艺管理导则　工艺试验研究与开发	
FZ/T 91003.13—93	制造工艺管理导则　工艺信息	
FZ/T 91003.14—93	制造工艺管理导则　工艺标准化	
FZ 92023—93	棉纺环锭细纱锭子	FJ/JQ9,10—83
FZ 92024—93	LZ 系列下罗拉轴承	FJ/JQ2—82
FZ 93016—93	绒线细纱机	FJ/JQ117—87

续

标 准 代 号	标 准 名 称	被代替的标准号
FZ 93017—93	精纺梳毛机	FJ/JQ194—88
FZ 93018—93	和毛机	
FZ 93019—93	梳棉用盖板针布	GB6210—86
FZ 93020—93	梳毛用弹性针布	GB6211—86
FZ 93021—93	起毛用弹性针布	GB6212—86
FZ 93022—93	绢纺用弹性针布	GB6214—86
FZ 93023—93	辅助用弹性针布	GB6215—86
FZ 93024—93	梳理用隔距片	GB6216—86
FZ 93025—93	毛、苎麻、绢纺翼锭粗纱机(罗拉、皮圈牵伸式)	FJ/JQ113—87
FZ 93026—93	苎麻、绢纺翼锭粗纱机(罗拉、针板、针筒牵伸式)	FJ/JQ141—88
FZ/T 93027—93	棉纺环锭细纱机	FJn192—80, FJ/JQ11—83
FZ/T 93028—93	针筒式粗纱机	FJ/JQ114—87
FZ/T 94013—93	梭子用梭尖	FJ1026—83
FZ/T 94014—93	梭子用梭芯	FJ1025—83
FZ/T 94015—93	梭子用底板弹簧	FJ1028—83
FZ 95003—93	圆网印花机	FJ/JQ111—87
FZ/T 96013—93	帘子线捻线用铝质双边筒管	FJ1026—83
FZ/T 96014—93	帘子线捻线用塑料双边筒管	FJ1128—81
FZ 97010—93	针织机械二角通用技术条件	
FZ 97011—93	纬编机 双面圆型纬编机(罗纹机)	
FZ 99008—93	FXD系列纺织用高效率多速三相异步电动机(H160～200m)	

统 计 篇

Statistical Data

一、1993 年国民经济主要指标

Main Indices of National Economy in 1993

中国纺织总会规划发展部统计处　编

China National Textile Council Department of Planning and Development

1993 年国民经济主要指标

Main Indices of National Economy in 1993

	单　位 Unit	1978	1980	1985	1990	1992	1993
1. 人口(年末数) Population	万人 10000 persons	96259	98705	105851	114333	117171	118517
2. 从业人员(年末数) Employment	万人 10000 persons	40152	42361	49873	56740	59432	60220
职工人数(年末数) Staff and workers	万人 10000 persons	9499	10444	12358	14059	14792	14849
3. 国民生产总值 GNP(Gross national product)	亿元 100 million yuan	3588	4470	8558	17695	24036	31342
4. 国民收入 NI(National income)	亿元 100 million yuan	3010	3688	7020	14384	19845	24882
5. 全社会固定资产投资 Total investment in fixed assets	亿元 100 million yuan	668.72	910.85	2543.19	4449.29	7854.98	12457.88
6. 国家财政收入 Goverment revenue	亿元 100 million yuan	1121.10	1085.20	1866.40	3312.60	4153.10	5088.20
7. 国家财政支出 Goverment expenditures	亿元 100 million yuan	1111.00	1212.70	1844.80	3452.20	4389.70	5287.40
8. 农副产品收购价格总指数 Overall farm and sideline products purchasing	上年 100% preceding year 100%	103.90	107.10	108.60	97.40	103.40	113.40
9. 零售物价总指数 Overall retail cost of living index	上年 100% preceding year 100%	100.70	106.00	108.80	102.10	105.40	113.20

续

	单位 Unit	1978	1980	1985	1990	1992	1993
10. 居民消费价格总指数 Overall nesidents consumer price indices	上年100% preceding year 100%	—	—	109.30	103.10	106.40	114.70
11. 职工工资总额 Total wages of staff and workers	亿元 100 million yuan	568.90	772.40	1383.00	2951.10	3939.20	4916.20
12. 职工平均货币工资 Average annual wage of staff and werkers	元 yuan	615	762	1148	2140	2711	3371
13. 居民消费水平 Per capital annual consumption	元 yuan	175	227	403	723	947	1148
农民 Agricultural population	元 yuan	132	173	342	524	650	774
非农业居民 Nonagricultural population	元 yuan	383	468	727	1477	1983	2480
14. 工业企业单位数 No. of enterprises	万个 10000	34.84	37.73	518.53	795.78	861.21	991.16
乡及乡以上 Township level and above	万个 10000	34.84	37.73	46.32	41.71	40.80	45.90
15. 工业总产值 Gross output value	亿元 100 million yuan	4237	5154	9716	23924	37066	52692
乡及乡以上 Township level and above	亿元 100 million yuan	4237	5128	8294.51	18689.22	27724	39639
16. 社会商品零售总额 Total value of retail sales	亿元 100 million yuan	1558.60	2140.00	4305.00	8300.10	10993.70	13592.60
17. 社会消费品零售额 Retail sales of consumes goods	亿元 100 million yuan	1264.90	1794.00	3801.40	7250.30	9704.80	12237.00
18. 进出口总额 Total value of exports and imports	亿美元 US$100 million yuan	206.40	381.40	696.00	1154.40	1655.30	1957.10
出口额 Exports	亿美元 US$100 million yuan	97.50	181.20	273.50	620.90	849.40	917.60
实际利用外资额 Value of foreign capital actually	US$100 million yuan	—	—	46.47	102.89	192.02	389.60

注 ①本资料按1994年国家统计局资料整理。

②乡及乡以上企业单位数和总产值中，1978年、1980年、1985年为独立和非独立核算企业数；1990年、1992年、1993年为独立核算企业数。

Note ①Source: Statistical yearbook of China 1994.

②Township level and above includes only the industrial enterprises with independent systems in 1992 and 1993.

二、我国纺织工业的基本情况

The Textile Industry in China

中国纺织总会规划发展部统计处　编
China National Textile Council Department of Planning and Development

1993 年全国纺织工业基本情况

The Textile Industry in China in 1993

	单　位 Unit	1992	1993	1993 比 1992 ±%
1. 纺织工业企业单位数　No. of textile enterprises	个 No.	50133	51338	2.40
占全国工业企业单位数　Share in national industrial enterprises	%	9.99	9.87	—
2. 纺织工业总产值(90 不变价)　Total output value of textile industry(calculated on the constant price in 1990)	亿元 100 million yuan	4526	5516	21.87
占全国工业总产值　Share in total output value of national industry	%	15.89	15.58	—
3. 纺织工业利税总额　Total value of profits and taxes of textile indastry	亿元 100 million yuan	243	243	0
占全国工业利税总额　Share in total value of profits and taxes of industry	%	6.21	8.68	—
占全国财政收入 Share in coverment revenue	%	5.85	4.79	—
4. 纺织工业增加值　Added-value of textile industry	亿元 100 million yuan	850	1484	—
占全国工业增加值　Share in added-value of industry	%	11.09	11.56	—
5. 纺织工业出口值　Export value of textile industry	亿美元 US$100 million yuan	246	271	10.16
占全国出口总值　Share in total export	%	29	29.53	—
6. 衣着类消费品零售总额　Retail sales of clothing	亿元 100 million yuan	1582	1995	26.11
占社会消费品零售总额　Share in retail sales of consumer goods	%	16.3	16.3	—
7. 纺织工业固定资产投资额　Investment in fixed assets of textile industry	亿元 100 million yuan	196	273	32.29
占全社会固定资产投资额　Share in total investment in fixed assets	%	3.81	2.19	—
8. 城镇居民家庭平均每人全年消费性支出　Urban household annual living expenditures per capita by percentile of hous	元 yuan	1672	2111	26.26
其中:衣着支出　of which:clothing	元 yuan	235.42	300.61	27.69
9. 农民家庭平均每人全年生活消费支出　Per capita rural household living expenditures	元 yuan	659.01	769.65	1.17
其中:衣着支出　of which:clothing	元 yuan	51.17	54.75	7.00
10. 纺织工业从业人数　Staff and workers in textile industry	万人 10000 persons	1274.8	1263	−0.93
占全国从业人数　Share in total staff and workers in industry	%	2.14	2.10	—

注　①本资料按 1994 年国家统计局资料整理。②企业数为乡及乡以上独立和非独立核算企业数。

Notes　①Source:Statistical yearbook of China 1994. ②Including township level and above enterprises.

1993年全国纺织工业主要经济指标
——乡及乡以上独立核算企业
Major Economic Indices of the National Textile Industry in China in 1993
——Including Township Enterprises

项 目 Item	单 位 Unit	合 计 Total	纺织业 Textile industry	服装及其它纤维制品制造业 Garments and other fiber products	化学纤维制造业 Chemical fibers	纺织专用设备制造业* Textile machinery industry
企业单位数 No. of enterprises	个 No.	45589	24613	17921	1088	1967
工业总产值(当年价) Gross output value of industry	亿元 100 million yuan	5174.57	3520.74	993.58	453.80	206.45
工业总产值(不变价) Gross output value of industry	亿元 100 million yuan	5353.76	3699.81	977.81	478.23	197.91
工业增加值(生产值) Added-value of industry	亿元 100 million yuan	1484.41	950.86	325.23	145.82	62.50
工业销售产值(当年价) Sdles output value of industry	亿元 100 million yuan	4513.38	3082.87	824.06	423.19	183.26
职工人数 No. of staff and workers	万人 10000 persons	1262.68	903.58	256.68	50.28	52.14
资本金合计 Total capital assets	亿元 100 million yuan	2708.78	1868.49	524.95	234.56	80.78
流动资产合计 Total circulating funds	亿元 100 million yuan	2929.80	1991.27	483.47	289.57	165.49
固定资产合计 Total fixed assets	亿元 100 million yuan	2312.15	1533.24	241.45	447.32	90.14
固定资产原价合计 Original value of fixed asstes	亿元 100 million yuan	2573.81	1726.78	272.04	476.32	98.67
固定资产净值合计 Net value of fixed asstes	亿元 100 million yuan	1938.10	1290.44	211.59	370.63	65.44
产品销售收入 Product sales revenue	亿元 100 million yuan	4576.48	3100.82	817.66	459.41	198.59
产品销售成本 Product sales cost	亿元 100 million yuan	3889.92	2673.52	704.48	357.56	154.36
产品销售税金及附加 Product sales pre-tax and related payment	亿元 100 million yuan	175.22	114.75	25.48	26.00	8.99
产品销售利润 Product sales after-tax profits	亿元 100 million yuan	380.83	223.47	58.01	69.69	29.66

续

项　目 Item	单 位 Unit	合 计 Total	纺织业 Textile industry	服装及其它纤维制品制造业 Garments and other fiber products	化学纤维制造业 Chemical fibers	纺织专用设备制造业* Textile machinery industry
利润总额 Total after-tax profits	亿元 100 million yuan	68.26	−4.73	28.94	32.93	11.12
利税总额 Total pre-tax profits	亿元 100 million yuan	243.48	110.02	54.42	58.93	20.11
工业增加值率 Added-value of industry/gross output value of industry	% yuan	28.69	27.01	32.73	32.13	30.27
每百元固定资产实现利税 Pre-tax profits/original value of fixed assets	元 yuan	9.46	6.37	20.00	12.37	20.38
资金利税率 Pre-tax profits/total assets	%	5.50	3.65	8.88	9.87	9.87
产值利税率 After-tax profits/gross output value	%	4.71	3.12	5.48	12.99	9.74
每百元销售收入实现的利润 After tax profits/sales revenue	元 yuan	1.49	−0.15	3.54	7.17	5.60
工业成本利润率 After-tax profits/industry cost	%	1.75	−0.17	4.11	9.21	7.20
流动资产周转次数 Turnover of cireulating funds	次/年 time/year	1.73	1.70	1.96	1.75	1.38
全员劳动生产率 Overall labor productivity	元/人·年 yuan/person·year	40980.85	38964.34	38708.89	90141.21	39595.32
产品销售率 Sates output value of industry/gross output value of industry	%	85.26	83.33	82.94	93.25	88.76

注 ①本资料按1994年国家统计局资料整理。

②纺织专用设备制造业中含服装、皮革、化纤专用设备制造业。

Notes ①Source:Statistical yearbook of China 1994.

②Textile machinery industry includes textile clothing、leather and chemical machinery production.

1993年纺织工业(系统内)主要经济指标

Major Economic Indices of Textile Industry in 1993(Internal the Ministry of Textile Industry)

	单位 Unit	1993
1. 纺织工业企业单位数 Number of textile enterprises	个 No.	10088
占乡及乡以上纺织企业单位数 Share in number of rural and above textile enterprises	%	22.1
2. 纺织工业总产值(90不变价计算) Total output value of textile industry(calculated on the constant price in 1990)	亿元 100 million yuan	2600.2
占乡及乡以上纺织工业总产值 Share in total output value of rural and above textile industry	%	48.6
3. 纺织工业年末职工人数 Staff and workers in textile industry in the end of the year	万人 10000 persons	729.2
占乡及乡以上纺织职工人数 Share in staff and workers of rural and above textile industry	%	57.4
4. 纺织工业增加值(现价) Added value of textile industry(current prices)	亿元 100 million yuan	608.6
占乡及乡以上纺织工业增加值 Share in net Added value of rural and above textile industry	%	41.0
5. 纺织工业利税总额 Total value of profits and taxes of textile industry	亿元 100 million yuan	75.91
占乡及乡以上纺织利税总额 Share in total value of profits and taxes of rural and above textile industry	%	31.2
6. 纺织工业利润总额 Total after-tax profits in textile industry	亿元 100 million yuan	-61553
7. 纺织产品销售收入 Sales revenue of the textile products	亿元 100 million yuan	2102.2
占乡及乡以上纺织产品销售收入 Share in sales revenue of rural and above textile products	%	45.9

纺织工业主要行业总产值平均增长速度

Average Growth Rates of Total Output Values in Major Textile Sectors

单位：%

Unit：%

时 期 Period or year	"一五"时期 1953～1957	"二五"时期 1958～1962	1963～1965年	"三五"时期 1966～1970	"四五"时期 1971～1975	"五五"时期 1976～1980	"六五"时期 1981～1985	"七五"时期 1986～1990	1953～1993年
纺织工业合计 Total textile industry	8.6	-3.3	21.3	6.2	3.9	13.8	7.8	7.3	7.3
其中：化学纤维工业 of which：Chemical fiber industry	—	—	—	15.1	4.4	37.2	10.9	22.2	—
棉纺织印染工业 Cotton spinning，weaving，dyeing and printing industry	5.7	-5.5	22.0	8.5	4.3	11.5	6.1	3.3	5.9
针织工业 Knitting industry	22.7	-0.9	6.1	13.9	8.1	15.4	9.1	4.3	9.0
毛纺织工业 Wool spinning，weaving and dyeing industry	32.0	-4.6	-2.3	7.9	6.4	12.3	17.6	4.0	11.7
麻纺织工业 Bast fiber industry	13.7	-4.6	-2.3	7.9	6.4	12.3	11.8	6.3	7.0
丝绢纺织工业 Silk and spun silk industry	15.3	12.7	8.9	9.8	2.2	11.3	13.5	3.7	9.9
纺织机械工业 Textile machinery industry	29.3	1.4	21.6	6.9	2.1	20.6	8.1	8.2	12.6
纺织器材工业 Textile accessories industry	—	—	—	—	—	—	7.2	6.1	—
服装工业 Apparel industry	—	—	—	—	—	10.3	5.9	—	—

注 按可比价格计算。

Note On the comparable price.

纺织工业(系统内)主要行业总产值及构成

Total Output Value and Composition of Major Textile Sectors (Internal the Ministry of Textile Industry)

年 份 Year	1952	1957	1965	1978	1992	1993
总产值(亿元) Total output value(100 million yuan)	94.3	143.6	216.5	473.2	2391.5	2600.2
其中:化学纤维工业 of which:Chemical fiber industry	—	—	4.2	28.3	277.0	306.2
棉纺织印染工业 Cotton spinning, weaving, dyeing and printing industry	73.7	100.6	137.5	316.8	1194.0	1231.1
针织工业 Knitting industry	3.6	9.8	11.3	40.9	157.7	172.5
毛纺织工业 Wool spinning, weaving and dyeing industry	1.4	6.1	9.1	26.8	203.5	224.7
麻纺织工业 Bast fiber spinning and weaving industry	2.1	3.9	2.8	7.5	43.4	50.0
丝绢纺织工业 Silk and spun silk industry	3.0	5.6	15.3	35.7	249.0	316.1
纺织机械工业 Textile machinery industry	0.3	1.1	3.3	8.9	58.8	65.5
纺织器材工业 Textile accessories industry	—	—	1.1	2.6	12.9	11.6
服装工业 Apparel industry	—	—	—	—	140.9	163.1
比重(%) Share(%)	100	100	100	100	100	100
其中:化学纤维工业 of which:Chemical fiber industry	—	—	1.9	6.0	11.6	13.9
棉纺织印染工业 Cotton spinning, weaving, dyeing and printing industry	78.2	70.1	63.5	66.9	49.9	47.3
针织工业 Knitting industry	3.8	6.8	5.2	8.6	6.6	6.6
毛纺织工业 Wool spinning, weaving and dyeing industry	1.5	4.2	4.2	5.7	8.5	8.6
麻纺织工业 Bast fiber spinning and weaving industry	2.2	2.7	1.3	1.6	1.8	1.9
丝绢纺织工业 Silk and spun silk industry	3.2	3.9	7.1	7.5	10.4	12.2
纺织机械工业 Textile machinery industry	—	0.8	1.5	1.9	2.5	2.5
纺织器材工业 Textile accessories industry	—	—	0.5	0.5	0.5	0.4
服装工业 Apparel industry	—	—	—	—	5.9	6.3

1993 年 纺 织 工 业 系 统 增 加 值
Added Value of the Enterprises under the Ministry of Textile Industry in 1993

单位:亿元
Unit:100 million yuan

	总产值(现行价) Total output value (present price)	增加值 Added value	增加值为现价总产值的百分数 Share of added value in total output value of present price(%)
全国总计 Grand total	2534.5	608.6	24.0
化学纤维工业 Chemical fiber industry	285.7	73.0	25.6
其中:合成纤维工业 of which:Synthetic fiber industry	232.5	54.3	23.4
棉纺织印染工业 Cotton spinning, weaving, dyeing and printing industry	1211.4	274.1	22.6
其中:印染工业 of which:Deying and printing industry	249.8	44.9	18.0
针织工业 Knitting industry	171.1	41.4	24.2
毛纺织工业 Wool spinning, weaving and dyeing industry	204.3	58.2	28.5
麻纺织工业 Bast fiber spinning and weaving industry	48.6	10.4	21.4
丝绢纺织工业 Silk and spun silk industry	299.3	76.0	25.4
纺织机械工业 Textile machinery industry	69.8	20.9	29.9
纺织器材工业 Textile accessories industry	12.1	3.6	29.8
服装工业 Apparel industry	172.6	42.0	24.3

注 由于总产值与增加值存在填报企业单位不完全一致的情况,这一百分数仅供参考。

Note Since there is a lack of consistency in the number of the enterprises between the total output value and added value, the percentages are only for reference.

纺 织 工 业(系 统 内)主 要 行 业 职 工 人 数
Number of Staff and Workers Engaged in Major Textile Sectors (Internal the Ministry of Textile Industry)

单位:万人
Unit:10000 persons

	1952年末 End of 1952	1957年末 End of 1957	1965年末 End of 1965	1978年末 End of 1978	1992年末 End of 1992	1993年末 End of 1993
纺织工业合计 Total No. of staff and workers in textile industry as a whole	97.0	131.3	148.5	311.2	761.50	729.17
化学纤维工业 Chemical fiber industry	—	—	2.5	11.0	32.42	37.61
棉纺织印染工业 Cotton spinning, weaving, dyeing and printing industry	71.0	84.3	95.0	175.3	379.94	362.38
其中:印染工业 of which:Dyeing and printing industry	—	—	—	14.9	31.58	32.57
针织工业 Knitting industry	7.9	12.2	13.6	37.3	64.84	61.14
毛纺织工业 Wool spinning, weaving and dyeing industry	2.1	4.3	8.3	16.2	63.52	59.78
麻纺织工业 Bast fiber spinning and weaving industry	3.6	5.0	3.2	9.0	29.81	26.74
丝绢纺织工业 Silk and spun silk industry	7.7	6.8	16.6	34.7	80.10	77.06
服装工业 Apparel industry	—	—	—	—	53.33	49.96

注 包括计划外用工。

Note Figures include extra budgetary workers.

历年纺织工业
Output of Major Textile

年份 Year	化学纤维（万吨） Chemical fiber (10000 tons)	其中 of which 粘胶纤维（万吨） Rayon fiber (10000 tons)	合成纤维（万吨） Synthetic fiber (10000 tons)	纱（万件） yarn (10000 bales)	纱（万吨） yarn (10000 tons)	布（亿米） fabric (100 million meters)
1949	—	—	—	180.3	32.7	18.9
1952	—	—	—	361.8	65.7	38.3
1957	0.02	0.02	—	465.3	84.4	50.5
1958	0.30	0.30	—	695.4	126.2	64.6
1959	0.54	0.53	0.01	843.6	153.1	75.7
1960	1.06	1.04	0.03	602.5	109.3	54.5
1961	0.53	0.51	0.02	368.6	66.9	31.1
1962	1.36	1.32	0.04	302.3	54.9	25.3
1963	1.89	1.80	0.09	373.8	67.8	33.4
1964	3.21	3.02	0.19	534.8	97.0	47.1
1965	5.01	4.49	0.52	716.4	130.0	62.8
1966	7.58	5.81	1.77	862.5	156.5	73.1
1967	5.22	3.68	1.54	744.6	135.1	65.6
1968	3.60	2.62	0.97	758.8	137.7	64.3
1969	6.66	4.55	2.11	994.9	180.5	82.1
1970	10.09	6.47	3.62	1131.0	205.2	91.5
1971	11.99	7.60	4.39	1047.0	190.0	84.2
1972	13.73	8.70	5.03	1039.3	188.6	83.5
1973	14.88	9.22	5.66	1084.2	196.7	87.1
1974	14.26	8.53	5.73	993.5	180.3	80.8
1975	15.48	8.91	6.57	1161.8	210.8	94.0
1976	14.61	6.77	7.84	1080.3	196.0	88.4
1977	18.98	8.41	10.57	1228.9	223.0	101.5
1978	28.46	11.52	16.93	1327.9	238.2	110.3
1979	32.63	11.27	21.36	1467.4	263.5	121.5
1980	45.03	13.62	31.41	1628.7	292.6	134.8
1981	52.73	14.26	38.47	1763.0	317.0	142.7
1982	51.70	14.16	37.53	1867.7	335.4	153.5
1983	54.07	13.87	40.20	1820.4	327.1	148.8
1984	73.49	15.91	57.58	1790.6	321.9	136.9
1985	94.78	17.73	77.06	1966.5	353.5	146.7
1986	101.73	18.66	83.07	2213.7	397.8	164.7
1987	117.50	19.30	98.20	2431.6	436.8	173.0
1988	130.12	17.66	112.47	2594.3	465.7	187.9
1989	147.82	19.60	128.22	2656.1	476.7	189.2
1990	164.82	21.64	143.18	2574.1	462.6	188.8
1991	191.04	24.01	167.03	2565.7	460.8	181.7
1992	211.12	24.91	186.21	2793.1	501.4	190.5
1993	226.87	27.62	199.25	2792.7	501.4	196.9

主 要 产 品 产 量 (一)

Products(1949～1993)(1)

其中 of which					
纯棉布(亿米) All cotton fabric (100 million meters)	棉混纺交织布(亿米) Cotton blend fabric (100 million meters)	纯化纤布(亿米) All chemical fiber fabric (100 million meters)	涤纶混纺布(亿米) Polyester blend fabric(100 million meters)	印染布(亿米) Printed and dyed fabric(100 million meters)	针棉织品折用纱量(万件) Cotton knitgoods converted into yarn consumed (10000bales)
—	—	—	—	—	13.0
—	—	—	—	19.20	30.4
—	—	—	—	29.40	71.7
—	—	—	—	39.20	111.5
—	—	—	—	46.40	165.3
49.9	—	—	—	32.20	127.0
28.2	—	0.97	—	18.20	55.2
22.7	0.20	1.07	—	18.40	46.6
30.7	0.20	1.26	—	23.40	44.3
43.8	—	1.54	—	29.80	65.2
57.4	—	1.95	—	35.90	98.1
64.8	—	2.22	—	40.40	122.2
58.1	—	—	—	35.10	113.5
56.0	—	—	—	37.10	109.6
71.0	—	—	—	48.80	152.0
78.0	—	—	—	53.00	185.5
71.0	—	—	—	47.60	180.4
70.0	6.57	1.97	1.67	46.50	171.7
72.2	8.85	2.52	3.49	51.60	178.7
66.5	8.37	2.94	4.02	51.25	170.2
77.7	9.61	3.38	5.10	58.88	189.1
71.7	10.36	3.26	6.98	53.57	185.3
81.6	12.58	3.78	10.07	59.77	210.5
81.5	20.23	4.68	16.18	65.00	226.5
82.2	28.29	6.81	23.64	71.78	244.4
87.1	33.69	9.69	26.33	80.71	278.1
85.2	40.93	12.56	35.21	82.85	308.3
101.2	37.77	10.18	27.34	80.77	353.8
90.4	42.45	11.17	39.60	73.29	341.8
70.1	46.43	15.03	46.41	68.10	328.7
82.1	46.94	17.59	48.76	75.27	381.2
99.1	45.41	20.26	47.83	79.47	426.8
107.6	47.99	17.15	48.60	83.12	488.9
118.7	51.47	17.65	50.79	95.23	560.4
117.9	53.32	17.96	51.78	87.02	555.4
108.2	56.21	24.38	57.60	91.55	534.3
108.6	55.22	17.95	54.70	99.47	528.0
111.7	57.55	21.16	56.14	124.55	568.6
118.1	55.88	22.89	48.40	136.39	485.6

历 年 纺 织 工 业
Output of Major Textile

年份 Year	针棉织品折用纱量（万吨） Cotton knitgoods converted into yarn consumed (10000 tons)	针织品折用化纤长丝量(万吨) Knitgoods converted into chemical fiber (fil)consumed (10000 tons)	毛 线（万吨） Hand knitting wool yarn (10000 tons)	呢 绒（万米） Wool fabric (10000 meters)	毛 毯（万条） Woollen blanket (10000 pcs.)	麻 袋（亿条） Gunny bag (100 million pcs.)
1949	—	—	0.18	544	22.2	0.10
1952	—	—	0.20	423	71.7	0.67
1957	—	—	0.57	1817	86.2	0.83
1958	—	—	1.00	2674	142.9	1.20
1959	—	—	0.88	3385	170.3	1.07
1960	—	—	0.95	2646	206.0	0.86
1961	—	—	0.53	3092	161.6	0.59
1962	—	—	0.78	3242	191.4	0.44
1963	—	—	0.80	4369	188.9	0.50
1964	—	—	0.96	4809	208.0	0.86
1965	—	—	1.10	4240	242.0	1.25
1966	—	—	1.25	4383	267.0	1.46
1967	—	—	1.11	3577	280.0	1.24
1968	—	—	1.21	3976	300.0	1.08
1969	—	—	1.70	4975	360.0	1.48
1970	—	—	2.17	5776	445.1	1.84
1971	—	—	2.35	6153	398.8	1.81
1972	—	—	2.21	6046	382.8	1.32
1973	—	—	2.32	6211	434.8	1.69
1974	—	—	2.36	6357	486.1	1.68
1975	—	—	2.66	6943	513.0	1.91
1976	—	—	2.78	7072	505.6	1.88
1977	—	—	3.11	7840	539.0	2.45
1978	40.72	1.99	3.78	8885	625.0	2.89
1979	43.88	2.59	4.44	9017	690.0	3.39
1980	49.97	4.57	5.73	10093	883.7	4.25
1981	55.43	6.91	7.65	11308	1067.0	4.29
1982	63.53	6.64	9.25	12669	1378.8	5.00
1983	61.42	7.44	10.21	14291	1621.6	5.51
1984	59.10	8.58	11.00	18049	1745.4	5.48
1985	68.53	9.13	12.59	21816	2015.4	6.27
1986	76.69	7.58	14.91	25186	2421.8	7.60
1987	87.82	7.55	20.42	26540	3018.5	8.58
1988	100.59	8.09	22.44	28611	3515.6	9.31
1989	99.69	7.37	24.99	27963	3081.5	8.54
1990	96.02	6.95	23.79	29505	2295.6	7.40
1991	94.82	6.65	28.25	31143	2400.3	6.51
1992	102.08	6.17	35.06	33791	2457.1	6.15
1993	87.19	5.57	34.46	35252	3533.9	6.25

主 要 产 品 产 量 （二）
Products（1949～1993）（2）

苎麻布（万米）Ramie fabric（10000 meters）	亚麻布（万米）Linen fabric（10000 meters）	丝（万吨）Silk（10000 tons）	丝织品（亿米）Silk fabric（100 million meters）	服装（亿件）Apparel（100 million pcs.）	纺织机械（万吨）Textile machinery（10000 tons）
9	9	0.18	0.50	—	—
2	66	0.56	0.65	—	1.99
126	2398	0.99	1.45	—	4.33
528	2609	1.13	2.03	—	6.29
1176	2425	1.02	2.78	—	8.19
995	2487	0.83	2.83	—	11.81
775	1019	0.52	2.53	1.99	3.98
458	1098	0.47	2.25	2.35	2.23
1007	907	0.47	2.46	2.56	2.47
1276	1190	0.71	4.77	3.07	4.78
1299	1412	0.91	3.42	3.85	8.63
967	1848	1.18	3.79	4.41	10.68
—	—	1.13	3.24	4.08	5.72
—	—	0.93	2.86	3.25	6.28
—	—	1.30	3.55	3.54	8.70
—	—	1.67	4.32	3.66	11.47
—	—	1.93	4.48	4.14	12.01
1137	1455	1.95	4.48	4.86	11.13
731	1581	2.11	4.60	5.47	11.27
384	1592	1.82	4.22	5.68	11.18
729	1814	2.31	4.54	6.73	11.92
774	1534	2.28	4.60	7.18	10.53
691	1800	2.69	5.29	7.17	12.08
620	1931	2.97	6.11	6.73	19.25
1581	2081	2.97	6.63	7.44	19.47
1965	2097	3.54	7.59	9.45	24.53
2963	2052	3.74	8.35	10.08	27.98
4491	2110	3.71	9.14	9.85	32.81
2858	1881	3.69	10.03	10.04	33.79
4204	2056	3.76	11.78	11.06	30.18
3936	2262	4.22	14.49	12.67	35.59
4697	2657	4.72	15.01	—	39.77
6988	2843	5.19	16.02	22.60	46.56
7159	3070	5.15	17.11	29.11	66.86
15358	3331	5.23	16.28	30.03	49.33
7119	2733	5.66	17.12	31.75	44.42
8053	3139	6.07	24.06	33.84	44.85
9545	2864	7.33	25.24	42.66	42.16
10013	3963	9.24	28.36	63.68	48.41

纺织工业主要产品产量增长速度
Growth Rates of Major Textile Products

单位：%
Unit：%

	化学纤维 Chemical fiber	纱 yarn	布 fabrics	针棉织品折用纱 Cotton knitgoods (converted into yarns consumed)	毛线 Hand-knitting wool yarn	呢绒 Wool fabrics	毛毯 Woollen blanket	麻袋 Gunny bag	丝 Silk	丝织品 Silk fabrics	服装 Apparel
增长速度 Growth rate											
1952：1949	—	100.7	102.6	133.8	9.5	−22.2	223.0	592.2	210.7	30.0	—
1957：1952	—	28.6	31.9	135.9	185.6	329.6	20.2	23.4	77.4	123.1	—
1962：1957	6700	−35.0	−49.9	−35.0	38.0	78.4	122.0	−47.0	−52.9	55.2	—
1965：1962	268.4	137.0	148.2	110.5	40.5	30.8	26.4	184.2	96.0	52.0	—
1970：1965	101.4	57.9	45.7	89.1	97.6	36.2	83.9	47.4	83.0	26.3	−4.9
1975：1970	53.4	2.7	2.7	1.9	23.0	20.2	15.3	3.7	37.7	5.1	83.9
1980：1975	190.9	40.2	43.4	47.1	115.4	45.4	72.3	122.5	53.2	67.2	40.4
1985：1980	110.5	20.8	8.8	37.0	119.7	116.2	128.1	47.5	19.2	90.9	34.1
1990：1985	73.9	30.9	28.7	40.2	88.9	35.2	13.9	18.0	34.1	18.2	150.6
1993：1949	2893	1433	941	3635	19044	6380	15818	6150	5033	5572	1344
年平均增长速度 Annual average growth rate											
恢复时期 Economic recovery period	—	26.2	26.5	32.7	3.1	−8.0	47.8	90.6	45.9	9.2	—
"一五"时期 1st 5-year plan period	—	5.2	5.7	18.7	23.4	33.9	3.8	4.3	12.1	17.4	—
"二五"时期 2nd 5-year plan period	126.1	−8.3	−12.9	−8.3	6.6	12.3	17.3	−11.9	−14.0	9.2	—
1963～1965	54.4	33.3	35.4	28.2	12.0	9.4	8.1	41.7	25.1	15.0	—
"三五"时期 3rd 5-year plan period	15.0	9.6	8.1	13.6	14.6	6.4	12.9	8.1	12.8	4.8	−0.8
"四五"时期 4th 5-year plan period	8.9	0.5	0.5	0.4	4.2	3.8	2.9	0.7	6.6	1.0	12.9
"五五"时期 5th 5-year plan period	23.8	7.0	7.5	8.1	16.6	7.8	11.5	17.3	8.9	10.8	7.0
"六五"时期 6th 5-year plan period	16.1	3.8	1.7	6.5	17.0	16.7	18.0	8.1	3.6	13.8	6.1
"七五"时期 7th 5-year plan period	11.7	5.5	5.2	7.0	13.6	6.2	2.6	3.4	6.0	3.4	20.2
1950～1993	* 14.6	6.4	5.5	8.6	12.7	9.9	12.2	9.9	9.4	9.6	* 10.5

注 有 * 号者为 1966～1993 年。
Note Sign " * " shows the growth rate for 1966～1993.

纺织工业系统内全员劳动生产率
Labor Productivity of Enterprises under the Ministry of Textile Industry

单位:元/人
Unit:Yuan/Person

年 份 Year	1952	1957	1965	1978	1992	1993
* 全员劳动生产率 Labor productivity of whole work force	10309	12756	13195	17793	32587	34511
化学纤维工业 Chemical fiber industry	—	—	—	26241	81682	81168
其中:合成纤维工业 of which:Synthetic fiber industry	—	—	—	36010	96131	98273
棉纺织印染工业 Cotton spinning,weaving,dyeing and printing industry	—	—	—	19986	31234	31629
其中:印染工业 of which:Dyeing and printing industry	—	—	—	70295	79828	79054
针织工业 Knitting industry	—	—	—	15070	21378	23453
毛纺织工业 Wool spinning,weaving and dyeing industry	—	—	—	19045	31642	33773
麻纺织工业 Bast fiber spinning and weaving industry	—	—	—	10565	15913	18364
丝绢纺织工业 Silk and spun silk industry	—	—	—	12090	33328	40452
纺织机械工业 Textile machinery industry	—	—	—	6506	30426	32079
纺织器材工业 Textile accessories industry	—	—	—	—	21145	15851
服装工业 Apparel industry	—	—	—	—	23163	25861

注 ①*包括丝绸、服装工业。

②1978年仅为全民所有制企业,不包括服装工业。1992、1993年为国有经济企业。

Note ①Sign"*"shows figures include the silk industry and the apparel industry.

②Data listed in the above table for the year 1978 only from state-owned enterprises,and exclude the apparel industry. Those in the years 1992 and 1993 are only from state-owned enterprises also.

纺织工业实物劳动生产率
Labor Productivity in Kind of the Textile Industry

	单 位 Unit	1978	1992	1993
棉纱 Cotton yarn	工/吨 man-days/ton	31.16	29.76	30.1
棉布 Cotton fabric	工/万米 man-days/10000 meters	102	95.53	97.2
印染布 Dyed and printed fabric	工/万米 man-days/10000 meters	—	29.70	31.0
针织品 Knitting goods	工/千件 man-days/1000 pcs.	—	44.99	45.6
毛织品 Wool fabric	工/百米 man-days/100 meters	—	24.38	24.3
麻袋 Gunny bag	工/百条 man-days/100 pcs.	—	4.35	4.4
化纤 Chemical fiber	吨/人年 tons/man-year	5.84	9.23	9.4
缫丝 Silk reeling	工/百千克 man-days/100 kg	—	133	142
织绸 Silk weaving	工/百米 man-days/100 meters	—	4.82	5.0

1992、1993年纺织各行业主要技术经济指标
Major Techno-economic Indices of the Textile Sectors in 1992 and 1993

指 标 Item	单位 Unit	1992	1993
化学纤维 Chemical fiber			
粘胶纤维正品率(混合) Quality rayon(mixed)	%	99.18	99.25
每吨粘胶短纤维用浆粕 Pulp required to produce 1 ton of viscose staple fiber	千克 kg	1051	1053
每吨粘胶长丝用浆粕 Pulp required to produce 1 ton of viscose filament yarn	千克 kg	1116	1100
每吨粘胶短纤维用二硫化碳量 Carbon disulfide required to produce 1 ton of viscose staple fiber	千克 kg	196	189
每吨粘胶长丝用二硫化碳量 Carbon disulfide required to produce 1 ton of viscose filament yarn	千克 kg	357	351
每吨粘胶短纤维用硫酸量 Sulfuric acid required to produce 1 ton of viscose staple fiber	千克 kg	911	904
每吨粘胶长丝用硫酸量 Sulfuric acid required to produce 1 ton of viscose filament yarn	千克 kg	1308	1292
每吨粘胶短纤维用烧碱量 Caustic soda required to produce 1 ton of viscose staple fiber	千克 kg	618	609
每吨粘胶长丝用烧碱量 Caustic soda required to produce 1 ton of viscose filament yarn	千克 kg	801	776
每吨粘胶短纤维用电量 Power required to produce 1 ton of viscose staple fiber	千瓦·时 kW·h	1921	1919
每吨粘胶长丝用电量 Power required to produce 1 ton of viscose filament yarn	千瓦·时 kW·h	9902	9419

续

指　标　Item	单位 Unit	1992	1993
合成纤维正品率(混合) Quality synthetic fibers(mixed)	%	98.74	97.90
每吨锦纶用原料量 Raw material required to produce 1 ton of nylon	千克 kg	1128	1128
每吨涤纶短纤维用原料量 Raw material required to produce 1 ton of polyester staple fiber	千克 kg	1045	1062
每吨涤纶长丝用原料量 Raw material required to produce 1 ton of polyester filament yarn	千克 kg	1065	1062
每吨维纶用原料量 Raw material required to produce 1 ton of vinylon	千克 kg	926	927
每吨锦纶用电量 Power required to produce 1 ton of nylon	千瓦·时 kW·h	3099	3173
每吨涤纶短纤维用电量 Power required to produce 1 ton of polyester stape fiber	千瓦·时 kW·h	824	1851
每吨涤纶长丝用电量 Power required to produce 1 ton of polyester filament yarn	千瓦·时 kW·h	2503	2582
每吨维纶用电量 Power required to produce 1 ton of vinylon	千瓦·时 kW·h	2232	2824
每吨锦纶用标准煤量 Standard coal required to produce 1 ton of nylon	千克 kg	1329	1343
每吨涤纶短纤维用标准煤量 Standard coal required to produce 1 ton of polyester staple fiber	千克 kg	646	680
每吨涤纶长丝用标准煤量 Standard coal required to produce 1 ton of polyester filament yarn	千克 kg	570	623
每吨维纶用标准煤量 Standard coal required to produce 1 ton of vinylon	千克 kg	2228	2530
棉纺织 Cotton spinning & weaving			
棉纱一等一级以上品率 First grade cotton yarn	%	99.26	98.98
平均纱号 Average yarn count	号 tex	20.68	20.58
每千锭时产纱量(混合数) Yarn produce per 1000 spindle hours(mixed)	千克 kg	19.92	19.59
棉纺锭设备运转率 Operating cotton spindles	%	92.00	91.79
棉纺锭设备利用率 Utilized cotton spindles	%	90.57	92.56
每吨棉纱通扯净用棉量(包括化纤) Average cotton(include chemical fiber) required to produce 1 ton of cotton yarn	千克 kg	1077	1070
每吨棉纱用电量 Power required to produce 1 ton cotton yarn	千瓦·时 kW·h	2126	2178
棉布入库一等品率 First grade cotton fabric in stock	%	96.01	96.15
平均纬密 Average weft density	根/10厘米 ends/10cm	258	258
平均幅阔 Average fabric width	厘米 cm	117	121
棉布织机每台时产量(混合数) Hourly output of cotton loom(mixed)	米 m	3.39	3.40
棉布织机设备利用率 Utilized cotton looms	%	88.95	90.61
棉布织机设备运转率 Operating cotton looms	%	92.22	92.35
每百米棉布用纱量 Yarn required to produce 100 meters of cotton fabric	千克 kg	17.87	16.99
每百米棉布用电量 Power required to produce 100 meters of cotton fabric	千瓦·时 kW·h	26.90	28.33
印染 Dyeing and printing			
棉印染布入库一等品率 First grade cotton printed and dyed fabrics in stock	%	88.39	91.43
每百米印染布用碱量 Caustic soda required to produce 100 meters of printed or dyed fabric	千克 kg	2.20	2.26
每百米印染布用标准煤量 Standard coal required to produce 100 meters of printed or dyed fabric	千克 kg	50.50	51.06

续

指 标 Item	单位 Unit	1992	1993
针织 Knitting			
棉毛类衫裤入库一等品率 First grade cotton interlock underwear in stock	%	94.55	95.60
绒布类衫裤入库一等品率 First grade flannelette underwear in stock	%	97.18	97.43
汗布类衫裤入库一等品率 First grade singlet in stock	%	94.56	95.81
毛纺织 Wool spinning, weaving and dyeing			
毛线入库一等品率 First grade hand-knitting wool yarn in stock	%	95.97	96.88
每百千克毛线净用毛条量 Net tops required to produce 100 kg of hand-knitting wool yarn	千克 kg	109.4	108.1
毛线精纺锭千锭时产量 Output of hand-knitting wool yarn per 1000 worsted spindle hours	千克 kg	45.40	45.24
精纺毛织品入库一等品率 First grade worsted fabric in stock	%	93.81	94.12
精梳毛织机每台时产量 Hourly output of worsted loom	米 m	1.97	1.89
每百米精纺毛织品净用毛条量 Net tops required to produce 100 meters of worsted fabric	千克 kg	42.44	44.57
粗纺毛织品入库一等品率 First grade woollen fabric in stock	%	94.13	93.28
粗梳毛织机台时产量(不包括素毛毯) Hourly output of woollen loom(exclude plain woollen blankets)	米 m	2.81	2.86
每百米粗纺毛织品耗用洗净毛量 Net scoured wool required to produce 100 meters of woollen fabric	千克 kg	74.67	74.46
毛毯入库一等品率 First grade wollen blanket in stock	%	74.63	91.47
提花毛毯织机台时产量 Hourly output of jacquard blanket loom	条 pcs.	1.23	1.22
每条毛毯用洗净毛量 Scoured wool required to produce 1 piece of woollen blanket	千克 kg	2.04	2.26
麻纺织 Bast fiber spinning & weaving			
麻袋正品率 Quality gunny bag	%	99.84	99.96
麻袋织机台时产量 Hourly output of sacking loom	米 m	22.01	18.76
每百条纯麻麻袋耗用熟麻量 Scoured jute required to produce 100 pieces of gunny bag	千克 kg	87.67	87.72
苎麻布入库一等品率 First grade ramie fabric in stock	%	82.71	81.49
苎麻织机台时产量 Hourly output of ramie loom	米 m	2.47	2.49
每百米苎麻布用纱线量 Yarn required to produce 100 meters of ramie fabric	千克 kg	28.03	31.24
缫丝、丝织 Silk reeling & weaving			
桑蚕丝正品率 Quality mulberry silk	%	98.71	99.22
百千克桑蚕丝用毛茧量 Raw cocoons required to produce 100 kg of mulberry silk	千克 kg	326	322
丝织品入库一等品率 First grade silk fabric in stock	%	85.59	87.10
丝织机台时产量 Hourly output of silk loom	米 m	2.19	2.28
百米丝织品用原料量 Raw material required to produce 100 meters of silk fabric	千克 kg	11.78	10.09
服装 Apparel			
内销成衣服装合格率 Certified shrinkage of ready-made clothing for domestic market	%	99.49	99.57
出口服装合格率 Certified shrinkage of apparel exports	%	99.74	99.76
布鞋合格率 Certified shrinkage of cotton shoes	%	99.03	98.99

纺织工业主要专业设备

Principal Specialized Equipment in the Textile Industry

	单位 Unit	1952	1957	1965	1978	1992	1993
棉纺锭 Cotton spindle	万锭 10000 spdls.	561.00	755.60	980.10	1561.92	4190	4132
棉布织机 Cotton loom	万台 10000 sets	—	42.14	30.92	49.65	88.67	85.88
毛纺锭 Wool spindle	万锭 10000 spdls.	12.31	15.62	27.98	47.81	329.25	338.88
毛织机 Wool loom	台 sets	1909	1830	4040	7120	35131	32854
麻袋织机 Sacking loom	台 sets	1042	1418	1821	5725	14639	13957
麻纺锭合计 Bast fiber spindle	万锭 10000 spdls.	4.80	5.40	7.65	15.00	107.84	101.47
其中:亚麻纺锭 of which:Flax spindle	万锭 10000 spdls.	1.42	1.58	1.44	1.93	12.95	13.87
苎麻纺锭 Ramie spindle	万锭 10000 spdls.	0.31	0.64	1.67	3.22	64.03	58.88
桑蚕缫丝机 Mulberry silk filature	万绪 10000 ends	16.72	20.56	26.52	72.23	250.99	304.05
丝织机 Silk loom	万台 10000 sets	4.42	3.09	2.67	4.54	20.38	20.38
化学纤维生产能力 Chemical fiber producing capacity	万吨 10000 tons	—	0.03	6.70	38.10	245.67	286.92
其中:粘胶纤维 of which:Rayon fiber	万吨 10000 tons	—	0.03	5.10	13.38	24.36	28.80
合成纤维 Synthetic fiber	万吨 10000 tons	—	—	1.60	24.72	221.31	258.12
棉印染生产能力 Cotton fabric printing and dyeing capacity	亿米 100 million meters	—	—	—	68.66	149.14	143.69

纺织机械工业主要指标
Main Indices of the Textile Machinery Industry

	单位 Unit	1952	1957	1965	1992	1993
企业单位数 No. of enterprises	个 No.	8	48	153	292	312
总产值 Total output value	万元 10000 yuan	3058	32502	82720	760735	856738
纺织机械产量 Output of textile machinery	万吨 10000 tons	1.99	8.63	19.25	42.16	48.41
年末职工人数 No. of staff and workers by end of year	万人 10000 persons	1.62	3.96	6.28	28.01	25.92
全员劳动生产率 Labor productivity of whole work force	元 yuan	4543	6893	7676	29536	32929
金属切削机床 Metal-cutting machine tool	台 set	2392	6293	11541	47202	42775
锻压设备 Forging press	台 set	304	989	2076	6285	5997
利润总额 Total profit	万元 10000 yuan	1533	5832	9007	56385	59177
税金 Tax	万元 1000 yuan	—	—	—	36778	37924

纺织工业主要农牧业原料生产量、收购量
Output and Purchase of Principal Agricultural and Animal Husbandry Raw Materials by the Textile Industry

单位：万吨
Unit：10000 tons

年份 Year		1952	1957	1965	1978	1992	1993
棉花：产量	Cotton：Output	130.35	164.00	209.75	216.70	450.8	373.0
收购量	Purchase	108.70	141.20	195.6	209.60	435.8	—
黄洋麻：产量	Jute and kenaf：Output	30.55	30.05	27.90	108.80	61.9	—
收购量	Purchase	11.4	13.3	13.2	53.4	50.7	—
苎麻：产量	Ramie：Output	4.05	5.25	2.95	2.60	6.1	—
收购量	Purchase	3.20	3.60	2.35	2.25	7.6	—
桑蚕茧：产量	Mulberry cocoon：Output	6.20	6.80	6.65	17.35	—	—
收购量	Purchase	4.60	5.15	6.20	17.05	62.8	—
柞蚕茧：产量	Tussah cocoon：Output	6.10	4.45	3.85	5.45	—	—
收购量	Purchase	5.05	3.25	3.55	5.50	1.0	—
绵羊毛收购量	Sheep wool：Purchase	3.63	4.32	7.49	13.82	15.0	—
山羊毛收购量	Goat hair：Purchase	0.13	0.40	0.80	0.76	0.5	—
羊绒收购量	Cashmere：Purchase	0.21	0.23	0.41	0.30	0.4	—

注 黄洋麻收购量为熟麻。

Note Purchase of jute and kenaf are all of scoured bast.

主要纺织品按人口平均分得量
Per Capita Allocation of Principal Textile Products

	单位 Unit	1952	1957	1965	1978	1992	1993
化学纤维 Chemical fibers	千克/人 kg/person	—	0.0003	0.07	0.30	1.81	1.92
布 Fabric	米/人 m/person	6.66	7.81	8.56	11.51	16.35	16.68
棉布 Cotton fabric	米/人 m/person	6.66	7.81	8.20	8.91	9.59	10.01
棉花化纤混纺布 Cotton blend fabric	米/人 m/person	—	—	0.09	2.12	4.94	4.74
化纤布 Chemical fiber fabric	米/人 m/person	—	—	0.27	0.48	1.82	1.94
呢绒 Wool fabric	米/人 m/person	0.007	0.028	0.058	0.093	0.29	0.30
毛线 Hand-knitting wool yarn	千克/人 kg/person	0.003	0.009	0.015	0.039	0.301	0.29
袜子 Hosiery	双/人 pairs/person	0.62	0.90	0.60	0.85	0.96	1.11
针织内衣裤 Knitted underwear	件/人 pcs./person	0.12	0.33	0.51	0.98	1.12	1.42
丝织品 Silk fabric	米/人 m/person	0.11	0.22	0.47	0.64	2.17	2.40

1993 年 各 省、自 治 区、直 辖 市
The Textile Industry in Provinces, Autonomous Regions

地 区 Area		总 产 值 (90年不变价)(亿元) Total output value (90'constant price) (100million yuan)	化学纤维产量 (万吨) Output of chemical fiber (10000 tons)	纱产量 (万吨) Output of cotton yarn (10000 tons)	布总产量 (亿米) Output of total cotton fabric(100 million meters)
全国总计	Nationwide grand total	2600.2	226.87	501.37	196.87
北京	Beijing	43.5	3.09	7.51	2.68
天津	Tianjin	56.3	8.32	11.08	3.92
河北	Hebei	126.2	3.61	40.05	13.54
山西	Shanxi	33.3	2.57	8.60	4.03
内蒙古	Inner Mongolia	31.6	0.70	1.77	0.87
辽宁	Liaoning	113.6	15.66	18.02	5.60
吉林	Jilin	30.0	3.52	3.58	1.56
黑龙江	Heilongjiang	41.5	11.92	5.02	1.75
上海	Shanghai	214.5	27.80	30.66	11.15
江苏	Jiangsu	470.9	64.02	71.27	30.19
浙江	Zhejiang	221.2	17.92	23.76	12.87
安徽	Anhui	79.9	1.25	20.52	7.24
福建	Fujian	37.5	3.45	6.47	3.43
江西	Jiangxi	38.6	4.13	9.06	2.97
山东	Shandong	240.5	9.39	70.44	32.20
河南	Henan	119.9	7.30	45.93	13.01
湖北	Hubei	152.6	2.50	38.92	13.55
湖南	Hunan	52.6	3.84	13.77	4.67
广东	Guangdong	228.5	21.49	13.83	7.68
海南	Hainan	5.3	1.43	0.16	0.06
广西	Guangxi	33.7	1.88	7.66	2.07
四川	Sichuan	105.1	5.91	16.46	9.40
贵州	Guizhou	6.8	0.56	1.90	0.75
云南	Yunnan	15.5	0.55	3.89	1.72
西藏	Xizang	0.1	—	—	—
陕西	Shanxi	54.6	1.59	15.94	6.91
甘肃	Gansu	11.5	1.85	1.57	0.38
青海	Qinghai	4.0	—	0.73	0.28
宁夏	Ningxia	3.9	0.37	0.26	0.07
新疆	Xinjiang	26.9	0.25	12.54	2.32

纺织工业基本情况

and Municipalities under the Central Government in 1993

纯棉布产量（亿米）Output of pure cotton fabric (100 million meters)	棉混纺布产量（亿米）Output of cotton chemical fiber blend fabric (100 million meters)	化纤布产量（亿米）Output of chemical fiber fabric (100 million meters)	印染布产量（亿米）Output of dyed and printed fabric (100 million meters)	针棉织品折用棉纱线量（万吨）Cotton knitgoods converted into yarn consumed (10000 tons)	毛线产量（万吨）Output of hand-knitting wool yarn (10000 tons)	呢绒产量（万米）Output of wool fabric (10000 meters)
118.10	55.88	22.89	136.39	87.19	34.46	35252
2.11	0.52	0.05	1.69	0.83	0.96	1398
2.31	1.54	0.08	4.73	3.02	0.73	1288
8.53	4.19	0.81	6.15	4.13	5.60	988
3.28	0.68	0.07	1.22	0.83	0.11	196
0.12	0.35	0.41	0.02	0.21	0.37	848
2.99	1.73	0.88	2.49	2.97	0.35	1431
0.86	0.39	0.31	0.25	0.56	0.20	470
0.68	0.82	0.25	0.81	0.44	0.10	352
5.63	3.55	1.96	10.55	7.89	1.77	3832
17.67	8.41	4.11	19.97	11.91	11.81	11736
6.02	1.11	5.73	38.43	6.95	2.66	3934
4.50	2.64	0.10	2.54	3.78	0.40	207
1.30	1.72	0.42	2.29	1.23	0.41	160
1.53	0.97	0.47	1.44	1.18	0.09	218
21.43	7.06	3.70	9.33	10.66	2.67	1801
8.89	3.63	0.49	5.53	4.29	0.35	1648
8.15	4.81	0.59	5.59	5.53	0.57	310
2.41	2.20	0.06	2.44	1.73	0.14	19
5.48	0.90	1.31	12.11	12.30	3.39	1100
0.02	0.04	0.01	—	0.13	—	—
1.09	0.89	0.09	1.02	1.63	0.18	162
5.33	3.58	0.48	3.43	1.69	0.26	287
0.54	0.21	—	0.45	0.28	0.04	17
0.81	0.83	0.67	0.70	0.54	0.08	26
—	—	—	—	—	—	12
3.53	2.95	0.43	2.75	1.26	0.18	638
0.24	0.13	0.01	0.07	0.30	0.53	686
0.29	—	—	—	0.02	0.09	178
0.07	—	—	—	0.08	0.20	81
2.29	0.03	—	0.39	0.81	0.22	1229

地　区 Area	麻袋产量（万条）Output of gunny bag (10000 pcs.)	丝产量（吨）Output of silk (ton)	丝织品产量（万米）Output of silk goods (10000 meters)	服装产量（万件）Output of apparel (10000 pcs.)
全国总计 Nationwide grand total	62489	92432	283550	636782
北京 Beijing	—	—	993	12285
天津 Tianjin	143	—	1664	38089
河北 Hebei	955	150	3098	23085
山西 Shanxi	790	510	727	2841
内蒙古 Inner Mongolia	206	—	65	729
辽宁 Liaoning	2111	2280	6438	23899
吉林 Jilin	2646	21	558	2986
黑龙江 Heilongjiang	679	—	1312	909
上海 Shanghai	—	457	7549	23685
江苏 Jiangsu	3810	23603	81035	50165
浙江 Zhejiang	6300	26262	131453	61402
安徽 Anhui	8036	2049	5438	12108
福建 Fujian	76	56	1728	75206
江西 Jiangxi	1262	801	2325	3699
山东 Shandong	8856	5182	7420	55213
河南 Henan	7088	678	3368	9923
湖北 Hubei	7960	1226	3803	15943
湖南 Hunan	2270	133	626	6640
广东 Guangdong	1243	3551	2602	182789
海南 Hainan	2	—	—	1242
广西 Guangxi	2575	1339	884	4213
四川 Sichuan	4318	22235	18838	15817
贵州 Guizhou	88	102	62	1906
云南 Yunnan	610	336	421	2152
西藏 Xizang	—	—	—	—
陕西 Shanxi	293	1082	924	7235
甘肃 Gansu	172	—	39	1303
青海 Qinghai	—	—	—	202
宁夏 Ningxia	—	—	4	203
新疆 Xinjiang	—	379	176	913

注　利润税金全国总计中包括纺机企业 2.1 亿元。

Note　The profit and tax of nationwide grand total includes those of textile machinery industry 2.1 million yuan.

续

化学纤维生产能力(万吨) Chemical fiber producing capacity (10000 tons)	棉纺锭(万锭) Cotton spindles (10000 spdls.)	毛纺锭(万锭) Wool spindles (10000 spdls.)	棉印染生产能力(亿米) Cotton dyeing and printing capacity (100 million meters)	职工人数(万人) No. of staff and workers (10000 persons)	国有经济工业企业全员劳动生产率(元/人) Labor productivity of whole work force from state-owned enterprises (yuan/person)	利润税金(亿元) Profit & Tax (100 million yuan)
286.92	4131.9	338.88	143.69	729.17	34511	75.91
5.78	52.3	9.35	1.92	10.36	43622	0.82
8.56	91.7	8.24	4.28	19.23	31815	−0.65
4.11	366.9	8.11	11.12	39.13	32481	1.76
3.20	68.4	2.52	3.42	14.70	23169	0.56
0.69	20.0	7.89	0.60	10.38	28039	1.10
21.48	148.5	14.25	6.21	46.97	24510	−2.57
4.93	44.9	4.82	1.09	16.87	19438	−0.15
14.14	84.4	8.77	1.73	23.41	19976	0.61
33.40	226.2	20.93	12.18	44.76	40590	8.35
70.65	543.6	108.24	21.49	84.42	50388	25.41
22.23	187.0	24.89	11.76	38.57	53615	12.54
2.17	167.9	7.73	4.49	30.74	28303	−1.01
4.81	48.3	3.46	1.66	8.66	35226	2.15
5.42	78.5	3.02	2.97	14.94	25733	1.26
15.96	560.6	27.58	12.62	69.37	36222	3.57
9.39	307.3	10.22	8.92	35.68	32797	6.80
5.24	340.4	10.67	11.98	56.06	26023	1.88
5.00	128.5	2.61	3.89	24.77	21916	−2.28
26.81	110.2	13.99	2.81	25.04	67579	13.82
1.70	3.0	—	—	1.11	55111	0.37
4.48	58.0	2.32	2.26	9.54	33266	0.64
7.80	157.0	5.41	5.97	41.88	23934	−0.37
0.71	21.7	0.77	0.68	4.50	18273	−0.33
1.38	36.3	1.43	1.69	7.19	23607	0.45
—	—	—	—	0.08	15013	—
2.97	148.6	5.72	5.80	20.09	26993	−0.50
2.66	19.7	8.27	0.50	5.30	21037	0.07
—	5.8	3.56	—	2.26	19071	−0.46
0.55	3.3	2.13	0.08	1.83	24168	−0.28
0.70	102.9	11.98	1.57	11.80	23888	0.23

1993年纺织品、服装出口创汇
The Value of Textile and Apparel Export in 1993

单位:亿美元
Unit:US$100 million

	金 额 Value		金 额 Value
出口创汇总额 Total value	260.67	二、服装、衣着 Apparel	160.04
一、纺织产品 Textile products	87.04	其中:织物制服装 of which:Apparel of fabric	157.06
其中:纱线 of which:Yarn	7.27	三、鞋 shoes	12.10
棉织物 Cotton fabrics	22.30	四、纺织机械 Textile machinery	1.49
丝绸 Silk	4.12		

1993年纺织品、服装出口分国别、地区情况
The Value of Textile and Apparel Export by Country and Region of Destination in 1993

单位:亿美元
Unit:US$100 million

	金 额		金 额
部分国家(地区) Country(or Area)			
香港 Hong Kong	83.41	阿联酋 UAE	2.88
日本 Japan	51.15	沙特阿拉伯 Saudi Arabia	2.38
美国 USA	33.03	法国 France	2.57
俄罗斯 Russia	8.37	澳门 Macao	1.91
德国 Germany	9.64	荷兰 Netherlands	1.87
意大利 Italy	4.97	比利时 Belgium	1.79
韩国 Korea,Rep.of	7.23	瑞典 Sweden	1.47
澳大利亚 Australia	4.53	泰国 Thailand	1.18
加拿大 Canada	3.81	瑞士 Switzertand	1.14
英国 UK	4.91	印尼 Indonesia	1.09
新加坡 Singapore	3.66		

增列
Supplement

乡镇纺织与缝纫工业统计资料
Statistical Data of Rural and Township Textile and Sewing Industries

农业部乡镇企业司　李　侠　摘编
Bureau of Township Enterprise Ministry of Agriculture　　Editied by Li Xia

全国乡村纺织工业与缝纫工业概况
Total National Rural Textile and Sewing Industry

项　目 Item	年　份 Year				
	1986	1990	1991	1992	1993
企业数（个）Number of enterprises	49617	53079	53555	59213	64815
纺织工业 Textile industry	25269	29061	29348	30385	31530
其中：棉纺织工业 of which：Cotton spinning，weaving，dyeing and printing industry	5798	8717	8559	8204	8284
毛纺织工业 Wool spinning，weaving and dyeing industry	1784	2320	2383	2661	2720
针织工业 Knitting industry	7333	7397	7635	7675	9646
化学纤维工业 Chemical fiber industry	498	547	658	414	1248
缝纫工业 Sewing Industry	24348	24018	24207	28414	32037
其中：服装业 of which：apparel mill	19940	17081	18264	20868	23254
从业人数（万人）Number of staff and Workers（10 thousand）	380.5	460	491.13	524.71	568.14
纺织工业 Textile Industry	250.2	304.4	320.61	324.06	337.30
其中：棉纺织工业 of which：Cotton spinning，weaving，dyeing and printing industry	66.3	101.7	103.33	96.85	91.73

续

项　目 Item	年　份 Year				
	1986	1990	1991	1992	1993
毛纺织工业 Wool spinning, weaving and dyeing industry	25.0	33.6	36.51	37.7	37.03
针织工业 Knitting industry	60.3	58.9	63.02	62.16	60.02
化学纤维工业 Chemical fiber industry	4	5.6	7.07	6.22	10.44
缝纫工业 Sewing Industry	130.3	155.6	170.52	194.48	220.40
其中:服装业 of which: apparel mill	107	117	129.71	117.05	157.08
总产值(亿元) Total output value(100 million yuan)	301.19	933.03	1151.16	1921.31	2965.37
纺织工业 Textile Industry	235.62	703.78	919.4	1365.01	2030.49
其中:棉纺织工业 of which: Cotton spinning, weaving, dyeing and printing industry	67.18	245.88	288.80	384.67	539.38
毛纺织工业 Wool spinning, weaving and dyeing industry	31.8	84.93	124.72	198.25	265.44
针织工业 Knitting industry	37.44	102.13	147.07	210.85	285.24
化学纤维工业 Chemical fiber industry	5.3	22.24	38.77	52.93	96.34
缝纫工业 Sewing Industry	65.57	229.25	302.55	503.38	838.54
其中:服装业 of which: apparel mill	53.81	176.89	231.73	364.46	594.28

注 ①乡镇纺织、缝纫工业统计资料根据农业部编《乡镇企业统计资料》。

②乡镇纺织工业包括丝绸,不包括纺织机械与纺织器材行业。

③乡镇缝纫工业包括服装制造业、制帽业和制鞋业。

④乡村工业(企业)指乡办、村办工业(企业)合计;乡镇工业(企业)指乡村办、联户办、个体办工业(企业)合计。

⑤省、自治区、直辖市统计数字已包括计划单列市统计数字。

⑥1985～1989年总产值均按1980年不变价格计算。

⑦1990～1992年总产值均按1990年不变价格计算。

Note ①Statistical data of rural and township textile and sewing industries is based on the Ministry of Agriculture"Statistic data of rural and township enterprises".

②Rural and township textile industry includes silk industry, but excludes textile mechinery and accessories.

③Rural and township sewing industry includes apparel, hat and shoes mills.

④Rural industry(enterprises)means the amount of countryside and village industries(enterprises). Rural and township industry(enterprises)means the amount of rural, unite-household and individual industries(enterprises).

⑤Statistical data of provinces, autonomous regions and municipalities under the central government includes municipalities those plans are controlled directly by the central government.

⑥Total output value from 1985 to 1989 is calculated on the constant price in 1980.

⑦Total output value from 1990 to 1992 is calculatated on the constant price in 1990.

省、自治区、直辖市乡村纺织工业概况（总产值）

Rural Textile Industry in Provinces, Autonomous Regions and Municipalities under the Central Government

(Total Output Value)

单位：万元

Unit: 10 thousand yuan

地　区　Area	1989	1990	1991	1992	1993
全国总计　Nationwide grand total	5244470	7037809	9194030	13650093	20304996
北京　Beijing	88677	115526	148700	185960	279197
天津　Tianjin	148024	193500	237657	303592	412292
河北　Hebei	107761	114034	146501	185199	278974
山西　Shanxi	8690	9967	12481	17346	26136
内蒙古　Inner Mongolia	2405	2724	4381	7013	14256
辽宁　Liaoning	67988	86005	101391	120789	195494
吉林　Jilin	5407	6420	6217	8088	9278
黑龙江　Heilongjiang	16177	16102	22560	26422	28839
上海　Shanghai	286710	439899	596392	718165	939724
江苏　Jiangsu	1886676	2581261	3199082	5692686	8947652
浙江　Zhejiang	1448480	1774983	2644974	3536966	5530637
安徽　Anhui	45098	61212	78571	120595	228093
福建　Fujian	29741	34986	45377	114189	186602
江西　Jiangxi	17716	18163	22685	37351	67347
山东　Shandong	535884	781902	905920	1182423	1993459
河南　Henan	47484	72921	100022	143899	225266
湖北　Hubei	133919	150534	163471	211872	335324
湖南　Hunan	28492	31311	38068	48209	81797
广东　Guangdong	230029	330385	436389	602149	924432
广西　Guangxi	4797	7074	8465	10257	20215
海南　Hainan	194	432	817	325	700
四川　Sichuan	73942	153797	194658	276773	419119
贵州　Guizhou	347	225	246	986	1286
云南　Yunnan	1352	3528	3981	4943	5081
西藏　Xizang	—	—	—	—	—
陕西　Shanxi	15064	16893	25134	38695	53795
甘肃　Gansu	5861	10407	12982	14821	19390
青海　Qinghai	246	176	236	169	397
宁夏　Ningxia	1324	1534	1873	1895	3159
新疆　Xinjiang	5985	21908	34799	38316	40413
以下合计：　Hereafter amount:	419312	538865	661227	900759	1409091
重庆　Chongqing	16772	46762	2185	53406	92786
西安　Xian	3765	3748	8486	14184	24754
武汉　Wuhan	28556	28323	32954	37423	55340
广州　Guangzhou	22157	28590	39300	53544	81205
沈阳　Shenyang	4540	5972	7906	9641	15925
大连　Dalian	19441	26540	30595	41181	64257
哈尔滨　Haerbin	2004	2726	2679	3166	3782
青岛　Qingdao	90584	106728	134461	156134	217834
南京　Nanjing	24328	26963	32385	43516	71416
宁波　Ningbo	196753	252603	357837	452750	731535
成都　Chengdu	4959	7106	9758	23087	39744
厦门　Xiamen	420	517	496	1342	6248
长春　Changchun	2176	2287	2185	2521	4265

1992、1993年省、自治区、直辖市乡村服装工业概况

Rural Apparel Industry of Provinces, Autonomous Regions and Municipalities under Central Government in 1992 and 1993

地 区 Area		企业数(个) Number of Enterprises		从业人数(人) Number of Staff and Workers		总产值(万元) Total Output Value (10 thousand yuan)	
		1992	1993	1992	1993	1992	1993
全国总计	Nationwide grand total	20868	23754	1170529	1570871	3644641	5942775
北京	Beijing	592	—	67142	—	243113	62981
天津	Tianjin	452	419	61658	65854	146904	296973
河北	Hebei	497	654	32767	43000	67715	117642
山西	Shanxi	99	88	2468	2679	2510	4648
内蒙古	Inner Mongolia	87	77	2088	2272	1723	3161
辽宁	Liaoning	758	772	52525	63006	110447	304607
吉林	Jilin	69	83	1514	4385	3187	13055
黑龙江	Heilongjiang	89	88	3180	2295	5776	6364
上海	Shanghai	684	701	128301	127731	418498	607466
江苏	Jiangsu	2355	2218	200379	202230	857188	1204936
浙江	Zhejiang	2111	2591	—	205509	493279	1048347
安徽	Anhui	322	428	15366	26379	33746	66077
福建	Fujian	2552	3240	79258	123385	238192	421406
江西	Jiangxi	153	218	4766	7097	7563	7650
山东	Shandong	1018	1435	52732	61299	163517	315903
河南	Henan	279	346	12728	14191	20534	42113
湖北	Hubei	646	1180	29402	56324	99054	218944
湖南	Hunan	234	190	9126	8449	15140	19538
广东	Guangdong	5895	5364	365246	495849	650993	1059083
广西	Guangxi	166	173	5266	4349	10447	8538
海南	Hainan	17	18	320	745	990	445
四川	Sichuan	1159	2225	25477	26769	38738	74980
贵州	Guizhou	25	25	645	693	613	1159
云南	Yunnan	121	158	4671	4473	4588	5802
西藏	Xizang	—		—		—	
陕西	Shanxi	253	365	10132	9706	6863	14354
甘肃	Gansu	60	69	2366	2948	2930	5130
青海	Qinghai	4	4	98	91	63	69
宁夏	Ningxia	6	5	159	113	45	73
新疆	Xinjiang	165	62	749	749	285	1331

续

地 区 Area	企业数(个) Number of Enterprises		从业人数(人) Number of Staff and Workers		总产值(万元) Total Output Value (10 thousand yuan)	
	1992	1993	1992	1993	1992	1993
以下合计: Hereafter amount:	2507	2802	218455	238969	513085	973324
重庆 Chongqing	233	224	5853	5291	7236	8854
西安 Xian	117	186	7202	6308	4237	9025
武汉 Wuhan	—	116	—	7422	—	15971
广州 Guangzhou	569	548	76236	80621	163643	235329
沈阳 Shenyang	143	109	6147	5326	15656	27584
大连 Dalian	178	196	25977	33350	55261	206848
哈尔滨 Haerbin	18	9	725	500	961	1321
青岛 Qingdao	266	286	13858	16607	45455	88560
南京 Nanjing	231	228	21962	23613	58226	99744
宁波 Ningbo	544	655	44146	44542	133669	228672
成都 Chengdu	167	192	10705	9645	20617	35618
厦门 Xiamen	17	25	2763	3269	3419	7010
长春 Changchun	24	28	2881	2475	4705	8988

1992、1993年乡镇纺织及缝纫工业主要产品产量与全国相比较

Rural and Township Textile and Sewing Industries Compare with National Textile Industry at Output of Major Products in 1992 and 1993

项 目 Item	单 位 Unit	乡镇纺织及缝纫工业 Rural and Township Textile and Sewing Industries		全 国 National		乡镇占全国 Share in National (%)	
		1992	1993	1992	1993	1992	1993
布 fabrics	亿米 100 million meters	39.10	51.51	190.5	196.9	20.52	26.16
呢绒 Wool fabrics	万米 10 thousand meters	12334	—	33791	35252	36.50	—
丝 Silk	吨 ton	34115	69285	73268	92400	46.56	74.98
丝织品 Silk fabrics	万米 10 thousand meters	104807	160939	252361	283600	41.53	56.74
服装 Apparel	亿件 100 million pcs.	32.61	58.08	42.66	63.68	76.44	91.21

1993年乡镇纺织行业分地区出口产品交货总额

Goods of Export Volume by Regions of Rural and Township Textile Circle in 1993

单位：万元

Unit：10 thousand yuan

地区 Area		总计 Total	纺织 Textiles	丝绸 Silk	服装 Apparel
全国总计	Nationwide grand total	8080400	3031109	1054651	3994640
北京	Beijing	257659	72169	617	184873
天津	Tianjin	202087	42861	5251	153975
河北	Hebei	92096	24922	93	67081
山西	Shanxi	2979	723	569	1687
内蒙古	Inner Mongolia	1586	419	—	1167
辽宁	Liaoning	155678	22083	4710	128885
吉林	Jilin	5006	1190	60	3756
黑龙江	Heilongjiang	9469	9270	70	127
上海	Shanghai	730221	146340	223459	360422
江苏	Jiangsu	2859963	1587115	446231	826617
浙江	Zhejiang	1368175	304113	305849	758213
安徽	Anhui	57306	25823	3043	28440
福建	Fujian	348516	61115	19299	268102
江西	Jiangxi	24095	15273	2147	6675
山东	Shandong	247751	218548	14760	14443
河南	Henan	36029	20565	3577	11887
湖北	Hubei	144131	37703	1394	105034
湖南	Hunan	21167	8303	394	12470
广东	Guangdong	1314029	389739	4420	919870
广西	Guangxi	2206	221	—	1985
海南	Hainan	—	—	—	—
四川	Sichuan	61537	37881	17982	5674
贵州	Guizhou	—	—	—	—
云南	Yunnan	1346	827	519	—
西藏	Xizang	—	—	—	—
陕西	Shanxi	4107	1954	207	1946
甘肃	Gansu	1094	188	—	906
青海	Qinghai	—	—	—	—
宁夏	Ningxia	384	120	—	264
新疆	Xinjiang	1732	1555	—	177

附

Appendix

台湾省和香港地区统计资料

Textile Statistics of Taiwan Province and Hong Kong

中国纺织科学技术信息研究所　摘编

Editing by China Textile Information Institute

台湾省纺织工业概况

Textile Statistics of Taiwan

项目 Item （单位 Unit）	1988	1989	1990	1991	1992
产值 Shipment （亿台元，10^8NT＄）					
化纤 Man-made Fiber	947.49	1023.79	1003.90	1235.36	
纺织 Spinning，Weaving	3432.30	3578.01	3374.06	3824.67	
制衣 Apparel	880.50	945.35	919.44	920.25	
合计（A） Total	5260.29	5547.15	5297.40	5980.28	
全部制造业（B） All Industry	44250.00	42669.00	41515.00	44831.08	
纺织业/制造业（A/B） Textile/All Ind.（%）	11.9	13.0	12.8	13.34	
职工人数 Employment Engaged （万人，10000）					
棉纺织业 Cotton Textile	5.0259	4.2052	3.5923	3.3104	3.1874
毛纺织业 Wool Textile	1.0018	1.0109	0.8700	0.7863	0.7592
绢纺织业 Spun Silk	0.3278	0.3082	0.2551	0.2317	0.2423
化学纤维纺织业 Man-made Fiber Textile	6.7625	6.2087	5.7251	5.7637	5.9539

续

项 目 Item （单 位 Unit）	1988	1989	1990	1991	1992
针织 Knitting	9.1008	8.6068	6.2714	5.4603	0.4921
印染 Dyeing	2.4528	2.3851	2.2358	2.0666	2.2292
服装 Garment	12.9418	10.9932	9.2836	8.6216	7.8705
化纤工业 Man-made Fiber	2.6575	2.4893	2.4330	2.5262	2.3547
出口额 Exports （百万美元，million US $）					
纤维原料 Raw Fiber (26*)	448	615	603	654	700
纱线、织物 Yarn，Fabric(65*)	4638	5216	5912	7030	7245
二次制品 Clothing and other made-up goods(84*)	4704	4498	3772	4307	3893
合计 Total	9790	10329	10287	11991	11838
出口总额 Total Exports （百万美元，million US $）	60585	66201	67214	76161	81480
占出口总额 The share of whole exports(%)	16.2	15.6	15.3	15.7	14.5
进口额 Imports （百万美元，million US $）					
纤维原料 Raw fiber (26)	822	887	700	984	796
纱线、织物 Yarn，fabric (65)	920	857	930	1297	1498
二次制品 Clothing and other made-up goods (84)	130	212	297	322	437
合计 Total	1872	1955	1927	2603	2731
进口总额 Total Imports （百万美元，million US $）	49656	52249	54716	62862	72000
占进口总额 The share of whole imports (%)	3.77	3.74	3.52	4.14	3.79

注 * 括号内数字为国际贸易标准分类号。

Note Quoted figure are SITC code.

台湾省纺织工业设备情况
Textile Equipment of Taiwan Province

项目 Item	单位 Unit	1987	1988	1989	1990	1991	1992
棉纺锭 Cott Spin	千锭 10^3SP	4077	4077	4077	3829	3830	3675
气流棉纺锭 OE Spin	千头 10^3Head	122	122	122	151	156	—
精梳毛纺锭 Worsted Spin	千锭 10^3SP	344	344	344	350	256	295
羊毛 For Wool	千锭 10^3SP	109	109	109	115	154	142
合纤 For Syn Fib	千锭 10^3SP	235	235	235	235	256	153
粗梳毛纺锭 Woollen Spin	千锭 10^3SP	68	68	68	68	82	44
棉织机 Cott-Loom	千台 10^3Set	53.9	54.2	54.2	39.1	19.92	
无梭 Shutteless	千台 10^3Set	26.7	27.0	27.0	22.87	29.16	
毛织机 Wool-Loom	千台 10^3Set	1.1	1.1	1.1	0.6	0.61	49.1
长丝织机 Fil-Loom	千台 10^3Set	15.0	15.0	15.0	7.5	7.51	
特里科经编机 Tricot Knitting Machine	台 Set	437	437	437	437	437	
拉舍尔经编机 Raschel Knitting Machine	台 Set	431	431	431	431	431	
圆纬机 Circular Knitting Machine	台 Set	6991	6991	6991	6991	6991	
横机 Flat-bar Knitting Machine	台 Set	19954	15504	15504	15504	15241	
缝纫机 Sewing Machine							
平缝机 Plain Seam Machine	台 Set	85070	74510	74510	74510	74747	
包缝机 Overcast Seam Machine	台 Set	23493	23181	23181	23181	23340	
特种缝机 Special Seam Machine	台 Set	22659	23413	23413	23413	23427	
合成纤维 Syn Fib	千吨/年 10^3t/year	1556.8	1530.6	1732.4	1844.7	2026.7	2145.1
长丝 F	千吨/年 10^3t/year	815.2	815.3	905.0	929.3	1059.7	1176.7
短纤 S	千吨/年 10^3t/year	741.6	715.3	827.4	915.4	967	968.4
人造纤维 Rayon	千吨/年 10^3t/year	133.6	133.6	153.4	150.8	153.7	152.9
粘胶、醋酯长丝 Viscose, Acetate F	千吨/年 10^3t/year	4.0	4.0	4.0	3.2	4.0	3.2
粘胶、醋酯短纤 Viscose, Acetate S	千吨/年 10^3t/year	129.6	129.6	149.4	147.6	149.7	149.7

台湾省纺织品、服装和化纤产量
Production of Textiles, Apparels and Man-Made Fiber of Taiwan Province

纱
Yarn

单位:吨
Unit:ton

年份 Year	棉纱 Cotton yarn	毛纱 Wool yarn	混纺棉纱 Cotton blended yarn	混纺毛纱 Wool blended yarn	涤纶加弹丝 Polyester filament elastic	锦纶加弹丝 Nylon filament elastic	合纤纱 Synthetic spun yarn	化纤混纺纱 Man-made fiber blended yarn
1988	252454	11667	159562	5040	405794	21887	239725	330789
1989	266164	10012	167107	6902	407514	24420	283253	328236
1990	203937	10051	181802	5031	456258	19246	295263	352356
1991	206353	12277	214709	5534	501301	21032	255331	367774
1992	197133	11298	202966	6165	574570	23969	227711	361265

布
Fabric

单位:千米
Unit:1000m

年份 Year	棉织物 Cotton fabric	毛织物 Wool fabric	毛混纺布 Wool blended fabric	棉混纺布 Cotton blended fabric	锦纶丝织物 Nylon filament fabric	涤纶丝织物 Polyester filament fabric	化纤/棉混纺织物 Man-made fiber/cotton blended fabric	人纤纱织物 Rayon spun fabric
1988	745236	3399	13245	377585	569395	657937	351514	170640
1989	785510	3025	12097	313462	678385	688747	303342	212628
1990	728959	2888	8759	304328	808243	674998	348406	221729
1991	608703	2529	7982	303100	916839	664311	455160	195188
1992	568639	2857	9244	284035	964335	695518	493212	175318

服装及其它
Clothing and others

单位:千打
Unit:1000 dozen

年份 Year	成衣 Ready made clothes	毛、腈纶毛线衣 Wool, acrylic yarn sweaters	针织衣 Knitted clothes	袜子类 Hosiery	针织布(吨) Knitted fabric (ton)	手套 Glove	地毯(千米²) Carpet (1000m²)	毛巾 Towel
1988	32647	6648	43463	13198	115087	11602	6358	19238
1989	30618	7811	41797	17934	112552	11730	6185	31329
1990	27758	3699	34539	18145	110720	13923	5317	39604
1991	26979	4301	41857	19759	116548	13346	5497	31334
1992	22207	3438	38420	—	121641	—	—	—

化学纤维
Man-Made Fiber

单位:吨
Unit:ton

年份 Year	锦纶 Nylon	涤纶 Polyester			腈纶 Acrylic	人造纤维 Rayon			总计 Grand total
	长丝 f.	长丝 f.	短纤 s.	计 Total	短纤 s.	长丝 f.	短纤 s.	计 Total	
1988	192229	54015	559043	1099558	138009	2588	123247	12535	1556131
1989	190343	593244	595761	1189005	143135	2597	144955	147552	1670762
1990	189565	676368	613942	1298310	132523	2199	145685	147883	1769383
1991	222090	760263	706741	1467004	151241	2105	124020	126125	1967527
1992	248725	902644	739222	1641866	152123	1998	137314	139312	2182778

香港地区纺织企业数及职工人数
Textile Enterprises and Employment of Hong Kong

单位:人
Unit:person

年份 Year	纺织 Textile		加工工业 Manufacturing		缝制 Sewing	
	企业数 Enterprises	职工数 Employment	企业数 Enterprises	职工数 Employment	企业数 Enterprises	职工数 Employment
1988	49843	837072	5188	116509	8890	247557
1989	50566	791519	5366	113487	9116	237345
1990	49449	715597	5241	100150	8623	214108
1991	44388	629170	4786	94073	6914	181174
1992	42411	565137	4429	81914	6346	155579

香 港 地 区 纺 织 品 产 量
Textiles Production of Hong Kong

纱
Yarns

单位:吨
Unit:ton

	1987	1988	1989	1990	1991	1992
棉纱 Cotton yarn	215132	210606	216922	191847	176672	179278
棉混纺纱 Cotton/MMF yarn	9769	7604	4512	2972	1350	—
化纤短纤纱 MMF staple yarn	3047	2555	3808	3641	3821	—

织物
Fabric

单位:千米^2
Unit:1000m^2

	1987	1988	1989	1990	1991	1992
棉织物 Cotton fabric	848157	802063	816365	816427	752541	802369
棉毛巾布 Cotton towel	3043	2232	1158	1513	—	—
棉/化纤织物 Cotton/MMF fabric	37276	37327	26645	16155	10478	10538
化纤短纤织物 MMF staple fabric	1077	1193	996	1067	1040	2192

香港地区纺织设备安装数
Installed Textile Equipment of Hong Kong

单位:千锭
Unit:1000 spindle

项目 Item	1985	1988	1989	1990	1991	1992
短纺锭数 Staple spin.	292	290	264	189	128	—
OE 纺锭数 OE	52	74	71	55	55	—
精梳毛纺锭 Worsted Spin.	23.6	—	—	—	—	—
粗梳毛纺锭 Woollen Spin.	4.7	—	—	—	—	—
纺机锭数 Spindles	414	413	389	298	237	144
织机台数 Looms	20563	16470	15731	12942	11186	9764

香 港 贸 易 总 额
Hong Kong Trade Grand Total

单位:百万港元
Unit:HK $ mil

	年份 Year	出　口 Exports	进　口 Imports	转　口 Re-exports	港产品出口 Domestic exports
纤维原料 Raw Fiber	1988	4771	6234	4671	100
	1989	5029	7124	4934	94
	1990	3087	5336	2973	115
	1991	4773	7735	4654	119
	1992	4723	6898	4618	105
纱、织物 Yarns,Fabric	1988	49926	62969	34375	15551
	1989	59343	72454	42529	16814
	1990	64049	79582	47143	16906
	1991	75754	93678	58159	17595
	1992	84976	101322	67744	17226
衣着等 Apparel etc.	1988	92005	32022	24697	67309
	1989	109155	44461	37281	71874
	1990	119987	53844	47822	72165
	1991	139102	66507	63577	75525
	1992	155251	80078	78095	77156
总计 Total	1988	146702	101225	63743	82960
	1989	173527	124039	84744	88782
	1990	187123	138762	97938	89186
	1991	219629	167920	126390	93239
	1992	244944	188298	150457	94487

香 港 服 装 出 口
Clothing Exports of Hong Kong

单位:百万港元
Unit:HK $ mil

		1986	1988	1989	1990	1991
	全部商品输出	153983	217664	224104	225875	231045
	服装出口总计	52162	67309	71874	72165	75525
主要输出国家	美国　USA	26921	30986	34093	33788	34676
	德国(西部)　Germany(West)	6328	9392	9209	10288	11606
	英国　UK	4869	7214	7264	7231	8023
	日本　Japan	2412	3842	4751	4108	3518
	加拿大　Canada	2046	2604	2992	2863	2636
	中国　China	783	1556	1846	2020	2530
	瑞士　Switzerland	1293	1761	1666	1394	1413
	荷兰　Netherlands	1123	1627	1569	1762	1855
	瑞典　Sweden	1066	1270	1386	1474	1315
	法国　France	—	978	977	1164	1319

香港服装按原料分的出口市场

Domestic Exports of Clothing by Market by Type of Material

单位：百万港元
Unit：HK $ mil

市场 Market	棉 Cotton			人造纤维 Man-made fibre			毛 Wool			丝 Silk			其它 Other/unclassified		
	1990	1991	1992	1990	1991	1992	1990	1991	1992	1990	1991	1992	1990	1991	1992
美国 USA	15424.4	15750.4	18392.7	7966.0	8022.3	8129.3	2701.5	2921.9	2953.4	1919.1	1685.4	1774.2	5380.7	6064.0	5699
德国 Germany *	5258.7	5342.4	4532.7	2950.5	3509.3	3011.6	689.9	1271.4	1725.2	683.0	670.7	432.4	690.1	870.5	502.3
英国 UK	3818.3	4165.7	4102.7	2635.7	2695.9	2434.7	340.8	574.1	763.8	94.6	124.7	140.8	333.0	458.5	407.3
日本 Japan	472.0	540.4	626.9	383.5	397.2	387.6	845.2	682.0	495.9	225.3	193.5	300.8	812.9	699.5	567.6
加拿大 Canada	1513.2	1470.5	1808.9	749.1	624.3	633.5	249.0	215.3	240.6	104.7	106.0	91.8	189.2	183.3	279.9
中国 China	322.8	504.1	1246.6	195.9	307.2	666.9	266.9	337.9	566.7	53.1	66.6	55.8	1161.0	1337.2	777.7
荷兰 Netherlands	995.9	1080.3	1089.4	546.1	523.7	545,6	97.1	143.0	219.5	25.0	33.8	32.7	97.3	76.7	95
瑞典 Sweden	854.8	750.7	635.3	216.7	257.2	275.5	28.5	160.5	84.5	75.6	56.9	13.8	126.3	112.8	50.3
瑞士 Switzerland	537.0	594.0	544.7	397.6	425.0	203.9	96.7	62.9	207	59.6	98.0	37.9	97.7	119.6	56.8
法国 France	859.0	770.3	551.2	457.6	392.1	488.4	45.2	63.2	91.1	19.6	8.3	59.4	104.4	73.9	98.5
奥地利 Austria	413.6	424.5	360	183.8	230.0	222.9	38.7	123.1	142.3	37.3	35.1	—	52.4	50.0	36.9
丹麦 Denmark	452.3	484.7	—	162.6	189.6	—	20.2	51.2	—	6.8	6.9	—	32.8	37.0	—
澳大利亚 Australia	234.2	339.3	—	91.7	152.3	—	72.9	72.8	—	51.7	82.1	22.3	75.6	94.1	—
挪威 Norway	322.5	367.1	—	162.7	170.5	—	31.9	45.1	—	7.8	4.1	—	26.0	22.2	—
意大利 Italy	284.7	256.2	—	140.3	136.2	—	64.2	57.9	—	9.8	7.7	—	77.3	65.1	—
芬兰 Finland	246.4	256.4	—	116.1	107.1	—	18.3	30.0	—	12.1	9.1	—	22.8	17.7	—
台湾省 Taiwan	155.4	176.0	397.8	50.7	74.5	198.5	65.6	39.6	190	8.6	15.6	57.3	64.7	59.4	34.2
新加坡 Singapore	152.4	128.4	—	59.9	75.6	—	5.9	83.6	—	10.0	13.3	—	43.9	47.2	—
比利时·卢森堡 Belgium Luxem	37.8	68.6	—	52.1	79.9	—	11.3	6.5	—	6.0	11.6	—	38.7	44.1	—
西班牙半岛 Peninsular Spain	146.7	155.2	—	66.1	71.1	—	3.5	13.0	—	4.0	13.1	—	13.6	17.2	—
其它 Others	254.5	217.0	2345.9	176.6	121.4	1412.6	42.9	36.9	483.3	4.7	6.8	213.4	209.4	208.8	534.4

注 * 1992 年以前不包括德国(东部)。
Note * Does not include Germany(East)prior to 1992.

香港服装按织物分的出口市场

Domestic Exports of Clothing by Market by Method of Manufacture

单位：百万港元
Unit：HK $ mil

市场 Market	非针织物 Non Knitted		针织物 Knitted		其它 Others	
	1991	1992	1991	1992	1991	1992
美国 USA	17308. 0	18764. 7	16794. 5	17977. 6	573. 4	400. 9
德国 Germany	7192. 9	5661. 9	4340. 3	4466. 8	133. 1	118. 1
英国 UK	4954. 0	4729. 6	2961. 6	3045. 9	107. 6	96. 9
中国 China	976. 9	1269. 0	1371. 5	1896. 6	181. 1	163. 2
加拿大 Canada	1320. 0	1452. 2	1244. 0	1566. 8	72. 0	68. 3
日本 Japan	977. 7	1067. 1	1034. 1	878. 8	1506. 8	1080. 9
荷兰 Netherlands	1075. 8	1094. 0	757. 6	866. 3	21. 7	22. 2
法国 France	783. 6	710. 5	485. 8	566. 9	49. 2	42. 9
瑞士 Switzerland	550. 6	339. 6	741. 1	697. 2	120. 9	224. 1
瑞典 Sweden	753. 9	485. 4	531. 2	567. 1	29. 7	13. 7
台湾省 Taiwan	179. 3	388. 5	140. 2	468. 8	21. 0	21. 5
奥地利 Austria	473. 2	360. 8	378. 9	419. 7	9. 1	4. 2
其他 Others	2800. 3	2642. 4	2175. 8	2161. 4	396. 5	353. 9
总计 Total	39346. 2	38965. 5	32956. 5	35580. 0	3222. 2	2610. 9

三、各国纺织工业的主要情况

The Situation of Textile Industry by Country

中国纺织科学技术信息研究所 编

Editing by china Textile Information Instituee

各国工厂棉、毛、化学纤维用量[①]

Mill Use of Cotton, Wool and Chemical Fiber by Country

年份 Calendar Year	棉 Cotton	毛 Wool	化学纤维 Chemical Fiber 纤维素纤维 Rayon and Acetate 长丝 Production Yarn	短纤 Production Staple	进口 Imports	出口 Exports	合成纤维 Synthetic Fiber 长丝 Production Yarn	短纤 Production Staple	进口 Imports	出口 Exports	用纤总量 Total Mill Use	棉 Cotton	毛 Wool	纤维素纤维 Rayon and Acetate	合成纤维 Synthetics	总计 Total
	千吨 1000 tons											%				
阿根廷 Argentina																
1989	131.50	27.41	3.40		0.23		25.50	19.80	0.86		208.70	63.4	13.1	1.7	22.1	100.0
1990	138.70	24.38	2.30		0.09		27.40	20.20	2.22		215.29	64.4	11.3	1.1	23.1	100.0
1991	142.96	29.54	3.30		0.82		32.70	21.50	2.59		231.45	60.9	12.8	1.8	24.5	100.0
1992	153.33	32.16	3.2				36.30	15.20								
1993	135															
澳大利亚[②] Australia																
1989	22.15	17.87			2.00	0.14	15.00	1.60	31.16	0.36	89.28	24.8	20.0	2.1	53.1	100.0
1990	24.08	17.09			1.13	0.09	15.30	2.00	30.25	0.64	89.13	27.0	19.2	1.2	52.6	100.0
1991	26.65	16.87			2.54	0.32	14.10	2.10	33.07	1.18	93.83	28.4	18.0	2.4	51.2	100.0
1992	28	16.38					10.80	2.00								
1993	30															
奥地利 Austria																
1989	23.62	6.11	18.00	118.00	6.35	80.69		17.30	45.13	27.53	126.28	18.7	4.8	48.8	27.6	100.0
1990	24.58	5.76	17.87	117.13	6.30	79.47		17.80	40.01	26.85	123.12	20.0	4.7	50.2	25.1	100.0
1991	28.00	6.44	15.88	104.12	6.03	70.63		17.20	43.18	28.04	122.18	22.9	5.3	45.3	26.5	100.0
1992	33.00	5.88	16.97	111.32				20.10								
1993	35.00															

续

年 份 Calendar Year	棉 Cotton	毛 Wool	化学纤维 Chemical Fiber								用纤总量 Total Mill Use	棉 Cotton	毛 Wool	纤维素纤维 Rayon and Acetate	合成纤维 Synthetics	总计 Total
			纤维素纤维 Rayon and Acetate				合成纤维 Synthetic Fiber									
			长丝 Production Yarn	短纤 Production Staple	进口 Imports	出口 Exports	长丝 Production Yarn	短纤 Production Staple	进口 Imports	出口 Exports						
	千吨 1000 tons											%				
巴西 Brazil																
1989	810.00	7.01	14.80	40.20	5.22	10.07	131.60	114.20	4.49	4.81	1112.22	72.8	0.6	4.5	22.1	100.0
1990	729.00	7.49	14.90	39.60	3.54	17.60	120.90	86.90	14.02	8.30	990.44	73.6	0.8	4.1	21.6	100.0
1991	700.00	5.44	11.70	41.30	3.40	9.48	124.40	94.70	5.58	17.74	959.30	73.0	0.6	4.9	21.6	100.0
1992	720.00	6.54	9.90	43.90			128.60	101.20								
1993	802.00															
加拿大 Canada																
1989	43.36	6.56	13.10	33.50	17.19	34.52	65.20	59.60	106.78	39.37	271.40	16.0	2.4	10.8	70.8	100.0
1990	42.65	4.37	11.20	28.50	7.03	29.03	65.40	57.60	84.46	44.95	227.23	18.8	1.9	7.8	71.5	100.0
1991	43.00	4.71	11.30	29.50	5.99	31.39	65.60	61.10	83.05	61.19	211.67	20.3	2.2	7.3	70.2	100.0
1992	45.00	4.82	11.50	24.80			57.90	61.20								
1993	47.00															
中国 China																
1989	4244.24	255.53	55.90	148.10	123.61	0.82	474.30	748.90	518.10	0.14	6567.72	64.6	3.9	5.0	26.5	100.0
1990	4193.79	171.13	56.70	157.60	116.26	0.59	531.20	811.60	453.10	0.36	6490.42	64.6	2.6	5.1	27.7	100.0
1991	4107.00	275.15	57.00	155.00	118.89	0.95	564.00	889.90	562.91	0.59	6728.31	61.0	4.1	4.9	30.0	100.0
1992	4330.00	331.60	57.00	160.00			616.90	955.70								
1993	4656.00															
台湾省 Taiwan																
1989	389.59	20.92	2.60	145.00	9.43	41.10	783.50	739.60	71.35	343.37	1777.52	21.9	1.2	6.5	70.4	100.0
1990	360.00	8.97	2.20	145.70	7.94	50.03	866.00	755.50	77.29	395.99	1777.58	20.3	0.5	6.0	73.3	100.0
1991	358.00	30.40	2.10	147.00	11.29	37.19	982.40	859.00	93.58	768.26	1678.32	21.3	1.8	7.3	69.5	100.0
1992	313.00	20.75	2.00	137.30			1151.30	892.10								
1993	277.00															

年份 Calendar Year	棉 Cotton	毛 Wool	化学纤维 Chemical Fiber 纤维素纤维 Rayon and Acetate 长丝 Production Yarn	短纤 Production Staple	进口 Imports	出口 Exports	合成纤维 Synthetic Fiber 长丝 Production Yarn	短纤 Production Staple	进口 Imports	出口 Exports	用纤总量 Total Mill Use	棉 Cotton	毛 Wool	纤维素纤维 Rayon and Acetate	合成纤维 Synthetics	总计 Total
	千吨 1000 tons											%				
哥伦比亚 Colombia																
1989	78.93	2.80	1.00		1.81		37.80	13.70	4.54		140.58	56.1	2.0	2.0	39.9	100.0
1990	95.98	2.38	2.00		0.91		41.50	14.00	4.17		160.94	59.6	1.5	1.8	37.1	100.0
1991	106.00	3.19	1.90		0.82		43.80	29.20	6.12		191.03	55.5	1.7	1.4	41.4	100.0
1992	111.00	3.17	2.00				43.90	31.50								
1993	113.00															
捷克及斯洛伐克[③] Czech Rep and Slovak Rep																
1989	126.62	22.39	17.30	39.60		2.59	88.70	52.30	7.80	9.30	342.83	36.9	6.5	15.8	40.7	100.0
1990	121.00	20.48	16.50	38.50	0.09	1.45	90.40	48.00	5.22	11.48	327.26	37.0	6.3	16.4	40.4	100.0
1991	80.00	18.08	9.20	31.7		2.99	64.50	16.60		18.05	199.03	40.2	9.1	19.0	31.7	100.0
1992	70.00	7.85	1.00	35.4			60.40	17.40								
1993	74.0															
埃及 Egypt																
1989	300.00	3.79	7.70	5.20	0.18	0.14	9.40	38.40	3.99	11.88	356.64	84.1	1.1	3.6	11.2	100.0
1990	307.00	4.03	7.90	5.20	0.09		10.07	40.00	5.90	9.84	370.98	82.8	1.1	3.6	12.6	100.0
1991	325.00	5.17	7.90	5.20	5.13		9.70	40.80	12.70	0.05	411.55	79.0	1.3	4.4	15.3	100.0
1992	343.00	5.43	7.90	5.20			10.10	44.30								
1993	349.00															
法国 France																
1989	137.02	28.16	0.40	1.60	67.18	13.43	58.40	93.70	225.53	108.50	490.05	28.0	5.7	11.4	54.9	100.0
1990	118.73	23.62	0.40	1.60	66.81	12.29	56.90	80.30	233.51	119.89	449.70	26.4	5.3	12.6	55.8	100.0
1991	105.41	23.78	0.40	1.60	62.87	13.29	51.90	55.10	247.39	103.78	431.37	24.4	5.5	12.0	58.1	100.0
1992	100.00	27.51	0.42	1.68			51.00	54.20								
1993	98.00															

续

年份 Calendar Year	棉 Cotton	毛 Wool	化学纤维 Chemical Fiber 纤维素纤维 Rayon and Acetate 长丝 Production Yarn	短纤 Production Staple	进口 Imports	出口 Exports	合成纤维 Synthetic Fiber 长丝 Production Yarn	短纤 Production Staple	进口 Imports	出口 Exports	用纤总量 Total Mill Use	棉 Cotton	毛 Wool	纤维素纤维 Rayon and Acetate	合成纤维 Synthetics	总计 Total
	千吨 1000 tons											%				
德国[①] Germany																
1989	204.52	56.91	68.10	60.90	92.58	82.01	355.00	420.00	248.12	624.78	799.33	25.6	7.1	17.5	49.8	100.0
1990	215.64	53.98	68.63	61.37	87.41	90.45	363.00	414.00	276.10	543.23	906.45	23.8	6.0	14.0	56.2	100.0
1991	198.00	60.59	62.29	55.71	62.55	101.11	375.00	422.00	278.55	552.03	861.56	23.0	7.0	9.2	60.8	100.0
1992	172.00	61.06	73.85	66.05			376.60	440.70								
1993	161.00															
希腊 Greece																
1989	167.92	13.08	7.50		5.17	5.40	10.20	7.0	20.46	6.44	219.49	76.5	6.0	3.3	14.2	100.0
1990	175.00	14.48	7.00		5.31	5.26	7.00		32.21	4.58	231.15	75.7	6.3	3.0	15.0	100.0
1991	164.00	12.44	5.00		5.67	3.18	6.00		32.25	3.66	218.82	74.9	5.7	3.4	15.9	100.0
1992	163.00	9.81	5.00				6.10									
1993	162.00															
印度 India																
1989	1828.28	39.30	56.40	142.30	3.54	1.45	217.20	149.50	19.96	13.97	2441.05	74.9	1.6	8.2	15.3	100.0
1990	1924.00	38.30	58.20	158.50	2.77	2.04	259.30	177.30	21.95	27.58	2610.70	73.7	1.5	8.3	16.5	100.0
1991	1923.00	48.81	59.00	156.40	1.50	5.67	263.10	176.50	17.46	20.19	2619.92	73.4	1.9	8.1	16.7	100.0
1992	1972.00	49.98	58.80	161.10			321.20	216.70								
1993	2072.00															
印度尼西亚 Indonesia																
1989	273.33			59.00	3.99	0.05	126.80	100.00	33.97	3.86	593.20	46.1		10.6	43.3	100.0
1990	316.54			60.00	5.08	0.05	148.00	115.00	41.87	4.85	681.59	46.4		9.5	44.0	100.0
1991	368.00			63.00	4.72	0.05	167.50	140.50	39.55	5.31	777.92	47.3		8.7	44.0	100.0
1992	414.00			70.00			205.50	163.50								
1993	448.00															

续

年份 Calendar Year	棉 Cotton	毛 Wool	化学纤维 Chemical Fiber								用纤总量 Total Mill Use	棉 Cotton	毛 Wool	纤维素纤维 Rayon and Acetate	合成纤维 Synthetics	总计 Total
			纤维素纤维 Rayon and Acetate				合成纤维 Synthetic Fiber									
			长丝 Production Yarn	短纤 Production Staple	进口 Imports	出口 Exports	长丝 Production Yarn	短纤 Production Staple	进口 Imports	出口 Exports						
	千吨 1000 tons											%				
伊朗 Iran																
1989	114.44	24.39			0.09		10.30	29.00	16.65		194.86	58.7	12.5	0.0	28.7	100.0
1990	119.98	22.12			3.63		12.20	32.00	23.95		213.87	56.1	10.3	1.7	31.9	100.0
1991	118.00	22.54			29.85		13.20	36.10	18.73		238.42	49.5	9.5	12.5	28.5	100.0
1992	116.00	23.76					13.20	37.00								
1993	116.00															
意大利 Italy																
1989	312.92	133.60	35.00		87.68	13.61	199.50	348.20	266.67	345.55	1024.41	30.5	13.0	10.6	45.8	100.0
1990	325.57	137.65	36.00		76.66	9.12	201.10	377.20	284.54	274.15	1155.45	28.2	11.9	9.0	50.9	100.0
1991	323.00	155.09	32.00		65.00	9.84	186.80	377.80	287.72	254.42	1163.14	27.8	13.3	7.5	51.4	100.0
1992	312.00	164.44	34.70				195.70	394.20								
1993	314.00															
日本 Japan																
1989	744.81	121.84	98.90	174.00	2.59	109.91	656.90	724.00	76.20	319.60	2169.73	34.3	5.6	7.6	52.4	100.0
1990	670.00	110.21	99.10	176.70	2.72	110.90	702.10	722.90	94.26	329.22	2137.86	31.3	5.2	7.8	55.7	100.0
1991	643.00	116.72	96.50	169.90	2.68	114.22	715.10	714.70	85.28	321.74	2107.92	30.5	5.5	7.3	56.6	100.0
1992	568.00	115.12	85.80	167.50			719.00	730.00								
1993	467.00															
韩国 Korea, Rep. of																
1989	425.58	54.14	15.30		55.11	4.81	628.90	561.00	77.79	239.45	1573.56	27.0	3.4	4.2	65.3	100.0
1990	413.16	49.92	15.80		61.01	11.75	672.30	597.40	99.16	360.75	1536.25	26.9	3.2	4.2	65.6	100.0
1991	425.00	58.94	10.90		57.06	5.76	737.80	626.30	92.31	402.66	1599.89	26.6	3.7	3.9	65.9	100.0
1992	384.00	57.82	9.20				818.90	636.60								
1993	354.00															

续

年份 Calendar Year	棉 Cotton	毛 Wool	化学纤维 Chemical Fiber: 纤维素纤维 Rayon and Acetate: 长丝 Production Yarn	短纤 Production Staple	进口 Imports	出口 Exports	合成纤维 Synthetic Fiber: 长丝 Production Yarn	短纤 Production Staple	进口 Imports	出口 Exports	用纤总量 Total Mill Use	棉 Cotton	毛 Wool	纤维素纤维 Rayon and Acetate	合成纤维 Synthetics	总计 Total
	千吨 1000 tons											%				
马来西亚 Malaysia																
1989	39.46	1.35			0.82			41.30	10.34	0.27	93.00	42.4	1.5	0.9	55.2	100.0
1990	41.38	1.82			0.68			41.90	12.66	0.18	98.25	42.1	1.9	0.7	55.3	100.0
1991	40.83	1.92			0.77			45.00	16.60	0.27	104.85	38.9	1.8	0.7	58.5	100.0
1992	40.58	1.79						57.00								
1993	42.00															
墨西哥 Mexico																
1989	165.98	5.55	12.60		4.99	1.00	150.00	202.80	21.86	23.41	539.38	30.8	1.0	3.1	65.1	100.0
1990	165.63	5.48	11.70		5.13	0.95	155.70	202.30	25.90	26.99	543.89	30.5	1.0	2.9	65.6	100.0
1991	173.54	6.04	11.90		11.34	12.75	143.60	233.00	32.89	82.06	517.50	33.5	1.2	2.0	63.3	100.0
1992	178.00	5.57	12.00				169.90	257.10								
1993	179.00															
巴基斯坦 Pakistan																
1989	1005.68	25.26	2.80		3.95	0.23	30.00	26.00	15.88		1109.34	90.7	2.3	0.6	6.5	100.0
1990	1242.00	25.02	2.80		8.75	0.14	31.50	40.20	9.71		1359.85	91.3	1.8	0.8	6.0	100.0
1991	1400.00	29.71	3.0		25.27		36.80	64.50	12.70	0.86	1571.11	89.1	1.9	1.8	7.2	100.0
1992	1461.00	29.89	3.10				39.10	81.10								
1993	1519.00															
菲律宾 Philippines																
1989	65.94				2.40		19.30	16.50	16.28		120.43	54.8		2.0	43.2	100.0
1990	58.66				3.18		22.50	17.50	9.39		111.22	52.7		2.9	44.4	100.0
1991	60.00				3.86		28.50	33.50	10.02	0.05	135.83	44.2		2.8	53.0	100.0
1992	66.00						47.40	33.70								
1993	71.00															

续

年份 Calendar Year	棉 Cotton	毛 Wool	化学纤维 Chemical Fiber 纤维素纤维 Rayon and Acetate 长丝 Production Yarn	短纤 Production Staple	进口 Imports	出口 Exports	合成纤维 Synthetic Fiber 长丝 Production Yarn	短纤 Production Staple	进口 Imports	出口 Exports	用纤总量 Total Mill Use	棉 Cotton	毛 Wool	纤维素纤维 Rayon and Acetate	合成纤维 Synthetics	总计 Total
	千吨 1000 tons											%				
波兰 Poland																
1989	165.00	21.47	17.50	48.10	2.22	0.36	86.00	51.40	8.98	2.00	398.31	41.4	5.4	16.9	36.2	100.0
1990	117.00	13.24	14.40	21.80	0.27	3.54	61.60	34.80	4.76	8.16	256.18	45.7	5.2	12.9	36.3	100.0
1991	68.60	10.56	8.20	17.40	1.45	2.77	47.40	28.10	4.90	8.35	175.50	39.1	6.0	13.8	41.1	100.0
1992	82.00	10.11	6.10	16.00			54.90	28.90								
1993	92.00															
葡萄牙 Portugal																
1989	189.88	12.68	0.90		12.43	0.54		55.10	41.37	10.48	301.33	63.0	4.2	4.2	28.5	100.0
1990	190.27	11.84	0.80		13.43	0.18		55.90	47.13	16.06	303.13	62.8	3.9	4.6	28.7	100.0
1991	159.00	14.32	0.80		12.43	0.23	1.00	53.70	47.40	21.55	266.87	59.6	5.4	4.9	30.2	100.0
1992	151.00	15.66					1.50	56.70								
1993	152.00															
南非 South Africa																
1989	85.00	12.16			0.45	0.05	57.00	35.90	39.55	5.08	224.94	37.8	5.4	0.2	56.6	100.0
1990	81.00	11.13			0.36		57.30	32.20	13.29	5.44	189.84	42.7	5.9	0.2	51.3	100.0
1991	75.00	3.64			4.22	0.14	57.50	32.40	21.00	7.26	186.37	40.2	2.0	2.2	55.6	100.0
1992	65.00	6.68					58.50	32.60								
1993	66.00															
西班牙 Spain																
1989	146.06	14.05	8.50	31.50	29.67	13.47	79.30	173.00	112.31	87.23	493.69	29.6	2.8	11.4	56.2	100.0
1990	148.46	20.64	7.65	28.35	22.82	16.56	77.10	177.90	103.47	121.88	447.95	33.1	4.6	9.4	52.8	100.0
1991	142.00	17.45	6.37	23.63	23.95	17.60	66.30	174.80	116.67	62.01	491.56	28.9	3.5	7.4	60.2	100.0
1992	131.00	18.56	4.78	17.72			81.50	175.50								
1993	127.00															

续

年份 Calendar Year	棉 Cotton	毛 Wool	化学纤维 Chemical Fiber								用纤总量 Total Mill Use	棉 Cotton	毛 Wool	纤维素纤维 Rayon and Acetate	合成纤维 Synthetics	总计 Total
			纤维素纤维 Rayon and Acetate				合成纤维 Synthetic Fiber									
			长丝 Production Yarn	短纤 Production Staple	进口 Imports	出口 Exports	长丝 Production Yarn	短纤 Production Staple	进口 Imports	出口 Exports						
	千吨 1000 tons											%				
泰国 Thailand																
1989	288.75			41.20	1.50		62.70	81.50	10.43	0.77	485.31	59.5		8.8	31.7	100.0
1990	314.25			41.50	0.91	1.72	69.90	91.50	12.75	1.27	527.81	59.5		7.7	32.8	100.0
1991	353.00			45.30	1.04	1.54	89.20	126.80	16.10	2.68	627.23	56.3		7.1	36.6	100.0
1992	376.00			48.60			116.10	162.20								
1993	391.00															
土耳其 Turkey																
1989	557.00	53.70	1.40	7.90	1.18	0.86	108.40	162.00	38.10	51.76	877.07	63.5	6.1	1.1	29.3	100.0
1990	558.00	65.57	1.61	9.09	2.22	0.05	119.30	174.50	43.36	39.51	934.11	59.7	7.0	1.4	31.9	100.0
1991	567.40	62.50	1.63	9.17	1.22	0.14	136.00	185.80	15.01	44.68	933.92	60.8	6.7	1.3	31.3	100.0
1992	604.00	55.37	1.58	8.92			135.50	200.40								
1993	636.00															
独联体[3] CIS																
1989	1998.60	324.70	245.10	338.90	15.10	1.36	472.00	402.00	51.71	1.27	3845.48	52.0	8.4	15.5	24.0	100.0
1990	1940.00	252.20	221.00	323.00	17.42	0.45	485.50	408.00	71.40	2.13	3715.93	52.2	6.8	15.1	25.9	100.0
1991	1721.00	237.90	220.70	288.00	10.30	0.73	458.70	375.10	16.01	3.63	3323.35	51.8	7.2	15.6	25.5	100.0
1992	1435.00	169.90	156.00	200.00			440.90	264.00								
1993	1284.00															
英国 UK																
1989	38.52	80.67	17.20	37.80	33.79	51.89	94.70	83.80	263.54	96.39	501.74	7.7	16.1	7.4	68.9	100.0
1990	28.30	79.74	22.20	48.80	28.80	38.78	87.10	92.70	266.58	124.19	491.24	5.8	16.2	12.4	65.6	100.0
1991	19.00	71.27	19.70	43.30	29.12	48.31	76.40	102.90	255.33	166.70	402.01	4.7	17.7	10.9	66.6	100.0
1992	15.00	79.57	20.33	44.67			80.20	107.20								
1993	15.00															

续

年份 Calendar Year	棉 Cotton	毛 Wool	化学纤维 Chemical Fiber 纤维素纤维 Rayon and Acetate 长丝 Production Yarn	短纤 Production Staple	进口 Imports	出口 Exports	合成纤维 Synthetic Fiber 长丝 Production Yarn	短纤 Production Staple	进口 Imports	出口 Exports	用纤总量 Total Mill Use	棉 Cotton	毛 Wool	纤维素纤维 Rayon and Acetate	合成纤维 Synthetics	总计 Total
	千吨 1000 tons											%				
美国 USA																
1989	1835.28	56.52	98.70	164.60	36.42	11.07	1346.40	1773.00	169.92	298.56	5171.21	35.5	1.1	5.6	57.8	100.0
1990	1866.67	51.35	93.50	135.70	61.60	9.16	1259.70	1626.30	165.34	314.07	4936.92	37.8	1.0	5.7	55.4	100.0
1991	1972.00	59.91	96.70	124.00	55.70	10.93	1303.70	1599.20	198.63	317.56	5081.34	38.8	1.2	5.2	54.8	100.0
1992	2178.00	61.28	99.70	124.80			1324.90	1655.70								
1993	2272.00															
西欧[3] Western Europe																
1989	1373.53	412.58	195.60	334.90	428.51	385.19	968.70	1339.80	1634.63	1680.58	4622.48	29.7	8.9	12.4	48.9	100.0
1990	1374.39	411.19	199.55	345.45	405.43	372.18	967.90	1350.20	1727.21	1605.87	4803.26	28.6	8.6	12.0	50.8	100.0
1991	1277.56	422.41	180.44	294.56	369.41	365.05	933.20	1329.20	1755.96	1561.36	4636.34	27.6	9.1	10.3	53.0	100.0
1992	1210.74	440.24	185.75	315.04			976.00	1393.70								
1993	1197.00															
发达国家[7] Total Developed																
1989	4104.13	627.53	406.30	707.00	487.16	540.87	3109.20	3933.90	2058.24	2343.55	12549.04	32.7	5.0	8.4	53.9	100.0
1990	4058.79	605.32	403.35	686.35	478.27	521.36	3067.70	3791.20	2114.81	2300.19	12384.24	32.8	4.9	8.5	53.9	100.0
1991	4037.21	624.25	384.94	617.96	440.53	522.04	3089.20	3738.70	2176.99	2270.28	12317.47	32.8	5.1	7.5	54.7	100.0
1992	4094.74	644.51	382.75	632.14			3147.10	3875.20								
1993	4079.00															
发展中国家[8] Total Developing																
1989	11090.44	547.33	187.40	599.90	227.84	60.92	2876.40	3107.30	912.91	699.85	18788.71	59.0	2.9	5.1	33.0	100.0
1990	11346.46	449.26	186.11	628.29	224.44	85.96	3140.70	3281.00	908.96	883.61	19195.66	59.1	2.3	5.0	33.6	100.0
1991	11527.86	604.00	180.23	632.27	284.90	74.03	3424.80	3666.10	997.19	1351.04	19892.29	58.0	3.0	5.1	33.9	100.0
1992	11958.63	649.57	176.48	642.82			3908.00	3950.80								
1993	12574.00															

注 ①所有的数据均指未加工的纤维原料。棉花数字包括工厂和"非工厂"消费的总量。羊毛数字引自英联邦秘书处，为工厂消费的洗净的新毛数量。化纤数字引自《纺织经济研究》，只有西欧1986～1992人纤纱及短纤的产量为国际棉花咨询委员会估计值。前苏联的化纤进出口量则引自苏《国际贸易》，化纤的工业消费总量由产量加上进口量减去出口量而得，但不含纺织玻璃纤维。保、捷、德国（东部）和罗马尼亚的化纤进出口量1986年以前没有统计数字，假定其产量与工业消费量相同。

②澳大利亚表中包括新西兰的化纤。

③1993年以前为捷克和斯洛伐克数字。

④1991年以前的数据不包括德国（东部）。

⑤1992年以前的数据是原苏联的数据。

⑥西欧包括：奥地利、比利时、荷兰、卢森堡、芬兰、法国、德国（1991年以前不含德国东部）、希腊、爱尔兰、意大利、挪威、葡萄牙、西班牙、瑞典、瑞士和英国。

⑦发达国家包括：澳大利亚、加拿大、日本、南非、美国和上述西欧各国。

⑧发展中国家（地区）包括：阿根廷、孟加拉、巴西、智利、中国、台湾省、哥伦比亚、厄瓜多尔、埃及、印度、印尼、伊朗、伊拉克、以色列、韩国、马来西亚、墨西哥、尼日利亚、巴基斯坦、秘鲁、菲律宾、泰国、土耳其、乌拉圭和委内瑞拉。

Note ①All figures pertain to consumption of raw fibre. Cotton data include mill and non-mill consumption. Wool data are from the UK Commonwealth Secretariat and refer to mill consumption of clean virgin wool. Chemical fiber data are from Fiber Organon, except for the estimates of yarn and staple cellulosic production in Western Europe during 1986 through 1992, which are ICAC estimates. Data on USSR exports and imports of chemical fibers are from the Soviet magazine International Trade. Total mill use of chemical fibers refers to production plus imports minus exports, excluding textile glass fibers. In Bulgaria, Czech & Slovak F. R., Germany D. R. and Romania, data on chemical fiber imports and exports are not available prior to 1986. Production is assumed to equal mill use in these countries during these years.

②Includes New Zealand for chemical fibers.

③Czech & Slovak Republic prior to 1993.

④Federal Republic of Germany prior to 1991.

⑤USSR prior to 1992.

⑥Western Europe includes Austria, Belgium, Netherlands, Luxembourg, Finland, France, Germany (not including German Democratic Republic prior to 1991), Greece, Ireland, Italy, Norway, Portugol, Spain, Sweden, Switzerland and the United Kingdom.

⑦Total Developed includes Australia, Canada, Japan, South Africa, the United States and Western Europe.

⑧Total Developing includes Argentina, Bangladesh, Brazil, Chile, China (Mainland), China (Taiwan), Colombia, Ecuador, Egypt, India, Indonesia, Iron, Iraq, Israel, Republic of Korea, Malaysia, Mexico, Nigeria, Pakistan, Peru, Philippines, Thailand, Turkey, Uruguay and Venezuela.

资料来源 国际棉花咨询委员会公报《棉花：世界统计》1993年10月。

Source Bulletin of The International Cotton Advisory Committee "Cotton: World Statistics" Oct. 1993.

世界合成纤维(不含烯烃类纤维)分国别(地区)生产量和生产能力

Worldwide Synthetic(Noncellulosic)Fiber Production and Producing Capacity by Country (Area)Except Olefin

单位:千吨
Unit:1000 tons

国家(或地区) Country(or Area)	实际产量 Actual Production						生产能力 Producing Capacity					
	1991			1992			3/1993			12/1994		
	Y[1]	S[1]	合计 Total	Y	S	合计 Total	Y	S	合计 Total	Y	S	合计 Total
欧洲 Europe												
奥地利 Austria	0	17.2	17.2	0	20.1	20.1	0	24.0	24.0	0	24.0	24.0
比荷卢三国 Benelux	80.0	35.8	115.8	92.5	37.9	130.4	128.4	79.9	208.3	130.0	81.0	211.0
芬兰 Finland	0	0	0	0	0	0	0	0	0	0	0	0
法国 France	51.9	55.1	107.0	51.0	54.2	105.2	86.9	72.0	158.9	94.0	64.9	158.9
德国[2] Germany	375.0	422.0	797.0	376.6	440.7	817.3	502.0	528.7	1030.7	508.0	524.3	1032.3
希腊 Greece	6.0	0	6.0	6.1	0	6.1	8.2	0	8.2	8.2	0	8.2
爱尔兰 Lreland	21.2	75.2	96.4	18.8	89.9	108.7	30.0	89.9	119.9	30.0	89.9	119.9
意大利/马尔他 Italy/Malta	186.8	377.8	564.6	195.7	394.2	589.9	239.5	420.3	659.8	242.4	425.4	667.8
葡萄牙 Portugal	1.0	53.7	54.7	1.5	56.7	58.2	2.0	72.6	74.6	2.0	74.7	76.7
西班牙 Spain	66.3	174.8	241.1	81.5	175.5	257.0	105.2	213.6	318.8	105.2	213.6	318.8
瑞典 Sweden	68.6	14.7	83.3	72.1	17.3	89.4	80.5	31.3	111.8	90.0	23.8	113.8
土耳其 Turkey	136.0	185.8	321.8	135.5	200.4	335.9	171.0	245.2	416.2	178.6	257.6	436.2
英国 UK	76.4	102.9	179.3	80.2	107.2	187.4	89.3	152.7	242.0	89.3	153.3	242.6
阿尔巴尼亚 Albania	1.0	0	1.0	1.1	0	1.1	2.0	0	2.0	2.0	5.0	7.0
保加利亚 Bulgaria	32.9	35.6	68.5	27.0	21.0	48.0	52.0	50.0	102.0	52.0	72.0	124.0
独联体 CIS	458.7	375.1	833.8	440.9	264.0	704.9	763.0	466.5	1299.5	774.0	466.5	1240.5
捷克 Czech	64.5	16.6	81.1	60.4	17.4	77.8	96.0	25.0	121.0	100.7	25.0	125.7
德国(东部) Germany(East)	—	—	—	—	—	—	—	—	—	—	—	—
匈牙利 Hungary	2.5	25.0	27.5	2.9	10.0	12.9	7.0	35.0	42.0	7.0	0	7.0
波兰 Poland	47.4	28.1	75.5	54.9	29.9	93.8	90.2	58.0	148.2	90.2	58.0	148.2
罗马尼亚 Romania	37.4	93.7	131.1	36.6	93.1	129.7	65.6	156.5	222.1	65.6	156.5	222.1
南斯拉夫 Yugoslavia	45.8	55.4	101.2	39.9	41.0	80.9	91.5	119.0	210.5	100.5	119.0	219.5
欧洲合计 Total Europe	1759.4	2144.5	3903.9	1775.2	2070.8	3846.0	2610.3	2842.2	5452.5	2669.7	2836.5	5506.2
美国 USA	1303.7	1599.2	2902.9	1324.9	1655.7	2980.6	1608.0	1945.5	3553.5	1759.0	1983.1	3742.1

续

国家(或地区) Country(or Area)	实际产量 Actual Production						生产能力 Producing Capacity					
	1991			1992			3/1993			12/1994		
	Y	S	合计 Total	Y	S	合计 Total	Y	S	合计 Total	Y	S	合计 Total
加拿大 Canada	65.6	61.1	126.7	57.9	61.2	119.1	82.4	84.0	166.4	71.4	60.0	131.4
其它美洲国家 Other Americas												
阿根廷 Argentina	32.7	21.5	54.2	36.3	15.2	51.5	47.6	16.6	64.2	50.6	16.6	67.2
巴西 Brazil	124.4	94.7	219.1	128.6	101.2	229.8	194.9	137.0	331.9	194.9	154.9	349.8
智利 Chile	5.2	6.2	11.4	5.3	6.3	11.6	7.7	11.0	18.7	7.7	11.0	18.7
哥伦比亚 Colombia	43.8	29.2	73.0	43.9	31.5	75.4	61.4	41.0	102.4	61.4	41.0	102.4
哥斯达黎加 Costarica	6.3	0	6.3	6.5	0	6.5	8.0	0	8.0	8.0	0	8.0
厄瓜多尔 Ecuador	5.7	0	5.7	6.1	0	6.1	7.5	0	7.5	7.5	0	7.5
墨西哥 Mexico	143.6	233.0	376.6	169.9	257.1	427.0	218.0	336.0	554.0	219.0	395.0	614.0
秘鲁 Reru	11.5	32.1	43.6	11.9	34.3	46.2	19.5	37.0	56.5	19.5	37.0	56.5
乌拉圭 Uruguay	1.9	4.4	6.3	2.0	4.6	6.6	4.5	5.5	10.0	4.5	5.5	10.0
委内瑞拉 Venezuela	13.6	19.0	32.6	14.7	19.0	33.7	28.0	40.5	68.5	28.0	40.5	68.5
其它美洲国家合计 Total Other Americas	388.7	440.1	828.8	425.2	469.2	894.4	597.1	624.6	1221.7	601.1	701.5	1302.6
日本 Japan	715.1	714.7	1429.8	719.0	730.0	1449.0	896.0	904.0	1800.0	896.0	904.0	1800.0
中国 China	564.0	889.9	1453.9	616.9	955.7	1572.5	756.0	1185.0	1941.0	778.0	1385.0	2163.0
其它亚洲国家和地区 Other Asia												
孟加拉 Bangladesh	0.6	0	0.6	0.3	0	0.3	4.1	5.0	9.1	4.1	14.0	18.1
印度 India	263.1	176.5	439.6	321.2	216.7	537.9	399.4	323.1	722.5	437.5	329.1	766.6
印度尼西亚 Indonesia	167.5	140.5	308.0	205.5	163.5	369.0	537.0	312.0	849.0	652.0	332.0	984.0
韩国 Korea, Rep. of	737.8	626.3	1364.1	818.9	636.6	1455.5	906.4	665.5	1571.9	1093.4	713.5	1806.9
马来西亚 Malaysia	0	45.0	45.0	0	57.0	57.0	15.0	59.0	74.0	37.0	59.0	96.0
巴基斯坦 Pakestan	36.8	64.5	101.3	39.1	81.1	120.2	74.0	180.0	254.0	79.0	267.0	346.0
菲律宾 Philippines	28.5	33.5	62.0	47.4	33.7	81.1	100.0	36.0	136.0	101.0	72.0	173.0
斯里兰卡 Srilankia	2.8	0	2.8	1.3	0	1.3	3.4	0	3.4	3.8	0	3.8
台湾省 Taiwan	982.4	859.0	1841.4	1151.3	892.1	2043.4	1396.8	962.6	2379.4	1433.8	982.6	2416.4

续

国家(或地区) Country(or Area)	实际产量 Actual Production						生产能力 Producing Capacity					
	1991			1992			3/1993			12/1994		
	Y	S	合计 Total	Y	S	合计 Total	Y	S	合计 Total	Y	S	合计 Total
泰国 Thailand	89.2	126.8	216.0	116.1	162.2	278.3	224.7	229.3	454.0	270.3	242.6	512.9
其它亚洲国家和地区合计 Total Other Asia	2308.7	2072.1	4380.8	2701.1	2242.9	4944.0	3660.8	2792.5	6453.3	4111.9	3011.8	7123.7
中东、非洲和大洋洲 Middle East, Africa and Oceania												
阿尔及利亚 Algeria	0	0	0	0	0	0	0	0	0	0	15.0	15.0
澳大利亚/新西兰 Australia New Zea land	14.1	2.1	16.2	10.8	2.0	12.8	17.0	2.2	19.2	17.8	2.2	20.0
埃及 Egypt	9.7	40.8	50.5	10.1	44.3	54.4	18.0	107.0	125.0	22.0	107.0	129.0
伊朗 Iran	13.2	36.1	49.3	13.2	37.0	50.2	50.0	51.0	101.0	52.0	60.0	112.0
以色列 Israel	8.8	0	8.8	8.9	0	8.9	9.5	0	9.5	9.5	0	9.5
肯尼亚 Kenya	6.3	1.2	7.5	7.8	1.2	9.0	19.5	3.0	22.5	19.5	3.0	22.5
尼日利亚 Nigeria	4.8	1.3	6.1	4.9	1.3	6.2	20.0	3.0	23.0	22.0	3.0	25.0
南非 South Africa	57.5	32.4	89.9	58.5	32.6	91.1	71.7	46.7	118.4	83.7	82.7	166.4
坦桑尼亚 Tanzania	0	0	0	0	0	0	0	0	0	0	0	0
中东、非洲和大洋洲合计 Total M. E., A. &.. O.	114.4	113.9	228.3	114.2	118.4	232.6	205.7	212.9	418.5	226.5	272.9	499.4
世界总计 Total World	7219.6	8035.5	15255.1	7734.4	8303.9	16038.3	10416.3	10590.7	21007.0	11113.6	11154.8	22268.4

注 ①Y—纱＋单丝，S—短纤＋丝束＋絮填。

②1991 年 1 月后，东西德数字合并在德国之下。

Note ①Y—Yarn＋monofilaments，S—Staple＋tow＋fiberfill.

②As of January 1991，East & West Germany combined under Germany.

资料来源 美国《纤维经济研究》1993 年 6 月。

Source USA"Fiber Organon"June，1993.

世界人造纤维分国别(地区)生产量和生产能力

Worldwide Artificial Fiber Production and Producing Capacity by Country (Area)

单位:千吨
Unit:1000 tons

国家(或地区) Country(or Area)	实际产量 Actual Production		生产能力 Producing Capacity	
	1991	1992	3/1993	12/1994
欧洲 Europe				
奥地利 Austria	120.0	128.3	133.7	133.8
比利时/荷兰 Belgium/Netherlands	38.0	29.7	43.2	44.7
芬兰 Finland	47.4	56.0	62.0	62.0
法国 France	2.0	2.1	2.6	2.8
德国[①] Germany	118.0	139.9	202.3	206.6
希腊 Greece	5.0	5.0	6.0	6.0
意大利 Italy	32.0	34.7	42.8	42.6
葡萄牙 Portugal	0.8	0	0	0
西班牙 Spain	30.0	22.5	41.5	41.5
瑞典 Sweden	18.8	17.6	30.0	30.0
土耳其 Turkey	10.8	10.5	11.2	11.2
英国 UK	63.0	65.0	71.8	71.8
保加利亚 Bulgaria	4.2	2.9	5.0	5.0
独联体 CIS	508.7	356.0	617.6	617.6
捷克 Czech	40.9	36.4	45.5	45.5
德国(东部) Germany(East)	—	—	—	—
匈牙利 Hungary	0	0	10.0	10.0
波兰 Poland	25.6	22.1	65.0	65.0
罗马尼亚 Romania	38.0	38.0	25.0	25.0
南斯拉夫 Yugoslavia	72.9	72.9	77.0	77.0
欧洲合计 Total Europe	1176.1	989.6	1492.2	1498.3
美国 USA	220.7	224.5	264.9	278.5
加拿大 Canada	40.8	36.3	14.5	52.5
其它美洲国家 Other Americas				
阿根廷 Argentina	3.3	3.2	4.0	4.0
巴西 Brazil	53.3	53.8	74.4	74.0
智利 Chile	5.7	3.6	3.9	3.9

续

国家(或地区) Country(or Area)	实际产量 Actual Production		生产能力 Producing Capacity	
	1991	1992	3/1993	12/1994
哥伦比亚 Colombia	1.9	2.0	3.5	3.5
古巴 Cuba	8.6	8.6	12.5	12.5
墨西哥 Mexico	11.9	12.0	20.7	21.1
秘鲁 Peru	1.4	1.4	1.7	1.7
乌拉圭 Uruguay	1.4	1.5	1.9	1.9
委内瑞拉 Venezuela	1.5	1.5	2.4	2.4
其它美洲国家合计 Total Other Americas	88.7	87.6	124.6	124.6
日本 Japan	266.4	253.3	332.3	332.3
中国 China	212.0	217.0	250.0	260.0
其它亚洲国家和地区 Other Asia				
孟加拉 Bangladesh	1.2	0.8	6.5	6.5
印度 India	215.4	219.9	266.6	287.6
印度尼西亚 Indonesia	63.0	70.0	194.0	300.0
韩国 Korea, Rep. of	10.9	9.2	40.5	41.0
巴基斯坦 Pakestan	3.0	3.1	3.3	3.3
菲律宾 Philippines	0	0	25.0	25.0
台湾省 Taiwan	149.1	139.3	153.0	153.0
泰国 Thailand	45.3	48.6	75.0	85.0
其它亚洲国家和地区合计 Total Other Asia	487.9	490.9	763.9	901.4
中东、非洲和大洋洲 Middle East, Africa and Oceania				
埃及 Egypt	13.1	13.1	13.4	13.4
伊拉克 Iraq	8.6	8.7	10.0	10.0
中东、非洲和大洋洲合计 Total M. E., A. &. O.	21.7	21.8	23.4	23.4
世界总计 Total World	2514.3	2321.0	3303.8	3433.0

注 ①1991年1月后，东西德数据合并在德国之下。

Note ①As of January 1991, East and West Germany combined under Germany.

资料来源 美国《纤维经济研究》1993年6月。

Source USA"Fiber Organon"June, 1993.

世界烯烃类纤维产量
Worldwide Olefin Fiber Production

单位：千吨
Unit：1000 tons

国家(或地区) Country(or Area)	1988	1989	1990	1991	1992
奥地利 Austria	30	29	30	37	27
比荷卢三国 Benelux	175	185	190	200	210
丹麦 Denmark	32	36	43	46	46
芬兰 Finland	19	10	11	12	13
法国 France	70	70	72	71	72
希腊/塞浦路斯 Greece/Cyprus	17	18	20	21	23
德国① Germany	135	145	170	182	190
爱尔兰 Ireland	10	10	10	10	10
意大利 Italy	135	135	150	155	163
挪威 Norway	4	5	5	5	5
葡萄牙 Portugal	37	38	38	37	38
西班牙 Spain	53	56	63	65	64
瑞典 Sweden	7	9	11	12	13
瑞士 Switzerland	22	21	23	23	23
土耳其 Turkey	25	30	35	35	35
英国 UK	140	145	150	145	150
保加利亚 Bulgaria	25	20	16	12	8
独联体 CIS	32	36	40	66	50
捷克 Czech	43	44	46	30	25
德国(东部) Germany(East)	10	10	10	—	—
匈牙利 Hungary	26	28	26	20	20
波兰 Poland	22	25	26	24	24
罗马尼亚 Romania	17	20	20	18	7
美国 USA					
纱＋单丝 Yarn＋Monofil	251	268	355	375	420
短纤 Staple	165	173	184	208	215
薄膜纤维 Film Fiber	293	288	282	251	259
加拿大 Canada	62	66	70	66	68

续

国家(或地区) Country(or Area)	1988	1989	1990	1991	1992
阿根廷 Argentina	18	18	17	21	26
巴西 Brazil	77	82	45	57	63
智利 Chile	6	8	8	11	11
哥伦比亚 Colombia	3	3	3	10	11
萨尔瓦多 危地马拉 洪都拉斯 El Salvador Guatemala Honduras	3	3	3	4	2
墨西哥 Mexico	28	28	29	29	28
尼加拉瓜 Nicaragua	1	1	1	1	1
秘鲁 Peru	7	7	7	7	7
乌拉圭 Uruguay	2	2	2	2	2
委内瑞拉 Venezuela	0	0	5	7	7
日本 Japan					
纱＋单丝 Yarn＋Monofil	16	20	22	25	26
短纤 Staple	38	38	42	46	49
薄膜纤维 Film Fiber	NA②	NA	NA	NA	NA
中国 China	240	165	225	275	300
韩国 Korea, Rep. of	44	45	52	51	51
菲律宾 Philippines	3	3	6	10	13
台湾省 Taiwan	91	87	95	105	110
澳大利亚 Australia	26	28	30	32	32
南非 South Africa	5	10	13	14	15

注 ①1991 年 1 月后，东、西德的数据合并在德国之下。

②不详。

所列的烯烃类纤维数字指由政府、协会或其它统计机构公布的“官方”国家数据。另外，假若确信哪个国家生产烯烃类纤维，主要是切膜纤维和裂膜纤维，所列数字也包含估计值。例如，美国的烯烃类纤维产量数据包括纱、单丝、短纤、薄膜纤维和纺粘型聚丙烯。而意大利和日本公布的数字只包括纱＋单丝和短纤＋丝束的产量，不含例如用来制作麻袋、鱼网和地毯底布等的薄膜纤维，所以后者只好估计。

由于公布的烯烃类纤维生产量数据的不连续性，所以我们没有列出世界总计数字。

Note ①As of January 1991, East and West Germany combined under Germany.

②Not availableo

The olefin data shown include the “official”country data published by a government, an association or other statistical agency as well as an estimate of the olefin fiber, mainly slit and split film fiber, believed to have been produced in the country. For example: although U. S. olefin production data include yarn, monofil, staple, film fiber, and spunbonded polypropylene, published Italian and Japanese olefin data show the production of yarn＋monofilaments and staple＋tow but no data on production of film fiber, such as that used in sacks, fishing nets, and carpet backing. Estimates were made in the latter example.

Due to the inconsistencies in olefin production reporting, we have made no attempt to show a worldwide total.

资料来源 美国《纤维经济研究》1993 年 6 月。

Source USA“Fiber Organon”June, 1993.

部分国家 1994/1995 年度棉花的供应和使用
1994/1995 Supply and Use of Cotton by Selected Country

国家(或地区) Country (or Area)	种值面积 Area	单产 Yield	总产 Produc-tion	期初库存 Begin stocks	进口 Lmport	本期消耗 Consu-mption	出口 Export	期末库存 End stocks	库存比 S/U
	(千公顷 1000Ha)	(公斤/公顷 Kg/Ha)	(千吨 1000 metric tonnes)						比率 Ratio
墨西哥 Mexico	32	751	24	22	176	189	5	28	0.14
美国 USA	4654	767	3571	1372	1	2395	1524	1024	0.26
危地马拉 Guatemala	14	1033	14	7	24	36	2	7	0.18
阿根廷 Argentina	500	455	227	122	1	140	86	125	0.55
巴西 Brazil	1438	408	587	291	274	842	11	300	0.35
巴拉圭 Paraguay	500	475	238	94	—	16	207	109	0.49
埃及 Egypt	391	921	360	58	31	357	24	67	0.18
尼日利亚 Nigeria	430	117	51	31	54	102	—	33	0.33
坦桑尼亚 Tanzania	275	231	63	28	—	15	49	28	0.44
意大利 Italy	—	—	—	74	324	323	2	74	0.23
西班牙 Spain	50	800	40	40	103	130	11	42	0.30
中国 China	5894	807	4756	2500	80	4921	250	2165	0.42
台湾省 Taiwan	—	—	—	39	313	296	—	55	0.19
澳大利亚 Australia	250	1636	409	184	1	30	337	226	0.62
日本 Japan	—	—	—	137	398	413	—	122	0.30
韩国 Korea, Rep. of	—	—	—	115	350	339	—	126	0.37
印度 India	7469	319	2383	621	—	2211	180	613	0.26
巴基斯坦 Pakistan	3000	656	1967	484	—	1611	281	560	0.30
以色列 Israel	20	1709	34	2	14	28	20	3	0.07
叙利亚 Syria	215	1037	223	19	—	65	159	24	0.11
世界总计 World Total	32049	603	19312	8290	6164	19975	6164	7650	0.38

注 S/U 为期末库存(S)除以本期消耗量与出口量之和(U)。

Note S/U epuals ending stocks devided by consumption plus exports.

资料来源 世界棉花咨询委员会秘书处,《棉花:世界统计》1993 年 10 月。

Source The Secretariat of the International Cotton Advisory Committed, "Cotton: World Statistics" Oct. 1993.

超细棉产供销状况
Supply of Extra-fine Cotton

8月1日年度开始
years beginning August lst.

单位：千吨
Unit：1000 tons

	1989	1990	1991	1992 估计 Est.	1993 预计 Prel.	1994 预计 Prel.
产　量 Production						
中　国 China	35.0	56.5	50.0	14.7	11	15
埃　及(长绒棉) Egypt, L. STPL.	204.2	209.3	197.9	262.4	226	250
印　度 India	213.1	194.0	175	136	133	143
以色列 Israel	31.2	15.5	2.2	5	6	7
秘　鲁 Peru	32.6	26.8	17.7	7.4	8	9
苏　丹 Sudan	49.1	14.2	12.6	17.2	10	9
美　国 USA	150.6	78.2	86.7	110.6	88	90
其它产棉国 other producers	11.9	12.5	16.8	11.2	10	13
埃　及(超长棉) Egypt, ELS.	80.8	82.7	89.8	91.3	106	107
总计 total	1064.4	987.5	929.0	832.8	733	781
消费量 Consumption						
中　国 China	23.5	25.0	26.0	26	26	12
埃　及(长绒棉) Egypt, L. STPL.	196.4	202.3	193.5	207	243	240
印　度 India	171.1	162.7	163.3	229.3	119	119
以色列 Israel	0.0	0.3	0.3	0.3	0	0.0
秘　鲁 Peru	17.0	9.6	9.6	8.5	8	8
苏　丹 Sudan	1.3	2.8	3.5	3.5	3	3
美　国 USA	15.9	14.2	14.2	13.1	14	15
其它产棉国 other producers	8.7	8.3	11.2	11.1	8	7
埃　及(超长棉) Egypt, ELS.	51.3	48.5	78.3	76.2	87	83
总计 total	778	748.4	527.6	479.9	536	517
出口 Exports						
中　国 China	8.2	10.0	15.0	5.0	3	10
埃　及(长绒棉) Egypt, L. STPL.	10.6	4.9	9.8	5.7	4	4
印　度 India	25.5	3.6	—	29.8	34	31
以色列 Israel	30.5	20.3	9.5	4.4	5	7
秘　鲁 Peru	10.1	20.7	9.7	1.1	2	2
苏　丹 Sudan	32.9	27.7	27.0	14.2	16	9
美　国 USA	98.4	90.4	64.9	71.8	76	81
其它产棉国 other producers	7.5	8.7	8.5	9.5	10	10
埃　及(超长棉) Egypt, ELS.	32.4	13.1	11.3	13.1	16	20
总　计 total	295.2	207.2	395.9	322.0	274	278

资料来源 《棉花：世界统计》1993年10月。
Source "Cotton：World statistics"Oct. 1993.

棉花各品种的北欧到岸价
Prices of Cotton CIF North Europe

单位:美分/磅
Unit:U.S. Cent per pound

	1986/1987	1987/1988	1988/1989	1989/1990	1990/1991	1991/1992	1992/1993
Cotlook A 指数现值 Current Cotlook A Index	62.05	72.30	66.35	82.40	82.95	63.05	57.70
Cotlook B 指数(粗支)现值 Current Cotlook B Index "Coarse Count"	55.05	67.50	61.30	77.40	77.85	58.50	53.70
美国奥尔良/得克萨斯中级棉 Orleans/Texas Midd	56.38	72.07	63.14	79.01	80.35	63.51	58.90
美国孟菲斯特罗奴塔中级棉 Memphis Terr Midd	62.17	76.29	68.94	83.84	88.18	66.51	63.11
美国加利福尼亚阿卡拉 SJV 棉 Calif/Acala SJV	74.27	81.17	77.09	88.67	93.07	74.66	68.29
墨西哥中级棉 Mexico Midd	64.86	75.18	61.64	82.59	84.31	68.55	—
中美洲中级棉 Central Am Midd	63.09	72.93	60.76	80.78	83.14	68.65	—
巴西 5/6 型棉 Brazilian Type 5/6	68.79	—	—	76.13	79.11	60.38	—
巴拉圭中级棉 Paraguayan Midd	65.52	73.83	67.96	80.68	82.02	61.60	62.89
阿根廷 C-1/2 型棉 Argentine C-1/2	68.82	61.93	63.87	76.74	77.83	59.25	61.98
土耳其伊兹密尔棉 Turkey Izmir	64.87	86.21	66.77	90.45	88.70	74.84	—
希腊中级棉 Greek Midd	63.53	83.85	62.93	83.73	84.21	66.03	55.03
中亚中级棉 1-3/32 Central Asia Midd 1-3/32	62.85	76.18	66.18	82.07	81.78	58.99	53.20
中亚次中级棉 1-1/16 Central Asia SLM. 1-1/16	59.88	73.30	63.15	78.92	79.72	55.54	50.65
巴基斯坦旁遮普 1505 棉 Pakistan Punjab 1505	75.88	73.02	59.18	79.07	82.99	64.81	54.23
巴基斯坦信德/旁遮普棉 Pakistan Sind/Punjab	55.48	66.47	57.17	77.10	77.08	58.19	52.64
中国 329 棉 Chinese 329	62.40	77.31	69.11	85.81	87.40	71.75	61.56
坦桑尼亚 3 型棉 Tanzania A. R. Type 3	67.41	87.96	69.05	86.80	89.62	69.25	62.22
法语非洲中级棉 African France Zone Midd	63.30	73.28	65.51	80.58	81.60	61.75	56.75
澳大利亚中级棉 Australian Midd	67.05	75.99	71.94	84.37	85.99	67.54	62.91
埃及吉萨棉 Egypt Giza	112.59	145.11	176.85	189.54	177.43	128.10	99.24
埃及吉萨棉 70 Egypt Giza70	146.94	181.68	231.44	254.11	248.91	178.14	139.09
苏丹 G5B Shambat Sudan G5B	69.58	75.39	69.06	72.52	77.12	—	—
秘鲁坦圭斯 3 级棉 Peru Tanguis Grade3	85.43	117.18	75.84	84.31	—	—	—
秘鲁比马棉 1 级 1—9/16" "Peru Pima G1 1—9/16"	111.63	182.50	165.00	170.64	125.29	127.33	—
美国比马棉 3 级 1—7/16" "American Pima 1—7/16"	112.79	128.93	178.06	112.06	136.24	115.84	99.95

注 原表中有各种棉花规格的详注从略。

Note There were the detailed specifications in original table is omited here.

资料来源 世界棉花咨询委员会秘书处《棉花:世界统计》1993 年 10 月。

Source The Secretariat of ICAC"Cotton:World Statistics"Oct. 1993.

主要国家羊毛产量
Worldwide Production of Wool by Country

单位：千吨
Unit：1000 tons

国　家 Country	1970/71	1980/81	1987/88	1988/89	1989/90	1990/91	1991/92	1992/93
澳大利亚 Australia	891	701	916	959	1102	1066	874	863
新西兰 NZ	334	381	346	339	311	305	295	258
中国 China	138	176	209	222	237	239	240	247
印度 India	33	35	27	30	35	35	35	35
巴基斯坦 Pakistan	20	39	53	55	59	63	64	66
伊朗 Iran	32	16	32	32	32	32	32	32
伊拉克 Iraq	16	18	17	17	17	17	17	17
美国 USA	85	49	39	41	41	41	40	38
阿根廷 Argentina	200	170	157	164	149	136	121	114
巴西 Brazil	32	33	26	26	26	27	25	25
乌拉圭 Uruguay	78	75	89	83	94	96	87	83
智利 Chile	22	21	19	20	20	20	19	19
英国 UK	46	52	62	65	70	72	70	70
法国 France	20	25	24	23	23	23	22	22
西班牙 Spain	34	28	33	38	39	42	40	39
土耳其 Turkey	47	61	85	85	85	83	79	75
原苏联 USSR	419	464	461	478	479	471	419	377
德国(西部) Germany(West)	—	—	6	6	7	21	15	14
保加利亚 Bulgaria	29	35	32	31	29	26	25	22
罗马尼亚 Romania	30	37	39	38	35	33	30	27
波兰 Poland	9	13	17	16	16	15	11	10
南非 S. Africa	123	104	92	96	99	106	83	74
摩洛哥 Morocco	18	16	34	34	35	35	35	35
世界总计 Total World	2770	2843	3132	3223	3368	3315	2992	2879
	(1602)	(1599)	(1813)	(1869)	(1965)	(1928)	(1725)	(1658)

注　括号内指洗净毛。

Note　(　)means clean wool.

资料来源　日本《纤维手册》1994年。

Source　Japan"Handbook of Chemical Fiber"1994.

世界棉纱产量
Production of Cotton Yarn

单位:千吨
Unit:1000 tons

国家(或地区) Country (or Area)	1989	1990	1991	1992 估计 Est.	1993 估计 Est.	1994 估计 Est.
美洲 Americas						
阿根廷 Argentina	95.90	105.50	104.50	106.13	101.10	101.99
巴西 Brazil	674.05	606.65	582.51	599.16	667.12	694.54
加拿大 Canada	37.10	36.52	36.51	38.77	40.24	41.45
哥伦比亚 Colombia	67.45	82.02	90.39	94.84	96.35	99.78
古巴 Cuba	33.92	31.83	28.30	23.12	18.48	14.79
厄瓜多尔 Ecuador	2.26	2.32	2.26	2.24	2.28	2.39
秘鲁 Peru	64.51	55.08	44.99	44.91	42.03	42.03
美国 USA	1358.10	1341.68	1533.60	1,677.97	1,758.32	1,821.45
美洲合计 Americas Total	2510.81	2443.72	2610.34	2775.75	2937.06	3037.22
非洲 Africa						
象牙海岸 Ivory Coast	13.81	14.15	14.30			
埃及 Egypt	259.04	260.26	232.55	272.95	274.88	271.87
摩洛哥 Morocco	63.21	68.32	84.29	93.26	94.88	98.58
南非 South Africa	44.00	48.00	47.00	42.00	37.05	38.90
非洲合计 Africa Total	393.26	477.74	468.95	518.95	524.07	532.20
欧洲 Europe						
奥地利 Austria	16.06	16.72	18.79	22.27	24.12	24.61
比利时 Belgium	32.26	29.91	27.42	26.05	25.34	25.84
法国 France	120.01	107.67	95.43	89.33	88.77	86.00
德国① Germany	188.44	185.37	171.33	151.47	140.15	139.28
希腊 Greece	130.14	131.75	127.23	126.26	125.62	124.00
意大利 Italy	226.16	271.34	260.82	245.66	253.95	256.50
葡萄牙 Portugal	160.19	160.53	134.55	127.29	128.03	130.59
西班牙 Spain	99.38	101.01	96.49	89.35	86.18	87.90
瑞士 Switzerland	55.36	48.15	43.42	39.44	40.93	41.33
英国 UK	36.10	30.00	20.40	15.88	15.41	15.84
保加利亚 Bulgaria	82.51	74.51	38.14	22.72	20.42	21.11

续

国家(或地区) Country (or Area)	1989	1990	1991	1992 预算 Prel.	1993 估计 Est.	1994 估计 Est.
捷　克 Czech Rep.	147.08	146.01	99.20	82.89	71.42	74.99
斯洛伐克 Slovak Rep.					16.45	17.27
德国(东部) Germany(East)	151.96	54.23	—	—	—	—
匈牙利 Hungary	58.30	42.84	28.64	26.60	31.61	36.35
波　兰 Poland	196.00	127.00	73.20	77.84	92.60	98.88
罗马尼亚 Romania	157.50	130.13	92.30	64.56	79.48	82.11
独联体③ CIS	1760.00	1704.00	1560.00	1262.13	1128.62	1117.04
南斯拉夫 Yugoslavia	124.88	98.07	64.75	41.24	37.27	39.13
欧洲合计 Europe Total		3491.19	2979.65	2537.11	2432.16	2444.92
亚洲、大洋洲 Asia/Oceania						
中　国 China	4740.00	4497.32	4404.34	4643.77	4993.17	5192.89
台湾省 Taiwan	415.40	385.74	421.06	400.10	339.46	358.36
香　港 Hong Kong	216.92	191.85	192.02	192.02	192.02	192.02
印　尼 Indonesia	485.09	561.77	652.35	734.43	795.07	850.62
日　本 Japan	459.16	425.46	380.00	348.02	281.11	265.57
韩　国 Korea, Rep. of	506.87	484.98	504.81	455.95	419.92	407.32
马来西亚 Malaysia	35.78	37.73	37.23	37.01	38.69	41.02
菲律宾 Philippines	62.64	55.73	56.88	62.86	67.36	74.10
澳大利亚 Australia	20.55	22.50	24.34	26.31	27.68	28.42
泰　国 Thailand	207.90	226.26	253.80	270.60	281.58	295.66
孟加拉 Bangladesh	50.97	73.22	80.71	86.66	95.27	101.60
印　度 India	1337.00	1436.67	1436.51	1473.07	1547.59	1618.67
伊　朗 Iran	143.36	150.30	148.26	145.78	145.31	145.31
以色列 Israel	24.00	22.00	22.00	23.67	25.81	28.15
巴基斯坦 Pakistan	725.08	990.88	1125.64	1219.13	1233.52	1295.37
叙利亚 Syria	50.61	49.35	50.67	61.61	62.28	69.77
土耳其 Turkey	397.28	359.86	338.60	399.96	426.47	438.94
亚大合计 Asia/Oceania Total	9968.40	10047.70	10188.96	10634.07	11028.96	11456.62
世界总计 World Total	17167.48	16857.46	16628.92	16864.32	17335.95	17891.06

注 ①1991年前不包括德国(东部)。
②1993年前为捷克斯洛伐克。
③1992年前独联体及部分国家为苏联。

Note ①Does not include Democratic Rep. of Germany prior to 1991.
②Czech & Slovak F. R. Prior to 1993.
③USSR Prior to 1992.

资料来源 《棉花:世界统计》1993年10月。

Source "Cotton: World Statistics" Oct. 1993.

世界棉布产量
Production of Cotton Fabric

单位：千吨
Unit:1000 tons

国家(或地区) Country(or Area)	1989	1990	1991	1992 预算 Prel.	1993 估计 Est.	1994 估计 Est.
美洲 Americas						
阿根廷 Argentina	80.00	88.00	91.00	88.53	84.33	85.07
智利 Chile	121.95	135.47	130.81	135.16	150.62	156.65
哥伦比亚 Colombia	31.70	38.55	42.48	44.57	45.29	46.89
古巴 Cuba	24.77	23.26	20.68	16.89	13.50	10.81
厄瓜多尔 Ecuador	2.04	2.09	2.04	2.02	2.05	2.15
墨西哥 Mexico	86.57	86.01	90.31	92.60	93.31	96.50
秘鲁 Peru	46.48	36.83	26.57	30.12	29.43	29.43
美国 USA	724.56	701.35	842.16	934.55	972.43	1010.90
美洲合计 Americas Total	1134.43	1129.71	1270.53	1360.46	1406.63	1454.40
非洲 Africa						
埃及 Egypt	68.00	69.10	68.08	81.05	78.36	79.27
埃塞俄比亚 Ethiopia	16.38	15.75	11.64	11.64	17.29	21.05
摩洛哥 Morocco	36.03	38.94	48.05	53.16	54.08	56.19
南非 South Africa	35.00	33.00	30.00	25.00	27.99	29.39
坦桑尼亚 Tanzania	31.76	34.39	33.36	32.80	31.75	32.40
赞比亚 Zambia	15.00	11.18	11.00	5.59	14.07	14.07
非洲合计 Africa Total	245.86	244.08	245.15	252.05	267.82	277.58
欧洲 Europe						
比利时 Belgium	42.68	39.57	36.28	34.46	33.52	34.19
芬兰 Finland	6.89	4.81	3.53	2.13	2.37	2.32
法国 France	111.08	107.76	101.21	98.94	93.76	92.43
德国① Germany	176.14	169.75	159.55	140.11	130.08	129.05
希腊 Greece	57.26	57.97	55.98	55.56	55.27	54.56
意大利 Italy	178.01	179.80	167.45	167.95	168.31	170.01
荷兰 Netherlands	10.35	10.53	7.20	5.91	5.06	5.13
葡萄牙 Portugal	85.38	85.56	71.72	67.84	68.24	69.60
西班牙 Spain	79.51	80.81	77.20	71.48	60.94	70.32
瑞典 Sweden	8.00	7.68	5.38	4.52	5.77	5.55
瑞士 Switzerland	17.82	19.20	17.31	15.72	16.32	16.48
英国 UK	30.00	27.00	24.66	14.02	13.47	13.91
保加利亚 Bulgaria	43.23	37.83	19.37	11.54	10.37	10.72

续

国家(或地区) Country(or Area)	1989	1990	1991	1992 预算 Prel.	1993 估计 Est.	1994 估计 Est.
捷　克② Czech, Rep.	80.56	77.66	53.64	44.09	37.99	38.89
斯洛伐克 Slovak, Rep.					8.75	9.19
德国(东部) Germany(East)	53.57	19.12				
匈牙利 Hungary	35.49	28.45	19.02	17.66	20.99	24.14
波　兰 Poland	102.03	57.38	38.42	32.34	43.53	43.78
罗马尼亚 Romania	94.30	70.22	58.17	35.24	46.74	46.55
独联体③ CIS	1098.77	1065.78	947.82	778.12	690.77	686.17
南斯拉夫 Yugoslavia	62.68	49.59	32.62	20.82	18.79	19.74
欧洲合计 Europe Total	2382.63	2205.59	1906.26	1629.58	1550.86	1555.65
亚洲、大洋洲 Asia/Oceania						
中　国 China	2223.06	2109.24	2065.63	2177.93	2341.80	2435.47
台湾省 Taiwan	276.95	260.40	229.78	214.88	183.78	193.24
香　港 Hong Kong	108.64	108.69	110.74	110.74	110.74	110.74
印度尼西亚 Indonesia	465.68	539.30	626.26	705.06	763.27	816.60
日　本 Japan	331.44	301.14	306.00	263.29	219.52	197.23
韩　国 Korea, Rep. of	87.91	79.15	82.39	74.42	68.54	66.48
菲律宾 Philippines	70.78	62.97	64.28	71.03	76.12	83.73
泰　国 Thailand	195.43	212.68	238.57	254.36	264.69	277.92
澳大利亚 Australia	5.07	4.96	4.74	5.97	6.37	6.50
孟加拉 Bangladesh	7.84	11.27	12.42	13.34	14.66	15.63
缅　甸 Burma	3.59	4.56				
印　度 India	1229.23	1320.87	1320.72	1354.34	1422.85	1488.20
伊　朗 Iran	83.15	87.17	85.99	84.55	84.28	84.28
巴基斯坦 Pakistan	388.69	418.75	582.00	599.69	588.61	641.69
亚大合计 Asia/Oceania Total	5879.53	5933.19	6112.73	6331.32	6564.34	6852.41
世界总计 World Total	9879.14	9731.30	9744.54	9792.93	10017.53	10371.44

注 ①1991年前不包括德国(东部)。
②1993年为捷克和斯洛伐克。
③1992年前为原苏联。

Note ①Does not include Germany(East)Prior to 1991.
②Czech & Slovak F. R. Prior to 1993.
③USSR Prior to 1992.

资料来源 《棉花:世界统计》1993年10月。

Source "Cotton: World Statistics"Oct. 1993.

世界主要国家和地区羊毛纱产量

Production of Wool Yarn by Countries and Areas

单位：千吨
Unit：1000 tons

国家(或地区) Country(or Area)	1975	1980	1985	1989	1990	1991	1992
日本 Japan	330	303	270	220	200	201	187
中国 China	—	57	126	250	238	255	290
韩国 Korea, Rep. of	14	36	198	228	207	191	169
印度 India	45	49	79	65	66	69	71
澳大利亚 Australia	20	19	23	20	19	19	18
新西兰 New Zealand	18	19	26	21	18	18	21
美国 USA	328	470	489	613	521	493	525
意大利 Italy	398	536	552	534	507	516	536
英国 UK	183	141	134	140	131	118	122
法国 France	135	134	106	70	60	58	56
德国(西部) Germany(west)	116	147	143	—	—	—	
比利时 Belgium	71	81	91	98	88	88	81
奥地利 Austria	15	13	13	9	8	9	9
希腊 Greece	14	29	25	25	25	25	25
荷兰 Netherlands	17	11	10	4	3	3	2
西班牙 Spain	30	—	89	84	75	73	74
瑞士 Switzeralnd	14	16	18	10	9	8	8
葡萄牙 Portugal	22	41	35	32	33	33	32
原苏联 USSR	417	456	421	443	421	357	314
德国(东部) Germany(East)	62	76	75	80	—	—	
捷克和斯洛伐克 Czecho and Slovakia	53	57	58	61	57	36	
匈牙利 Hungry	22	26	25	20	17	14	
保加利亚 Bulgaria	31	36	35	36	30	19	8
波兰 Poland	103	107	84	77	55	37	33
南斯拉夫 Yugoslavia	42	54	51	48	38	25	13
罗马尼亚 Komania	51	74	72	70	58	—	
南非 South Africa	38	55	43	42	39	31	33
世界总计 Total World	2738	3335	3644	3869	3473	3324	3310

资料来源 日本《纤维手册》1994年。
Source Japan"Handbook of Chemical Fiber"1994.

世界主要国家和地区羊毛织物产量
Production of Wool Fabric by Countries and Areas

国家(或地区) Country(or Area)	单位 Unit	1975	1980	1985	1989	1990	1991	1992
日本 Japan	百万米² million m²	517	434	507	573	547	569	591
韩国 Korea, Rep. of		31	80	75	101	106	103	101
澳大利亚 Australia		14	12	11	9	8	8	8
美国 USA		107	158	116	147	118	141	147
加拿大 Canada		27	20	19	12	11	11	11
法国 France		166	177	160	112	93	86	82
德国(西部) Germany(west)		97	109	144	45	—	—	—
英国 UK		176	133	101	93	87	79	78
荷兰 Netherlands		30	18	7	4	5	4	5
比利时 Belgium		13	8	6	2	3	3	2
奥地利 Austria		19	18	15	10	10	9	9
原苏联 USSR		740	762	491	721	704	594	523
波兰 Poland		181	179	105	143	96	66	49
捷克和斯洛伐克 Czecho and Slovakia		85	85	88	87	87	66	34
南斯拉夫 Yugoslavia		66	92	101	100	83	63	44
保加利亚 Bulgaria		55	58	62	50	46	25	20
德国(东部) Germany(East)		88	107	92	99	—	—	
匈牙利 Hungary		36	39	33	28	17	9	6
罗马尼亚 Romania		96	128	131	133	122	—	
南非 South Africa		55	61	42	34	27	25	30
土耳其 Turkey		—	—	64	91	94	86	92
中国 China	百万米 million m	—	101	218	280	295	283	293
印度 India		28	36	117	97	84	85	97
台湾省 Taiwan		7	10	16	15	12	11	12
意大利 Italy	千吨 1000 tons	160	212	175	162	150	156	164
西班牙 Spain		24	21	—	—	—	—	—
葡萄牙 Portugal		9	13	13	9	9	10	12
世界总计 Total World	百万米² million m²	2908	3011	3711	3870	3557	3885	3239

资料来源 日本《纤维手册》1994 年。
Source Japan"Handbook of Chemical Fiber"1994.

部分国家(地区)涤纶长丝进出口量
Polyester Filament Export and Import of Selected Countries(Areas)

单位:吨
Unit:ton

		1985	1987	1988	1989	1990	1991	1992
日本 Japan	出口 Ex.	58781	43407	30641	26350	24021	30310	35817
	进口 Im.	18067	29631	35675	39915	54006	48778	56288
美国 USA	出口 Ex.	80316	23501	31716	46673	64215	74890	63835
	进口 Im.	15100	15880		28436	18723	17814	26755
韩国 Korea, Rep. of	出口 Ex.	55708	35086	37468	47748	66671	56386	68666
	进口 Im.	3717	26791	21977	17404	23838	29834	57272
台湾省 Taiwan	出口 Ex.	198000	198000	216000	269000	321039	316075	365438
	进口 Im.	2767	6177	6349	9665	12489	17575	28285
香港 H.K.	出口 Ex.	75519	38339	33164	31006	49919	97271	—
	进口 Im.	88902	54376	48786	49096	71271	75000	—
中国 China	进口 Im.	252400	52500	61200	64864	62283	50681	117456
泰国 Thailand	进口 Im.	2161		12861	11532	7020	4168	6189

资料来源 日本《纤维手册》1994 年。
Source Japan"Handbook of Chemical Fiber"1994.

部分国家(地区)涤纶短纤维的进出口量
Polyester Staple Fiber Export and Import of Selected Countries(Areas)

单位:吨
Unit:ton

		1985	1987	1988	1989	1990	1991	1992
日本 Japan	出口 Ex.	99375	53859	40237	35432	37864	34866	41018
	进口 Im.	6153	16953	20958	7940	10698	10486	10912
美国 USA	出口 Ex.	114548	111409	104532	71713	52699	69339	62490
	进口 Im.	14416	33520		53826	55839	81550	133386
韩国 Korea. Rep. of	出口 Ex.	66855	78730	118008	152217	221377	250444	283406
	进口 Im.	7011	6520	2956	2605	14670	6807	3264
台湾省 Taiwan	出口 Ex.	97000	140000	180000	195475	242481	326531	285786
	进口 Im.	4269	4522	2955	6132	4646	5030	6095
香港 H.K.	出口 Ex.	19937	30942	44066	49016	49919	50000	
	进口 Im.	37293	57082	66153	70955	71271	80000	
中国 China	进口 Im.	258421	57000	118800	176145	153533	161285	198281
印度 India	进口 Im.	2913	8095	5212	6479	6500	7000	7500
泰国 Thailand	进口 Im.			9606	24011	14862	12920	18726
菲律宾 Philippines	进口 Im.			17608	17352	22981	18328	24853
印尼 Indonesia	进口 Im.			17465	17117	16526	25628	24498

资料来源 日本《纤维手册》1994 年。
Source Japan"Handbook of Chemical Fiber"1994.

部分国家(地区)锦纶长丝进出口量
Nylon Filament Export and Import of Selected Countries(Areas)

单位:吨
Unit:ton

		1985	1987	1988	1989	1990	1991	1992
日本 Japan	出口 Ex.	43874	46094	40134	34463	31806	33726	36835
	进口 Im.	7001	10525	12964	10643	12030	12562	7264
美国 USA	出口 Ex.	47915	55472	70288	88154	95663	80649	66618
	进口 Im.	23040	23400	17315	38847	37319	50869	57775
韩国 Korea,Rep. of	出口 Ex.	2543	2174	1576	4070	6957	7362	13437
	进口 Im.	6663	23318	18121	9845	14175	15361	14214
台湾省 Taiwan	出口 Ex.	33000	34000	35700	49000	23091	45205	65095
	进口 Im.	6545	6989	8533	9672	12811	19021	24045
香港 H. K.	出口 Ex.	5921	5030	8609	9950	7705	9000	—
	进口 Im.	10900	12015	15431	15898	13325	15000	—
中国 China	进口 Im.	34000	18754	26700	29713	10850	12256	22785
印度 India	进口 Im.	3869	2819	7860	7211	5500	6000	6500
马来西亚 Malaysia	进口 Im.	—	—	1187	1809	2391	2919	1900

资料来源 日本《纤维手册》1994 年。

Source Japan"Handbook of Chemical Fiber"1994.

部分国家(地区)腈纶短纤维进出口量
Acrylic Fiber Export and Import of Selected Countries(Areas)

单位:吨
unit:ton

		1985	1987	1988	1989	1990	1991	1992
日本 Japan	出口 Ex.	149168	187064	211376	176331	181555	177792	200143
	进口 Im.	1789	1164	2259	1525	2035	2123	543
美国 USA	出口 Ex.	86118	45988	78806	51202	58464	54713	38545
	进口 Im.	11390	13020		17019	17192	17252	19675
韩国 Korea,Rep. of	出口 Ex.	3021	1607	15917	12603	51501	43082	58780
	进口 Im.	16526	49382	31218	26466	23363	20549	17710
台湾省 Taiwan	出口 Ex.	32000	30000	46300	33600	58357	73366	67475
	进口 Im.	42000	58922	46001	47568	32243	33437	33255
香港 H. K.	出口 Ex.	2734	6424	12100	5624	6000	10000	—
	进口 Im.	5053	9387	13873	8622	8744	10000	—
中国 China	进口 Im.	225917	177380	329800	208980	216356	331187	303347
印度 India	进口 Im.	992	766	5626	7781	6000	8000	—
印尼 Indonesia	进口 Im.	—	—	21474	30681	38274	37584	59047

资料来源 日本《纤维手册》1994 年。

Source Japan"Handbook of Chemical Fiber"1994.

世界棉纱进口量
Import of Cotton Yarn

单位：千吨
Unit：1000tons

国家(或地区) Country(or Area)	1989	1990	1991	1992
美国 USA	42.62	33.13	39.04	52.43
阿根廷 Argentina	0.29	0.17	1.00	
委内瑞拉 Venezuela	0.03	0.62	13.64	
南非 South Africa	1.00	6.00	3.00	8.00
比利时 Belgium	52.63	56.20	55.60	58.31
丹麦 Denmark	15.63	20.14	20.11	16.85
法国 France	61.62	66.20	62.58	61.47
德国① Germany	134.01	134.96	138.95	111.59
希腊 Greece	12.70	18.49	17.77	20.18
爱尔兰 Ireland	9.32	12.59	17.06	18.55
意大利 Italy	95.33	99.02	94.48	72.60
荷兰 Netherlands	16.50	16.64	16.36	20.30
葡萄牙 Portugal	30.36	37.40	35.30	44.29
西班牙 Spain	9.57	10.66	10.40	14.17
英国 UK	66.26	76.40	78.90	79.43
奥地利 Austria	30.26	34.56		
芬兰 Finland	5.67	4.43	3.54	3.73
马尔他 Malta	0.13	0.12	0.08	0.11
匈牙利 Hungary	8.10	2.29	0.64	0.22
挪威 Norway	2.03	2.30	2.92	3.03
瑞典 Sweden	5.69	4.88	4.10	3.42
瑞士 Switzerland	8.79	9.87	9.44	8.95
原苏联 USSR	25.00	28.00		
南斯拉夫 Yugoslavia	6.53	9.94		
香港 Hong Kong	221.80	241.12	282.17	261.59
澳大利亚 Australia	9.42	9.57	15.34	
日本 Japan	208.88	189.35	216.50	216.50
韩国 Korea,Rep. of	55.54	61.26		
菲律宾 Philippines	4.86	7.86	7.84	
斯里兰卡 Sri Lanka	0.99	2.88	6.84	10.49
总计 World Total	1325.58	1456.56	1587.52	1626.60

注 ①1991年前不包括德国(东部)。
Note ①Does not include Germany(East)prior to 1991.
资料来源 《棉花：世界统计》1993年10月。
Source "Cotton：World Statistics"Oct. 1993.

世界棉纱出口量
Export of Cotton Yarn

单位:千吨
Unit:1000tons

国家(或地区) Country(or Area)		1989	1990	1991	1992
墨西哥	Mexico	1.62	1.56	4.70	4.08
美国	USA	15.88	23.76	25.04	16.63
危地马拉	Guatemala	2.47	2.43	0.91	0.89
阿根廷	Argentina	9.60	11.34	3.80	3.08
巴西	Brazil	56.40	54.10	46.30	41.87
埃及	Egypt	126.61	79.18	81.47	67.13
南非	South Africa	4.00	4.00	3.50	4.80
比利时	Belgium	31.00	27.83	24.99	25.60
丹麦	Denmark	1.16	1.68	2.42	1.30
法国	France	24.80	20.97	21.27	20.01
德国①	Germany	67.95	62.26	65.99	56.68
希腊	Greece	55.20	43.63	34.49	44.22
爱尔兰	Ireland	3.43	3.99	4.64	5.57
意大利	Italy	54.20	54.97	59.59	74.65
荷兰	Netherlands	6.30	5.75	5.24	3.24
葡萄牙	Portugal	7.90	7.88	7.85	9.02
西班牙	Spain	36.18	42.82	50.67	44.41
英国	UK	3.90	6.60	14.40	13.90
芬兰	Finland	0.05	0.04	0.06	0.09
挪威	Norway	0.67	0.92	0.80	0.79
瑞士	Switzerland	36.30	34.68	35.07	34.59
原苏联	USSR	11.00	9.60		
南斯拉夫	Yugoslavia	8.74	13.57		
中国	China	183.66	176.16	187.04	162.95
香港	Hong Kong	15.86	15.76	13.98	14.92
日本	Japan	5.24	6.01	5.80	5.60
韩国	Korea, Rep. of	53.91	47.62		
泰国	Thailand	16.26	16.28	16.31	
印度	India	54.71	68.82	86.58	
巴基斯坦	Pakistan	331.32	436.11	474.27	571.50
叙利亚	Syria	6.09	7.59	6.14	
土耳其	Turkey	89.85	68.10	56.98	
总计	Total Above	1497.08	1548.23	1611.88	1687.46

注 ①1991年前,不包括德国(东部)。
Note ①Does not include Germany(East)prior to 1991.
资料来源 《棉花:世界统计》1993年10月。
Source "Cotton:World Statistics"Oct. 1993.

世界棉布进口量
Import of Cotton Fabric

单位：千吨
Unit：1000 tons

国家(或地区) Country(or Area)	1989	1990	1991	1992
美国 USA	271.90	269.96	308.16	355.68
阿根廷 Argentina	0.20	0.52	5.60	5.60
南非 South Africa	5.40	6.00	6.50	6.00
比利时 Belgium	41.80	52.05	52.67	48.66
丹麦 Denmark	13.59	15.88	15.95	14.00
法国 France	110.17	116.34	99.66	97.36
德国① Germany	96.39	113.27	118.11	101.97
希腊 Greece	9.50	11.20	12.60	10.52
爱尔兰 Ireland	7.89	8.36	8.12	5.38
意大利 Italy	143.70	150.10	132.09	115.65
荷兰 Netherlands	56.05	65.84	65.46	45.97
葡萄牙 Portugal	16.80	20.92	23.62	21.01
西班牙 Spain	14.52	14.01	15.18	20.56
英国 UK	138.60	146.60	135.90	121.56
芬兰 Finland	9.87	9.18	8.12	7.08
挪威 Norway	4.53	5.94	5.96	6.09
瑞典 Sweden	13.45	14.06	13.79	13.72
瑞士 Switzerland	9.35	9.74	8.11	7.73
波兰 Poland	33.40	33.81	5.47	11.73
捷克和斯洛伐克 Czecho and Slovakia	5.89	5.50	1.11	1.54
罗马尼亚 Romania	1.91	0.57	6.08	4.21
原苏联 USSR	25.66	29.33	—	—
南斯拉夫 Yugoslavia	14.42	7.36	—	—
香港 Hong Kong	262.94	245.85	271.54	305.43
日本 Japan	114.15	88.82	98.62	—
韩国 Korea, Rep. of	26.88	13.69	12.42	—
菲律宾 Philippines	42.42	35.57	31.34	31.34
泰国 Thailand	14.21	18.19	—	—
斯里兰卡 Sri Lanka	5.36	7.00	12.94	17.68
土耳其 Turkey	7.17	16.52	12.97	
总计 Total Above	1874.81	1889.81	1872.91	1888.88

注 ①1991年前不包括德国(东部)

Note ①Does not include Germany(East)prior to 1991。

资料来源 《棉花：世界统计》1993年10月。

Source "Cotton：World Statistics"Oct. 1993.

世界棉布出口量
Export of Cotton Fabric

单位:千吨
Unit:1000 tons

国家(或地区) Country(or Area)	1989	1990	1991	1992
美 国 USA	93.25	126.20	128.01	136.82
埃 及 Egypt	64.87	40.01	26.01	22.84
比利时 Belgium	42.80	58.21	57.42	52.79
丹 麦 Denmark	5.69	6.76	6.77	5.89
法 国 France	82.29	84.26	79.99	78.38
德 国① Germany	135.60	139.15	136.74	129.45
希 腊 Greece	14.15	10.48	9.05	11.26
爱尔兰 Ireland	15.44	14.02	13.70	11.85
意大利 Italy	53.91	60.63	61.33	74.35
荷 兰 Netherlands	38.43	41.68	42.41	31.80
葡萄牙 Portugal	12.30	11.23	11.45	10.94
西班牙 Spain	28.28	21.30	26.02	27.21
英 国 UK	26.50	35.00	35.80	30.78
瑞 典 Sweden	4.07	4.07	3.99	4.80
瑞 士 Switzerland	20.26	21.09	19.24	18.99
捷克和斯洛伐克 Czecho and Slovakia	23.22	22.15	23.15	20.96
匈牙利 Hungary	11.60	11.39	—	—
波 兰 Poland	23.30	5.94	0.81	1.81
罗马尼亚 Romania	9.91	3.92	1.86	2.36
原苏联 USSR	60.02	64.63	—	—
南斯拉夫 Yugoslavia	7.98	20.29	—	—
台湾省 Taiwan	84.11	85.94	84.79	78.58
香 港 Hong Kong	164.68	160.77	159.71	—
日 本 Japan	55.71	69.68	69.38	—
韩 国 Korea,Rep. of	42.85	42.50	41.23	—
泰 国 Thailand	28.27	29.44	30.10	—
印 度 India	121.83	131.70	136.93	—
巴基斯坦 Pakistan	139.04	156.34	169.81	178.84
叙利亚 Syria	5.15	2.37	5.52	—
土耳其 Turkey	31.40	28.57	29.74	—
总 计 Total Above	2253.01	2264.08	2306.08	2331.67

注 ①1991年前不包括德国(东部)。

Note ①Does not include Germany(East)prior to 1991。

资料来源 纺织调查是由国际棉花咨询委员会和联合国进行的。

1990年、1991和1992年的总计是基于表中所示实际数据以及某些没有外贸统计的国家在过去几年中的平均出口增长率。

本表摘自:《棉花:世界统计》1993年10月。

Source Textile Survey conducted by ICAC and the United Nations.

Totals for 1990、1991 and 1992 are based on the actual data shown and the average growth rates of exports in past years for countries where trade data are not available.

This table is extracted from"Cotton:World Statistics"Oct. 1993.

世界主要国家和地区羊毛、毛纱和毛织物进口量

Import of Wool, Wool Yarn and Fabric by Countries and Areas

单位:千吨
Unit:1000 tons

	国家(或地区) Country(or Area)	1970	1975	1980	1985	1990	1991	1992
羊毛 Wool	日本 Japan	321	230	176	184	143	153	146
	中国 China	6	1	29	113	32	104	154
	台湾省 Taiwan	16	11	28	41	31	61	53
	韩国 Korea, Rep. of	6	11	23	31	34	37	38
	印度 India	20	17	13	21	34	26	38
	原苏联 USSR	83	110	124	109	52	54	6
	南斯拉夫 Yugoslavia	21	15	23	21	9	8	10
	法国 France	159	120	117	132	99	127	122
	英国 UK	206	132	96	128	88	93	102
	意大利 Italy	127	80	118	120	119	138	144
	德国① Germany	98	94	79	77	68	86	97
	比利时 Belgium	95	45	42	55	54	52	55
	美国 USA	91	19	33	35	33	39	40
	世界总计 Total World	1461	1081	1120	1261	990	1183	1218
毛纱 Wool Yarn	香港 Hong Kong	12	7	24	23	29	42	50
	日本 Japan	2	1	1	9	7	13	10
	德国① Germany	29	19	19	17	14	17	17
	比利时 Belgium	8	8	15	9	7	6	6
	荷兰 Netherlands	12	11	14	10	7	6	5
	英国 UK	3	5	7	11	12	13	14
	意大利 Italy	3	1	5	8	11	12	15
	法国 France	3	4	5	5	7	7	9
	瑞士 Switzerland	2	2	5	5	3	4	3
	丹麦 Denmark	6	4	5	5	3	3	3
	波兰 Poland	—	8	11	9	3	2	—
	原苏联 USSR	18	10	8	4	—	—	—
	澳大利亚 Australia	1	1	4	7	6	4	5
	世界总计 Total World	122	101	151	156	156	180	233
毛织物 Wool Fabric	日本 Japan	3	2	3	4	7	5	5
	印度 India	22	28	26	24	22	25	28
	英国 UK	7	7	9	9	7	7	8
	法国 France	6	8	9	9	10	10	10
	荷兰 Netherlands	8	8	7	5	5	5	10
	澳大利亚 Australia	3	3	4	3	2	3	2
	比利时 Belgium	5	5	4	3	3	3	3
	意大利 Italy	2	1	3	3	3	3	5
	希腊 Greece	1	1	1	3	3	3	3
	芬兰 Finland	2	1	2	2	1	1	1
	瑞士 Switzerland	2	2	2	2	2	2	2
	美国 USA	11	4	10	—	—	—	—
	加拿大 Canada	4	3	5	8	3	3	4
	世界总计 Total World	88	82	95	91	86	87	97

注 ①1991年前不包括德国(东部)。

Note ①Does not include Germany(East)to 1991.

资料来源 日本《纤维手册》1994年。

Source Japan"Handbook of Chemical Fiber"1994.

世界主要国家和地区羊毛、毛纱和毛织物出口量

Export of Wool, Wool Yarn and Fabric by Countries and Areas

单位：千吨

Unit：1000 tons

	国家(或地区) Country (or Area)	单位 Unit	1970	1975	1980	1985	1990	1991	1992
羊毛 Wool	澳大利亚 Australia	千吨 1000 tons	706	572	556	718	513	749	706
	新西兰 New Zealand		289	243	274	307	201	235	215
	阿根廷 Argentina		95	75	81	63	56	41	35
	南非 South Africa		93	68	62	53	50	49	34
	乌拉圭 Uruguay		45	37	41	26	37	26	25
	法国 France		32	35	44	37	25	30	25
	蒙古 Mongolia		11	17	17	13	11	10	—
	英国 UK		16	23	17	19	40	32	35
	智利 China		9	11	11	8	7	6	4
	世界总计 Total World		1425	1194	1193	1357	1072	1319	1356
毛纱 Wool Yan	日本 Japan	千吨 1000 tons	17	6	17	9	9	10	7
	香港 Hong Kong		1	1	13	20	22	30	37
	比利时 Belgium		28	17	18	12	10	9	8
	法国 France		22	16	20	14	7	8	8
	英国 United Kingdom		16	14	17	17	14	14	16
	意大利 Italy		11	8	7	15	15	20	21
	韩国 Korea, Rep. of		—	—	8	12	10	14	12
	西班牙 Spain		1	2	7	7	5	3	3
	台湾省 Taiwan		7	3	7	7	6	9	8
	荷兰 Netherlands		7	6	8	4	2	2	1
	世界总计 Total World		131	96	159	167	164	195	207
毛织物 Wool Fabric	日本 Japan	千吨 1000 tons	13	4	3	3	5	7	7
	意大利 Italy		51	51	56	62	46	59	66
	英国 UK		21	15	15	15	11	9	10
	德国 Germany		7	11	16	19	19	24	26
	韩国 Korea, Rep. of		—	2	3	3	2	3	4
	世界总计 Total World		120	112	120	129	114	128	147
	德国(东部) Germany (East)	百万米^2 million m^2	3	8	15	10	—	—	—
	匈牙利 Hungary		4	8	10	10	7	—	6
	英国 UK		58	42	44	42	34	29	35
	捷克和斯洛伐克 Czecho and Slovakia	百万米 million m	—	5	3	20	7	10	4
	波兰 Poland		7	18	19	14	16	9	12
	世界总计 Total World	百万米^2 million m^2	143	116	142	180	154	167	184

注 ①1991年前不包括德国(东部)。

Note ①Does not include Germany (East) prior to 1991.

资料来源 日本《纤维手册》1994年。

Source Japan "Handbook of Chemical Fiber" 1994.

日、欧、美非织造布用纤维消费量

Fiber Consumpotion of Non-woven Industry in Japan、West Europe and USA

单位：千吨
Unit：1000 tons

纤维 Hem	1988			1989			1990			1991			1992		
	美国 USA	西欧 W. Europe	日本 Japan	美国 USA	西欧 W. Europe	日本 Japan	美国 USA	西欧 W. Europe	日本 Japan	美国 USA	西欧 W. Europe	日本 Japan	美国 USA	西欧 W. Europe	日本 Japan
涤纶 PE	137.6	91.3	43.8	151.0	93.5	67.5	148.0	98.4	75.0	147.0	99.0	81.0	—	—	83.0
粘胶 Viscose	55.0	50.3	22.9	44.0	54.2	21.9	40.0	49.7	20.8	32.0	47.0	22.0	—	—	22.0
丙纶 PP	228.0	143.3	35.1	240.0	181.0	38.6	257.0	213.5	41.9	290.0	225.2	48.0	—	—	50.0
锦纶 Nylon	7.0	79.2	19.2	7.0	11.5	13.7	105.0	12.7	14.0	141.0	12.8	15.0	—	—	16.0
其它 Others	76.1	79.2	19.2	76.0	73.6	15.2		74.4	17.4		75.0	19.0	—	—	20.0
总计 Total	503.7	364.8	121.0	518.0	413.8	156.8	550.0	448.7	168.8	610.0	459.0	185.0	—	—	191.0

资料来源 日本《纤维手册》1994年。

Source Japan"Handbook of Chemical Fiber"1994.

日、欧、美不同生产方法的非织造布生产量

Non-woven Production of Japan、West Europe and USA by Different Method

单位：千吨
Unit：1000 tons

制法 Process	1988			1989			1990			1991			1992		
	美国 USA	西欧 W. Europe	日本 Japan	美国 USA	西欧 W. Europe	日本 Japan	美国 USA	西欧 W. Europe	日本 Japan	美国 USA	西欧 W. Europe	日本 Japan	美国 USA	西欧 W. Europe	日本 Japan
干法 Dry Method	255.0	191.2	92.1	246.0	204.0	99.5	234.0	221.0	107.0	—	—	113.3	—	—	115.0
开松梳理法 Opening/Carding	—	—	—	—	—	—	191.0	—	—	—	—	—	—	—	—
气流成网法 Air-laid system	—	42.1	—	—	—	—	43.0	—	—	—	—	—	—	—	—
湿法 Wet Method	54.0	42.1	11.3	56.0	46.0	12.7	51.0	45.0	14.6	—	—	16.0	—	—	16.0
纺粘法 Sponbond	154.0	122.3	34.1	156.0	144.0	39.3	163.0	162.0	43.5	179.0	176.8	50.0	—	—	52.5
水射流法 Sponlace	55.0		5.4	62.0		6.6	79.0		7.0	—	—	8.0	—	—	8.5
熔喷法 Meltblown	38.0	15.2	1.4	50.0	20.0	1.7	65.0	23.0	—	—	—	2.5	—	—	3.0
其他 Others	21.0		—	20.0		—	20.0		2.0	—	—	2.0	—	—	2.0
总计 Total	577.0	370.8	144.3	590.0	414.0	159.8	612.0	451.0	175.0	680.0	480	191.5	—	—	197.0

资料来源 日本《纤维手册》1994。

Source Japan"Handbook of Chemical Fiber"1994.

世界主要国家(地区)喷射织机设备状况
The Jet Weaving Looms by Country(Area)

单位:千台
Unit:1000 sets

国别(或地区) Country(or Area)	种类 Item	1980	1985	1989	1990	1991	1992
日本 Japan	WJL	13.5	25.0	25.0	25.0	24.8	25.0
	AJL	1.1	6.5	17.8	18.0	18.5	18.7
韩国 Korea,Rep. of	WJL	5.3	10.5	19.6	25.0	31.5	38.0
	AJL	—	0.3	2.5	3.0	4.0	4.2
台湾省 Taiwan	WJL	4.2	9.0	18.0	25.0	26.5	30.0
	AJL	—	2.5	8.0	8.5	12.0	13.5
中国 China	WJL	—	4.0~5.0	6.3	6.5	7.5	12.0
	AJL	—	—	2.7	3.0	3.5	4.5
美国 USA	WJL	7.0	7.9	6.2	6.0	5.9	6.0
	AJL	3.8	12.7	14.3	18.6	18.2	19.0
西欧 W. Europe	WJL	0.5	13.0	12.0	12.0	12.0	12.5
	AJL	1.9	—	15.0	15.0	15.5	16.5
英国 UK	WJL	3.4	5.0	3.7	3.7	3.8	3.8
	AJL	0.8	5.0	1.0	1.0	1.1	1.2
意大利 Italy	WJL	3.0	—	3.0	3.0	3.0	3.0
	AJL	0.8	—	7.4	7.4	7.5	7.6
法国 France	WJL	2.5	—	3.8	3.8	3.8	3.8
	AJL	0.0	—	3.8	3.8	3.9	4.0
德国(西部) Germany(West)	WJL	1.0	—	0.5	0.5	0.5	0.7
	AJL	0.2	—	3.4	3.4	3.5	3.6
东南亚 Sortheast Asia	WJL	—	1.0	5.7	7.8	10.4	15.8
	AJL	—	—	4.3	5.5	6.2	8.8
其他 Others	WJL	2.0	—	3.8	3.5	3.6	4.0
	AJL	—	—	10.2	11.5	14.5	15.0
总计 Total	WJL	42.5	—	96.6	110.7	122.1	143.3
	AJL	—	—	74.8	82.7	92.5	100.2

注 WJL—喷水织机。
AJL—喷气织机。

Notes WJL—Water-Jet Loom.
AJL—Air-Jet Loom.

资料来源 日本《纤维手册》1994年。

Source Japan"Handbook of Chemical Fiber"1994.

主要国家（地区）聚酯纤维（涤纶棉）价格

Prices of Polyester

	美 国 USA		台湾省 Taiwan		日 本 Japan		德 国 Germany		意大利 Italy	
	美元/公斤 Dollars/kilogram	美分/磅 U.S. Cents/pound	新台币/公斤 NT $/kilogram	美分/磅 U.S. Cents/pound	日元/公斤 Yen/kilogram	美分/磅 U.S. Cents/pound	马克/公斤 Marks/kilogram	美分/磅 U.S. Cents/pound	里拉/公斤 Lire/kilogram	美分/磅 U.S. Cents/pound
1989/1990										
8月 Aug.	1.89	86.00	44.50	78.40	210.00	67.40	3.90	92.30	2800.00	91.90
9月 Sep.	1.89	86.00	44.50	78.38	210.00	65.50	3.85	89.38	2800.00	90.13
10月 Oct.	1.89	86.00	41.50	72.38	210.00	67.75	3.70	89.88	2900.00	96.00
11月 Nov.	1.89	86.00	39.40	68.70	210.00	67.10	3.70	92.10	2589.80	97.90
12月 Dec.	1.89	86.00	35.50	60.50	210.00	66.17	3.70	95.83	2900.00	101.00
1月 Jan.	1.88	85.50	32.63	56.75	210.00	65.88	3.65	97.88	2800.00	100.50
2月 Feb.	1.85	84.00	32.88	57.25	202.50	63.25	3.50	95.13	2500.00	91.25
3月 Mar.	1.85	84.00	29.40	50.60	200.00	59.90	3.50	93.10	2500.00	90.40
4月 Apr.	1.85	84.00	28.63	49.25	200.00	57.25	3.50	94.00	2500.00	91.25
5月 May	1.85	84.00	28.00	47.00	214.00	63.20	3.50	95.40	2460.00	91.30
6月 Jun.	1.81	82.00	28.38	47.00	215.00	63.38	3.35	90.38	2300.00	84.25
7月 Jul.	1.68	76.00	29.00	48.38	215.00	65.13	3.25	90.00	2200.00	83.00
平均 Average	1.85	84.16	34.57	59.66	208.82	64.29	3.59	92.91	2597.04	92.27
1990/1991										
8月 Aug.	1.68	76.00	28.50	47.40	215.00	65.70	3.20	92.13	2200.00	86.25
9月 Sep.	1.68	76.00	29.25	48.63	230.00	75.13	3.24	93.63	2237.50	86.63
10月 Oct.	1.68	76.00	31.38	52.10	235.00	81.20	3.25	96.25	2306.25	91.13
11月 Nov.	1.68	76.00	31.00	51.50	235.00	83.20	3.25	99.20	2337.00	94.70
12月 Dec.	1.68	76.00	31.00	51.67	235.00	80.67	3.25	99.50	2355.00	95.50
1月 Jan.	1.68	76.00	31.30	53.70	235.00	79.30	3.25	97.30	2355.00	93.70
2月 Feb.	1.68	76.00	31.00	51.98	235.00	81.13	3.25	99.63	2355.00	94.75
3月 Mar.	1.68	76.00	31.00	51.50	235.00	77.88	3.17	88.88	2312.50	88.13
4月 Apr.	1.68	76.00	31.00	51.75	235.00	77.25	3.08	82.88	2300.00	82.50
5月 May	1.62	73.60	30.20	50.40	235.00	77.10	3.08	81.80	2300.00	81.80
6月 Jun.	1.65	74.50	28.38	47.50	235.00	76.25	3.08	78.00	2300.00	78.50
7月 Jul.	1.69	76.38	27.13	45.63	235.00	77.50	3.08	77.50	2225.00	75.25
平均 Average	1.67	75.68	30.09	50.32	232.65	77.53	3.18	90.51	2299.40	87.40
1991/1992										
8月 Aug.	1.61	73.0	26.6	44.5	235	77.6	3.08	79.9	2000	69.5
9月 Sep.	1.61	73.0	27.0	46.0	235	78.9	3.08	82.3	1963	70.3
10月 Oct.	1.61	73.0	27.3	46.0	235	81.1	3.08	83.5	1050	60.8
11月 Nov.	1.61	73.0	27.0	47.1	235	82.1	3.08	86.0	1950	72.6
12月 Dec.	1.61	72.8	26.5	46.6	237	83.2	3.08	88.0	1917	72.3
1月 Jan.	1.60	72.5	26.5	47.7	245	88.9	3.04	87.9	1780	68.8
2月 Feb.	1.60	72.5	26.5	48.0	245	87.4	2.90	81.0	1650	61.5
3月 Mar.	1.60	72.5	26.5	47.3	345	84.0	2.90	78.6	1650	60.1
4月 Apr.	1.61	72.8	26.6	47.6	245	83.1	2.90	79.7	1475	53.9
5月 May	1.63	74.0	26.5	48.0	245	84.6	2.90	81.1	1475	55.0
6月 Jun.	1.63	74.0	26.5	48.3	249	88.9	2.90	83.1	1513	57.3
7月 Jul.	1.63	74.0	26.5	48.5	250	90.2	2.90	88.1	1525	61.1
平均 Average	1.61	73.1	26.7	47.2	242	84.2	2.98	83.1	1735	64.2

资料来源 世界棉花咨询委员会秘书处《棉花：世界统计》1992年10月。

Source The Secretariat of ICAC"Cotton：World Statistics"Oct. 1992.

韩国纺织工业设备情况

Textile Equipment of Korea, Rep. of

项　目 Item	单位 Unit	1989	1990	1991	1992
棉纺锭 Cotton Spindle	千锭 10^3sp	3592	3677	3717	3634
毛纺锭 Wool Spindle	千锭 10^3sp	1139	1159	1086	1157
棉织机 Cott-Loom	千台 10^3set	52.56	47.85	45.00	42.45
毛织机 Wool Loom	千台 10^3set	4.02	3.63	4.77	3.79
丝织机 Filament-Loom	千台 10^3set	78.57	69.87	66.68	88.84
合成纤维生产能力 Synthetic fiber producing Capacity					
锦纶 Nylon	吨/日 ton/day	482	538	622	673
聚酯长丝 Polyester(Cont)	吨/日 ton/day	1214	1305	1427	1618
聚酯短纤 Polyester(Disc)	吨/日 ton/day	1023	1145	1246	1246
腈纶 Acrylic	吨/日 ton/day	539	539	539	539

韩国纺织品和化纤产量

Production of Textiles and Man-Made Fibers of Korea, Rep. of

项　目 Item	单位 Unit	1989	1990	1991	1992
棉纱 Cotton Yarn	吨 ton	546531	532093	485423	447102
梳毛纱 Worsted Yarn	吨 ton	197251	178951	163994	146159
棉织物 Cotton fabric	千平方公尺 10^3m^2	654033	647496	615110	—
毛织物 Wool fabric	千平方公尺 10^3m^2	45060	50016	55010	—
蚕丝织物 Pure silk fabric	千平方公尺 10^3m^2	59710	65680	75530	—
合纤织物 Synthetic fabric	千平方公尺 10^3m^2	1434296	1669520	1919940	—
毛毯 Blanket	千平方公尺 10^3m^2	11263	11726	12440	—
针织内衣 Knitted underwear	千件 10^3pcs	316633	343768	367248	—
锦纶 Polyamide fiber	吨 ton	178360	203019	220186	237760
聚酯 Polyester fiber	吨 ton	821780	882394	961109	1030684
腈纶 Acrylic fiber	吨 ton	189656	184333	182832	187007
粘胶 Viscose Fiber	吨 ton	10833	10585	5338	2799
醋酯 Acetate Fiber	吨 ton	11782	12381	12635	13564

韩国纤维品贸易额
Fiber Goods Trade of Korea, Rep. of

出口　Experts　　　　单位:百万美元
Unit: US$ million

年　份 Year	出口总计 Experts Total	纤维品 Fib Goods	纤维原料 Raw Fiber	纱、织物 Yarn, Fabric	衣　着 Apparel
1980	17505	5215	69	2198	2948
1985	30283	7088	100	2528	4461
1986	34714	8762	71	3201	5490
1987	47281	11737	124	4062	7551
1988	60696	13877	216	4847	8815
1989	62377	14879	297	5370	9212
1990	65016	14416	354	6074	7987
1991	71870	15211	408	7299	7504
1992	76632	15762	481	7493	7789

进口　Imports　　　　单位:百万美元
Unit: US$ million

年　份 Year	出口总计 Experts Total	纤维品 Fib Goods	纤维原料 Raw Fiber	纱、织物 Yarn, Fabric	衣　着 Apparel
1980	22292	1213	791	409	13
1985	31136	1527	879	635	12
1986	31584	1719	843	860	15
1987	41020	2556	1128	1405	22
1988	51811	3107	1504	1569	34
1989	61465	3306	1534	1658	80
1990	69844	3577	1505	1923	149
1991	81525	4111	1535	2391	185
1992	81775	4001	1303	2236	463

附 录

Appendixes

中国纺织总会机构设置及负责人

（截止1993年12月31日）

会 长：吴文英
副会长：杜钰洲 刘 珩

办公厅
主 任：林乃基
副主任：关亨良 陈树津 李小白

规划发展部
主 任：王天凯
副主任：王超鲁 陈冠庆 沈兰珍

经济贸易部
主 任：张炳城
副主任：马玉良 王招玲 毛金凤

科技发展部
主 任：张怀良
副主任：沙福洁 陈书杰

经济调节部
主 任：杨东辉
副主任：张 莉 孙瑞强

人事劳动部
主 任：常俊传
副主任：宋冬菊 张世平

国际合作部
主 任：季 军
副主任：金离尘

技术装备部
主 任：凌宝银
副主任：柳仁德

教育部
主 任：梁 善
副主任：高 敏

机关党委
书 记：杜钰洲（兼）
常务副书记：赵宇章
纪委书记：陈之善（兼）

老干部局
局 长：马庆福
副局长：吴桂英 刘满桂

监察局
局 长：张松芳
副局长：陈之善

审计室
主 任：杨超平

* * * * *

经第八届全国人民代表大会第一次会议通过国务院机构改革方案后，1993年4月22日国务院发出文件（国发〔1993〕29号），撤销纺织工业部，组建中国纺织总会。

原纺织工业部副部长王曾敬被国务院任命为中国纺织品集团公司筹备组组长（国人字〔1993〕71号）。原纺织工业部副部长许坤元被国务院任命为中国丝绸集团公司筹备组长（国人字〔1993〕72号）。原纺织工业部办公厅副主任金余、综合计划司司长刘春年、教育司司长韩恩业、体制改革司副司长朱仲山、化纤工业司司长诸祥坤、行政司副司长满占久、监察局局长胡桐、审计局局长韩锡贞任职到1993年4月。

中国纺织总会直属企事业单位

中国纺织经济研究中心（信息中心）

主　任：程振华（兼信息中心主任）
副主任：马国富（任职到1993年4月）

中国纺织报社

社　长：吴鹤松（任职到1993年1月）　栾忠信
总编辑：薛庆时
副社长：王　烈　李锦华
秘书长：张　东

中国纺织出版社

社　长：韩耀民
副社长：郝东晋　王文浩　王润安
总编辑：张永康

中国纺织工业设计院

党委书记：郭开宇
院　长：罗文德
副院长：孙今权（兼总工）　郑世光　李法民　倪居华
顾　问：王广鎏

中国纺织科学研究院

党委书记：孙惠敏（任职到1993年1月）
院　长：徐　朴
副书记：于子雄
副院长：吴慧莉　高志鸿　沈有光　黄永芬
顾　问：梅自强

中国纺织建设规划院

院　长：王天凯（兼）
副院长：刘兴武　张　健（任职到1993年10月）　郑世光（兼，任职到1993年10月）　王超鲁（兼，任职到1993年10月）　阎学英　陈志平（任职到1993年10月）

中国服装研究设计中心

主　任：朱秉臣
副主任：方玉根　盛中鹏　谭　安　王富节

中国纺织科学技术信息研究所

书　记：刘树梅
所　长：毕国典
副所长：施雍西
总　工：张文彬

中国国际贸易促进委员会纺织行业分会

会　长：季国标
副会长：徐晋昶　陈宝鑫　王海南
秘书长：张延恺

中国纺织总会科学技术发展中心

主　任：陈书杰（兼）

中国纺织总会纺织产品开发中心

主　任：杨若玲

中国纺织总会化纤产品开发中心

主　任：沙福浩（兼）

中国纺织总会人才交流培训中心

主　任：宋冬菊（兼）

中国纺织国际交流中心

主　任：金离尘（兼）

中国纺织总会机关服务中心

主 任：吕来增

副主任：吴永和 朱克俭

华纺房地产开发公司

经 理：房国民

中国纺织机械集团（中国纺织机械工业总公司）

总经理：梅在森

副总经理：张天枢（任职到1993年6月）
陈希深（任职到1993年7月）
王家禄（任职到1993年12月）
顾 佩 张传海 丛劲舟

总 工：尹守恩

中国纺织总会纺织机电研究所

书 记：朱 彬

所 长：郑锡荣（任职到1993年10月） 高孝纲

副所长：张锡山

总 工：朱 惠

中国服装工业总公司

总经理：于宗尧

副总经理：廉乐英 周锦良 盛才庆

华诚纺织联合公司

总经理：何成杰（任职到1993年9月） 周涵春

副总经理：许吉祥

中国丝绸工业总公司

总经理：李世娟

副总经理：杨永元 黄祖兴 谢昭月 李光添

总 工：张林泉

中国纺织物资总公司

总经理：李洪福（任职到1993年1月） 沈克俭

副总经理：王四维 徐庚生 黄兴昌

中国纺织工业对外经济技术合作公司
中国纺织机械和技术进出口公司

总经理：贝聿泷

副总经理：钱伟一 章睿骏 沈逸生

总经济师：罗力生

中国纺织装饰总公司

总经理：吴国强

副总经理：吴焕新（任职到1993年6月）
李艾田 钱守堂

中国化纤公司

总经理：王玉耀

副总经理：耿仁彰 王宏奎 刘业超

中国纺织科学技术开发总公司

总经理：谢应安

副总经理：周亚夫

中国华诚财务公司

总经理：王春德

中国纺织化纤工程公司

经 理：赵渊禄

副经理：郜竞人

中国纺织器材工业公司

经 理：孙 绳

副经理：朱彩珍

仪征化纤股份有限公司

董事长：吴文英（兼）

总经理：任传俊

书 记：朱恪礼

常务副总经理：陈锦芳

副总经理：蒋士成（兼总工） 凌爱宝 姜毅芬（兼总会计师）

仪征化纤工业联合公司

书 记：朱恪礼

总 经 理：任传俊

常务副总经理：沈云飞

副总经理：宣惠金 郑大中 蒋士明

华联纺织（集团）有限公司

总经理：周和文

副总经理：田志俊 朱金大 陆益桐 徐赐书
熊维信

中国华源实业有限公司

总 经 理：周玉成
副总经理：马国富

华东纺织联合公司

总经理：陈志平

中国纺织大学

书　记：丁证青
校　长：周永元
副书记：金家友　徐佩莉
副校长：孙俊康　陈瑞琪　孟广甫　金家友（兼）

天津纺织工学院

书　记：杨希禄
院　长：邱冠雄
副书记：邱冠雄（兼）　何致瑜
副院长：崔永芳　张振生　何致瑜（兼）

西北纺织工学院

书　　记：张瑞宝
副 书 记：王享海
第一副院长：党　群
副 院 长：胡宗德　朱宝瑜　翟荣祖　王享海（兼）

武汉纺织工学院

书　记：章默英
院　长：贺经平
副书记：罗　兵
副院长：沈钧平　陈克强　徐冬青

郑州纺织工学院

书　记：吴法苟
院　长：凌德麟
副书记：薛志强
副院长：郭承燕　苏天晓

北京服装学院

书　记：钟国治
院　长：贾路桥
副书记：王　健
副院长：王蕴强　赵　亮

苏州丝绸工学院

书　记：王书昭
院　长：王书昭（兼）
副书记：施明千（兼）　黄金玉
副院长：施明千　朱和生（任职到1993年）　宋肇棠

浙江丝绸工学院

书　记：金邦炉
院　长：袁观洛
副书记：白同平　万士明
副院长：凌荣国　康　泰　董炳根

中国纺织总会管理干部学院

书　记：李霞影
副书记：诸镇南
副院长：夏秀英　顾　钧

中国纺织政治函授学院

院　长：贾路桥（兼）
副院长：王蕴强（兼）　赵　亮（兼）

各省市纺织（轻、丝绸）工业厅（局、公司）负责人

（截止1993年12月31日）

北京市纺织工业总公司

书　记：孙建勋（任职到1993年6月）　金生官

总经理：徐青伟（任职到1993年7月）　姜宜茂

副书记：王金玲

副总经理：张培华　蒋志民　范兴华

天津市纺织工业局

书　记：李树蓬

局　长：于广才

副书记：张世强　胡惠民　高德云

副局长：刘宝根　宗国栋　吴泽泗　陈士珍　王锋　张立业（任职到1993年5月）

总会计师：任凯泉

河北省纺织工业总公司

经　理：孙为伦

副经理：贾庆昌　贵新喜　刘文宪

总　工：黄绍文

山西省纺织工业厅

厅　长：李小货

副厅长：申桂英（任职到1993年3月）　佟慧茹　滑　仁

内蒙古自治区轻工业厅

厅　长：王俊玉

副厅长：云裕民　吴一微　丁翔文　梁振廷

辽宁省纺织工业厅

厅　长：张自栖

副厅长：芮克有　朱光武　朱玉书　钟文龙　詹惠珍　刘洪坤

吉林省纺织工业厅

厅　长：蒋明田（任职到1993年12月）

副厅长：轧希贤　张齐云　杨湘岚　韩绍霖

黑龙江省纺织工业厅

厅　长：肖耀斌

副厅长：赵瑞民　周国熹　于　军

上海市纺织工业局

书　记：朱匡宇

局　长：姜光裕

副书记：倪志华

副局长：李克让　刘　勤　杜双信　肖义家

江苏省纺织（集团）总公司

总经理：林庆生

副总经理：奚锦昌（任职到1993年5月）　谢　明　窦　钰　胡上治

浙江省轻工业厅

厅　长：戴大鸣

副厅长：赵大贤　周云栋　赵万兴（任职到1993年5月）　冯鞠初

安徽省纺织工业厅

厅　长：张有信

副厅长：韩翠英　吴云生

福建省轻工业厅

厅 长：王能光

副厅长：高晓山（任职到1993年4月） 林凤金 王学鼎 梁 模

江西省纺织工业局

局 长：丘善道

副局长：辛 萍 郑本纯 周立文

山东省纺织工业厅

厅 长：平茅芦（任职到1993年5月） 刘寿北

副厅长：张荷弟 张立功 戴顺林 孙立新 李植树

河南省纺织工业厅

厅 长：谢伟民

副厅长：李正君 李书勤 朱振澄

湖北省纺织工业总公司

经 理：熊起业

副书记：宋杏珍

副经理：丁启秀 李丰均

总 工：孙煜生

湖南省纺织工业厅

厅 长：刘慧芳

副厅长：王逸时 曾昭宣 高佩琪 束立虹

总 工：杜负薪

广东省纺织工业总公司

总经理：李 炽

副总经理：谢城崧 张望曙 陈乃承

广西壮族自治区纺织工业厅

厅 长：邹虎林

副厅长：郑敬为

海南省纺织工业局

书 记：王军文

局 长：王军文

副局长：曾凡玉 李庆普

四川省纺织工业厅

厅 长：杜世弘

副厅长：冯杰人 唐桥星 金一渔 杨 润

贵州省轻纺工业厅

厅 长：邱栋臣（任职到1993年6月） 杨启云

副厅长：葛长瑞 励鑫华 姚 能

云南省纺织工业局

局 长：薛惠新

副局长：韩长旺 胥 鸿

陕西省纺织工业总公司

书 记：邹醒华

总经理：郭立志（任职到1993年3月） 白希孟

副总经理：邹醒华 殷志尧 朱恒耀

甘肃省轻纺总会

会 长：韩福俊

副会长：韩桂生 赵 俊

青海省轻纺工业厅

厅 长：林世亭

副厅长：芦惠敏 朱太秀 郑明杰 阳藏伯 高宗银

宁夏回族自治区轻纺工业厅

厅 长：杨继立

副厅长：张仁杰 张觉悟 张俊平 王树贞

新疆维吾尔自治区纺织工业局

书记兼局长：邢自然

副 书 记：马艳华

副 局 长：茹克娅 石明章 初盈州

沈阳市纺织工业管理局

书 记：赵丽娟

局 长：刘铁成

副书记：杨学锋

副局长：耿秀清 郎欢丰 宣永久 王宝林

大连市纺织工业管理局

局 长：戴树基（任职到1993年4月） 张树森

副书记：毕作玉

副局长：刘润波 戚永成 王宝林 周有林

长春市纺织工业局

局　长：孙玉芝（任职到1993年2月）　王佐政
副局长：董会维（任职到1993年2月）　楚忠义　荀志炎　肖万民

哈尔滨市纺织管理局

局　长：周楠林（任职到1993年1月）　焦守裕
副书记：徐淑芳
副局长：柏仁忠（任职到1993年11月）　崔永祝　林有发
总　工：王化山

南京市纺织工业公司

书　记：刘国华
经　理：戴文华
副经理：王家声　周美玉　余寿松　沈光宇

宁波市纺织工业局

局　长：吕国荣（任职到1993年6月）　裘炜国
副书记：陈胜平
副局长：陈胜平　袁珊珊　朱瑞康

厦门市经委纺织工业处

处　长：杨佳香（任职到1993年11月）
副处长：刘秀銮

青岛市纺织工业总公司

总经理：许有仁
副书记：徐淑贞（任职到1993年3月）　孙贾尧
副总经理：刘善起　赵　骏　王泰来　王万庭　王　磊

武汉市纺织工业局

书　记：熊昌发
局　长：凌寿卿
副书记：万邦恩　崔华英
副局长：李敬忠　李　勇　胡仰先　郑明陆

广州市纺织工业总公司

书　　记：贾凯明
总经理：萧良钦
副书记：崔玉光
副总经理：倪福珍　许锦初（任职到1993年8月）　古和基（任职到1993年6月）

深圳市纺织工业公司

总经理：张应学
副总经理：管同科　李静强　何绍东

成都市纺织工业局

书　记：徐复兴
局　长：刘云生
副局长：卢茂林　宁维孝

重庆市纺织工业局

局　长：谭德树
副书记：曹绍基
副局长：吴受铭　张光逊

西安市纺织工业公司

书　记：张裕民
经　理：方宝谭
副经理：李继庚　柳德海

江苏省丝绸总公司

总经理：奚锦昌
副总经理：沙卫平　傅诚衍　沈培根　周苏明

浙江省丝绸联合公司

总经理：凌人才
副总经理：何祥林　王象礼　赵洪其　李继林

安徽省丝绸公司

总经理：张开慧
副总经理：蒋忠奎　葛德琨（任职到1993年5月）　王业勤（任职到1993年5月）　古国栋

山东省丝绸总公司

书　　记：石金昌
总经理：左淑美
副总经理：倪孔宣　王樽远　张立祥　卢恩荣

广东省丝绸公司

总经理：谢子擢
副总经理：刘耀崧　黄杏荣　杨筱兰　罗玉先　何永扬　余炳球　吴乙梅

四川省丝绸总公司

总经理：吴继生
副总经理：何永刚　辜硕权　王　碧　竺立根

陆义松　龙佑强

宁波市丝绸工业公司

经　理：方祥嘉

副经理：石英均　朱爱娣　覃作华（任职到 1993 年 5 月 31 日）

成都市丝绸总公司

书　记：张南勋（任职到 1993 年 11 月）　白光长

经　理：鄢述尧（任职到 1993 年 11 月）　白光长

副经理：齐纪全　戴其林　姜玉珊

重庆茧丝绸集团公司

总 经 理：王瑞恩

副总经理：蒋化春　易正刚　李国良　陈俊良

天津市服装联合总公司

书　　记：周德恩（任职到 1993 年 12 月）　胡惠民

总 经 理：叶新泰

副 书 记：陈金琦

副总经理：赵为雄　戴　延　施万明

纺织行业有关管理和经营机构

机构名称	地址	电话	邮政编码
中国纺织总会	北京市东长安街12号	3081114	100742
中国纺织工业对外经济技术合作公司	北京市朝内大街75号	4011880	100010
中国纺织机械和技术进出口公司	北京市朝内大街75号	4011880	100010
中国纺织物资总公司	北京市东华门韶九胡同甲15号	5138282	100006
中国服装工业总公司	北京市北三环东路甲9号	4239146	100028
中国纺织装饰总公司	北京市朝外红庙针织公司4楼	5023361—302	100026
中国丝绸工业总公司	北京市西四北八条56号	6016826	100034
中国纺织科学技术开发总公司	北京市东直门外大街26号	4676199	100027
中国纺织工程咨询公司	北京市百万庄西路1号	8395212	100037
中国纺织化纤工程公司	北京市阜外甘家口增光路21号	8395240	100037
中国纺织机械集团	北京市崇文区天坛路85号	7012223	100050
中国纺织机械工业总公司	北京市崇文区天坛路85号	7012223	100050
中国纺织器材工业公司	北京市朝内大街75号	4052162	100010
华诚纺织公司	北京市灯市东口柏树胡同5号	5240860	100006
中国华诚财务公司	北京市安定门外北三环东路17号	4266164	100013
中国化纤公司	北京市朝内大街75号	4016338	100010
仪征化纤股份有限公司	江苏省仪征市胥浦	23225	211451
仪征化纤工业联合公司	江苏省仪征市胥浦	23225	211451
华联纺织（集团）有限公司	广东省深圳市深南中路华联大厦	3351000	518031
上海经济区东纺联合开发总公司	上海市长寿路427号	3175107	200060
中国华源实业有限总公司	上海溧阳路225号	5355518	200080
北京市纺织工业总公司	北京市东单三条33号	5127929	100005
北京市纺织工业物资供应公司	北京市朝阳区八里庄	5015554	100025
北京市毛纺织开发服务公司	北京市海淀区清河镇	2913803	100085
北京市棉纺织印染技术经济合作公司	北京市朝阳区八里庄	5024831	100025
中技北京市公司纺织分公司	北京市朝阳区八里庄	5024831	100025
北京三环毛纺针织集团公司	北京市东城区嵩祝院	4014488	100009
北京针织工业集团公司	北京市朝阳区红庙	5053361	100026
北京五洲染织集团公司	北京市朝阳区公园路	5023337—2218	100025
北京京工服装工业集团公司	北京市宣武区珠市口	3014979	100050
北京鞋帽工业集团公司	北京市崇文区天坛路	755219	100050
天津市纺织工业局	天津市和平区赤峰道33号	3392755	300041
天津市色织工业公司	天津市红桥区西关外大街178号	7353606	300121
天津市丝绸集团公司	天津市河东区桂林庄道天山路	4373567	300162
天津市纺织工业局产业用纺织品管理处	天津市河西区大沽南路975号	2382317	300220
天津市针织集团公司	天津市红桥区大丰路太平街4号	7352139	300121
天津市纺织工业局毛纺管理处	天津市和平区云南路3号	3355318	300051
天津市纺织机械器材管理处	天津市河西区闽侯路14号	2382637	300202
天津市纺织工业局化纤行业处	天津市和平区赤峰道33号	3314545	300041

续

机构名称	地址	电话	邮政编码
天津市纺织工业局印染管理处	天津市河北区粮店后街10号	2341780	300010
天津市飞天纺织装饰品联合公司	天津市河北区狮子林大街盐官厅西胡同5号	6352525	300143
天津市东亚毛纺针织联合公司	天津市南开区长江道63号余门	7640601	300111
河北省纺织工业总公司	河北省石家庄市合作路32号	7044323	050051
河北省服装鞋帽工业公司	河北省石家庄市南马路261号	7025820	050051
河北省丝绸公司	河北省石家庄市合作路32号	7041586	050051
石家庄市纺织工业局	河北省石家庄市和平中路60号	6045530	050011
邯郸市纺织工业公司	河北省邯郸市中华北大街61号	321331	056002
邢台市纺织工业局	河北省邢台市东关阁外	336712	054001
保定市纺织工业局	河北省保定市东风西路1号	436620	071052
保定地区轻纺工业公司	河北省保定市环城东路31号	224142	071004
唐山市纺织工业局	河北省唐山市北新道	226685	063000
承德市纺织工业公司	河北省承德市西大街路北64号	223082	067000
秦皇岛市轻纺工业局	河北省秦皇岛市海港区河北大街2号	332138	066000
沧州市轻纺工业局	河北省沧州市光荣路28号	224910	061001
张家口市纺织工业局	河北省张家口市桥东区解放大街11号	217741	075000
廊坊市轻化工业局	河北省廊坊市新华路26号	212628	102800
衡水地区纺织工业总公司	河北省衡水市自强街106号	223347 223151（办）	053000
山西省纺织总会	山西省太原市桃园北路40号	440111	030002
山西省纺织经销总公司	山西省太原市桃园北路12号	441415	030002
山西省纺织服装鞋帽工业公司	山西省太原市平阳路66号	7075229	030006
山西省纺织机械器材公司	山西省太原市桃园北路40号	442505	030002
山西省纺织工业供销公司	山西省太原市桃园北路40号	442098	030002
太原市纺织工业管理局	山西省太原市晋祠路小王村	6063461	030024
晋中地区轻纺工业局	山西省榆次市迎宾路89号	323757	030600
临汾地区轻纺工业局	山西省临汾市解放东路20号	213660	041000
运城地区轻纺工业局	山西省运城市河东路经委大楼	220347	044000
大同市轻工业局	山西省大同市新建南路	223538	037006
阳泉市轻工业局	山西省阳泉市新建路	224674	045000
长治市纺织工业公司	山西省长治市八一路	225458	046011
晋城市轻纺工业局	山西省晋城市城区二粮店院内	222139	048000
忻州地区轻纺工业局	山西省忻州市长征路工交大楼	334707	034000
吕梁行署工业局	山西省离石县地区行署大院	224717	033000
雁北行署工业局	山西省大同市雁同东路	622292	037044
内蒙古自治区轻工业厅	内蒙古呼和浩特市内蒙古自治区人民政府大院5号楼	662225	010055
内蒙古自治区纺织工业公司	内蒙古呼和浩特市中山东路1号	622813	010010
呼和浩特市纺织工业局	内蒙古呼和浩特市玉泉区石羊桥南	672589	010020
包头市轻纺工业局	内蒙古包头市东河区巴彦塔拉大街	72211	014040
赤峰市轻工局	内蒙古赤峰市解放街7号	334880	024000
伊盟纺织工业公司	内蒙古东胜市解放南路	25451	017004
辽宁省纺织工业厅	辽宁省沈阳市和平区南四马路28号	3863872	110001
辽宁省纺织工业供销总公司	辽宁省沈阳市中华路49号	3869610	110001
辽宁省纺织机械器材工业总公司	辽宁省沈阳市南五马路148号	3867828	110001
辽宁省纺织品联合进出口公司	辽宁省沈阳市中华路198号	3873824	110001
辽宁省服装工业公司	辽宁省沈阳市沈河区盛京路28号	4849403	110011
辽宁省丝绸企业总公司	辽宁省沈阳市黄河南大街96号	4860571	110031

续

机　构　名　称	地　址	电　话	邮政编码
辽宁省丝绸进出口公司	辽宁省大连市中山区杏林街 68 号	2808256	116001
辽宁省蚕茧总站	辽宁省沈阳市黄河南大街 96 号	6840115	110031
辽宁省服装研究设计中心	辽宁省沈阳市黄河南大街 96 号	6840115	110031
营口市纺织工业管理局	辽宁省营口市渤海大街迎宾里 6 号	233412	115002
锦州市纺织工业局	辽宁省锦州市解放路三段 33 号	224278	121000
鞍山市纺织工业管理局	辽宁省鞍山市胜利路一段 92 号	513863	114031
抚顺市纺织工业管理局	辽宁省抚顺市东三路	225525	113008
辽阳市纺织工业局	辽宁省辽阳市民主路二段	24390	111000
丹东市丝纺工业局	辽宁省丹东市县前街 88 号	223143	118000
阜新市纺织工业局	辽宁省阜新市解放大街	225524	123000
本溪市纺织工业局	辽宁省本溪市明山区解放路二段	224844	117000
朝阳市纺织工业局	辽宁省朝阳市双塔区市政府院	217401	122000
铁岭市纺织工业局	辽宁省铁岭市银州区文化街	225816	112000
盘锦市纺织工业局	辽宁省盘锦市兴隆台区市政府大楼	224127	124000
葫芦岛市轻工业局	辽宁省锦西市莲山区水泥街	222884	121500
沈阳市纺织工业管理局	辽宁省沈阳市沈河区大南街 101 号	4803164	110011
沈阳市纺织工业供销总公司	辽宁省沈阳市和平区同泽北街 33 号	3832761	110001
沈阳市纺织工业联合销售公司	辽宁省沈阳市沈河区朝阳街 202 号	4852451	110011
沈阳服装公司	辽宁省沈阳市和平区中山路 140 号	2713771	110002
东北纺织原材料联营公司	辽宁省沈阳市沈河区大南街 101 号	4803164	110011
沈阳东毛实业有限公司	辽宁省沈阳市沈河区大南街 101 号	4803164	110011
大连市纺织工业管理局	辽宁省大连市中山区天津街 70 号	2637292	116001
大连市纺织工业管理局供销公司	辽宁省大连市西岗区中山路 141—6 号楼	3632153	116011
大连纺织品联合进出口公司	辽宁省大连市沙河口区工华街 17 号	4635254	116021
大连纺织经贸开发总公司	辽宁省大连市中山区天津街 70 号	2636715	116001
吉林省纺织总会	吉林省长春市斯大林大街 60 号	8915800	130051
吉林省纺织工业进出口公司	吉林省长春市北安路 50 号	8923929	130061
吉林省纺织工业物资公司	吉林省长春市西四道街 41 号	8939238	130041
吉林省服装鞋帽工业公司	吉林省长春市同志街 7 号	8926625	130061
吉林省纺织产品经销公司	吉林省长春市白山胡同 5 号	8981916	130051
吉林市纺织工业局	吉林省吉林市松江路 56 号	225733	132001
四平市纺织工业局	吉林省四平市英雄大街 59 号	222935	136000
白城市轻化工业局	吉林省白城市幸福南大街 44 号	224919	137000
辽源市纺织工业局	吉林省辽源市向阳大街	224924	136200
延边朝鲜族自治州轻纺工业局	吉林省延吉市公园街园纺胡同 8 号	5140955	133001
通化市纺织工业局	吉林省通化市新华大街 73 号	213103	134001
白山市轻化纺工业局	吉林省白山市八道街区浑江大街 184 号	223926	134300
公主岭市轻化工业局	吉林省公主岭市东二马路 8 号	214680	136100
梅河口市轻化工业局	吉林省梅河口市梅河区解放街	2474	135000
长春市纺织工业局	吉林省长春市斯大林大街 51 号	8924998	130051
黑龙江省纺织工业厅	黑龙江省哈尔滨市南岗区花园街 230 号	3642635	150001
黑龙江省丝绸公司	黑龙江省哈尔滨市南岗区辽阳街 16 号	3642225	150001
黑龙江省亚麻公司	黑龙江省哈尔滨市南岗区花园街 230 号	3641033	150001
黑龙江省纺织工程承包公司	黑龙江省哈尔滨市南岗区花园街 230 号	3638287	150001
黑龙江省服装鞋帽公司	黑龙江省哈尔滨市南岗区花园街 230 号	3643428	150001
黑龙江省纺织工业供销公司	黑龙江省哈尔滨市南岗区光芒街 118 号	2628954	150001
黑龙江省纺织工业贸易公司	黑龙江省哈尔滨市动力区亚麻街 136 号	2643305	150040
齐齐哈尔市纺织工业局	黑龙江省齐齐哈尔市龙华路怡安街 1 号	427335	161000

续

机　构　名　称	地　址	电　话	邮政编码
牡丹江市纺织工业局	黑龙江省牡丹江市东地明街	228905	157011
佳木斯市纺织工业局	黑龙江省佳木斯市站前街	223157	154002
鹤岗市纺织工业局	黑龙江省鹤岗市工农区	38644	154100
双鸭山市纺织工业局	黑龙江省双鸭山市尖山区站前街	223651	155100
伊春市纺织工业局	黑龙江省伊春市育林路	3417	153000
鸡西市纺织工业局	黑龙江省鸡西市鸡冠区红军路	355073	158100
绥化地区行署纺织工业局	黑龙江省绥化市行署街 2 号	222571	152054
哈尔滨市纺织管理局	哈尔滨市道里区中医街 82 号	4613863	150010
上海市纺织工业局	上海市中山东一路 24 号	3218000	200002
上海棉纺织印染联合公司	上海市江西中路 421 号	3299820	200002
上海化学纤维（集团）有限公司	上海市新华路 643 号	2130285	200002
上海线带公司	上海市愚园路 470 弄 15 号	2520587	200040
上海汉森国际工贸有限公司	上海市陕西北路 80 号	2588490	200041
上海丝绸公司	上海市延安东路 2 号	3217328	200002
上海市服装公司	上海市茅台路 567 号	2518818	200335
上海毛麻工业联合公司	上海市中山东一路 24 号	3218000	200002
上海新联纺织品进出口公司	上海市愚园路 1341 号	2511532	200050
上海针织公司	上海市西安路 78 号	5355528	200080
上海民光国际企业有限公司	上海市中山东一路 24 号	3213367	200002
上海太平洋机电集团有限公司	上海市延安西路 1234 号	2131118	200002
		2512179	200050
上海康达纺织印染服装（集团）公司	上海市长安路 1001 号 1 号楼 10 层	3171371	200070
上海申达纺织服装（集团）公司	上海市北京西路 1700 号 7 楼	2550500	200040
上海华申纺织印染（集团）公司	上海市惠民路 694 号	5454888	200082
上海八达纺织印染服装公司	上海市浦东南路 3888 号	8800820	200127
上海三枪内衣有限公司	上海市马当路 477 号	3737888	200025
上海凤凰装饰有限公司	上海市愚园路 749 弄 38 号	2106769	200050
上海市纺织原料公司	上海市长寿路 652 号	2564535	200060
上海市纺织建筑工程公司	上海市江宁路 931 号	2534370	200040
上海市纺织运输公司	上海市紫华路 60 号	3263870	200010
上海纺织工业经营开发公司	上海市塘沽路 930 号	3207960	200085
上海纺织咨询公司	上海市香港路 58 号	3233800	200002
江苏省纺织（集团）总公司	江苏省南京市中山东路 482 号	4400099	210002
苏州市纺织工业公司	江苏省苏州市道前街 170 号	5223540	215002
无锡市纺织工业局	江苏省无锡市健康路 122 号	2701630	214031
常州市纺织工业局	江苏省常州市吊桥路 1 号	8812364	213001
镇江市纺织工业公司	江苏省镇江市解放路 434 号	5232440	212002
南通市纺织工业局	江苏省南通市人民西路 3 号	513031	226001
扬州市纺织工业公司	江苏省扬州市三元路 98 号	347028	225002
淮阴市纺织工业公司	江苏省淮阴市健康东路	343604	223001
盐城市纺织工业局	江苏省盐城市建军东路 31 号	334214	224002
徐州市纺织工业局	江苏省徐州市中山南路 129 号	279642	221003
连云港市纺织工业公司	江苏省连云港市市场路 1 号	5452045	222004
江苏省丝绸集团总公司	江苏省南京市中山东路 472 号	4415585	210002
苏州市丝绸工业局	江苏省苏州市人民路 537 号	771626	215005
无锡市丝绸公司	江苏省无锡市健康路 118 号	228551	214031
常州市丝绸公司	江苏省常州市怀德北路 2 号	601401	213002
镇江市丝绸公司	江苏省镇江市解放路 211 号	237038	212001

续

机构名称	地址	电话	邮政编码
南通市丝绸公司	江苏省南通市人民路西路副97号	511922	226005
盐城市丝绸公司	江苏省盐城市曹家巷1号	323333	224001
淮阴市茧丝绸总公司	江苏省淮阴市健康东路13号	341196	223001
徐州市丝绸公司	江苏省徐州市淮海西路103号	324840	221002
南京市纺织工业公司	江苏省南京市洪武路115号	4520774	210005
南京纺织经营总公司	江苏省南京市洪武路115号	4514344 4527734	210005
南京纺织工贸实业总公司	江苏省南京市洪武路115号	4521827	210005
南京毛麻纺织企业集团经营总公司	江苏省南京市中央路300号	3225377	210008
浙江省轻工业厅	浙江省杭州市梅花碑8号	7805483	310009
浙江省轻纺实业总公司	浙江省杭州市梅花碑8号	7079280	310009
浙江省化纤工业公司	浙江省杭州市体育场路399号	5177073	310006
浙江省服装工业公司	浙江省杭州市梅花碑8号	7074971	310009
浙江省纺织机械器材工业公司	浙江省杭州市体育场路130号东门	5194241	310004
浙江省纺织工业集团公司	浙江省杭州市解放路108号	7066615	310009
浙江省轻纺工业供销公司	浙江省杭州市梅花碑8号	7079726	310009
浙江省越华轻纺股份有限公司	浙江省杭州解放路108号	7073299	310009
浙江省轻纺开发咨询公司	浙江省杭州市梅花碑8号	7805483	310009
浙江省国际经济技术合作公司轻纺公司	浙江省杭州市梅花碑7号	7805483（转）	310009
浙江省轻工业厅纺织测试中心	浙江省杭州市长明寺巷24号	7071802	310009
纺织工业部纺织服装技术开发中心	浙江省杭州解放路108号	7066615	310009
浙江省轻纺工业设计院	浙江省杭州市省府路西	5152201	310007
浙江省轻工业环保站	浙江省杭州市湖墅南路369号	8079753	310005
杭州市纺织工业局	浙江省杭州市延安路市府综合楼	5159101	310006
嘉兴市纺织工业公司	浙江省嘉兴市新马路33号	2075193	314000
绍兴市纺织工业公司	浙江省绍兴市西郭	5157114	312001
温州市纺织工业总公司	浙江省温州市瓦市巷86号	8222764	325000
金华市纺织工业公司	浙江省金华市八一路181号	323325	321000
浙江省丝绸联合公司	浙江省杭州市体育场路115号	5195588	310004
杭州市丝绸工业总公司	浙江省杭州市新华路280号	5153524	310004
嘉兴市丝绸总公司	浙江省嘉兴市中山路22号	2085568	314000
湖州市丝绸总公司	浙江省湖州市南街2号	2024620	313000
绍兴市纺织丝绸工业公司	浙江省绍兴市西郭建楼下56号	5156965	312000
舟山市丝绸公司	浙江省舟山定海环城东路58号	225807	316000
金华市丝绸公司	浙江省金华市解放东路181号	2321535	321000
衢州市丝绸工业公司	浙江省衢州市荷花中路1号	3081343	324002
台州市丝绸公司	浙江省临海市人民路	5112404	317000
淳安县茧丝绸联合公司	浙江省淳安县千岛湖镇	4813829	311700
临安县丝绸公司	浙江省临安县城南街南苑小区30幢	3724148	311300
平湖市丝绸公司	浙江省平湖市城关镇新华南路29号	5021742	314200
海盐县丝绸公司	浙江省海盐县武原镇秦山路101号	6023130	314300
海宁市丝绸公司	浙江省海宁市硖石镇海昌路75号	7021421	314400
桐乡市丝绸工业公司	浙江省桐乡市梧桐镇振兴路中段	8021696	314500
长兴县丝绸公司	浙江省长兴县雉城解放西路64号	6024306	313100
德清县蚕茧丝绸联合公司	浙江省德清县城关镇长桥南堍	8423595	313200
安吉县丝绸公司	浙江省安吉县递铺镇建设路12号	5024387	313300
上虞市丝绸公司	浙江省上虞市百官镇解放路133号	2013462	312300
诸暨市丝绸公司	浙江省诸暨市人民路157号	7012545	311800

续

机构名称	地址	电话	邮政编码
宁波市纺织工业局	浙江省宁波市望京路10号	725690（总机）	315010
宁波纺织品联合进出口公司	浙江省宁波市望京路10号	725690（总机）	315010
宁波市服装经营公司	浙江省宁波市杨善路36号玛瑙大厦五楼F段	7386116	315020
宁波市服装联合进出口公司	浙江省宁波市杨善路36号玛瑙大厦五楼F段	7386037	315020
宁波市服装工业公司	浙江省宁波市宁穿路34号	7339834	315040
宁波市纺织工业供销公司	浙江省宁波市大河路	7334031	315040
宁波市纺织经营开发公司	浙江省宁波市南大路8号	7321211	315000
宁波市丝绸工业公司	浙江省宁波市中山西路3号	363691	315000
宁波市丝绸进出口公司	浙江省宁波市中山西路3号	363691	315000
安徽省纺织工业厅	安徽省合肥市长江路85号	2657447	230001
安徽省纺织品公司	安徽省合肥市芜湖路13—1号	2647132	230001
安徽省服装鞋帽工业公司	安徽省合肥市庐江路64号	2644642	230061
安徽省纺织物资公司	安徽省合肥市金寨路283号九洲大厦	2654577	230061
安徽省纺织机械设备公司	安徽省合肥市庐江路52号	2653682	230061
深圳安徽纺织原材料公司	安徽省合肥市金寨路236号	2654009	230061
安徽省兴达纺织（集团）公司	安徽省合肥市寿春路8号	2647065	230011
安徽省针机（集团）公司	安徽省合肥市庐江路52号	2652862	230061
安徽省纺织服务公司	安徽省合肥市庐江路52号	2653590转	230061
合肥市纺织工业公司	安徽省合肥市和平路	4483068	230011
安庆市纺织工业局	安徽省安庆市戏校路16号	516031	246000
蚌埠市纺织工业公司	安徽省蚌埠市中荣街天桥西侧	247633	243000
芜湖市纺织工业公司	安徽省芜湖市劳动路77号	333391	241000
马鞍山市纺织局	安徽省马鞍山市湖北路24号	472316	243000
淮南市纺织工业公司	安徽省淮南市淮瞬南路	322680	232007
淮北市纺织工业公司	安徽省淮北市濉溪路	323784	235029
铜陵市纺织局	安徽省铜陵市石城路80号	222793	244000
宿县地区纺织工业管理局	安徽省宿州市东昌路73号	323388	234000
六安地区纺织工业局	安徽省六安市人民路	214540	237000
阜阳地区工业局	安徽省阜阳市阜阳饭店南侧	262190	236009
滁县地区工业局	安徽省滁州市南桥路81号	326610	239000
池州地区轻纺工业局	安徽省贵池市	222972	247100
宣城地区纺织工业局	安徽省宣州市鳌峰街	322866	242000
黄山市轻纺工业局	安徽省黄山市屯溪区跃进路35号	214769	245000
巢湖地区轻纺工业局	安徽省巢湖市人民路98号	213737	238000
安徽省丝绸公司	安徽省合肥市金寨路381号	2651326	230061
安徽省丝绸公司合肥采供站	安徽省合肥市金寨路276号	252183	230061
安徽省丝绸公司芜湖采供站	安徽省芜湖市劳动路1—2号	333028	241000
安徽省丝绸公司蚌埠采供站	安徽省蚌埠市中荣街	47863	233000
金寨县丝绸公司	安徽省金寨县城内	763872	237300
青阳县丝绸公司	安徽省青阳县城内	221550	248900
歙县丝绸公司	安徽省歙县城东路42号	612710	245200
绩溪县丝绸公司	安徽省绩溪县城内	862973	245300
福建省轻工业厅	福建省福州市省府路1号	7556552 7550503	350001
福建省纺织工业公司	福建省福州市省府路1号	7534905 7554956	350001
福州市纺织工业公司	福建省福州市乌山路15号	7553401 7554484	350001

续

机　构　名　称	地　址	电　话	邮政编码
福州纺织企业联合进出口公司	福建省福州市花园街1—1号	7550871 7550879	350001
南平地区轻工业局	福建省南平市八一路109号	831087	353000
三明市纺织工业公司	福建省三明市列东街东新四路	242115 242116	365000
龙岩地区纺织工业公司	福建省龙岩市溪南	320602	364000
漳州市纺织工业公司	福建省漳州市新华北路中段	223115	363000
宁德地区工业局	福建省宁德市署前路10号	825797	352100
莆田市轻工业局	福建省莆田市仓后路	222259	351100
厦门市经济委员会纺织处	福建省厦门市莲岳路14号	5059492 5054289（传真）	361009
厦门市纺织工业公司	福建省厦门市厦禾路842号金榜大厦A座4～5楼	5059132—5059136	361004
江西省纺织工业局	江西省南昌市北京东路25号	332610	330029
江西省纺织工业供销公司	江西省南昌市北京东路25号	332249	330029
江西省丝绸公司	江西省南昌市北京东路25号	333171	330029
江西省服装鞋帽工业公司	江西省南昌市北京东路25号	332454	330029
南昌市纺织工业局	江西省南昌市民德路市经济大楼	784468	330008
九江市纺织工业局	江西省九江市人民路190号	224663	332000
抚州地区纺织工业局	江西省抚州市	224178	
上饶地区轻纺工业局	江西省上饶市中山路36号	225211	334000
赣州地区轻化纺工业局	江西省赣州市青年路17号	222323	341000
宜春地区轻化工业局	江西省宜春市秀江路1号	223382	336000
萍乡市轻纺工业局	江西省萍乡市八一街交通路6号	333616	333700
吉安地区轻纺工业局	江西省吉安市阳明路	223296	343000
新余市纺织工业局	江西省新余市东风西路76号	442425	336503
鹰潭市经委	江西省鹰潭市	221910	335000
景德镇市轻工业局	江西省景德镇市	221203	333300
山东省纺织工业厅	山东省济南市文化东路145号	655911	250014
山东省纺织供销总公司	山东省济南市民生大街58号	616290	250001
山东省纺织机械总公司	山东省济南市朝山街2号楼	616821	250011
山东省纺织实业总公司	山东省济南市文化东路145号	656851	250014
山东省纺织工业对外发展公司	山东省济南市文化东路145号	655674	250014
山东省纺织工业电脑技术咨询服务中心	山东省济南市文化东路145号	655675	250014
山东省纱布市场	山东省济南市山大路147号	835238	250013
山东纺织工程承包公司	山东省济南市历山路48号	656084	250013
山东省纺织品总公司	山东省济南市山大路147号	835454	250013
山东省服装鞋帽工业总公司	山东省济南市文化东路145号	655911—275	250014
济南市纺织工业局	山东省济南市工商河西路33号	552621	250031
烟台市纺织工业公司	山东省烟台市南大街27号	245790	264001
潍坊市纺织工业局	山东省潍坊市跃进路6号	232351	261041
淄博市纺织工业公司	山东省淄博市张店区人民东路1号	225821	255020
惠民地区纺织工业局	山东省惠民地区滨州市黄河三路732号	325256	256617
德州地区纺织工业公司	山东省德州市新湖北路23号	321253	253016
聊城地区纺织工业局	山东省聊城市兴华西路44号	224844	252057
泰安市纺织工业局	山东省泰安市北新街61号	222706	271000
济宁市纺织工业公司	山东省济宁市红星东路	317345	272117
枣庄市纺织工业局	山东省枣庄市文化路38号	314157	277139

续

机　构　名　称	地　址	电　话	邮政编码
临沂地区纺织工业局	山东省临沂市红旗路	226972	276003
菏泽地区纺织工业局	山东省菏泽市中华东路 15 号	334801	274010
东营市纺织工业局	山东省东营市东城区	331380	257091
威海市纺织工业公司	山东省威海市解放路 4 号	222872	264200
日照市轻工纺织工业局	山东省日照市丽阳路 6 号	221335	276800
莱芜市第二轻工业局	山东省莱芜市莱城区	213837	271100
山东省丝绸总公司	山东省济南市永庆街 2 号	6916717	250001
山东省丝绸供销公司	山东省济南市永庆街 2 号	6914185	250001
山东丝绸进出口公司	山东省青岛市湛流干路 55 号	5815589	266071
青岛市丝绸公司	山东省青岛市市南区宁夏路 97 号	5815899	266071
烟台市丝绸公司	山东省烟台市芝罘区太平街 9 号	223078	264001
淄博市丝绸公司	山东省淄博市周村区丝绸路 13 号	612113	255300
潍坊市丝绸公司	山东省潍坊市潍城区道口东路 8 号	232221	261041
济宁市丝绸公司	山东省济宁市神区前申家口街 16 号	214976	272129
临沂地区丝绸公司	山东省临沂市开阳路 2 号	315094	276003
泰安市丝绸公司	山东省泰安市御碑楼街 8 号	415361	271000
德州地区丝绸公司	山东省德州市迎宾南路	623536	253016
菏泽地区丝绸公司	山东省菏泽市丹阳路 134 号	334553	274012
滨州地区丝绸公司	山东省滨州市黄河五路 522 号	325713	256613
聊城地区丝绸公司	山东省聊城市向阳路 8 号	421111	252000
枣庄市丝绸公司	山东省枣庄市文化中路	311112	277136
威海市丝绸公司	山东省威海市海滨北路 62 号	5233430	264200
济南市丝绸公司	山东省济南市历下区正觉司街 89 号	6905905	250011
日照市丝绸公司	山东省日照市南路 53 号	224554	276800
临沂地区丝绸抽纱（工贸）公司	山东省临沂市开阳路 4 号	313712	276003
莱芜市丝绸公司	山东省莱芜市工农路	212649	271100
青岛市纺织工业总公司	山东省青岛市馆陶路 3 号	2824833	266011
青岛纺织品联合进出口公司	山东省青岛市市场二路 33 号 10 楼	2801884	266011
河南省纺织工业厅	河南省郑州市建设路市场街	7446433	450007
河南省纺织工业总公司	河南省郑州市建设路市场街	7971856	450007
河南省纺织机械器材公司	河南省郑州市建设路市场街	7442167	450007
河南省服装公司	河南省郑州市建设路市场街	7971683	450007
河南省服装研究所	河南省郑州市建设路市场街	7975633	450007
河南豫纺工贸公司	河南省郑州市建设路市场街	7449877	450007
河南豫纺化纤工程公司	河南省郑州市建设路市场街	7446433—228	450007
河南纺织实业总公司	河南省郑州市建设路市场街	7973602	450007
河南纺织化纤安装公司	河南省郑州市中原路西段	7447685	450007
郑州市纺织工业局	河南省郑州市委北院	7446995	450006
开封市纺织工业局	河南省开封市自由路中段	550817	475000
平顶山市纺织工业局	河南省平顶山市矿工路中段	224768	467000
洛阳市轻纺工业局	河南省洛阳市八一路	337364 337109	471000
焦作市纺织工业局	河南省焦作市解放中路	333758	454100
鹤壁市轻化局	河南省鹤壁市	223843	456600
新乡市纺织工业公司	河南省新乡市人民路东头	223784	453000
安阳市纺织工业总公司	河南省安阳市友谊路	422014	455000
濮阳市轻工局	河南省濮阳市	415820	457000
漯河市经委轻纺办公室	河南省漯河市交通路	224173	462000

续

机构名称	地址	电话	邮政编码
许昌市轻纺办公室	河南省许昌市七一路	224504	461000
三门峡市经委轻纺办公室	河南省三门峡市	221643	472000
南阳地区轻工局	河南省南阳市中州路	336208	473000
商丘地区纺织局	河南省商丘市	222907	476100
周口地区工业局	河南省周口市	224056	466000
信阳地区经委纺织办公室	河南省信阳市西关	222319 221543	464000
驻马店地区轻纺局	河南省驻马店市解放路西段	213264	463000
湖北省纺织工业总公司	湖北省武汉市武昌徐东路 52 号	6812177	430077
湖北省丝绸工业公司	湖北省武汉市民主路 94 号 8 楼	6813935	430061
湖北省服装鞋帽工业公司	湖北省武汉市保成路 4 号楼（4—1）	2837163	430021
湖北省纺织工业经销公司	湖北省武汉市武珞路	7832379	430072
湖北省纺织机械器材公司	湖北省武汉市中华路 31 号	88713108	430061
湖北省纺织工业物资公司	湖北省武汉市中华路	8875801	430061
湖北省纺织工业贸易公司	湖北省武汉市保成路 1 号楼	2835272	430013
湖北省纺织企业联合（集团）公司	湖北省武汉市武昌徐东路 52 号 10 楼	6813904	430077
湖北省纺织置业建设公司	湖北武汉市中北路 20 号	7820290	430077
湖北省纺织实业发展公司	湖北武汉市徐东路 52 号	6813179	430077
武汉市纺织工业局	武汉市汉口江汉路 8 号	2831407	430014
黄石市纺织行业办公室	湖北省黄石市老虎头堤外	224646	435002
十堰市轻纺工业局	湖北省十堰市江汉路 2 号	51562	442000
沙市市纺织工业公司	湖北省沙市市白云路	213977	434002
襄樊市纺织工业公司	湖北省襄樊市长征路春风巷 36 号	441993	441000
宜昌市纺织工业公司	湖北省宜昌市东山大道 104 号	446954	443000
荆门市纺织工业公司	湖北省荆门市象山大道北段 7—1 号	32258	434500
鄂州市纺织工业局	湖北省鄂州市城区武昌大道中段	23244	436000
黄冈地区纺织工业局	湖北省黄州市黄州镇考棚街	54372	436100
孝感地区纺织工业公司	湖北省孝感市文化路	223871	432100
咸宁地区纺织工业公司	湖北省咸宁市温泉镇	56189	437100
荆州地区纺织工业局	湖北省江陵县荆州镇荆东路 48 号	467603	434100
郧阳地区轻纺工业局	湖北省十堰市人民路 86 号	51368	442000
恩施土家族苗族自治州轻纺工业局	湖北省恩施市午阳大街 204 号	22003	445000
武汉市纺织工业局	湖北省武汉市汉口江汉路 8 号	2831407	430014
武汉市针织工业公司	湖北省武汉市汉口利济北路 46 号	5835415	430031
武汉市织布工业公司	湖北省武汉市汉阳区琴台路特 1 栋 1 号	4843976	430050
武汉市棉织装饰品工业公司	湖北省武汉市江汉路 47 号	2834579	430021
武汉市毛纺织工业联合公司	湖北省武汉市新华下路 13 号	5864214	430015
武汉市纺织机械器材工业公司	湖北省武汉市武昌中山路 284 号	8877162	430061
武汉市服装工业公司	湖北省武汉市汉西路 50 号（武汉市药材市场内）	3842206	430034
武汉市鞋帽工业公司	湖北省武汉市汉口中山大道 456 号	5832953	430031
武汉市纺织工业物资供应公司	湖北省武汉市汉口沿江大道 103 号	2836685	430014
湖南省纺织工业厅	湖南省长沙市建湘南路 158 号	4426950	4410005
湖南省纺织物资设备公司	湖南省长沙市环城堤 202 号	4446543	410005
湖南省纺织销售总公司	湖南省长沙市中山西路附 92 号	4446257	410005
湖南省丝绸公司	湖南省长沙市古稻田新 80 号	4420955	410005
湖南省服装工业公司	湖南省长沙市韶山路雨花亭 108 号	5585641	410007
华升苎麻纺织企业集团公司	湖南省长沙市建湘南路 223 号	4447488	410005
长沙市纺织工业局	湖南省长沙市韶山路 44 号	4429363	410011

续

机构名称	地址	电话	邮政编码
株洲市纺织工业局	湖南省株洲市钟鼓岭	223891	412000
湘潭市纺织工业局	湖南省湘潭市雨湖路 69 号	264542	411100
岳阳市纺织工业局	湖南省岳阳市南湖路	223725	414000
衡阳市纺织工业局	湖南省衡阳市中山北路进步巷 26 号	225762	421001
邵阳市纺织工业局	湖南省邵阳市昭陵西路 248 号	222162	422000
常德市纺织工业局	湖南省常德市东郊楠竹山	226536	415003
益阳地区纺织工业局	湖南省益阳市长益路 58 号	223654	413000
娄底地区轻纺工业局	湖南省娄底市星平路	313962	417000
零陵地区轻纺工业局	湖南省冷水滩市河西区珍珠塔路	412031	425100
郴州地区轻纺工业局	湖南省郴州市苏仙北路 27 号	224753	423000
怀化地区轻纺工业局	湖南省怀化市	233772	418000
湘西土家族苗族自治州轻纺工业局	湖南省吉首市	223347	416000
大庸市工业局	湖南省大庸市何家山航校招待所一楼	223654	416600
广东省纺织工业总公司	广东省广州市环市东路 360 号珠江大厦东楼 3—5 层	3335066	510060
佛山市纺织工业公司	广东省佛山市建新路凿石街 45 号	3350281	528000
江门市纺织工业总公司	广东省江门市江边里 213 号 2 楼	364691	529000
韶关市纺织工业总公司	广东省韶关市东堤中路 49 号	881306	512000
汕头市纺织工业公司	广东省汕头市汕樟北路	8257148	515041
汕头经济特区联城企业发展公司	广东省汕头市汕樟路（东片）	8315424	515000
汕头市利莱（集团）公司	汕头市东厦路 35 号	8613366	515000
珠海市工委纺织工业办公室	广东省珠海市政府大楼 216 室	228244	519000
珠海市纺织工业集团有限公司	广东省珠海市吉大华厦大楼三楼	3333783	519000
梅州市纺织工业公司	广东省梅州市江南彬芳大道	243411	514021
惠州市纺织工业总公司	广东省惠州市南坛紫西岭 23 号	2219398	516001
湛江市纺织企业集团公司	广东省湛江市人民大道中 75 号	3381367	524044
茂名市轻纺工业总公司	广东省茂名市人民北路 40 号大院	286714	525000
肇庆市纺织工业集团公司	广东省肇庆市康乐中 15 号四楼	829073	526020
阳江市纺织工业公司	广东省阳江市中街 10 巷 1 号经委大楼	221151	529500
河源市纺织工业公司	广东省河源市中堤路 4 号	337054	517000
东莞市纺织工业总公司	广东省东莞市莞城运河东路 20 号	2229617	511700
中山市纺织丝绸工业公司	广东省中山市石岐华柏路花园新村 18 号	3322503	528403
广东省丝绸公司	广东省广州市东风西路 198 号	3337448	510180
番禺市丝绸公司	广东省番禺市市桥环城东路 30 号	4833204	511400
珠海市丝绸公司	广东省珠海市香洲紫荆路港基大厦 D 座 507～508 室	2214895	519000
汕头市丝绸公司	广东省汕头市外马路 201 号	8275382	515031
潮州市丝绸公司	广东省潮州市城新路 28 号	261468	515600
韶关市丝绸公司	广东省韶关市环园东路 4 号	885891	512000
翁源县丝绸公司	广东省翁源县龙仙镇建设路一路 152 号	2875429	512600
紫金县丝绸公司	广东省紫金县城秋江路 88—19	821860	517400
东莞市丝绸公司	广东省东莞市莞城镇运河东一路外贸中心四楼	2233988	511700
中山市丝绸公司	广东省中山市石悦来南路 28 号	801156	528400
江门市丝绸公司	广东省江门市江华路 42 号	3364804	529051
新会市丝绸公司	广东省新会市城爱民路 9—13 号	6666163	529100
台山市丝绸公司	广东省台山市台城桥湖路 84 号	5522061	529200
佛山市丝绸公司	广东省佛山市汾江中路 53 号	223016	528000
南海市丝绸公司	广东省佛山市南桂西路 4 号 1 座	633981	528000

续

机构名称	地址	电话	邮政编码
顺德市丝绸公司	广东省顺德市容奇镇长堤路26号	6681538	528303
三水市丝绸公司	广东省三水市西南镇健力南路柱宝五街一巷四座	7722793	528100
阳春市丝绸公司	广东省阳春市春城镇西大道沙尾路	736181	529600
湛江市丝绸公司	广东省湛江市霞山人民东一路1号	284805	524001
廉江市丝绸公司	广东省廉江市城中山三路46号	6624840	524400
茂名市丝绸公司	广东省茂名市人民南路4号大院4号	288739	525011
高州县丝绸公司	广东省高州县城公园路8号	668382	525200
化州县丝绸公司	广东省化州县城河东路97号	222379	525100
肇庆市丝绸公司	广东省肇庆市正西路6号	2820434	526020
高要县丝绸公司	广东省肇庆市康乐北路18号	232137	526020
罗定市丝绸公司	广东省罗定市城保定路19号	722585	527200
云浮市丝绸公司	广东省云浮市城星岩路157号	823919	527300
德庆县丝绸公司	广东省德庆县环城路外经大楼4楼	762469	526600
郁南县丝绸公司	广东省郁南县都城镇大堤路2号	593785	527100
清远市丝绸公司	广东省清远市城下濠巷30号	362408	511500
英德市丝绸公司	广东省英德市城建设路32号	222025	513000
阳山县丝绸公司	广东省阳山县城北松荣新街1号	883308	513100
遂溪县丝绸公司	广东省遂溪县遂城镇新风路32号	7763148	524300
河源市丝绸公司	河源市（新市区）文明东路3号	320846	517000
曲江县丝绸公司	曲江县马坝狮岩路	666076	512100
惠州市金源丝绸进出口公司	惠州市下埔大道3号6楼	2102309	516001
阳江市丝绸进出口公司	阳江市东风一路56号	223401	529500
河源市丝绸进出口公司	河源市文明东路3号	320846	517000
仁化县丝绸公司	仁化县仁桥南路	353296	512300
南雄县丝绸公司	南雄县雄州镇新城浈江路20号	22390	512400
始兴县丝绸公司	始兴县城文化路	332428	512500
乳源县丝绸公司	乳源县乳城鹰峰一路	383555	512700
连平县丝绸公司	连平县城西街24号	333097	517139
海康县丝绸公司	海康县雷州镇雷湖南路丝绸大楼	52725	524200
电白县丝绸公司	电白县水东镇解放街冼太巷10号	523478	525400
怀集县丝绸公司	怀集县怀城镇解放北路40号	5524887	526400
清新县丝绸公司	清远市清城下壕基30号	325648	511500
新丰县丝绸公司	新丰县城西门外66号	2253666	511100
和平县丝绸公司	和平县城东山路134号	631701	517200
龙川县丝绸公司	龙川县老隆镇水坑路16号	752801	517300
博罗县丝绸公司	博罗县罗阳镇塘滩路32号	626058	516100
徐闻县丝绸公司	徐闻县城红旗路60号		524100
信宜县丝绸公司	信宜县人民南路人民政府大院内	883276	523300
鼎湖区丝绸公司	肇庆市鼎湖区新城	298511	526070
广宁县丝绸公司	广宁县南街新城南东一路53号	8632817	526300
新兴县丝绸公司	新兴县新城镇东塘路5号	881480	527400
封开县丝绸公司	封开县江口镇河堤路90号	662985	526500
佛岗县丝绸公司	佛岗县石角镇环城东路9号	943174	511600
连南县丝绸公司	连南县三江镇民族二路	661951	513301
连州市丝绸公司	连州市连州镇北湖路9号	623278	513400
梅州市丝绸公司	梅州市江南路41号	250156	514021
乐昌县丝绸公司	乐昌县人民路25号	554758	512201
广州市纺织工业总公司	广东省广州市广卫路18号	3332360	510030

续

机　构　名　称	地　址	电　话	邮政编码
		3335518	
广州市纺织工业联合进出口公司	广东省广州市连新路145号	3335902	510030
广州市纺织工业供销公司	广东省广州市应元路19洞15号之二4楼	3373155 3373154	510045
广州市纱布经营中心	广东省广州市广卫路18号2楼	3330381	510030
广州纺织集团兴纶公司	广东省广州市豪贤路184号二楼	3348641	510030
华南纺织原料纱布交易市场	广东省广州市江南西路紫龙大街20号2楼	4436388 4413553	510240
广州纺织集团金纶房地产开发公司	广东省广州市广卫路18号	3332541	510030
深圳市纺织（集团）股份有限公司	深圳市华强北路3号深纺大厦六楼	3215289	518031
广西壮族自治区纺织工业厅	广西南宁市民族大道55号	561825	530022
广西壮族自治区纺织工业供销公司	广西南宁市民族大道55号	567432	530022
广西丝绸公司	广西南宁市园湖路	569567	530022
南宁市纺织工业总公司	广西南宁市古城路28号	562110	530023
柳州市纺织工业局	广西柳州市解放南路86号	225706	545001
桂林市纺织工业公司	广西桂林市叠彩路4号	223557	541001
梧州市纺织工业公司	广西梧州市大中路47号	224976	543000
北海市纺织工业总公司	广西北海市长青路老干部局大院内	334896	536000
北海市纺织工贸联合进出口公司	广西北海市纺织工业总公司（内转）	334896	536000
广西壮族自治区服装鞋帽工业公司	广西南宁市建政路31号	568925	530023
广西服装鞋帽工业公司经理部	广西南宁市建政路31号	565678	530023
广西服装鞋帽工业公司设备经营部	广西南宁市建政路20号	205696	530023
海南省工业厅轻纺处	海南省海口市海府路省府大院内	5338019	570003
海南省纺织工业局（总公司）	海南省海口市海秀大道28号	6772514 6772040	570005
海南省纺织工业供销公司	海南省海口市海秀大道28号	6252521 772512	570005
海南省纺织工业实业公司	海南省海口市海秀大道28号	6767666—201	570005
海南省纺织原材料公司	海南省海口市海秀大道28号	6226083	570005
海南省纺织服装工业公司	海南省海口市海秀大道28号	795162	570005
海南省纺织企业发展公司	海南省海口市海秀大道28号	6776243	570005
海南省纺织建筑安装工程公司	海南省海口市海秀大道28号	6796021	570005
海南省纺织丝绸公司	海南省海口市海秀大道28号	8663240	570005
海南省纺织设备材料公司	海南省海口市海秀大道28号	6762770	570005
海南省纺织兴业聚酯有限公司	海南省海口市港澳工业开发区翠玉园A座	8664042	570011
四川省纺织工业厅	四川省成都市东华正街	6625215	610015
自贡市纺织工业局	四川省自贡市	223371	643000
南充地区纺织工业局	四川省南充市	222205	637000
内江市纺织工业局	四川省内江市	222563	641001
乐山市纺织工业公司	四川省乐山市	22236	614000
绵阳市纺织工业局	四川省绵阳市	223318	621000
达县地区纺织工业局	四川省达县市	24091	635000
涪陵地区轻纺工业局	四川省涪陵市	22159	648000
万县地区工业局	四川省万县市	23570	634000
遂宁市纺织工业局	四川省遂宁市	226776	629000
广元市纺织工业局	四川省广元市	222350	628000
德阳市经济委员会	四川省德阳市	221551	618000
泸州市轻纺工业局	四川省泸州市	32805	646000

续

机构名称	地址	电话	邮政编码
宜宾地区轻纺工业局	四川省宜宾市	226636	644000
黔江地区纺织工业局	四川省黔江县	22592	648700
阿坝州工业局	四川省马尔康县	22119	624000
雅安地区工业局	四川省雅安市	2710	625000
攀枝花市轻工业局	四川省攀枝花市	22333	617000
四川省丝绸总公司	四川省成都市太升北路24号	6751257 6758111	610017
德阳市丝绸公司	四川省德阳市长江西路146号	221057	618000
泸州市丝绸公司	四川省泸州市江阳南路	233205	646000
自贡市丝绸公司	四川省自贡市五星街242号	223341	643000
南充地区丝绸公司	四川省南充市涪口路139号丝绸大厦	222315	637000
绵阳市丝绸公司	四川省绵阳市富乐路138号	332392 334682	621000
万县地区丝绸公司	四川省万县市新城路80号	222774	634000
宜宾地区丝绸公司	四川省宜宾市小北街19号	222243	644000
涪陵地区丝绸公司	四川省涪陵市高笋塘路10号	224066	648000
达川地区丝绸公司	四川省达川市朝阳东路14号	222707	635000
乐山市丝绸公司	四川省乐山市兑阳湾街24号	234439	614000
内江市丝绸公司	四川省内江市大西街82号	223291	641000
广元市丝绸公司	四川省广元市乐坝新区商业街	222440	628017
遂宁市丝绸公司	四川省遂宁市遂州南路452号	223983	629000
黔江地区丝绸公司	四川省黔江县联合镇西沙北路2号	223565	648700
攀枝花市丝绸公司	四川省攀枝花市东区大和北路三村280号	222587	617067
巴中地区丝绸公司	巴中市人武部内	220021 220241	635500
广安地区丝绸公司	广安县缫丝厂招待所内	23199	638550
凉山州蚕业开发总公司	西昌市三岔口西路西巷	222404	615000
雅安地区蚕茧公司	雅安市顺河街51号	223120	625000
成都市纺织工业局	四川省成都市马道街75号	6635970 6647538（传真）	610015
成都市纺织工业供销公司	四川省成都市西玉龙街玉龙综合大楼三楼东座	6745919 6746902（传真）	610015
成都市丝绸总公司	四川省成都市科华北路6号（一环路南二段磨子桥口）	5580229 0	610041
重庆市纺织工业局	四川省重庆市中区七星岗领事巷11号	3832985	630013
重庆市纺织工业总公司	四川省重庆市中区七星岗领事巷11号	3832985	630013
重庆市纺织工业局供销公司	四川省重庆市中区观音岩	3850179	630013
重庆市服装工业公司	四川省重庆市中区解放西路	3841089	630012
重庆市鞋帽工业公司	四川省重庆市沙坪坝区陈家湾	9862303	630030
重庆色织复制工业公司	四川省重庆市江北区观音桥	7850246	630020
重庆纺织机械器材工业公司	四川省重庆市沙坪坝区石桥铺	8813093	630039
重庆针织工业公司	四川省重庆市沙坪坝区石桥铺	8810542	630039
重庆茧丝绸集团公司	四川省重庆市江北区建新北路72号	7850151	630020
贵州省轻纺工业厅	贵州省贵阳市花溪大道	522475	550003
贵州省纺织工业公司	贵州省贵阳市兴关路24号	28800	550002
贵州省鞋帽服装工业公司	贵州省贵阳市延安东路39号	27466	550001
贵阳市纺织工业公司	贵州省贵阳市延安中路	622254	550001
贵州省纺织工业公司展销部	贵州省贵阳市兴关路22号	24426	550002

续

机 构 名 称	地 址	电 话	邮政编码
黔东南州轻纺工业局	贵州省凯里市韶山北路8号	22707	556000
黔南州轻纺工业局	贵州省都匀市剑江路96号	22167	558000
遵义地区轻纺工业局	贵州省遵义市老城	22614	563000
安顺地区轻纺局	贵州省安顺市中华北路202号	22448	561000
毕节地区轻纺工业局	贵州省毕节县威宁路5号	23135	551700
黔西南州轻纺工业局	贵州省兴义市盘江路	23611	562400
铜仁地区轻纺工业局	贵州省铜仁市共青路	23044	544300
六盘水市轻纺工业局	贵州省六盘水市康乐北路	24108	553001
云南省纺织工业局	云南省昆明市董家湾大厦	3163577	650041
昆明市轻纺工业局	云南省昆明市拓东路655号	3311777	650041
大理市纺织工业局	云南省大理市下关	25123	671000
曲靖行署轻纺工业管理处	云南省曲靖市	22632	655000
楚雄州轻纺化工公司	云南省楚雄市	23826	675000
红河州轻纺局	云南省个旧市	23124	661400
西藏自治区轻纺手工业局	西藏拉萨市林廓北路16号	22513	850000
西藏毛纺厂	西藏林芝八一镇川藏路22号	22909	850400
陕西省纺织工业总公司	陕西省西安市西八路29号	7213789 7213769	710004
陕西省纺织工业供销公司	陕西省西安市东七路25号	7276991 7276992	710005
陕西省纺织机械器材工业公司	陕西省西安市东七路25号	7411140	710005
陕西省纺织对外经济办公室	陕西省西安市东七路25号	7233046	710005
陕西省纺织品公司	陕西省西安市自强西路27号	6253117	710014
宝鸡市纺织工业办公室	陕西省宝鸡市中山西路63号	212943	721001
咸阳市轻纺工业局	陕西省咸阳市人民东路39号	213596	712000
渭南地区轻纺工业局	陕西省渭南市西南京路29号	213153	714000
铜川市轻纺工业局	陕西省铜川市七一路	212619	727000
汉中地区轻纺工业局	陕西省汉中市川前街	213804	723000
安康地区轻纺工业局	陕西省安康县南大街	7215242,7215762	725000
商洛地区轻纺工业局	陕西省商州人民路3号	212858	726000
延安地区轻纺工业局	陕西省延安市南关街	213756	716000
榆林地区经委	陕西省榆林县地区行署院内	22984	719000
陕西省服装鞋帽工业公司	陕西省西安市和平路西三道巷5号	7277790	710001
西安市纺织工业公司	陕西省西安市西一路105号	715641	710004
西安市纺织工业供销公司	陕西省西安市南新街南长巷3号	714101	710004
甘肃省轻纺总会	甘肃省兰州市和政东街2号	8418321	730000
甘肃省轻纺供销总公司	甘肃省兰州市酒泉路146号	8485741	730030
甘肃省轻纺工业陇新公司	甘肃省兰州市和政东街2号	8418321	730000
甘肃省轻纺工业企业公司	甘肃省兰州市和政东街2号	8418321	730000
甘肃省轻纺工业实业公司	甘肃省兰州市和政东街2号	8418321	730000
甘肃省轻纺工业财务公司	甘肃省兰州市和政东街2号	8418321	730000
甘肃省轻纺工业食品公司	甘肃省兰州市和政东街2号	8418321	730000
甘肃省轻纺工业育林公司	甘肃省兰州市和政东街2号	8418321	730000
甘肃省轻纺科技开发公司	甘肃省兰州市和政东街2号	8418321	730000
青海省轻纺工业厅	青海省西宁市同仁路8号	45597 45893	810001
西宁市轻纺工业局	青海省西宁市石坡街91号	48096	810000
青海毛纺织工业公司	青海省西宁市韵家口	49951	810015

续

机构名称	地　址	电　话	邮政编码
宁夏回族自治区轻纺工业厅	宁夏银川市解放西街 229 号	543979	750001
宁夏回族自治区服装鞋帽工业总公司	宁夏银川市西桥巷 36 号	544249	750001
银川纺织工业公司	宁夏银川市解放东街南口	631182	750001
银川市服装鞋帽工业总公司	宁夏银川市东环北路 6 号	631304	750004
新疆维吾尔自治区纺织工业局	新疆乌鲁木齐市友好南路 177 号	440237 440092	830000
新疆纺织工业供销公司	新疆乌鲁木齐市中山路 97 号	210676 210667	830002
新疆服装工业公司	新疆乌鲁木齐市西北路 68 号	219295	830000
新疆天山毛纺有限公司	新疆乌鲁木齐市银川路 1 号	441866	830001
乌鲁木齐纺织企业（集团）公司	新疆乌鲁木齐市和平南路永和北巷 1 号	225056	830002
喀什地区纺织工业局	新疆喀什市解放南路 119 号	23444	844002

纺织（轻纺）工业主要设计机构

单　　位	地　　址	邮政编码	电　话
中国纺织总会建设规划院	北京市东长安街12号257室	100742	3081351
中国纺织工业设计院	北京市海淀区增光路21号	100037	8395114
中国纺织勘察设计协会	北京市阜外甘家口增光路21号	100037	8395232
中国纺织科学研究院工程设计部	北京市朝外英家坟	100025	5014466
北京市纺织工业设计院	北京市朝外道家村1号	100025	5061133
中国纺织化纤工程总公司	北京市朝外体育场东路15号	100027	5014956
天津市纺织工业设计院	天津市南开区白堤路5号	300193	7380218
河北省纺织建筑设计院	河北省石家庄市合作路32号	050051	7053123
山西省纺织工业设计院	山西省太原市水西关南街18号	030002	4040111
内蒙古轻化工设计院	内蒙古呼和浩特市乌兰察布西路	010010	462676
辽宁省建筑纺织设计院	辽宁省沈阳市松花江东街45号	110032	6840328
丹东化纤工业公司设计院	辽宁省丹东市纤维街950号	118002	661812—2983
吉林省纺织工业设计研究院	吉林省长春市西安广场青龙路4号	130062	7979275
黑龙江省纺织工业设计院	黑龙江省哈尔滨市南岗区永和街39号	150001	2621281
上海纺织工业设计院	上海市长寿路130号	200060	2583020
上海市纺建工程公司设计室	上海市江宁路931号	200040	2534370
中国纺织大学设计院	上海市延安西路1882号	200051	2199898—252
江苏省纺织工业设计院	江苏省南京市中央路117号	210009	3306726
仪征化纤工业联合公司设计院	江苏省仪征市胥浦	211900	221842
浙江省轻纺工业设计院	浙江省杭州市省府路11号	310007	5152895
安徽省纺织设计院	安徽省合肥市长江路85号（省政府内北楼）	230001	277195
福建省轻纺工业设计院	福建省福州市东大路23号	350001	7557803
江西省纺织工业科研设计院	江西省南昌市北京东路25号	330029	331450
山东省纺织设计院	山东省济南市历山路48号	250013	6955743
青岛市纺织工业设计院	山东省青岛市馆陶路3号	266011	2826644
河南省纺织设计院	河南省郑州市建设路市场街67号	450007	774129
郑州纺织机械厂工程设计所	河南省郑州市南阳路西街	450053	3937251—2433
湖北纺织设计院	湖北省武汉市武昌徐东路52号	430077	6813847
湖南省轻工纺织设计院	湖南省长沙市解放四村362号	410002	5552489
邵阳第二纺织机械厂设计所	湖南省邵阳市宝庆西路56号	422000	323323
广东省轻纺工业设计院	广东省广州市中山一路11号	510600	7754852
广西纺织工业厅设计所	广西南宁市建政路49号	530023	569732
海南省纺织工业设计院	海南省海口市海秀路28号纺织大厦9F	570206	6795476
海南省海联纺织建设股份有限公司设计所	海南省海口市金盘工业开发区124号—515信箱	570006	772525
四川省纺织工业设计院	四川省成都市青莲下街34号	610061	6678856
贵州省轻纺工业设计院	贵州省贵阳市南明区兴关路40号东楼	550002	520203
云南省轻纺工业设计院	云南省昆明市东风东路1号	650041	3164482
陕西省纺织建筑设计研究院	陕西省西安市金花南路15号	710048	3232095
甘肃省轻纺工业设计院	甘肃省兰州市五泉路72号	730000	8466517
青海省轻纺工业厅设计院	青海省西宁市城西区同仁路8号	710001	43608
新疆纺织设计院	新疆乌鲁木齐市友好南路177号	830000	443271

各地纺织纤维检验机构

机构名称	地址	邮政编码	电话
中国纤维检验局	北京市和平里东街 20 号	100013	4235311
北京市纺织纤维检验所	北京市东郊八里庄西里甲 15 号	100025	5014455
天津市纺织纤维检验所	天津市河北区博爱道 12 号	300010	2340775、2340538
河北省纤维检验局	河北省石家庄市工农路 68 号	050051	3032241、3031953
山西省纤维检验局	山西省太原市并州西街 9 号	030012	4046680
内蒙古自治区纤维检验局	内蒙古呼和浩特市东门外	010010	41154
辽宁省纤维检验所	辽宁省沈阳市和平区永安北路 8 号	110003	3894318
吉林省纤维检验处	吉林省长春市民康路 8 号	130041	812080
黑龙江省纤维检验所	黑龙江省哈尔滨市司徒街 67 号	150036	2629475
上海市纤维检验所	上海市宁波路 80 号	200002	3211740
江苏省纤维检验所	江苏省南京市石鼓路 227 号	210029	6613634
浙江省纤维检验所	浙江省杭州市曙光路 38 号	310013	5121983
安徽省纤维检验所	安徽省合肥市蜀山路西园路口	230031	5127529
福建省纤维检验所	福建省福州市西门外祭酒岭	320002	3710801
江西省产品质量检验所	江西省南昌市江大南路 3 号	330029	332747、331342
山东省纺织纤维检验所	山东省济南市经二路纬六路 343 号	250021	7933582、7933501
青岛市纤维检验所	山东省青岛市延安三路 227 号	266071	3871656
河南省纤维检验所	河南省郑州市东明路金水河南沿 2 号	450004	5956394、5954427
湖北省纤维检验所	湖北省武汉市武昌中山路 297 号	430061	8872867、8841366
武汉市纤维检验所	湖北省武汉市汉口台北路 72 号	430016	2815691
湖南省纤维检验所	湖南省长沙市新建西路 41 号	410007	5551260、5557663
广州市纤维检验所	广东省广州市八旗二马路 38 号	510110	3338610
广西壮族自治区纤维检验所	广西南宁市新竹路 12 号	530022	560161
四川省纤维检验局	四川省成都市蜀都大道少城路 7 号	610015	6639111
成都市纤维检验所	四川省成都市金堂县幸福南路	610041	5584247—253、5584127
重庆市纤维纺织品检验所	四川省重庆市市中区枣子岚垭正街 80 号	630010	353264
贵州省纤维纺织品监督检验所	贵州省贵阳市头桥海马冲 51 号	550003	442084
云南省纤维检验所	云南省昆明市教场东路 30 号	650223	5151011
陕西省纤维检验局	陕西省西安市西八路尚平路 10 号	710004	7212668、7212832
西安市纤维纺织品监督检验所	陕西省西安市长安路北段 45 号	710006	5255051
甘肃省纤维检验所	甘肃省兰州市南昌路 463 号	730030	8829434
青海省纤维检验所	青海省西宁市长江路 392 号副 4 号楼	810000	36944
宁夏回族自治区纺织纤维所	宁夏银川市康乐巷 12 号	750001	545776
新疆维吾尔自治区纤维检验所	新疆乌鲁木齐市新华南路 32 号	830002	217433、223827

中国纺织总会直属纺织院校

院校名称	地址	电话	邮政编码
中国纺织大学	上海市延安西路 1882 号	2199898	200051
天津纺织工学院	天津市河东区程林庄道 63 号	4344504	300160
西北纺织工学院	陕西省西安市东郊金花南路 19 号	3235566	710048
武汉纺织工学院	湖北省武汉市武昌区鲁巷纺织路 10 号	7801484	430073
郑州纺织工学院	河南省郑州市中原西路 41 号	7972640	450007
北京服装学院	北京市朝阳区和平街北口	4218877	100029
中国纺织政治函授学院	北京市朝阳区和平街北口	4218877—247	100029
苏州丝绸工学院	江苏省苏州市相门路 14 号	7265614	215005
浙江丝绸工学院	浙江省杭州市文一路 88 号	8075814	310033
中国纺织总会管理干部学院	江苏省无锡市钱荣路	6765081	214064

地方纺织院校及有纺织专业的综合院校

院校名称	地址	电话	邮政编码
青岛大学纺织服装学院	山东省青岛市湛流干路 109 号	3835174（总机）	266071
南通纺织工学院	江苏省南通市教育路 14 号		226007
上海工程技术大学纺织学院	上海市普陀区新村路 574 号	6611420、6613660	200061
北京联合大学纺织工程学院	北京市朝阳门外八里庄路南英家坟	5064867、5001021	100025
上海纺织高等专科学院	上海市长宁区长宁路 1187 号	2517273	200051
成都科技大学纺织工学院	四川省成都市一环路南一段 24 号	5581554—2238	610065
湖南纺织高等专科学校	湖南省湘潭市东湖路 18 号		411104
河南纺织高等专科学校	郑州市桐柏路 62 号		450007
丹东纺织高等专科学校	辽宁省丹东市振安区蛤蟆塘		118003
成都纺织高等专科学校	四川省成都市三瓦窑	5554840	610063
西北纺织工学院惠州分院	广东省惠州市		516015
中央工艺美术学院	北京市东三环北路 34 号	5024456	100020
广州美术学院	广东省广州市海珠区昌岗东路 257 号	4449883	510261
鲁迅美术学院	辽宁省沈阳市和平区三好街 19 号	3892635	110003
大连轻工业学院	辽宁省大连市甘井子区轻工苑		116031
河北轻化工学院	河北省石家庄市裕华中路 5 号		050018
广州联大纺织学院	广东省广州市	4421614	510260

纺织职工高等院校

院校名称	地址	电话	邮政编码
北京市纺织职工大学	北京市朝阳区八里庄	5022480	100025
中国纺织机械总公司职工大学	北京天坛路85号	7012223—317	100050
天津市纺织局职工大学	天津市河西区郁江南道3号	8303437、8303438	300221
天津市毛纺织职工大学	天津市和平区云南路2号	3345210、3345213	300051
河北省纺织职工大学	河北省石家庄市建华南大街44号	5051613	050031
河北省纺织职工大学（邯郸分校）	河北省邯郸市联纺路99号	317800	056004
河北省纺织职工大学（唐山分校）	河北省唐山市新华东道	2825329	063002
沈阳纺织职工大学	辽宁省沈阳市皇姑区陵北四台子	4807488	110034
大连纺织职工大学	辽宁省大连市凌水刘家村	4671089	116023
锦州纺织职工大学	辽宁省锦州市解放路7段28号	223851转463	121003
金州纺织职工大学	辽宁省大连市金州区五路	7681657	116100
黑龙江纺织职工大学	黑龙江省牡丹江市东地明街	223456	157011
哈尔滨纺织职工工学院	黑龙江省哈尔滨市太平区东风镇七公里	7664067	250059
上海纺织职工大学	上海市长寿路652号	2566636	200060
苏州纺织职工大学	江苏省苏州市皮市街打线巷14号	7271219	215001
无锡纺织工业职工大学	江苏省无锡市梁溪路97号	6767735	214062
南通市纺织职工大学	江苏省南通市五一桥东	367980	226007
常州市纺织工业职工大学	江苏省常州市古村1号	3322829	213003
盐城市纺织职工大学	江苏省盐城市盐纺路1号	411040	224001
江阴职工大学	江苏省江阴市君巫路	884217	214400
仪征化纤工业联合公司培训中心	江苏省仪征市	222198	211451
杭州纺织职工大学	浙江省杭州市大关路绍兴路口	8014742	310015
杭州丝绸职工大学	浙江省杭州市机场路40-2号	43865	310004
宁波纺织职工大学	浙江省宁波市望京路10号	366108	315000
嘉兴毛纺织总厂职工大学	浙江省嘉兴市南捻探花路94号	2934	314000
江西省纺织工业职工大学	江西省南昌市塘山乡	331183、333282	330039
山东纺织工业干部学校	山东省青岛市大麦岛文教区	337400	266071
郑州纺织职工大学	河南省郑州市互助路中段市纺织局内	7971281	450007
新乡市职工大学	河南省新乡市北干道茹岗	354381	453002
湖北省纺织职工大学	湖北省武汉市武昌徐东路52号	6813878	430077
武汉市纺织工业职工大学	湖北省武汉市武昌和平道331号	875070	430062
湖南省纺织工业职工大学	湖南省湘潭市板塘铺	57100—2689	411102
广州纺织工业职工大学	广东省广州市昌岗东路一巷6号	4410667	510260
重庆纺织局职工大学	四川省重庆市沙坪坝区石小路177号	8810051	630039
陕西省纺织职工大学	陕西省咸阳市文汇路11号	215335	712000
兰州服装职工大学	甘肃省兰州市泰安路38号	8820072	730030
新疆纺织职工大学	新疆乌鲁木齐市七道湾路13号	225987	830063

纺织职工中等专业学校

院校名称	地址	电话	邮政编码
北京市纺织职工中专学校	北京市朝阳区团结湖五巷7号	5071431	100026
天津市纺织局干部中专学校	天津市南开区密云路39号	273160	300111
天津市丝绸公司职工中专学校	天津市南开区津盐公路养鱼池	319568	300381
天津市纺织装饰品公司中专学校	天津市南开区鼓楼西天瑞胡同21号	7351180	300120
天津市针织职工中专学校	天津市南开区三元村45号	273252	300110
天津市棉纺织职工中专学校	天津市河西区解放南路347号	282861	300202
石家庄纺织职工中专学校	河北省石家庄市宁安路12号	742435	050000
邯郸纺织职工中专学校	河北省邯郸市联纺路99号	317800	056004
山西省纺织职工中专学校	山西省榆次市晋华纺织厂	26911	030600
呼和浩特市纺织职工中专学校	内蒙古呼和浩特市锡林南路49号	673156	010020
大连纺织服装职工中专学校	辽宁省大连市沙河口庆平街2号	441471	116021
抚顺纺织职工中专学校	辽宁省抚顺市将军路北沟	74076	113001
营口纺织职工中专学校	辽宁省营口市西市区	32717	115004
丹东化纤公司职工中专学校	辽宁省丹东市振兴区纤维街	61811	118002
吉林省纺织职工中专学校	吉林省长春市纺织厂技工学校院内	52235-7	130062
哈尔滨亚麻厂职工中专学校	黑龙江省哈尔滨市动力区民生路94号	2627823	150040
牡丹江纺织公司职工中专学校	黑龙江省牡丹江市东地明街	22538	157011
齐齐哈尔纺织总公司职工中专学校	黑龙江省齐齐哈尔市纺织厂内	427931	161002
肇东毛纺厂职工中专学校	黑龙江省肇东市北八道街		151100
上海纺织服装职工中专学校	上海市成都北路762弄9号	32753161	200003
仪征纺织职工中专学校	江苏省仪征市胥浦	32145	211451
镇江市纺织职工中专学校	江苏省丹阳市阜阳路4号		212300
扬州市纺织职工中专学校	江苏省扬州市凤凰桥街140号	46587	225002
江苏省服装职工中专学校	江苏省常州市丽华路2号	41120	213014
苏州市纺织职工中专学校	江苏省苏州市苏苑街2号	559142	215128
吴江丝绸职工中专学校	江苏省苏州市吴江县盛泽镇	51417	215228
淮阴市纺织职工中专学校	江苏省淮阴市北京北路20号	34750	223001
浙江省化纤职工中专学校	浙江省杭州市莫干山路祥符桥	87025，888841	310011
杭州丝绸职工中专学校	浙江省杭州市机场路40-2号	43865	310004
杭州纺织职工中专学校	浙江省萧山杭二棉内	623911	311200
湖州丝绸职工中专学校	浙江省湖州市吉山新村	23013	313000
合肥市纺织职工中专学校	安徽省合肥市和平路6号	482396转353	230011
蚌埠市纺织职工中专学校	安徽省蚌埠市工农路82号	47025	233000
芜湖市纺织职工中专学校	安徽芜湖市北菜路57号	33705	241000
南昌市纺织职工中专学校	江苏省南昌市青云谱京山	442712	330001
九江市纺织职工中专学校	江西省九江市浔阳区人民路194号	252731	332000
济南纺织职工中专学校	山东省济南市经十路东首	44816	250041
青岛服装职工中专学校	山东省青岛市宁夏路中段大尧村东	363464	266071
青岛纺织职工中专学校	山东省青岛市北区馆陶路3号	227786-534	266011
烟台市纺织职工中专学校	山东省烟台市西山路67号	247386	264000
济宁市纺织职工中专学校	山东省济宁市红星东路	325291	272117

续

院 校 名 称	地　址	电　话	邮政编码
枣庄市纺织职工中专学校	山东省枣庄市秦潭路	319642、311094	227129
惠民地区纺织职工中专学校	山东省惠民地区滨州市	325801	256617
聊城地区纺织职工中专学校	山东省聊城嚎东街	224695	252000
河南纺织干部学校中专班	河南省郑州市桐柏南路	7446504	450007
安阳市纺织职工中专学校	河南省安阳市东风路东风胡同	226706	455000
华新纺织职工中专学校	河南省卫辉市北关	654221	453100
平顶山帘子布厂职工中专学校	河南省平顶山市建设路	333456	467000
湖北省纺织职工中专学校	湖北省武汉市武昌徐东路 52 号	6812177—331	430077
武汉市纺织职工中专学校	湖北省武汉市武昌中山路 282 号	8847176	430061
蒲圻纺织总厂职工中专学校	湖北省蒲圻市	223471—844	437321
沙市纺织职工中专学校	湖北省沙市市白云路	217577	434002
襄樊纺织职工中专学校	湖北省襄樊市工业区纱布站内	41142	441002
长沙市纺织职工中专学校	湖南省长沙市河西石岭塘	8809068	410013
广州丝绸职工中专学校	广东省佛山市人民路 8 号	2248510	528000
汕头市纺织职工中专学校	广东省汕头市汕樟路北墩	230975	515041
成都纺织工业干部学校	四川省成都市白马寺	3333648	610081
重庆纺织局职工中专学校	四川省重庆市沙坪坝区石小路 177 号	810051	630039
川棉一厂纺织职工中专学校	四川省成都市麻石桥	4442912—820	610053
贵阳纺织职工中专学校	贵州省贵阳市遵义路 193 号	27974 转	550002
西安纺织职工中专学校	陕西省西安市金花南路 13 号	332092	710048
西北国棉四厂职工学校	陕西省西安市纺织城		710038
西北第五棉纺织厂职工学校	陕西省西安纺织城		710038
青海省纺织职工中专学校	青海省西宁市韵家口	49951 转	810015
宁夏轻纺职工中专学校	宁夏银川市新城西花园福利巷 5 号	76418	750011

纺织中等专业学校、技工学校

院校名称	地址	电话	邮政编码
北京市纺织工业学校	北京市朝阳区八里庄	5022480	100025
北京市纺织技工学校	北京市朝阳区十里堡西一巷	5004477—995	100025
北京市纺织技工学校大兴分校	北京市大兴化纤厂	9243811	102600
北京市纺织技工学校昌平分校	北京市昌平第二毛纺厂	9742131	102200
天津纺织工业学校	天津市河西区琼州道 36 号	2385686	300202
天津第一棉纺厂技工学校	天津市河东区六纬路 66 号	4314425	300170
天津针织工业技工学校	天津市南开区三元村 45 号	7366252	300110
天津纺织装饰品公司技工学校	天津市南开区鼓楼西天瑞胡同 21 号	73521180	300120
天津纺织机械器材技工学校	天津市河西区琼州道 5 号	8301045	300202
天津毛纺织技工学校	天津市卫国道二中内	4342912	300160
天津棉纺四厂技工学校	天津市河西区大沽南路 1233 号	2382951	300220
天津服装技工学校	天津市南开区天宝路 13 号	2320087	300102
天津色织公司技工学校	天津市南开区广开三马路万盛里 25 号	2352971	300102
天津纺机厂技工学校	天津市河北区小于庄万柳村大街	662721—2724	300241
天津丝绸公司技工学校	天津市南开区广开五马路双吉里 13 号	2353658	300102
天津市裕元专业技术学校	天津市河西区解放南路 347 号	8301877	300202
天津市第三棉纺织厂技工学校	天津市河东区郑庄子西台大街 38 号	4313915—3918	300182
河北纺织工业学校	河北省石家庄市健康路 3 号	6033475	050011
石家庄纺织技工学校	河北省石家庄市大经街 22 号	631651	050000
唐山市联办纺织技工学校	河北省唐山市塘沽路 29 中学院内	222229	063001
保定化纤厂技工学校	河北省保定市西郊纸厂路 1 号	437941—2910	071055
邯郸纺机厂技工学校	河北省邯郸市邯钢路	442985 转 400	056019
河北省服装工业学校	唐山市唐丰路煤医道口	2825329	063000
山西省纺织工业学校	山西省榆次市迎宾路 97 号	225267	030600
山西省针织厂技工学校	山西省太原市北营晋阳街	7072991	030031
山西省纺织工业技工学校	山西省运城市河东路轻纺局内	220347	044000
山西省晋华纺织厂技工学校	山西省榆次市北关西黄龙江 37 号	226911—2710	030600
山西省纺织印染厂技工学校	山西省太原市和平南路 22 号	6065283—298	030024
太原纺织技工学校	山西省太原市平阳路 48 号服装分厂	7074504 转 3023	030002
山西维尼纶厂技工学校	山西省洪洞县赵城镇		031603
经纬纺机厂技工学校	山西省榆次市郭家堡	222878—2979	030601
内蒙古纺织工业学校	内蒙古赤峰市西桥外	4402921	024005
包头纺织总厂技工学校	内蒙古包头市体育馆道	56164	014030
呼市纺织技工学校	内蒙古呼市锡林南路 49 号	673156	010020
辽宁省纺织工业学校	辽宁省大连市金州区吴家屯 408 号	7694426	116100
沈阳纺织工业学校	辽宁省沈阳市宝姑区陵北四台子	6840488	110034
营口纺织工业学校	辽宁省营口市西市区金牛山大街西段	232717	115004
丹东丝绸学校	辽宁省丹东市振安区哈蟆塘	451532	118000
沈阳一毛织厂技工学校	辽宁省沈阳市铁西区光明街一段 1 号	4852511	110025
沈阳二毛织厂技工学校	辽宁省沈阳市铁西区北车路 1 号	4858891	110025
沈阳服装技工学校	辽宁省沈阳市和平区西塔街二段兴文西里	2824266	110002

续

院校名称	地址	电话	邮政编码
大连纺织技工学校	辽宁省大连市甘井子区周家街	6600991—291	116033
金州纺织技工学校	辽宁省大连市金州区五路	7694402	116100
抚顺纺织技工学校	辽宁省抚顺市新抚区将军街高山路157-3号	774375	113006
本溪纺织技工学校	辽宁省本溪市明山区卧龙乡	412410	117011
阜新纺织技工学校	辽宁省阜新市海州区兴工街	226276	123000
锦州纺织技工学校	辽宁省锦州市凌河区解放路7段28号	220769	121003
大连麻纺厂技工学校	辽宁省大连市	333691	116000
瓦房店棉纺厂技工学校	辽宁省瓦房店市大宽街2段265号	2232—467	116300
辽阳纺织厂技工学校	辽宁省辽阳市白塔区解放路三段2号	225149	111000
女儿河纺织厂技工学校	辽宁省锦州市太河区汤河子街	339241—308	121005
朝阳纺织厂技工学校	辽宁省朝阳市长江路三段	219401	122000
朝阳合纤厂技工学校	辽宁省朝阳市双塔区南街	219201	122000
丹东化纤公司技工学校	辽宁省丹东市振兴区纤维街950号	662502—2516	118002
沈阳纺机厂技工学校	辽宁省沈阳市铁西区景星北街44号	5872834—222	110021
吉林省纺织工业学校	吉林省吉林市江南宜山路70号	661275	132011
长春纺织厂技工学校	吉林省长春市朝阳区春城大街52号	52233	130011
四平纺织局技工学校	吉林省四平市海丰大路48号	223148、224375	136000
开山屯化纤浆厂技工学校	吉林省龙井市开山屯镇南山街	3600—2210	133417
吉林化纤厂技工学校	吉林省吉林市昌邑区九站街	338474—285	132101
浑江纺织厂技工学校	吉林省浑江市三岔子区三岔子镇		134324
安图县纺织厂技工学校	吉林省安图县明月镇		133600
黑龙江省纺织工业学校	黑龙江省阿城市	322660（总机）	133600
哈尔滨纺织服装工业学校	黑龙江省哈尔滨市太平区东风镇七公里	7684067	150059
黑龙江省纺织技工学校	黑龙江省阿城市	322660	150316
齐齐哈尔纺织工业局技工学校	黑龙江省齐齐哈尔市龙沙区北商埠路6号	428766	161000
牡丹江纺织公司技工学校	黑龙江省牡丹江市爱民区地明街	222538	157011
哈尔滨纺织技工学校	黑龙江省哈尔滨市道外区北十九道街77号	8681951	150020
哈尔滨亚麻厂技工学校	黑龙江省哈尔滨市和平路94号	2627822转	150040
上海第一纺织工业学校	上海市交通路1933号	6610226	200061
上海纺织机电工业学校	上海市河间路1193号	5431821	200090
上海第一棉纺织厂技工学校	上海市长寿路522号	2539949	200060
上海第二棉纺织厂技工学校	上海市西苏州路1291号	2564460	200061
上海第四棉纺织厂技工学校	上海市淮安路640号	2563194	200041
上海第七棉纺织厂技工学校	上海市长寿路叶家宅路111号	2532130	200060
上海第八棉纺织厂技工学校	上海市吴淞金杨家宅11号	6671060	200940
上海第九棉纺织厂技工学校	上海市周家牌路217号	5432720	200090
上海第十棉纺织厂技工学校	上海市浦东烟厂路40号	8840237	200120
上海第十一棉纺织厂技工学校	上海市宜昌路320号	2564435	200060
上海第十二棉纺织厂技工学校	上海市隆昌路57号	5432790	200090
上海第十五棉纺织厂技工学校	上海市齐齐哈尔路502号	5412310	200082
上海第十六棉纺织厂技工学校	上海市杨浦区齐齐哈尔路604号	5414800	200082
上海第十七棉纺织厂技工学校	上海市定海路150号	5431010	200090
上海第十九棉纺织厂技工学校	上海市平凉路2767号	5431220	200090
上海第二十一棉纺织厂技工学校	上海市玉屏南路498号	2598441	200051
上海第二十二棉纺织厂技工学校	上海市澳门路150号	2539890	200060
上海第二十五棉纺织厂技工学校	上海市光复西路1185号	2549250	200042
上海第二十八棉纺织厂技工学校	上海市浦东北蔡镇	8840421	200120
上海第二十九棉纺织厂技工学校	上海市广州路140号	5415076	200090

续

院校名称	地　址	电　话	邮政编码
上海第三十五棉纺织厂技工学校	上海市崇明南堡镇	9678151	202157
上海第一毛条厂技工学校	上海市杨树浦路 1056 号	5414688	200062
上海第一丝织厂技工学校	上海市杨树浦路 468 号	5419267	200082
上海第三丝织厂技工学校	上海市许昌路 5 号	5415820	200082
上海第六丝织厂技工学校	上海市康定路 1007 号	2583440	200042
上海第一毛纺织厂技工学校	上海市余姚路 750 弄 1 号	2588600	200042
上第第五毛纺织厂技工学校	上海市榆林路 343 号	5414228	200082
上海第十二丝织厂技工学校	上海市海州路 33 号	5432128	200090
上海绢纺厂技工学校	上海市万航渡后路 72 号	2512752	200042
上海筛网厂技工学校	上海市长寿路 23 号	2580360	200062
上海第一纺机厂技工学校	上海市中山西路 78 号	2597900	200051
上海第二纺机厂技工学校	上海市场中路 265 号	5423736	200434
上海第四纺机厂技工学校	上海市共和新路 752 号	6628615	200072
上海第七纺机厂技工学校	上海市延安西路 678 号	2524309	200050
上海纺织机电技工学校	上海市安远路 84 号	2539939	200060
上海印染机械厂技工学校	上海市天山路 602 号	2599835	200051
中国纺织机械厂技工学校	上海市河间路 1193 号	5431710	200090
上海华立纺机厂技工学校	上海市凉中路 381 号	5434590	200090
上海针织机械一厂技工学校	上海市瑞金二路 410 弄 1 号	4371251	200020
上海沪东印染联合技工学校	上海市飞虹路 723 弄内	4514474	200092
上海新联纺织技工学校	上海市斜土路 2093 号	4310949	200032
上海线带公司技工学校	上海市永嘉路 33 号	4376273	200020
上海南汇针织联合技工学校	上海市南汇新场镇	8019410	201314
上海化纤公司技工学校	上海市江宁路 536 弄 13 号	2539671	200041
上海巾被公司联合技工学校	上海市公平路 570 号	5416446	200082
上海织袜一厂技工学校	上海市沪太路 671 号	6613800	200070
上海服装公司技工学校	上海市茅台路 567 号	2517867	200335
上海景福针织技工学校	上海市肇嘉滨路 688 号	4372173	200031
上海第二丝织印染厂技工学校	上海市民和路 153 号	6629181	200070
上海纺织运输技工学校	上海市纪念路 151 号	5423284	200434
上海第十五羊毛衫厂技工学校	上海市瞿溪路 801 号	3773960	200023
上海毛麻行业技工学校	上海市江阴路 172 号		200003
上海纺织局技校工作站	上海市东余杭路 627 号	5464820—20	200080
南通纺织工业学校	江苏省南通市教育路 18 号	367056	226007
常州纺织工业学校	江苏省常州市丽路 2 号	811320	213014
盐城纺织工业学校	江苏省盐城市盐纺路 1 号	412951	224001
无锡纺织工业学校	江苏省无锡市梁溪路 97 号	607783	214062
苏州纺织工业学校	江苏省苏州市新市路 5 号	226834	215007
南京纺织工业学校	江苏省南京市武定门外 17 号	6625879	210006
苏州丝绸工业学校	江苏省苏州市城北公路 20 号	773281	215008
南通纺织技工学校	江苏省南通市教育桥路 29 号	529274	226007
仪征化纤联合公司技工学校	江苏省仪征市胥浦	232323	211451
无锡一纺机技工学校	江苏省无锡市梁溪路 11 号	667456	214062
无锡天元麻棉纺织厂技工学校	江苏省无锡市西门外天元路 1 号	223071	214031
无锡协新毛纺织染厂技工学校	江苏省无锡市丽新路 60 号	227890	214044
无锡印染厂技工学校	江苏省无锡市丽新路 53 号	227934	214044
无锡丝绸技工学校	江苏省无锡市南门外清明桥中学内	552423	214023
浙江纺织工业学校	浙江省宁波市文教路 9 号	7362532	315000

续

院校名称	地址	电话	邮政编码
嘉兴丝绸工业学校	浙江省嘉兴市东栅大街240号	3955001	314021
浙江省轻纺技工学校	浙江省杭州市祥符桥	8091841	310011
温州市轻纺技工学校	浙江省温州市矮凳桥52号	22702	325000
福建省三明纺织工业学校	福建省三明市下洋新泉路	222980	365001
安徽省纺织工业学校	安徽省合肥市合巢路252号	3631197	230051
安徽省纺织技工学校	安徽省巢湖市安徽维尼纶厂		238002
安庆纺织技工学校	安徽省安庆市菱湖路	545103	246018
合肥纺织技工学校	安徽省合肥市和平路6号	482396	230011
淮南纺织厂技工学校	安徽省淮南市纺织厂	22484	232007
铜陵化纤厂技工学校	安徽省铜陵市化纤厂	32316	244005
江西省纺织工业学校	江西省南昌市塘山乡	333282	330039
江西省纺织技工学校	江西省南昌市解放西路106号	42559	330002
山东纺织工业学校	山东省潍坊市东风街3号	235036（总机）	261041
济南纺织工业学校	山东省济南市经十路东首	8934816	250041
青岛纺织工业学校	山东省青岛市沧口区水清沟萍乡路	4855061	266042
德州纺织工业学校	山东省德州市德兴北路35号	325917	253015
山东省丝绸工业学校	山东省淄博市周村区	3312667	528041
潍坊纺织技工学校	山东省潍坊市东风大街1号	224372	261041
聊城地区纺织技工学校	山东省聊城嚎东街	224695	252000
泰安市纺织技工学校	山东省泰安市东岳大街西头	337927	271000
青岛纺机厂技工学校	山东省青岛市四流南路22号	4851122—769	266042
枣庄纺织局技工学校	山东省枣庄市光明西路	224642	227139
河南纺织工业学校	河南省郑州市桐柏路62号	7446971	450007
河南第三毛纺织厂技工学校	河南省商丘市人民路北端	23864－264	476000
郑州纺机厂技工学校	河南省郑州市南阳路西1街1号	3828294	450053
河南省纺织技工学校	河南省郑州市中原西路43号	771401	450007
新乡市纺织技工学校	河南省新乡市铁路西幸福街中段13号	222873	453000
新乡化纤厂技工学校	河南省新乡市北站	53901－313	453011
华新棉纺织厂技工学校	河南省卫辉市北关	352358－375	453100
新乡印染厂技工学校	河南省新乡市平原路东段	54961	453003
河南纺织机械技工学校	河南省郑州市南阳路西街1号	7447282—2286	450053
河南第二纺机厂技工学校	河南省信阳市工区路	222161	464000
南阳纺织技工学校	河南省南阳县白河大桥南	23912－407	473125
南阳市丝织技工学校	河南省南阳市建设西路3号	22812	473053
湖北省纺织工业学校	湖北省武汉市洪山区关山纺织路22号	7801374	430073
武汉市纺织工业学校	湖北省武汉市武昌区和平道331号	8874093	430062
黄冈纺织工业学校	湖北省黄州镇	351613	436100
沙市纺织工业学校	湖北省沙市市江津西路	214174	430061
湖北省纺织工业技工学校	湖北省武汉市武昌徐东路52号	8814764	430077
武汉市纺织工业技工学校	湖北省武汉市武昌中山路282号	8714176	430061
沙市纺织技工学校	湖北省沙市市太岳路	215960	434000
沙市棉纺厂技工学校	湖北省沙市市		434000
黄石棉纺厂技工学校	湖北省黄石市老虎头		435002
云梦棉纺厂技工学校	湖北省云梦县城关	22512	432501
安陆棉纺厂技工学校	湖北省安陆市	22615	432600
宜昌棉纺厂技工学校	湖北省宜昌市伍家岗		
宜昌纺机厂技工学校	湖北省宜昌市东山大道	551661—560	443001
黄石纺机厂技工学校	湖北省黄石市老下陆	222093—2257	435004

续

院校名称	地址	电话	邮政编码
湖北化纤厂技工学校	湖北省襄樊县太平店	42552	441133
蒲圻纺织总厂技工学校	湖北省蒲圻市	223471 转	437321
襄樊纺织印染厂技工学校	湖北省襄樊市人民路 218 号	220258	441000
襄樊纺织技工学校	湖北省襄樊市松鹤路 2 号	613894	441002
湖南纺织工业学校	湖南省湘潭市东湖路 18 号	561599 转	411104
湖南维尼纶厂技工学校	湖南省溆浦县大江口	22988－204	419323
衡阳纺机厂技工学校	湖南省衡阳市南郊	24471	421007
常德纺机厂技工学校	湖南省常德市洞庭南路	312008—3382	415004
邵阳第二纺机厂技工学校	湖南省邵阳市飞机坪	326117—3322	422000
广东纺织工业学校	广东省佛山市普澜公路 45 号	3312667	528041
广州市纺织中等专业学校	广东省广州市新港中路 399 号	4451326	510310
广州市纺织技工学校	广东省广州市新港中路 399 号	4451326	510310
广西纺织工业学校	广西南宁市西乡塘陈村路 7 号	333508	530007
柳州纺织工业学校	广西柳州市社湾路 30 号	331942	545005
桂林棉纺织厂技工学校	广西桂林市平山瓦窑	334401	541003
广西维尼纶厂技工学校	广西宜山县	2235	546307
四川蚕丝学校	四川省南充市桂花路 15 号	1223601	637000
成都纺织工业学校	四川省成都市三瓦窑	5551393	610063
重庆纺织技工学校	四川省重庆市	625621	630039
绵阳市纺织技工学校	四川省绵阳市	23786	621000
广元市纺织工业技工学校	四川省广元市	23445－26	628000
达县棉纺织染厂技工学校	四川省达县市南坝 16 号	22677	635000
绵阳市丝绸技工学校	四川省绵阳市绵州中路 119 号附 4 号	24027	621000
南充棉纺织厂技工学校	四川省南充市龙门镇	22456	637103
内江棉纺厂棉纺班	四川省内江市壕子口	22563－337	641001
贵州省二轻工业学校	贵州省贵阳市龙洞堡甘龙洞 1 号	26814	550012
贵阳纺织职工技工学校	贵州省贵阳市营盘路 68 号	28338	550002
贵阳棉纺厂职工技工学校	贵州省贵阳市遵义路 193 号	27974	550002
都匀轻纺技工学校	贵州省都匀市七星路 18 号	2881－377	558004
昆明纺织工业学校	云南省昆明市莲花池正街 44 号	5153840	650033
陕西咸阳纺织工业学校	陕西省咸阳市文汇路 11 号	214659	712000
西安市纺织技工学校	陕西省西安市东郊金花南路 13 号	3232092	710048
咸阳纺机厂技工学校	陕西省咸阳市人民路	212990—3004	712000
西北五棉实业有限公司技工学校	陕西省西安市东郊国棉五厂	3274982	710038
甘肃省纺织工业学校	甘肃省兰州市七里河区龚家湾 380 号	36602	730050
甘肃省服装学校	甘肃省兰州市泰安路 38 号	8824683	730030
宁夏轻纺技工学校	宁夏银川市新城西花园福利巷 5 号	76418	750011
青海省纺织技工学校	青海省西宁市韵家口	49951	810015
新疆纺织工业学校	新疆乌鲁木齐市七道湾路 13 号	215276	830063
新疆纺织技工学校	新疆乌鲁木齐市五星路	2215470	830002